高等院校创新规划教材·经管系列(二维码版)

金　融　学

杜黎霞　于　洋　主　编
卢志辉　刘　芳　副主编

清华大学出版社
北　京

内容简介

金融学是经济管理类专业基础课程之一，本教材结合金融领域实践应用型较强的特点，在内容上力求完整、新颖、实用。本教材共有十一章内容，基础理论部分通过导论、货币与货币制度、信用与利息、金融工具、金融机构、金融市场这六章来阐述；而金融业务、货币供求与均衡、货币政策、外汇与国际收支、金融风险与金融监管这五章则阐述了金融在经济社会的实践应用。本教材介绍了金融相关理论、运行机制和具体业务，将基本理论与实践相结合，力求拓宽学生的思路，提高学生的分析和动手能力，为广大本、专科院校师生进一步了解和认识金融提供参考阅读资料。

图书在版编目(CIP)数据

金融学/杜黎霞，于洋主编. 一北京：清华大学出版社，2018
(高等院校创新规划教材　经管系列：二维码版)
ISBN 978-7-302-50730-7

Ⅰ. ①金…　Ⅱ. ①杜…　②于…　Ⅲ. ①金融学一高等学校一教材　Ⅳ. ①F830

中国版本图书馆 CIP 数据核字(2018)第 172054 号

责任编辑：梁媛媛
封面设计：李　坤
责任校对：王明明
责任印制：丛怀宇
出版发行：清华大学出版社
　　网　　址：http://www.tup.com.cn, http://www.wqbook.com
　　地　　址：北京清华大学学研大厦 A 座　　邮　　编：100084
　　社 总 机：010-62770175　　邮　　购：010-62786544
　　投稿与读者服务：010-62776969, c-service@tup.tsinghua.edu.cn
　　质量反馈：010-62772015, zhiliang@tup.tsinghua.edu.cn
　　课件下载：http://www.tup.com.cn, 010-62791865
印 装 者：北京国马印刷厂
经　　销：全国新华书店
开　　本：185mm×260mm　　印　张：20.5　　字　数：510 千字
版　　次：2018 年 9 月第 1 版　　印　次：2018 年 9 月第 1 次印刷
定　　价：56.00 元

产品编号：078186-01

前言

金融在现代经济社会中“无处不在，承担着经济血液的职能”，国民经济的调控与发展离不开金融功能的发挥。金融学是经济类、管理类专业学生必须掌握的基础理论性课程，它提供了从微观到宏观的经济调控理论和实务、金融调控政策与方法。通过金融学，使我们可以了解整个国民经济中资金流通运行的全过程。

多年来，金融理论研究已经取得了丰硕的成果，而我国的金融体制也越来越成熟，国际金融形势也越来越复杂，对此，国内许多金融教育工作者投入了大量的精力和心血，编著了许多版本特色鲜明的金融学相关教材。

本教材是为了满足普通高等学校经济、管理类专业学生学习金融基础理论的需要而编写的，并在此前提下结合了多年教学过程中学生学习习惯的培养、学习知识的需要、教学效果的提高，既阐述了一般原理和基本知识，又强化了理论和实践最新成果的提炼与应用。本教材具有以下几个特点。

(1) 内容全面。本教材详细阐述了金融与经济、货币与货币制度、信用、利率、金融工具、金融机构和金融市场等基础知识；阐述了货币供求与均衡、通货膨胀与紧缩、货币政策等金融调控机制；探索了外汇、国际收支、国际储备、金融风险和金融监管等前沿问题。

(2) 内容简明扼要，通俗易懂。本教材每章之前都有学习目标和技能目标，还有相关案例导入，能引起学生对教学内容的思考。章节之后又有各种题型的练习题，既可巩固学生的基础知识，又可以引申思考，活学活用。

(3) 体系结构新颖。本教材在主要内容之外增加了大量的知识点和阅读专栏，以辅助学生的学习与理解，同时每章之后还附加了网络链接，可查询许多金融政策、法规和资讯。

(4) 内容生动。本教材搜集了大量的案例与资料，能使学生了解历史、熟悉当下、展望未来，还可以培养学生注重阅读的习惯，增强了教材的趣味性。

(5) 拓展了视野。本教材每章都有视野拓展板块(扫码获取)，增加了课本内容中未涉及的知识，该知识有的来自网络热门金融问题，有的是官方发布，大大拓宽了学生的知识面。教材中也引用了数据图表，力求及时新颖。

本教材由杜黎霞、于洋担任主编，拟定大纲并总纂定稿。第一章、第二章、第三章、第四章、第五章由杜黎霞编写；第六章、第七章、第八章、第九章、第十章、第十一章

前 言

由于洋编写。第一章至第五章习题、案例由刘芳编写，第六章至第十一章习题、案例由卢志辉编写。

本教材在编写过程中，参考了大量的相关教材、论著和资料，从中吸取了许多精华，在此向原作者表示感谢！囿于作者学识水平，本教材还存在不少缺点和不足，衷心希望广大读者能够给予批评和指正，不胜感激！

编　者

目录

Contents

Contents

目录

目录

Contents

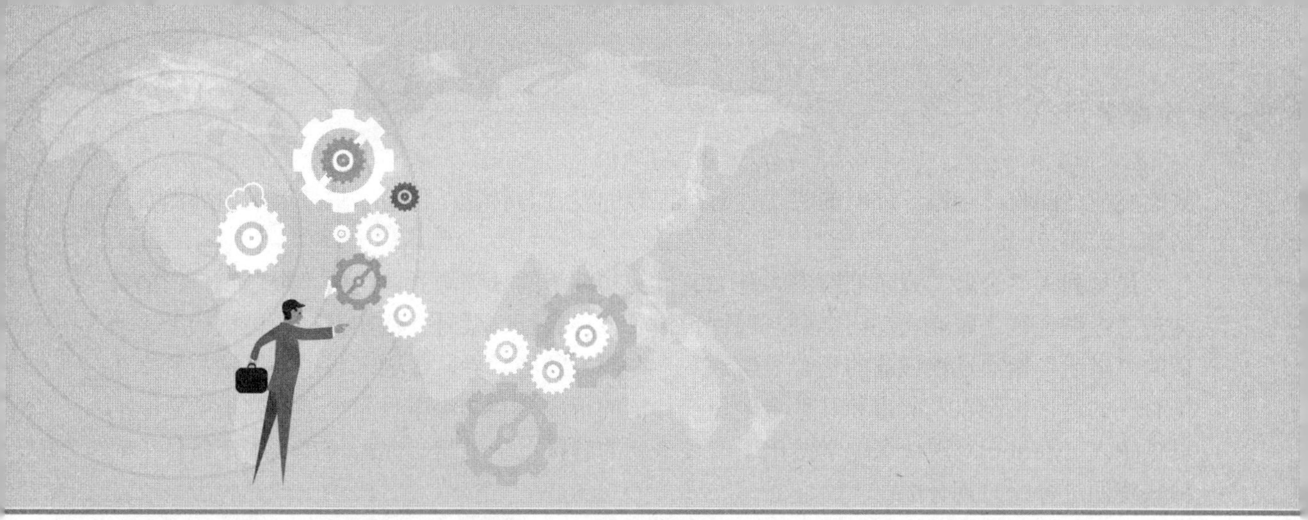

第一章 导论

学习目标

- 了解金融的内涵以及金融产生、发展的历史与趋势;
- 重点掌握金融的功能;
- 了解金融与经济的关系。

技能目标

能够观察认识社会生活中的金融现象。

案例导读

金融——经济的心脏

《世界经济》杂志上曾经刊登过这样一段话：经济就像一个人的身体，金融业是心脏，资金是血液，实体经济是身体其他的器官。金融业如果遭到重创就如同一个人得了心脏病，心脏供血能力受到影响，继而会引发其他器官的不适甚至病变。邓小平曾明确指出：“金融很重要，是现代经济的核心。金融搞好了，一着棋活，全盘皆活。”这两段话都指出了金融在现代经济中的重要作用。20 世纪 60 年代，以雷蒙德 •W. 戈德史密斯(Raymohd W. Goldsmith)为代表的一批经济学家肯定了金融发展对一国经济增长有着不可或缺的作用。20 世纪 70 年代，罗纳德 • 麦金农(Ronald Mckinnon)的《经济发展中的货币与资本》和爱德华 • 肖(Edward Shaw)的《经济发展中的金融深化》也论证了金融部门与经济发展之间存在着密切的关系。

思考：如何理解金融与经济的关系？

第一节 金 融 概 述

一、金融概念

金融(Finance)范畴是伴随着货币范畴和信用范畴的相互渗透而形成的新范畴，因此金融是货币流通的调节和信用活动的总称。如货币的发行、流通和回笼；存款的吸收和提取；贷款的发放与回收；金银、外汇的买卖；有价证券的发行与转让；保险、信托、国内外的货币结算，等等。

最早列入“金融”词条的辞书，是 20 世纪初编纂的《辞源》，当中“金融”一词的释文是“今谓金钱之融通状态曰金融，旧称银根。各种银行、票号、钱庄，曰金融机构”。所谓的“融通”指通过银钱业的资金“融通”。在西方经济学界，金融一般用来概括与资本市场有关的运作机制以及股市和其他金融资产行情的形成。1997 年诺贝尔经济学奖得主之一的莫顿(R. C. Merton)对现代金融学给出了一种全新的解释：金融学研究如何在不确定条件下对稀缺资源进行跨时期分配。

金融从字面可解释为：货币的转移，资金的融通。从资金融通的角度理解，金融可分为广义和狭义。广义金融是指全社会货币资金的筹集、分配、融通、使用和管理活动。这个活动过程包含了资金的财政分配活动和信用分配活动。财政分配具有无偿性和强制性，信用分配则具有有偿性和自愿性。狭义的金融是指货币流通和信用分配活动。金融就是货币和信用活动以及与之相联系的经济活动的总和。

二、金融构成要素

金融是由一系列要素构成的。

(一)金融活动的对象

金融活动的对象是货币及其替代品。在流通过程中，金融活动的对象因用于交换被称为金融工具。金融工具也叫信用工具，它是证明资金买卖双方债权债务关系的书面凭证，也是一种具有法律效力的金融契约。常见的金融工具有股票、公司债券、金融债券、商业票据、大额可转让存单等。不同种类的金融工具可以满足不同层次和不同目的的投资者的需要，实现资金融通。

(二)金融活动的形式

金融活动的本质可以理解为一种借贷行为，体现了金融活动双方的债权债务关系。金融活动是建立在信用基础之上，资金融通是通过信用方式来调剂和分配资金的。在经济生活中，金融活动的形式通常表现为各种信用形式。按照参与资金融通主体性质的不同，信用可以分为国家信用、银行信用、国际信用、商业信用和个人信用，其中银行信用处于主导地位。

(三)金融活动的主体

金融活动的主体是金融活动的参与者，数量和种类众多。金融活动的参与者可以是资金的供给者，也可以是资金的需求者，还可以具有双重身份。这些参与者包括个人、企业、金融机构和政府，而参与金融活动的目的，是为了满足资金供求方面的需要。按照参与金融活动的目的划分，参与者可以分为融入资金者(需求者)和融出资金者(供给者)。融出资金者是为获取一定收益而将自有剩余资金借给他人使用，如存款者和投资者；融入资金者是因从事某种经济或非经济的社会活动但资金短缺而向他人借入资金使用，如借款者、债券和股票发行者。

(四)金融活动的中介

金融活动的中介即为金融中介，是为融出资金者和融入资金者双方的融资活动从事代理或中介服务的金融机构，如银行、证券交易所、证券公司、经纪人公司、信用评估机构等。这些金融中介的作用是促进金融市场上的资金融通，为资金融通双方之间架起桥梁，满足不同投资者和筹资者的需要。他们或通过促成资金供给者和需求者之间的交易来赚取佣金，或通过证券承销、自营、投资咨询等业务来获得利润。

(五)金融活动的场所

货币流通和信用活动客观上要求建立一个能满足供求双方需要的金融市场。金融市场是一个复合大系统，包含了许多相互独立又相互关联的市场，按照不同的标准可将其分为不同的类型。按照融资期限可分为短期金融市场和长期金融市场；按照融资工具种类可分为票据贴现市场、股票市场、债券市场等；按照金融活动的地域可分为国内金融市场和国际金融市场。

(六)金融活动的目的

金融活动即货币流通和信用活动的目的：在宏观经济领域，目的就是确保货币流通与币值稳定；在微观经济领域，资金的供应者通过资金获得利息，增加收入，提高资金使用效益，而资金的需求者融入资金则是为了补充资金的短缺与不足，扩大生产规模，摆脱资金的限制。

知识点提示

按资金融通中有无中介划分，金融有直接融资和间接融资之分

资金融通双方直接(或通过金融经纪机构代理)发生货币资金有偿借贷行为或投资行为，产生法律上的债券债务关系，称作直接融资，例如企业通过金融市场发行股票或债券。资金融通双方通过银行等金融机构间接发生资金借贷行为，产生法律上的债权债务关系，称作间接融资，例如居民个人或企业将货币储蓄到银行，银行通过信贷将储蓄资金贷放给融入资金的个人或企业，其中存款人与银行等金融机构之间就形成债权债务关系。

三、金融产业的构成

金融产业是以经济金融资源为对象，通过提供金融服务与金融商品，以实现金融功能并从中获得净收益的金融组织的集合。金融产业是国民经济产业结构中的一个产业，属于第三产业，具备一般产业的特征。但金融产业是由不同功能的金融组织集合而成的，是金融功能的核心载体，发挥着充当价值流通媒介的作用，因此金融产业又不是普通的产业，而是经营金融商品的特殊产业。金融产业一般包含银行业、保险业、证券业、信托业、租赁业和金融信息服务业等。

阅读专栏

中国金融业的产生

中国金融业的起点可追溯到公元前 256 年以前周代出现的办理赊贷业务的机构，《周礼》

中称之为“泉府”。南齐时期(479—502 年)出现了以收取实物作为抵押进行放款的机构“质库”。南北朝(420—589 年)时期，信用事业有所发展。出现了兼办信用业务的机构——寺院。寺院不仅从事宗教活动，而且还经营大量土地，并兼营放款业务。除了传统的信用放款外，还出现了典当业，即抵押放款。唐代货币经济有了较大发展，唐宪宗时产生了“飞钱”，这种飞钱又称“便换”，是中国最早的汇兑方式。随着商业的繁荣和对外贸易的发达，在唐京城长安的西市形成了中国最早的金融市场。西市是长安最繁华的市场，面积约 1 平方公里，遍布各种店铺和作坊，其中有许多商铺经营信用业务。金融市场的初步形成以及汇兑事业的产生是唐代金融业发展的主要标志。宋元时期的信用事业较之以前并没有过多的发展，在社会上广泛流行的仍是传统的高利贷信用。民间的信用机构主要是当铺。除了私人开当铺外，官方也开始建立经营典当业的机构。如金政府曾设质典库，又称“流泉”，元政府设立公典，称“广惠库”。宋代以后，货币种类增多，因而兑换业有所发展。当时经营兑换业的有“金铺”“银铺”。明清时期还出现了钱庄、银号、票号等新的金融机构。鸦片战争以后，外国银行开始进入中国，最早的是 1845 年成立的英国丽如银行。随后又相继成立了英国的麦加利银行(即渣打银行)和汇丰银行等。中国人自己创办的第一家银行是 1897 年成立的中国通商银行。辛亥革命之后，中国的银行业有了较快的发展，银行逐步成为金融业的主体，传统的钱庄、银号逐步衰落。

(资料来源：根据百度百科金融业相关资料整理)

四、金融体系

金融是商品货币关系发展的必然产物，它随着社会经济和商品货币关系的发展而发展，同时又推动着社会经济的进步。金融体系一般由三部分构成，即金融组织体系、金融市场体系和金融监管体系。

(一)金融组织体系

金融组织体系也叫金融机构体系，是指提供金融服务与金融产品的金融机构，是现代金融活动的基本载体。如银行类机构、证券类机构、保险类机构和其他金融机构。

(二)金融市场体系

金融市场体系是借助金融工具进行金融交易的各种场所，是一个独立的、特殊的市场体系。如货币市场、资本市场、外汇市场等。

(三)金融监管体系

金融监管体系是指进行金融交易调节和金融市场维护的中国人民银行和监管部门。

第二节　金融的产生与发展

一、金融的起源

金融活动是伴随着货币的产生和流通出现的。但在使用牲畜、兽骨、布帛充当货币的商品货币时期，还没有专门从事货币业务的金融机构。只是在商品经济有了较大规模的发展，用金、银、铜等贵金属充当一般等价物的货币之后，才逐步有了专门从事货币发行和流通业务的金融机构，才有了金融活动。最早的金融机构都是官办的，主要职能是发行和储备货币，因为只有政府才有发行货币的权力。中国早在商周时代就有了官办的铸币机构和钱库，铸造和储藏铜币，以适应发行和流通所需。到隋唐时期，由于商品经济的进一步发展，除了官办的造币局和银库外，还出现了不少民间的银铺和当铺，从事货币流通的调节业务。至北宋时，此类金融机构已经相当普遍，多数城镇都有一两家钱铺或当铺。但是，在近代大工业出现以前，此类金融机构只是处于萌芽状态的金融业。

银行是随着商品经济的发展最早产生的金融机构，在现代金融体系中居于中心地位。银行一词最早始于意大利语 Banko，英语转化为 Bank。历史上的银行是由货币经营业发展而来的，公元前 2000 年巴比伦寺庙、公元前 500 年的希腊寺庙就已经在从事保管金银、发放贷款、收付利息的活动，公元前 200 年在罗马帝国先后出现了银钱商和类似银行的商业机构。自中世纪以来，不同国家和地区的商品交易日渐繁荣，但由于各国货币不统一，且长途携带金融货币的不便及风险等问题日益突出，为了解决这些经济生活中的难题，社会上开始出现了专门从事货币交易的货币兑换商及货币经营业。但是由于受当时生产力水平的制约，古代经营货币兑换业的机构与近现代意义上的银行有着很大的差异。

近代意义上的银行萌芽于中世纪意大利的威尼斯，特殊的地理位置使当时的威尼斯成为国际贸易的中心，各国商人带着不同的货币云集威尼斯从事商品交易。由于商品交换的客观需要，当时的货币兑换商接受商人的委托，替他们保管货币资金，并开出保管凭证，使金属货币的不足通过信用流通工具的创造得到了补充。为满足商品交换中方便及时地提供资金的需要，由货币兑换商开出的作为保管货币、金银凭证的收据，逐渐演变成一种支付工具，使早期的商业信用得到了进一步发展。但是，由于商业信用在地域、使用、安全性等方面的局限性，无法满足现实经济生活的需要，各种类似银行信用的经营活动迅速兴起，货币兑换商凭借手中积聚的大量货币，逐步开始从事存款、贷款、汇款等具有银行特征的业务，近代意义上的银行开始出现。1580 年成立的威尼斯银行是最早出现的近代银行，也是历史上第一个以“银行”命名的金融机构。

二、金融的发展

1694 年，在英国政府的支持下以股份制形式建立的英格兰银行被认为是现代银行的鼻祖，标志着新兴的资本主义银行制度开始确立。随着 19 世纪科学文化的不断进步和资本主义生产力的飞速发展，现代银行在世界范围内蓬勃兴起，信用工具的创造性和流通性极大地促进了资本主义商品经济的发展。但是，由于整个银行业没有制度约束，又缺乏体制的制衡，处于无序状态，特别是银行最后贷款人的缺失、银行券发行权的分散以及资金风险管理机制的缺乏等，致使社会上银行破产倒闭的现象日趋严重。人们逐渐认识到，客观上应该有一家银行能够统一银行券的发行权，能为其他银行提供最后保障，保护存款人的利益。于是，中央银行应运而生。

中央银行一般是从商业银行演变而来的，世界上最早的中央银行就是英国早期作为商业银行成立的英格兰银行。1844 年《英格兰银行条例》的颁布标志着英格兰银行作为中央银行地位的确立。英国建立中央银行制度之后掀起了一股建立央行制度的热潮，紧接着法国、德国、荷兰等各国先后建立了中央银行制度。1914年，美国成立了中央银行——联邦储备系统。1920年在布鲁塞尔举行了国际金融会议，会议通过决定，为了稳定各国币值及汇率，号召世界各国应尽快建立中央银行。随着央行制度的确立，各国金融业开始步入稳定发展阶段。

中国出现近代化的银行始于鸦片战争之后。一般认为1847年在上海开设分行的英国丽如银行是中国近代最早的银行。中国人自己开办的第一家银行则是中国通商银行，由清末实业家盛宣怀于1897年在上海创办，该行成立之初，就被清廷许可发行货币，还获得代收库银、整理币制之权。在官方的中央银行设立之后，该行才转为纯粹的商业银行，而中国官办银行的历史则应从1905年成立的户部银行算起。清政府授予其铸造银元、发行纸币和经管国库的权利，成为清末实质上的中央银行。1908年，户部银行更名为大清银行。1912年，历史进入“中华民国”时代，大清银行也更名为中国银行，并继续承担中央银行的职责，直至1928年。1908年，由清政府邮传部牵头组建，为官商合股，初期目的是借款赎回被列强控制的铁路，故名交通银行。此后蒋介石政府也十分重视银行体系的建设。1928年，南京国民政府另组建中央银行，授予其发行纸币、代理国库、经理公债、管理外汇等特权。同时，将中国银行改组为国际外汇兑换专业银行，交通银行改组为辅助工农商矿的专职银行。1935年，国民党政府又组建中国农民银行，作为供给农业信用、发展农村经济的专职银行。至此，形成了以四大国有银行(中央银行、中国银行、交通银行、农民银行)为基本骨架的银行体系。在清末和北洋军阀时代，除了官办银行之外，众多私营银行也百花齐放，并进入快速成长期，成就了中国金融业历史上的第一个繁荣期，史称“黄金十年”(1928—1937年)。在同一时期，中国共产党领导的各革命根据地和解放区政府，也根据革命战争的需要创建了自己的银行业。如1928年成立的江西平民银行、1930年成立的闽西工农银行、1931年筹建的中华苏维埃共和国国家银行等。从1931年到1933年在革命根据地建立的银行多达53家。1948年12月中国人民银行在石家庄宣告成立，开始发行通行全国的人民币。对于国民党时代留下来的中国银行和交通银行则为社会主义所用。中国银行仍旧作为经营外汇业务的专业银行，并进而成为中国人民银行的一个职能部门；1954年在原来交通银行的基础上组建了中国人民建设银行(即现在的中国建设银行)，继续承担向国家基本建设投资的政策性任务，而交通银行的其他业务也并入中国人民银行；此外，1951年还组建了中国农业银行，作为办理支农拨款和贷款并扶持农村信用合作的专业性银行，此后中国农业银行在机构重组中曾三度合并于中国人民银行，又三度重新设立。至此，新中国建立了“大一统”的金融体系，一切信用集中于国家的目标基本实现。改革开放之后，中国银行业体系经历了多次改革。随着经济体制改革的深入发展，金融体制改革取得了巨大的成就，一个中国特色的新金融体制逐步形成。

三、金融发展的趋势

(一)金融全球化

1. 金融全球化的因素

(1) 金融管制进一步放松。各国逐步减少了对金融机构跨国经营的限制，各国金融市场联系更加紧密，大大便利了国际资本的自由流动。

(2) 信息技术的快速发展。在当今世界电信技术的不断改善，互联网的迅速发展，使整个世界的各种金融活动越来越具有“全球性”。金融工具的交易信息实现了及时传送，世界各大金融市场不再是孤立、分割的了，投资者可以在每天的 24 小时内从事交易。

(3) 互联网金融信息对市场影响越来越大。随着信息通信技术和互联网的发展，互联网金融信息对金融市场的影响已经越来越不容忽视。某一个新事件的发生或者是网络上对某只股票的热议都在很大程度上左右着金融实践者们的行为，同时进一步影响着股市变化的趋势。

(4) 投资主体的壮大。伴随着金融全球化的发展，投资主体日趋多元化，除了各国大型商业银行和各国政府的参与之外，众多的跨国企业、投资银行、信托公司等形形色色的机构纷纷积极参与金融市场交易，而国界早已不是障碍，各类投资者主要以分散风险、获取收益为目的，力求在全球范围内实现最佳投资效果。

2. 金融全球化的影响

(1) 有利于提高资本流动的效率。金融全球化有利于提高稀缺资源在全球范围内的配置效率，并促进国际贸易的增长和各国经济的发展。同时金融全球化也为各类经济主体提供了更多交易的机会。在国际资本流动中，大型跨国企业和各类机构投资者往往是最积极的参与者，这些投资者可以利用国际金融市场寻找投资机会，合理配置资产结构，有效分散风险。还有一些国家因为国际收支不平衡，也会积极参与金融交易，筹集资金改善本国赤字。

(2) 不利于金融风险的防范。国际间经济联系日益紧密，金融风险传导概率不断加大，一旦一国出现金融危机，很快就会蔓延至其他国家和地区的金融市场，最终可能会引发全球经济危机。另外国际间资本流动速度较快，各种经济变量容易受到各种国际因素的影响，所以各国金融监管部门的监管愈发困难，政府单纯依靠传统的货币政策进行宏观调控往往难以起效，为了有效地防范金融风险、维护金融市场的稳定，各国需加强金融经济领域的合作，建立起具有国际协调机制的新型国际金融体制。

(二)金融创新

金融创新是指金融领域内部通过各种要素的重新组合和创造性变革所创造或引进的新事物。金融创新是当今金融业迅速发展的一种趋势，主要表现在金融工具、金融交易方式、金融技术、金融机构、金融市场等方面都进行了创新变革。

1. 金融创新的因素

(1) 金融发展的需要。伴随着金融市场的发展，金融机构之间的竞争日渐激烈，传统业务的利润日趋下降。为了提高金融机构的竞争能力，金融创新成为必然趋势，无论是金融业务范围还是金融技术都发生了较大的变革。

(2) 规避金融风险。在各类金融市场上，金融风险层出不穷，常见的金融风险主要有：汇率风险、利率风险、信用风险、流动性风险、购买力风险、证券价格变动风险、金融机构的经营风险、国家风险等。通过金融创新，可以有效地规避和分散风险。

(3) 金融技术的创新。金融技术的变革大大促进了金融创新发展。20 世纪 90 年代以来，金融技术正在以惊人的速度不断创新，信用卡、电子转账技术、互联网网络技术的迅猛发展和广泛应用，成为推动金融创新的强大压力和动力。

2. 金融创新的影响

(1) 金融创新推动了经济的发展。金融创新提高了金融机构的运作效率。首先，金融创新通过提供大量的金融工具、金融服务、交易方式和融资技术等成果，增强了金融机构的主要功能；其次，提高了支付清算能力和速度；再次，大幅度增加了金融机构的资产。①金融创新提高了金融市场的运作效率。②金融创新提高了金融产品价格的敏感度，降低了交易成本，提高了交易的活跃度。③金融创新提高了金融资源的开发利用与再配置效率，使社会投融资的便利度得以提升，促进了金融产业的增长。

(2) 金融创新也存在不利因素。金融创新容易影响货币供求状态，进而影响到货币政策的有效性，对金融运作和宏观调控影响重大，容易导致监管困难。金融风险随着金融创新发展发生频率越来越高，风险影响范围扩大，金融业的稳定性下降。金融市场上出现过度投机和信用膨胀的不良倾向，使价格与真实价值的差距拉大，表现为市值大大超过其净值，极易引发金融危机。

(三)金融自由化

1. 金融自由化的原因

金融自由化是指 20 世纪 80 年代初西方国家普遍放松金融管制后出现的金融体系和金融市场充分经营、公平竞争的趋势。具体包括：价格自由化，即取消利率、汇率的限制，让金融商品的价格发挥市场调节作用；金融业务自由化，即允许各类金融机构交叉办理业务；金融市场自由化，即放松各类机构进入金融市场的限制，完善、丰富了融资工具和交易技术；国际资本流动自由化，即放宽外国资本、外国金融机构进入本国市场的条件和限制。

2. 金融自由化的影响

金融自由化促进了资本流动速度的加快，资本流动的自由化使资源配置可以在世界范围内进行调剂。金融自由化使金融信息更具有公开性，能够更加准确而又迅速地反映市场的供求状况，体现资金的稀缺程度，形成更为有效的价格信号体系，提高金融市场的效率。

金融自由化加大了金融交易者与金融业自身的风险，利率管制和汇率管制的解除导致国际游资到处横行，市场波动幅度剧增。此外，解除分业管理制度，实行商业银行全能化后，商业银行大量涉足高风险业务领域，风险资产明显增多。

知识点提示

美国利率管制政策：Q 条例是指美国联邦储备委员会按字母顺序排列的一系列金融条例中的第 Q 项规定。1929 年之后，美国经历了一场经济大萧条，金融市场随之也开始了一个管制时期，与此同时，美国联邦储备委员会颁布了一系列金融管理条例，并且按照字母顺序为这一系列条例进行排序，如第一项为 A 项条例，其中对存款利率进行管制的规则正好是 Q 项，因此该项规定被称为 Q 条例。后来，Q 条例成为对存款利率进行管制的代名词。Q 条例是指美联储禁止会员银行向活期储户支付利息，同时规定了定期存款支付利息的最高限额的条例。

第三节 金融与经济发展的关系

金融在资金融通中发挥着桥梁的作用，已日益成为经济发展机制中的重要枢纽，在现代经济生活中具有非常重要的地位。

一、金融的功能

(一)基础功能

金融的基础功能是为整个经济运行提供相关的便利服务，主要包括服务功能和中介功能。

1. 服务功能

金融服务功能是指金融为整个经济运行提供便利服务的功能。服务功能是最为基础的金融功能，如货币的支付、货币的保管与储存、汇兑结算等。

2. 中介功能

中介功能是指金融作为资金盈余者和资金匮乏者的媒介，可使社会闲散资金得到融通和流动。中介功能是在金融服务功能基础上产生的。如通过发行股票、债券等金融工具的方式实现资金融通。

(二)核心功能

在经济快速发展的今天，金融已成为经济的核心，其核心功能就是资源配置功能。

资源配置功能是指通过金融体系的运作进行储蓄动员和项目的选择，从而达到资源配置的目的。资源配置功能是金融的核心功能，它与中介功能的区别在于内在的主动性与被动性。资源配置功能是金融体系通过储蓄动员和项目选择起着能动作用，而不是被动适应经济的需要。从经济增长角度分析，资源配置功能的作用体现在三个方面：①通过储蓄动员，将社会上闲置资金筹集起来向生产性资金转化；②通过对投资项目的选择，使等量的资产产生更大的效益；③通过差别化政策实现经济的结构优化而产生的综合效应。

(三)扩展功能

扩展功能是以其他金融功能的发展为基础，横向扩展出来的功能。它包括经济调节功能和风险规避功能。

1. 经济调节功能

经济调节功能是指通过金融手段进行经济调控。在经济金融化不断发展的当今，金融在整个经济体系中日益成为一个中心、枢纽。货币政策、汇率政策、产业政策等都在通过金融体系的传导以实现经济调控目标。经济调节功能是由金融体系在资源配置中的重要地位派生出来的经济功能。

2. 风险规避功能

风险规避功能是指通过金融业的各种业务、技术，分散、转移、控制、补偿，减轻金融、经济各社会中出现的各种风险。风险规避功能是基于大数定理而实行的风险分担。

(四)衍生功能

衍生功能是指在经济金融快速发展的背景下，在其他功能基础上派生出来的功能，是其他金融功能的延伸。它包括风险管理功能和宏观调控功能。

1. 风险管理功能

风险管理功能衍生于基础、核心和扩展功能之上又超越它们，体现了金融体系对风险的主动管理，而不是被动地规避风险。风险管理功能包括风险交易、信息传递和公司治理等功能。

2. 宏观调控功能

宏观调控功能与经济调节功能相比，其操作手段和传导机制更加复杂化，体现了整体性、宏观性。宏观调控功能包括引导消费、区域协调、财富再分配等功能。

二、金融与经济的关系

在现代经济生活中，金融的发展与经济的发展关系密不可分。二者的关系可简单概括为：经济发展水平决定金融发展水平；金融又反作用于经济，金融发展对经济发展既会起到巨大的推动作用，又会产生不良影响。

(一)经济发展水平决定金融发展水平

1. 金融作为一种产业在商品经济发展过程中随商品经济的发展由低级向高级发展

货币的产生、信用的出现、金融机构和金融市场的产生与发展都离不开经济的发展。商品经济越发展，商品交换关系越复杂，而金融就越发达。在经济发展的低级阶段，只有简单的金融需求，金融活动仅仅是解决货币流通和支付清算等基本的金融问题，金融机构组织形式单一，经营范围狭窄，业务能力较弱；金融市场的交易量、交易规模很小，金融活动并不活跃。当经济发展步入高级阶段时，商品交换关系越来越复杂，对金融有了更高的需求，金融必须通过金融业务、市场、工具和技术的不断创新，实现金融发展与经济发展相适应，才能满足经济发展越来越复杂的需求。金融作为现代经济产业中的第三产业之一，其基本功能是满足经济发展过程中的投融资需求和服务性需求。因此，金融只有为经济服务并与之紧密结合，才能有持久的发展动力。

2. 经济发展水平决定金融发展的结构和规模

从结构上看，经济的结构决定了金融的结构和规模。例如，市场经济结构决定了金融体系的组织结构和金融总量结构；二元经济结构决定了二元金融结构；企业的组织结构和商品结构决定了金融业务结构等。从规模上看，经济规模决定了金融规模。经济总量大小决定了信用量的大小、金融市场规模、金融工具的种类与数量等。

知识点提示

衡量金融发展的相关指标

金融相关率——现有金融资产/国民财富。

金融构成比率——各类金融工具在金融工具总额中所占的份额。

金融工具比率——金融机构发行的工具与非金融机构发行的金融工具之比。

金融部门比率——各经济部门在金融资产和金融工具中所占的份额。

分层比率——同类金融机构在全部金融机构总资产中所占的份额以及在主要金融工具中所占的份额。

金融中介比率——所有金融机构持有的金融资产在全部金融资产中所占的份额。

(二)金融发展影响经济发展

1. 金融对经济增长的促进作用

当金融得到健康有效的发展时，它会积极促进经济发展。

(1) 货币的运用降低了交易成本，便利交换。金融的作用在于货币的产生大大降低了物物交换中因需求和时间双重巧合的困难而存在的用于评估商品品质、掌握商品信息的单位交易成本，便利了交换，从而实现了市场范围扩大专业化程度提高。随着经济货币化程度的提高，单位交易成本和信息成本仍会下降，这一作用更为加强。

(2) 金融能促进储蓄和投资的增长，从而为经济发展提供资金支持。经济发展需要大量资金推进。而储蓄是提供资金的重要来源之一。特别是在经济从不发达走向发达的过程中，储蓄率的高低起着决定性的作用。几乎所有国家在发展过程中都伴随着储蓄率的上升，其中最有代表性的是日本。日本在 20 世纪 50～70 年代的高速发展时期，储蓄率曾达到 40%的水平，在促进储蓄率上升的因素中，金融是最重要的一个。金融的特点在于资金融通，而利息率使当前消费转化为未来消费、实物储蓄转化为货币储蓄并转化为投资成为可能，这就决定了它可以有条件吸收社会中的闲散资金转化为储蓄，从而为生产提供资金来源。此外，金融的特点又使它成为动员储蓄和投资的最佳途径：一方面，把分散的储蓄者用于投资或存储的资金集中起来需要大量信息和投资渠道，发挥规模经济的优势，而流动性金融市场能增强金融工具的多样性和流动性、满足持有多样化证券组合的需要；另一方面，动员储蓄牵涉大量筹资企业与拥有剩余资金的诸多投资者，金融中介能以最低的交易成本和信息成本最大量地动员储蓄，有效避免信息不对称的弊端。

(3) 金融发展实现了资金的合理流动，优化资源配置，提高资本效率。首先，金融能降低长期投资的流动性风险。高收益的投资项目需要长期的资金占用，为此储蓄者必须承担因资金长期被占用而产生的资金流动性风险，以致不愿长期投资。而资本市场交易、各种金融工具的创新、金融中介的往来存款业务以及针对外部冲击对流动性投资和非流动性投资进行的动态均衡组合体现了金融具有降低和分散流动性风险的能力，向力图回避流动性风险的储蓄者提供最大限度的保险，这使更多资金会流向周期较长的项目。正是基于这一作用，18 世纪英国工业革命才能拥有充足的资本支持它最终完成。其次，金融的存在能大大节约信息成本。金融中介具有较个体储蓄投资者更强的获取和处理众多企业、管理者和经济环境方面信息的能力和专业评估技术，这使它为其成员提供投资信息服务的成本比个体储蓄投资者通过个人努力获取信息的成本要低得多。

再者，金融体系能降低监督成本，改进对资金使用者的监督。资金所有者在投资时需要核实项目质量和项目回报，这需要支付一定的费用，提高投资成本。同时资金使用者夸大投资收益、掩盖经营问题的内在倾向又会使这种监督成本加大。为此，金融能借助其专业技能和中介地位来代理资金所有者对资金使用者的监督，提高监督的有效性。

此外，金融业为社会提供大量就业机会、加速科技成果向现实生产力的转化，并促进经济全球一体化的发展，这些都不同程度地为经济发展作出了贡献。

2. 金融对经济发展的阻碍作用

金融在经济运行中所处的重要地位不仅体现在其对经济发展的促进作用，金融危机的爆发对整个经济体系正常运转的冲击也显示出它对经济的负面效应。1997 年爆发的亚洲金融危机使人类更加清楚地认识到金融的稳健发展对于全球经济与社会稳定发展具有非常重要的作用。

(1) 金融活动中的不确定性令金融风险客观存在。在经济生活中，只要存在不确定性，风险就存在。金融业是高负债经营的产业，自有资金所占比重非常小，资金来源主要依靠将其对零散储户的流动性负债转化为对借款人的非流动性债权来实现。但这有两个前提条件：一是储蓄者对金融机构有信心；二是金融机构对借款人的筛选和监督高效准确。由于不能确定这两个条件能否满足，金融风险就客观存在：一方面，由于市场信息不对称性和市场经济主体对客观认识的有限性，即使银行经营稳健，储户能认识到全体不挤兑更利于集体利益，但在面临“囚徒困境”时仍可能为降低预期风险而参与挤兑；另一方面，由于市场经济主体存在机会主义倾向，金融机构管理者趋于采用高风险、高收益的投机策略，以至于金融资产质量下降。同时贷款者也可能采用不正当手段，如欺骗、违背合约以及钻制度的空子来不合理占用资金，致使金融机构对借款人的监督有限。

(2) 金融对经济运行的广泛渗透性、扩散性使金融风险具有很强的传染性。首先，金融机构作为储蓄和投资的信用中介组织，它的经营失策必将连锁造成众多储蓄者和投资者蒙受损失。其次，银行创造存款货币扩张信用的功能也令金融风险具有数倍扩散的效应。再次，银行同业支付清算系统把所有银行联在一起，任一银行的支付困难都可能酿成全系统的流动性风险。最后，信息不对称会使某一金融机构的困难被误认为全金融业的危机，从而引发恐慌。金融的这些特殊性令其风险相对其他行业而言具有快速、面广的特点，使局部性金融困难能快速演变成全局性金融动荡甚至经济危机。

(3) 金融资产的高度流动性、金融风险的隐蔽性以及金融危机的突发性令金融风险易于剧变成金融危机并严重危害经济。全球经济金融一体化、国际金融市场的迅猛发展以及科技进步令各地区金融资源融合和互动的规模加大、速度加快，一国或某一地区的金融风险能很快传染到别国或别的地区。与此同时，信用存在的有借有还、借新还旧、贷款还息等特点以及银行垄断或政府干预等外在因素又很容易将其掩盖，使其得不到及时解决并日益严重。待到这种金融风险渐进累积到一定程度才爆发时，就已演变成金融危机，并加剧对经济和社会的危害。1997 年亚洲金融危机来势之猛，使马来西亚的人均国民财富水平倒退 10 年，使泰国的国民财富损失近一半。这场危机还使 1998 年全球经济增长率降低 1 个百分点，意味着比前一年下降 1/3。而危机的成因就在于长期累积的金融风险的最终爆发。

因此，金融对经济发展的影响是双重的。它既能极大地支持经济发展，又能使客观存在的金融风险演变成金融危机，破坏经济发展的可能性和严重性加大。合理地发展金融能促进经济发展，更利于化解金融风险，预防和抑制其对经济发展的阻滞作用。特别是对于发展中国家来说，要赶超发达国家，充分正确地用好“金融”这一杠杆、稳健发展金融尤为重要。

本章小结

1. 金融是货币流通调节和信用活动的总称。如货币的发行、流通和回笼；存款的吸收和提取；贷款的发放与回收；金银、外汇的买卖；有价证券的发行与转让；保险、信托、国内外的货币结算等。

2. 金融是由一系列要素构成的，包括：金融活动的对象、金融活动的形式、金融活动的主体、金融活动的中介、金融活动的场所和金融活动的目的六要素。

3. 金融产业是由不同功能的金融组织集合而成的，是金融功能的核心载体，发挥着充当价值流通媒介的职能，因此，金融产业又不是普通的产业，而是经营金融商品的特殊产业。金融产业一般包含了以下几类：银行业、保险业、证券业、信托业、租赁业和金融信息服务业等。

4. 金融体系一般由三部分构成，即金融组织体系、金融市场体系和金融监管体系。

5. 金融活动是伴随着货币的产生和流通而出现的。在商品经济有了较大规模的发展，用金、银、铜等贵金属充当一般等价物的货币之后，才逐步有了专门从事货币发行和流通业务的金融机构，才有了金融活动。银行是随着商品经济的发展最早产生的金融机构，在现代金融体系中居于中心地位。1580 年成立的威尼斯银行是最早出现的近代银行，也是历史上第一个以“银行”命名的金融机构。1694 年，在英国政府的支持下以股份制形式建立的英格兰银行被认为是现代银行的鼻祖，标志着新兴的资本主义银行制度开始确立。中央银行一般是从商业银行演变而来的，世界上最早的中央银行就是英国早期作为商业银行成立的英格兰银行。1844 年《英格兰银行条例》的颁布标志着英格兰银行作为中央银行地位的确立。

6. 金融的功能。金融的基础功能是为整个经济运行提供相关的便利服务，主要包括服务功能和中介功能；其核心功能就是资源配置功能；扩展功能是以其他金融功能的发展为基础，横向扩展出来的功能。它包括经济调节功能和风险规避功能；衍生功能是指在经济金融快速发展的情况下，在其他功能基础上派生出来的功能，是其他金融功能的延伸。

7. 经济发展水平决定金融发展水平；金融又反作用于经济，金融发展对经济发展既会起到巨大的推动作用，又会产生不良影响。

（扫一扫，一起来拓展一下视野吧！）

课后习题

一、单项选择题

1. 金融最基础的功能是(　　)

A. 服务功能　　B. 资源配置　　C. 创造信用　　D. 风险管理

2. 现代金融活动的基本载体是(　　)。

A. 金融组织体系　　B. 金融监管体系

C. 金融机构体系　　D. 现代银行体系

3. 由于其他任何产业的运行都离不开货币，所以形成了金融产业与其他产业的整体关联，这种关联是指金融产业的(　　)。

A. 渗透性　　B. 基础性　　C. 战略性　　D. 虚拟性

4. 被动地适应经济发展的需要的金融功能是(　　)。

A. 配置功能　　B. 中介功能　　C. 服务功能　　D. 调控功能

5. 基于投保人的利益，为投保人与保险公司订立保险合同，提供中介服务的机构是(　　)。

A. 保险代理人　　B. 保险公司　　C. 保险经纪人　　D. 保险公估人

6. 金融的核心功能是(　　)。

A. 配置功能　　B. 风险专业　　C. 服务功能　　D. 调控功能

二、多项选择题

1. 现代金融体系一般由(　　)构成。

A. 金融组织体系　　B. 金融市场体系

C. 金融监管体系　　D. 外国银行体系

2. 以下属于金融服务功能的是(　　)。

A. 财富转移及保管　　B. 资源配置

C. 信用担保　　D. 汇兑结算

3. 保险业是指各类保险机构的集合，主要由(　　)构成。

A. 保险公司　　B. 保险中介机构

C. 养老基金　　D. 保险公估公司

4. 金融产业的风险比一般产业的风险大很多，是因为(　　)。

A. 金融产业具有高负债经营的特点　　B. 容易受到挤兑

C. 金融产业具有高度的内在关联性　　D. 金融商品容易受到外界因素的影响

5. 关于金融与经济发展关系的正确描述是(　　)。

A. 经济发展水平决定金融发展水平

B. 金融发展对经济发展有巨大的推动作用

C. 金融发展对经济发展可能产生消极影响

D. 金融反作用于经济

三、辨析题(正确打“√”，错误打“×”)

1. 金融范畴是由货币范畴和信用范畴的相互渗透而形成的新范畴，因此，金融范畴取代了货币范畴和信用范畴。 ( )

2. 中介功能与配置功能的区别在于内在的主动性和被动性。资源配置功能是金融体系通过储蓄动员和项目选择起着能动作用的功能。 ( )

3. 金融产业是经营金融商品的特殊产业，属于第三产业。 ( )

4. 投资银行是吸收投资者存款并为投资者代理证券投资的银行性金融机构。 ( )

5. 目前我国商业银行采用的是分业经营模式，是由我国的金融体制所决定的。 ( )

6. 世界上最早的银行是英格兰银行。 ( )

四、简答题

1. 什么是金融？金融活动的构成要素有哪些？

2. 简述金融的发展过程。

3. 试分析金融与经济的相互关系。

4. 金融的功能有哪些？

五、论述题

结合实际，试分析金融发展的新趋势。

六、案例分析题

1. 某银行有 100 万元资金投资于四种有价证券，分别是短期政府债券 25 万元，长期政府债券 25 万元，高级公司债券 25 万元，中级公司债券 25 万元，四种债券的收益率分别是 3%，5%，7.5%和 9%。3 个月后，短期政府债券上升到 3.8%，长期政府债券上升到 5.7%。

问题:

(1) 结合案例，查找相关内容，说明某银行进行证券组合的原因。

(2) 在收益率发生变化后，如何调整证券组合才能提高银行的投资收益或减少风险？

2. 2008 年 4 月 1 日，甲先生与 B 保险公司签订了保险合同，为自己的私家车投保了机动车辆损失险，保险金额 20 万元，保险期为 1 年，甲先生按规定交纳了保险费。B 保险公司签发了保险单。2008 年 10 月 1 日，甲先生投保的私家车突然起火，甲先生立即报警，同时通知 B 保险公司。事后，消防部门作出了“起火原因不明”的结论。经鉴定，损失 15 万元。甲先生向 B 保险公司提出索赔请求，并提供了各种单据、报告、证明等相关资料。B 保险公司拒绝赔偿，理由是“起火原因不明”，不能排除保险条款中写明的除外责任。甲先生不能证明保险事故属于保险责任范围。

问题:

(1) 在没有证据证明保险事故不属于保险范围责任的前提下，B 保险公司是否应当承担责任？

(2) 查找资料，明确保险合同当事人各方有哪些举证责任。

(3) B 保险公司拒绝赔偿，那么由谁承担举证责任？

3. 想一想，你可以通过什么方式快速、准确地获得以下金融信息。

(1) 上海证券交易所综合指数

(2) 中国石油公司股票的最新报价

(3) 中国银行美元现汇买卖报价

(4) 中国目前最新的存贷款基准利率

七、综合训练

训练任务：调查社会、生活中的金融问题或金融现象。

训练活动：对国内外的热点金融问题与现象进行调查，撰写调查报告。

训练目的：培养对课程的学习兴趣，培养学生发现问题和分析问题的能力。

课后阅读

扫一扫，看看课后还有什么值得阅读的吧！

第二章　货币与货币制度

学习目标

- 掌握货币的概念，了解货币的起源；
- 认识货币的职能，了解货币层次的划分；
- 重点掌握货币形态的演变；掌握货币制度。
- 了解我国的货币制度。

技能目标

能够运用金融基础知识，了解和分析经济生活中的货币制度与金融现象。

案例导读

特殊的货币

想必很少有人知道，在一些国家，生病的人之间也流通着一种特殊的货币。像现在，全球范围内就有不少国家为了防止麻风病传染，特意别出心裁地专门把麻风病传染区隔离开，然后在这一区域里流通另一种专用货币。

1901—1928 年间的哥伦比亚以及 1913—1930 年间的菲律宾，都曾发行过这种令我们难以理解的“麻风区专用硬币”。其实这个问题是可以理解的，毕竟那时候的麻风病是会传染的，但是又不能因为这个问题担心病人用过的钱会传染给健康的人而不让这些人购物，所以，那个时候的当地政府就专门为了这些患有传染病的人定制了这种适合在传染区流通的货币。

不过，时至今日，麻风病早已不是什么无法根治的绝症了，更有趣的是，当传染病被遏制以后，这种硬币经消毒后成了钱币爱好者的收藏品。

思考：货币的职能是什么？

第一节　货币概述

一、货币的起源

货币起源于商品，是商品生产和商品交换发展到一定程度的产物。从社会发展来看，当生产力极度低下，人们的劳动成果仅能维持生存而无剩余时，是不存在商品交换的。随着生产力的发展尤其是社会分工的出现，生产效率得到提高，出现了剩余产品和私有制，为劳动产品的交换提供了条件，被交换的产品就成为商品。因此，商品具有两个特征：一是商品是劳动产品，不通过劳动而从自然界随时取得的东西，如阳光、空气不是商品。二是只有当劳动产品用来交换时，才是商品。商品交换一般会遵循两个原则：一是用来交换的劳动产品具有不同的使用价值；二是相交换的两种产品必须具有相等的价值，即生产这两种商品时所消耗的人类劳动是相等的，这就是等价交换原则。

在货币出现之前，商品交换采取物物交换的形式进行，比如用大米与绵羊交换，这样的交换效率十分低下。因为有大米剩余的农户必须找到一个需要大米而又正拥有多余绵羊的农户，交换活动才能完成。此外，不同的商品交换还必须有不同的交换比率。在商品交换的品种稀少、数量较少时，物物交换的形式尚可以存在。然而随着商品的日渐丰富，商品交换的规模越来越大，交换的频率越来越高，物物交换已不能满足商品经济的发展。因此，逐渐从商品世界中分离出一种商品，固定地作为商品交换的媒介，即一切商品均可以与之交换，而它又可以用来交换其他一切商品，起着“一般等价物”的作用，这就是货币。在人类历史上，牲畜、贝壳、石头等都充当过这种货币商品。后来金银因体积小而价值大，质地均匀，便于分割，长期被人类作为制作货币的材料。因此马克思说：金银天然不是货币，但货币天然是金银。

货币产生后，出现了很多关于货币起源的理论。马克思的货币起源学说是其中的一个典型代表。按照马克思的货币起源学说，货币是伴随着商品价值形式的不断发展变化而最终产生的。商品价值形式经历了四个不同的发展变化阶段。

(一)简单的或偶然的价值形式阶段

在这一阶段上，一种商品的价值仅仅是简单的或偶然的表现在与它相交换的另外一种商品上，这是价值形式发展的最初形式。即：1 只绵羊=2 把石斧。这一时期，商品生产处于萌芽状态，商品交换就有偶然性、个别性。在这个等式中左端的绵羊起主动作用，它通过与石斧交换，把自己的价值通过石斧表现出来。

(二)扩大的价值形式阶段

在这一阶段，由于社会生产力和社会分工有了一定的发展，商品交换逐渐扩大，一种商品的价值表现在与它相交换的一系列商品上。

即：2 把石斧=1 件上衣

1 只绵羊= 15 千克茶叶(一定数量的其他商品)等。

扩大的价值形式还存在一定的缺陷，那就是当出现一种新的商品，就会出现一种表现价值的材料，缺少一个大家都愿意接受的交换商品。

(三)一般价值形式(一般等价形式)阶段

在这一阶段，所有商品的价值都表现在一个作为一般等价物的商品身上。

即：2 把石斧=1 只绵羊

1 件上衣=1 只绵羊

15 千克茶叶=1 只绵羊

一定数量的其他产品=1 只绵羊。

在一般价值形式中，一切商品的价值表现在从商品世界中分离出来的一种商品上。这一种商品就成了商品交换领域公认的一般等价物，从而克服了扩大的价值形式中存在的缺陷。而一般价值形式的不足则在于在不同地区、不同时间充当一般等价物的商品是不同的，这是不利于商品跨区域交换的。

(四)货币形式阶段

这是价值形式发展的最后阶段，在这一阶段，所有商品的价值都表现在作为固定的一般等价物的金或银上。

即：2 把石斧=1 克黄金

1 件上衣=1 克黄金

15 千克茶叶=1 克黄金

一定数量的其他产品=1 克黄金

黄金、白银固定地充当了一般等价物，它具有时间上的稳定性和地区上的统一性。黄金和白银作为等价物本身也是商品，具有价值，又因为它们质地均匀、便于分割、体积小、价值大、便于携带、不易腐烂、便于保存，适合充当货币材料。“金银天然不是货币，但货币天然是金银”(《马克思恩格斯全集》，第 23 卷，第 107 页)。

阅读专栏

中国货币的由来

币是由古代铲形锄草农具“镈”演变而来的。因此，初期的币与铲极似，若在首上装柄，简直可做农具用。发展下去，币的上首虽然仍是空圆，但比较长，整个币形小而薄，用这样的货币兼作农具，显然是不行了，于是便成了名副其实的货币，人们称其为“空首币”。空首币的币面，大多有文字，有表示重量的，有表示干支或地名的，也有无文币。到了战国时期，货币发生了突变，由空首币变为扁平实体，形体也越来越小，币文则多为铸币地名，书法也由金文发展为小篆，人们称其为“平首币”。平首币形制精巧，文字美观、多变，使用也比较方便，比春秋以前的货币有了很大进步。平首币通常分为平足、尖足、异形等几种，主要流通于战国的韩、赵、魏、燕等地。

二、货币的职能

在发达的商品经济中，货币具有价值尺度、流通手段、贮藏手段、支付手段和世界货币五种职能。其中最基本的职能是价值尺度和流通手段。

(一)价值尺度

货币作为价值尺度，就是把各种商品的价值都表现为一定的货币量，以表示各种商品的价值在质的方面相同，在量的方面可以比较。各种商品的价值并不是由于有了货币才可以互相比较，恰恰相反，因为各种商品的价值都是人类劳动的凝结，它们本身才具有相同的质，从而在量上可以比较。商品的价值量由物化在该商品内的社会必要劳动量决定。但是商品价值是看不见、摸不到的，自己不能直接表现自己，它必须通过另一种商品来表现。在商品交换过程中，货币成为一般等价物，可以表现任何商品的价值，衡量一切商品的价值量。而货币之所以能够执行价值尺度的职能，是因为货币本身也是商品，也是人类劳动的凝结。可见货币作为价值尺度，是商品内在的价值尺度即劳动时间的表现形式。

货币在执行价值尺度的职能时，并不需要有现实的货币，只需要观念上的货币。例如，1 辆自行车值 2 克黄金，只要贴上个标签就可以了。当人们在作这种价值估量的时候，只要在他的头脑中有金的观念就行了。用来衡量商品价值的货币虽然只是观念上的货币，但是这种观念上的货币仍然要以实在的金属为基础。人们不能任意给商品定价，因为，在金的价值同其他商品之间存在着客观的比例，这一比例的现实基础就是生产两者所耗费的社会必要劳动量。在商品价值量一定和供求关系一定的条件下，商品价值的高低取决于金的价值的大小。

(二)流通职能

流通职能是货币充当商品交换媒介的职能。在商品交换过程中，商品出卖者把商品转化为货币，然后再用货币去购买商品。在这里，货币发挥交换媒介的作用，执行流通手段的职能。货币充当价值尺度的职能是它作为流通手段职能的前提，而货币的流通手段职能是价值尺度职能的进一步发展。

在货币出现以前，商品交换是直接的物物交换。货币出现以后，它在商品交换关系中则起媒介作用。以货币为媒介的商品交换就是商品流通，它由商品变为货币(W-G)和由货币变为商品(G-W)两个过程组成。W-G 即卖的阶段，是商品的第一形态变化。这一阶段很重要，实现也比较困难。因为，如果商品卖不出去，不能使原来的商品形态转化为货币形态，则商品的使用价值和价值都不能实现，从而商品所有者就有可能破产。G-W 即买的阶段，是商品的第二形态变化，由于货币是一切商品的一般等价物，如果商品充足，有货币就可以买到商品，这一阶段是比较容易实现的。由于货币在商品流通中作为交换的媒介执行流通手段的职能，打破了直接物物交换和地方的限制，扩大了商品交换的品种、数量和地域范围，从而促进了商品交换和商品生产的发展。

货币作为流通手段，在商品流通过程中，不断地当作购买手段，实现商品的价格。商品经过一定流通过程以后，必然要离开流通领域最后进入消费领域。但货币作为流通手段，却始终留在流通领域中，不断地从购买者转移到出卖者手中。这种不断的转手就形成货币流通。货币流通是以商品流通为基础的，它是商品流通的表现。货币作为流通手段，需要有同商品量相适应的一定的数量。在一定时期内，商品流通所需要的货币量由待售的商品价格总额和货币流通的平均速度二者决定(见货币流通规律)。商品流通所需要的货币量同商品价格总额成正比：商品价格总额大，流通中所需要的货币量便多；商品价格总额小，流通中所需要的货币量便少。流通中所需要的货币量同货币流通速度成反比：货币流通速度快，流通中所需要的货币量就少；货币流通速度慢，流通中所需要的货币量就多。

(三)储藏手段

储藏手段是货币退出流通领域充当独立价值形式和社会财富的一般代表而储存起来的一种职能。货币能够执行贮藏手段的职能，是因为它是一般等价物，可以用来购买一切商品，因而货币贮藏就有必要了。

货币作为贮藏手段，是随着商品生产和商品流通的发展而不断发展的。在商品流通的初期，有些人就把多余的产品换成货币保存起来，贮藏金银被看成是富裕的表现，这是一种朴素的货币贮藏形式。随着商品生产的连续进行，商品生产者要不断地买进生产资料和生活资料，但他生产和出卖自己的商品要花费时间，并且能否卖掉也没有把握。这样，他为了能够不断地买进，就必须把前次出卖商品所得的货币贮藏起来，这是商品生产者的货币贮藏。随着商品流通的扩展，货币的权力日益增大，一切东西都可以用货币来买卖，货币交换扩展到一切领域。谁占有更多的货币，谁的权力就更大，贮藏货币的欲望也就变得更加强烈，这是一种社会权力的货币贮藏。

货币作为贮藏手段，可以自发地调节货币流通量，起着蓄水池的作用。当市场上商品流通缩小，流通中货币过多时，一部分货币就会退出流通界而被贮藏起来；当市场上商品流通扩大，对货币的需要量增加时，有一部分处于贮藏状态的货币，又会重新进入流通领域。

(四)支付手段

支付手段是货币作为独立的价值形式进行单方面运动(如清偿债务、缴纳税款、支付工资和租金等)时所执行的职能。

在货币充当支付手段的条件下，买者和卖者的关系已经不是简单的买卖关系，而是一种债权债务关系。等价的商品和货币，就不再在售卖过程的两极上同时出现了。这时，货币首先是当作价值尺度，计量所卖商品的价格。第二，货币是作为观念上的购买手段，使商品从卖者手中转移到买者手中时，没有货币同时从买者手中转移到卖者手中。当货币作为支付手段发挥职能作用时，商品转化为货币的目的就起了变化，一般商品所有者出卖商品，是为了把商品换成货币，再把货币换回自己所需要的商品；货币贮藏者把商品变为货币，是为了保存价值；而债务者把商品变为货币则是为了还债。货币作为支付手段时，商品形态变化的过程也起了变化。从卖者方面来看，商品变换了位置，可是他并未取得货币，延迟了自己的第一形态变化。从买者方面来看，在自己的商品转化为货币之前，完成了第二形态变化。在货币执行流通手段的职能时，出卖自己的商品先于购买别人的商品。当货币执行支付手段的职能时，购买别人的商品先于出卖自己的商品。作为流通手段的货币是商品交换中转瞬即逝的媒介，而作为支付手段的货币则是交换过程的最终结果。货币执行价值尺度是观念上的货币，货币执行流通手段可以是不足值的货币或价值符号，但作为支付手段的货币必须是现实的货币。

(五)世界货币

世界货币是货币在世界市场上执行一般等价物的职能。由于国际贸易的发生和发展，货币流通超出一国的范围，在世界市场上发挥作用，于是货币便具备了世界货币的职能。

在国内流通中，一般只能由一种货币商品充当价值尺度。在国际上，由于有的国家用金作为价值尺度，有的国家用银作为价值尺度，所以在世界市场上金和银具有可以同时充当价值尺度的职能。后来，在世界市场上，金取得了支配地位，主要由金执行价值尺度的职能。

世界货币除了具有价值尺度的职能以外，还有以下职能：①充当一般购买手段，一个国家直接以金、银向另一个国家购买商品。②作为一般支付手段，用以平衡国际贸易的差额，如偿付国际债务，支付利息和其他非生产性支付等。③充当国际间财富转移的手段。货币作为社会财富的代表，可由一国转移到另一国，例如，支付战争赔款、输出货币资本或由于其他原因把金银转移到外国去。在当代，世界货币的主要职能是作为国际支付手段，用以平衡国际收支的差额。

三、货币形态

自货币产生以来，货币形式的演进经历了数千年的过程，充当货币的材料种类繁多。从总体趋势上看，货币形式依次经历了实物货币——金属货币——代用货币——信用货币的演进。

(一)实物货币

实物货币又称为商品货币或足值，是指以自然界存在的某种物品或人们生产的某种商品来充当货币，是最古老的货币。最初充当货币的商品，是为了用它再去交换其他商品而换进来的商品——是最经常地被作为需求的对象交换的，因而一般是在当时最能代表财富、最普遍被需要，并且具有特殊使用价值的商品。在人类历史上，有很多种商品都曾在不同时期扮演过货币的角色，如中国古代商、周时期，牲畜、粮食、布匹、珠玉、贝壳等都曾充当过货币，而以贝壳最为流行。这种货币的优点是：具有普遍接受性、能体现货币价值的实物。缺陷：体积笨重难携带，质地不匀难分割，容易腐烂难储存。实物货币如图 2-1 所示。

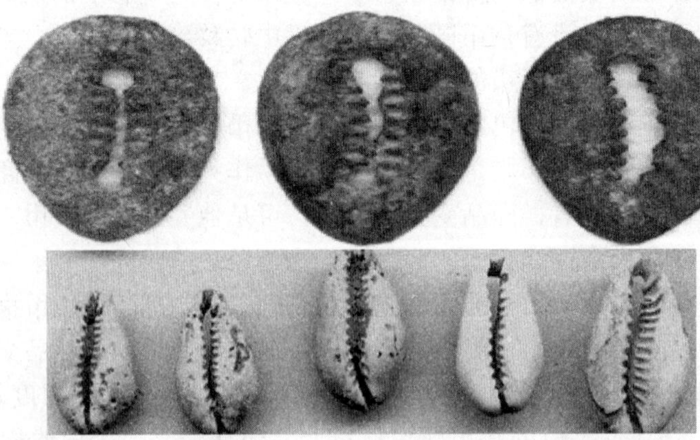

图 2-1　实物货币(贝币——海贝)

(二)金属货币

金属货币，它是实物货币的另一个阶段。但是实物货币与金属货币有着明显的区别。金属货币具有价值含量高、体积小易携带、不易变质、均质而耐分割、耐磨等优点，几乎所有的国家都经历了金属货币阶段，这一货币形式堪称古典意义上比较完美的货币形式。金属货币如图 2-2 所示。

秦“半两钱”

图 2-2　金属货币

(三)代用货币

1. 代用货币的含义

代用货币是指代表实物货币在市场上流通的货币，一般是由政府或银行发行的纸币或银行券，代替金属货币加入到流通领域中。如：中国宋代的交子。

代用货币存在于贵金属流通阶段。由于贵金属作为货币流通的成本较高，所以需要其他东西来当代表。充当贵金属代表的是纸制品，一定单位的纸制品代表着一定量的贵金属，这一定量的贵金属通常以货币单位的含金量表示出来。一定单位的纸制品能够与所代表的贵金属自由兑换，所以，代用货币不过是流通的一张实物收据。这种收据能够由政府发行、银行发行，也能够由企业和个人发行。无论由谁发行，必须有足够的贵金属作为保证，即保证代用货币能自由兑换，代用货币以它所代表的贵金属的价值进行流通。

2. 代用货币的特征

(1) 成本低、易携带、节省稀有金银、能克服金属货币在流通中产生的“劣币驱逐良币”现象。

(2) 本身价值低于面值，但持有它等于具有实质货币的要求权。

(四)信用货币

1. 信用货币的定义

信用货币是以信用为保证，通过一定信用程序发行的充当流通手段和支付手段的货币形态，是货币发展的现代形态。这种货币凭借银行信用的建立而流通，凭借银行信用的消除而退出流通。它与代用货币的最大不同在于，它不能与贵金属兑换，不是贵金属货币的代表。

2. 信用货币的形式

主要形式：现金和银行存款，两者在性质上是等同的，在价值量上是等值的，在流通时都必须遵循同一客观规律，二者构成了统一的信用货币流通体系。现金指流通中的现钞，用于日常消费品和零星商品交易，主要流转于银行体系以外。存款货币，主要体现为单位、个人的活期存款流转于银行体系之内。

3. 信用货币的特征

(1) 信用货币是一种价值符号，与黄金已经完全脱离。

(2) 信用货币是债务货币。信用货币的流通是银行债务的转移。

(3) 信用货币具有强制性。以法律手段确定为法定法币，强制社会向其提供信用。

(4) 信用货币的管理货币性质。国家通过中央银行来管理货币。

信用货币如图 2-3 所示。

图 2-3　信用货币

(五)电子货币

电子货币是随着电子商务的发展而出现的货币形态。它是通过电子计算机运用电磁信号对信用货币实施储藏、转账、购买和支付的，明显比纸币、支票更快捷、方便、安全和节约，正在快速应用于整个经济生活。

电子货币的特殊属性如下。

(1) 发行主体多元化，可以是银行也可是非金融机构。

(2) 由不同机构自行设计，其担保依赖各发行者自身的信誉和资产。

(3) 靠光波、电波传递，防伪用技术上的加密或认证。

第二节 货币制度

一、货币制度及其构成要素

(一)货币制度的概念

货币制度(monetary system)，简称“币制”，是国家法律规定的货币流通规则、结构和组织机构体系的总称。货币制度是随着商品经济的发展而逐步产生的，到近代形成比较规范的制度。

在远古的实物货币流通阶段几乎没有成形的货币制度，金属货币阶段开始有对货币铸造和流通的一些具体规定，但由于受不发达商品经济的限制，货币制度呈现出分散且混乱的状态。随着资本主义生产方式的确立，为适应资本主义国家建立统一的市场体系和稳定的市场环境的要求，各国政府都先后以法令和条例的形式对货币流通作出种种规定，建立起了严格的、统一的和规范的货币制度。依据货币制度作用的范围不同，货币制度包括国家货币制度、国际货币制度和区域性货币制度；根据货币的不同特性，货币制度分为金属货币制度和不兑现的信用货币制度。

(二)货币制度构成要素

1. 货币币材

货币币材是指国家规定以什么材料制作货币。币材的确定构成了货币制度的根本内容，不同币材形成不同的货币制度，并分别有着各自不同的特点。人们可根据币材来定义货币本位制度，如确定黄金作为货币材料就是金本位制度；确定白银作为货币材料就是银本位制度；确定金银两种金属同时作为货币材料就是金银复本位制度；纸币作为货币材料就是纸币本位制度。并且币材的确定受客观经济规律的制约。目前世界各国由于都实行不兑现的货币制度，各国的法律中都没有任何商品充当币材的规定。

2. 货币单位

货币单位是国家法定的货币计量单位。货币单位规定了货币单位的名称和每一货币单位所含货币金属的重量。一般来说，货币单位的名称就是该国货币的名称，或在货币名称前冠以国名。如美国货币名称与货币单位都是“美元”，英国为“英镑”，德国为“德国马克”，日本为“日元”等。只有我国有些特殊，我国货币名称为“人民币”，但是货币单位为“元”。

国家法定的每一货币单位所包含的货币金属重量即为价格标准。在金属货币流通的情况下，币值就是本位货币所含的金属含量。例如，根据美国1934年的规定，1美元的含金量为0.888671克；按照1870年的英国规定，1英镑的含金量为79克。

3. 本位币与辅币的铸造、发行与流通程序

本位币又称主币，是国家法律规定的标准货币，是一国货币制度中的基本货币。在金属货币制度下，本位币是指用一定货币金属按照国家规定的货币单位所铸成的铸币。起初，在民间铸造，其信誉和流通范围受一定限制，后来逐步由拥有政治权力的国家统一铸造一定形状、重量和成色、并打上印记的货币，在一定程度上起到了稳定价值尺度、统一流通手段的作用。在金属本位制下本位币有如下特点。

(1) 本位币是足值货币，可以自由铸造。所谓足值是指货币的名义价值等于实际价值。所谓自由铸造，就是按照法律规定，每个公民都有权把货币金属送到国家造币厂请求铸成本位币，其数量不受限制，国家只收取少量的费用或免费。

(2) 本位币是无限法偿的货币，即具有无限的法定偿付能力。凡以本位币进行购买和支付时，不论数额多少，收款人均不得拒绝接受。

辅币是本位币以下的小额通货，主要用于日常零星支付和主币找零。辅币多用贱金属铸造，其名义价值高于实际价值，是不足值货币。因此，一般国家政府规定：辅币不能自由铸造，只能由国家来铸造；辅币与主币的兑换比率是通过法律形式固定下来的；辅币的支付能力是有限的，即在一次支付行为中只可用一定金额辅币支付，超过法定数量，收款者可以拒收。例如，美国曾经规定，用10美分以上的辅币支付，一次支付限额为10美元。

4. 银行券与纸币发行和流通程序

随着经济的发展，金属货币已经不能满足商品流通对流通手段和支付手段的需要，于是出现了纸币和银行券等信用货币。银行券是在商业信用基础上由银行开出的用来贴现商业汇票的一种银行票据，具有兑换性质，即持有者可随时用它向发行的银行兑换金属货币。最初的银行券由商业银行发行，19世纪中叶以后，银行券的发行逐渐由中央银行垄断并受到国家政权控制，并且不能兑换。这样银行券就成为纸币，即由国家发行并依靠国家政权强制流通的货币符号。由国家发行的纸币和中央银行发行的银行券是法定的支付手段，不能拒绝接受。

5. 金准备制度

国家的金准备又称黄金储备，它是指国家所拥有的金银条块和金铸币总额，必须集中于中央银行或国库。在金属货币制度下，它是一个国家货币稳定与否的重要因素。金准备主要有三项用途：一是用于国际支付；二是作为调节国内金属货币流通的准备金；三是保证存款支付和银行券兑换。在当前纸币流通条件下，不必进行金属兑换，因此其已经没有后两方面的用途了，只是作为国际支付的最后手段，用于国际购买、国际支付和国际转移等。

知识点提示

现代货币发行准备制度

货币发行准备制度是为约束货币发行规模维护货币信用而制订的，要求货币发行者在发行货币时必须以某种金属或资产作为发行准备。在金属货币制度下，货币发行以法律规定的

贵金属作为发行准备，在现代信用货币制度下，各国货币发行准备制度的内容比较复杂，一般包括现金准备和证券准备两大类。

现金准备包括黄金准备、外汇准备等具有极强流动性的资产准备，证券准备包括国家债券准备、短期商业票据准备等有价证券准备。

1. 现金准备发行制：货币的发行100%以黄金和外汇等现金做准备。

2. 证券保证准备制：货币发行以短期商业票据、短期国库券和政府公债做准备。

3. 现金准备弹性比例制：货币发行数量超过规定的现金准备比例时，国家对超。部分的发行征收超额发行税。

4. 证券保证准备限额发行制：在规定的发行限额内，可全部用规定证券作发行准备，超过限额的发行必须以十足的现金作为发行准备。

5. 比例准备制：规定货币发行准备中现金与其他有价证券所占的比例，但各种准备资产的比例难以确定。

6. 无准备制度：中央银行发行货币并不要求持有一定的准备资产，即国家以行政法规形式规定中央银行货币发行的最高限额。

二、货币制度的演变

从历史发展过程来看，各国先后曾采用过以下几种类型的货币制度，如图2-4所示。

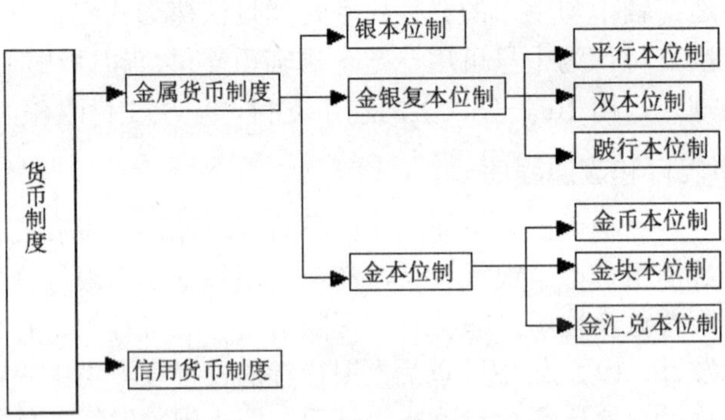

图2-4　货币制度的类型

(一)银本位制

银本位制是以白银作为本位币币材的一种货币制度。银本位制是历史上最早的、最为悠久的货币制度，产生于货币制度萌芽的中世纪。由于当时商品经济不发达，商品交易主要是小额交易，白银价值较黄金低，适合这种交易的需要。银本位制主要存在于当时经济较为落后的印度、中国、墨西哥和日本等国家。其主要内容包括：以白银作为本位币币材，银币具有无限法偿能力；银币是足值货币，其价值与其所含白银的价值相等；银币可自由铸造，银币代表物可自由兑换银币；白银和银币可以自由输出输入。

但银本位制在世界各国实行时间不长，主要原因在于随着白银产量的增加，白银的价格很不稳定，白银作为货币不利于货币流通的稳定和国际收付，削弱了白银作为货币的能力。再有，资本主义经济的快速发展促进大宗商品交易日益增多，用白银这种价值相对较低的货币进行支付，就产生了许多不便。到20世纪初，一些主要的资本主义国家相继放弃银本位制，逐步过渡到金银复本位制或金本位制。

(二)金银复本位制

金银复本位制也叫金银双本位制，是指一个国家同时以金和银两种金属作为本位币币材的货币制度。在16世纪至18世纪，金银复本位制是新兴资本主义国家广泛采用的较为典型的货币制度。其主要内容包括：金和银同时作为本位币币材；两种铸币均可自由熔毁、自由铸造；两种铸币都具有无限法偿能力；两种本位币均可自由兑换；黄金和白银都可以自由输出输入。

由于金币、银币同时流通，意味着存在两种一般等价物，因此，就产生了金银比价的问题。按照比价确定方式的不同，金银复本位制可以分为以下三种类型。

1. 平行本位制

平行本位制是金、银按照各自所具有的实际价值进行流通的本位制。在平行本位制下，商品会出现两种价值，例如1663年英国曾经铸造了金幾尼和银先令同时流通。后来由于市场上金银比价频繁变动，金、银币的兑换比率也不断变动，用金、银币表示的商品价格自然也随市场金银比价的波动而波动，这在一定程度上引起价格紊乱，在平行本位制下商品具有货币表示的双重价格，因而这种货币制度的缺陷是显而易见的，双本位制便应运而生。

2. 双本位制

双本位制是为了克服平行本位币制度的不足，国家用法律形式开始规定金、银之间的比价，金、银按照法定的比价进行流通的本位制。例如，若金、银币的法定比价为1∶15，而由于种种原因银价跌落使市场比价为1∶16，当金银法定比价同市场比价不一致时，金属价值低于法定价值的劣币则会充斥市场，发生“劣币驱逐良币”的现象。金币即为良币，银币即为劣币，任何一个持有金币者(1个金币)均可将金币熔化为金块，按黄金的市场价值换取白银，再通过铸币厂将其铸成银币(16个)，再按法定比价用15个银币换回1个金币，从而获取1个银币的利益。然后再将金币熔化，如此周而复始，金币逐渐退出流通领域，市场流通的主要是银币。

阅读专栏

格雷欣法则

格雷欣法则(Gresham’s Law)即“劣币驱逐良币”现象，指在实行金银复本位制条件下，金银有一定的兑换比率，当金银的市场比价与法定比价不一致时，市场比价比法定比价高的金属货币(良币)将逐渐减少，而市场比价比法定比价低的金属货币(劣币)将逐渐增加，形成良币退隐、劣币充斥的现象。由于这一现象是由16世纪英国财政大臣托马斯·格雷欣发现并提出的，所以这种现象也称为“格雷欣法则”。

“劣币驱逐良币”现象可追溯到古罗马时代，当时人们就习惯从金银钱币上切下一角，这意味着在货币充当买卖媒介时，货币的价值含量就减小了。古罗马人不是傻瓜，他们很快就觉察到货币越变越轻。当他们知道货币减轻的真相时，就把足值的金银货币积存起来，专门用那些不足值的货币。这个例子说明：坏钱把好钱从流通领域中排挤出去了。为控制这一现象的蔓延，政府发行了带锯齿货币，足值货币的边缘都有细小的沟槽。如果货币边缘的沟槽被挫平，人们就知道这枚货币被动过手脚。在中国，早在公元前2世纪，西汉的贾谊曾指出“奸钱日繁，正钱日亡”的事实，这里的“奸钱”指的就是劣币，“正钱”指的是良币。

而在一个完全自由的外汇市场，即没有任何法律强制干预的市场，在各种货币之间，并没有一定的法定比价存在，而这些货币之间价值各不相同，其中走势坚挺、含金量较高的货币被认为是硬通货，即“良币”；反之，走势疲软的货币被认为是软通货，即“劣币”。在国际贸易当中，人们往往乐意接受硬通货，即“良币”，而不愿意要软通货，即“劣币”。从而优胜劣败，形成了“良币驱逐劣币”的局面。此可谓“格雷欣法则”的反例，也可称为“反格雷欣法则”。例如中国南朝时曾经铸造鹅眼钱、延环钱，钱币轻到什么地步呢？用史书上的话说就是“入水不沉，随手破坏”。货币粗劣不堪，人们果断将其抛弃，由此可见在一定的条件下，良币也能够将劣币驱逐出市场。

(资料来源：《清华金融课》，李亚轩编著)

3. 跛行本位制

为解决“劣币驱逐良币”现象，资本主义国家开始实行跛行本位制，即金币和银币都规定为本位币，并有法定兑换比率，金币可以自由铸造但银币不能自由铸造，并且限制每次支付银币的最高限额，银币按与金币的法定比率交换，银币实际上已演变为金币的符号，起着辅币的作用。从严格意义上来说，跛行本位制已经不是金银复本位制，而是由复本位制向金本位制过渡的一种货币制度。

(三)金本位制

金本位制是以黄金作为本位币币材的货币制度。每单位的货币价值等同于相当重量的黄金，即货币的含金量。当不同国家都使用金本位制时，国家间的汇率就由各自货币间的含金量之比来决定，即铸币平价。国际金融市场的汇率随外汇供求关系围绕铸币平价上下波动。金本位制在其发展过程中采取了金币本位制、金块本位制和金汇兑本位制三种形式。

1. 金币本位制

金币本位制是指法律确定金铸币为本位币的货币制度。单位货币是具有一定成色、重量的黄金。其特点有：金币为本位币；金币可自由铸造和熔毁，具有无限法偿能力；辅币和银行券可以自由兑换金币，金准备全部是黄金；黄金可以自由输出输入。

金币自由铸造熔化，金币的名义价值和实际价值可保持一致，可自发调节流通中的货币量。金币自由铸造熔化可以维持物价稳定。例如当物价上涨时，单位货币所购买的商品数量在减少，单位货币所能购买的黄金数量也减少，说明金币价值下跌，黄金价值上涨，人们将金币熔化成黄金出售，流通中的金币相应减少，金币的购买力提高，物价趋于稳定。反之，人们将黄金铸造成金币，使得流通中的金币数量增加，物价上涨。

金币可以自由兑换是指各种代用货币如银行券能自由兑换金币。黄金可在各国之间自由转移，这就保证了本国货币与外国货币兑换比价的相对稳定。

金币本位制的实行也受到了较大的制约，金币受黄金数量的严格约束，缺乏弹性，无法满足经济发展的货币需要；由于西方国家发展不均衡，世界上大部分黄金都被少数几个强国掌控着，而其他国家拥有的黄金量较少，并且黄金的输入输出受限，难以维系本位币币材的用量，金币本位制的基础被削弱。这样，金币本位制到1914年就崩溃了。

2. 金块本位制

第一次世界大战前后，由于黄金紧缺，但又要维持金本位制，于是出现了这种有限使用黄金的方式，称为生金本位制，它是一种没有金币流通，但流通中的银行券、纸质货币可以按照规定限额与金块兑换的制度。在这种制度下，国家规定金币为本位币，但国内不流通金币。流通中的货币符号可以兑换等量黄金，但必须达到一定数额才能与金块兑换。

金块本位制的特点是：①黄金由国家储备，输出输入由中央银行控制；②黄金作为本位币在国内不铸造、不流通，只是纸币在流通；③流通中的纸币规定了含金量，具有无限法偿能力；④纸币兑换黄金由限额规定。

3. 金汇兑本位制

金汇兑本位制又称虚金本位制。国家仍然规定货币单位的含金量，但国内不铸造、不流通金币，而是发行和流通纸币，纸币不能兑换黄金，只能兑换外汇，然后用外汇可在国外兑换黄金。实行这种制度的国家其货币须与某一实行金币(块)本位制国家的主币保持固定比价，这是一种附带条件的金本位制度。

金块本位制和金汇兑本位制都是削弱了的、残缺不全的金本位制。作为流通货币的银行券虽然仍规定有含金量，受黄金储备量的制约，但其兑换能力大为下降。在金块本位制下银行券兑换黄金有一定限制；在金汇兑本位制下银行券的兑换要通过先兑换外汇才能进行，银行券兑换黄金的能力大为下降，从而动摇了银行券稳定的基础。实行金汇兑本位制的国家，一般将本国货币依附于他国货币，并把黄金或外汇存储于他国，一旦他国经济动荡不定，依附国的货币也将发生波动。这就为金汇兑本位制带来很大的不稳定性。这种脆弱的本位制，经 1929 年至 1933 年世界性经济危机的冲击，很快就瓦解了，代之而起的则是信用本位制。

(四)信用货币本位制

信用货币本位制是一种以信用为基础的，以不兑换黄金的纸币为本位币的货币制度，这是当今世界各国普遍推行的一种货币制度。在这种货币制度下，没有金属本位币的铸造和流通，由不兑换的纸币执行货币的职能。

信用货币本位制有如下几个特点：①流通的纸币是信用货币，它一般由中央银行发行，并由国家法律规定赋予无限法偿能力；②信用货币的单位价值不与一定量的任何金属保持等值关系，也不能要求政府给予兑换金银；③货币主要通过银行信用渠道投放，货币发行不受黄金数量限制，而是视本国经济发展需要而定；④流通中的货币是通过信用渠道投入流通的，这与金属货币制度下货币通过自有铸造投入流通是不同的；⑤实行管理纸币本位币制度，即发行者为了稳定纸币对内对外的价值，要对纸币的发行和流通进行周密的计划和有效的管理。因此，经济学家又把信用货币制度称为管理纸币本位制度。

信用货币本位制的缺点：①纸币发行不受准备金的限制，致使货币供给弹性过大，容易导致恶性通货膨胀的发生；②汇率不以货币的含金量而定，而是由各个国家自由调整，各国政府为了发展本国对外贸易的需要，往往实行法定贬值或升值的手段，使币值波动频繁，影响国际经济发展。

三、我国的货币制度

我国现行的货币制度比较特殊，我国目前实行“一国两制”方针，1997 年香港回归、1999

年澳门回归后，继续维持原有的货币金融体制，台湾地区则使用新台币。目前在中国境内共有人民币、港元、澳门元、新台币四个货币区，四种货币各限于本地区流通。

(一)人民币

人民币由中国人民银行发行。中国人民银行成立于1948年12月1日，当日发行人民币。至1951年，除了台湾、香港、澳门和西藏外，人民币成了全国统一的、独立自主的稳定货币。1955年中国人民银行进行了人民币改革，同年3月1日发行新版人民币，以1∶10000的比率无限制、无差别收兑旧人民币，同时建立辅币制度。

人民币，全称中国人民银行币，是中华人民共和国的法定货币。其正式的简称CNY(ChiNa Yuan)，标志为￥。人民币主币单位是“元”，是我国经济生活中的法定计价、结算的货币单位，具有无限法偿能力。人民币辅币的货币单位有“角”“分”两种，均为十进制。人民币由中华人民共和国的中央银行——中国人民银行发行，从20世纪90年代起与美元非正式挂钩，汇率只能在1美元兑8.27至8.28元人民币这非常窄的范围内浮动。2005年7月21日，中国人民银行宣布，经国务院批准，人民币改与一篮子货币挂钩，汇率改为1美元兑8.11元人民币，变相升值2%，并且不再与美元挂钩。中国人民银行于每个工作日闭市后公布当日银行间外汇市场美元等交易货币对人民币汇率的收盘价，作为下一个工作日该货币对人民币交易的中间价格。每日银行间外汇市场美元对人民币的交易价仍在人民银行公布的美元交易中间价上下千分之三的幅度内浮动，非美元货币对人民币的交易价在人民银行公布的该货币交易中间价上下一定幅度内浮动。

阅读专栏

第五套人民币

为适应经济发展和市场货币流通的要求，1999年10月1日，在中华人民共和国建国50周年之际，根据中华人民共和国国务院第268号令，中国人民银行陆续发行第五套人民币。第五套人民币共八种面额：100元、50元、20元、10元、5元、1元、5角、1角。第五套人民币根据市场流通中低面额主币实际起大量承担找零角色的状况，增加了20元面额，取消了2元面额，使面额结构更加合理。第五套人民币采取“一次公布，分次发行”的方式。1999年10月1日，首先发行了100元纸币；2000年10月16日发行了20元纸币、1元和1角硬币；2001年9月1日，发行了50元、10元纸币；2002年11月18日，发行了5元纸币、5角硬币；2004年7月30日，发行了1元纸币。为提高第五套人民币的印刷工艺和防伪技术水平，经国务院批准，中国人民银行于2005年8月31日发行了第五套人民币2005年版100元、50元、20元、10元、5元纸币和不锈钢材质1角硬币。适应人民币流通的需要，2015年11月12日发行了第五套人民币2015年版100元纸币，提升了100元纸币的印制工艺与防伪技术水平。

(二)港元

港元，或称港币，是中华人民共和国香港特别行政区的法定流通货币。按照香港基本法和中英联合声明，香港的自治权包括自行发行货币的权力。其正式的简称为HKD(Hong Kong Dollar)；标志为HK$。

港元的纸币绝大部分是在香港金融管理局监管下由三家发钞银行发行的。三家发钞行包括汇丰银行、渣打银行和中国银行，另有少部分新款十元钞票，由香港金融管理局自行发行。硬币则由金融管理局负责发行。九七回归前香港流通硬币上铸有英皇头像，一度成为收藏对象。1993 年起，政府逐渐收回旧硬币，以背面上为香港市花洋紫荆的新硬币代替。

1983 年起，香港建立了港元发行与美元挂钩的联系汇率制度。发钞行在发行任何数量的港币时，必须按 7.80 港元兑 1 美元的兑换汇率向金管局交出美元，记入外汇基金账目，领取了负债证明书后才可印钞。这样，外汇基金所持的美元就为港元纸币的稳定提供了支持。

(三)澳门币

澳门币，或称澳门元，是中华人民共和国澳门特别行政区的法定流通货币，常用缩写 MOP$，其正式的简称为 MOP(Macao Pataca)。澳门的货币政策由澳门金融管理局管理。

现在，澳门币的纸币由澳门金融管理局授权大西洋银行与中国银行澳门分行发行，硬币则由澳门金融管理局负责发行。澳门币与港元之间实行联系汇率制度，以 1.03 澳门币兑换 1 港元。由于港元与美元实行联系汇率制度，所以澳门币也间接与美元挂钩，汇率约为 1 美元兑 8 元澳门币。澳门现时对澳门币与外币的进出境都没有管制，游客可以在澳门的酒店、银行、兑换店等地自由兑换货币。

(四)新台币

新台币的前身为台币，又称为旧台币，在 1945 年 5 月 22 日开始发行。当初台币被定位为一种过渡时期的货币，日据政府的台币与国民政府的台币一比一兑换。由于当时中国大陆战后金融状况不稳定，因此台湾未使用当时通行于中国大陆的法币、金圆券，另外再发行台币。但由于 1948 年上海爆发金融危机，连带也使旧台币币值大幅贬值，造成台湾物价水准急剧上扬。

1949 年 6 月 15 日台湾发行新台币，明确规定 40 000 元旧台币兑换 1 元新台币，成为今日台湾的法定货币。另外为因应金门、马祖等战地的特殊需要，也曾经发行限定流通这些地区的新台币金门、马祖流通券，目前则已经取消。

新台币到 2000 年发行的 1000 元之前，都是台湾地区“中央银行”委托台湾银行发行。2000 年后改由其“中央银行”发行。

第三节　货币层次的划分

在现代信用货币制度下，流通中的货币都是由银行体系创造和提供的，货币的外延和口径在不断地拓宽。

一、货币层次的划分

货币分层，也称为货币层次，是指各国中央银行在确定货币供给的统计口径时，以金融资产流动性的大小作为标准，并根据自身政策目的的特点和需要，划分货币层次。货币层次的划分有利于中央银行进行宏观经济运行监测和货币政策操作。划分货币层次的主要依据是金融资产流动性的强弱。流动性程度不同的金融资产在流通中周转的便利程度不同，从而对商品流通和各种经济活动的影响程度也就不同。所以，按流动性强弱对不同形式、不同特性的货币划分不同的层次，对科学地分析货币流通状况，正确地制定、实施货币政策，及时有效地进行宏观调控具有非常重要的意义。

二、货币层次划分标准

(一)货币层次

货币的流动性在大部分西方经济学家眼里实质上就是货币的变现能力。根据大部分西方经济学家对货币层次的归纳，货币一般情况下可分为以下三个层次。

1. 现钞(M_0)

现钞(M_0)是指流通于商业银行体系之外的现钞，即居民手中的现金和企业单位的备用金，不包括商业银行的库存现金。由于这部分货币可随时作为流通手段和支付手段，所以流动性最强。

2. 狭义货币(M_1)

从货币作为交易媒介这一主要特征出发来定义货币的范畴，以此来界定的货币也称为狭义货币或用 M_1 表示：$M_1= M_0$+活期存款+其他支票存款。

3. 广义货币(M_2)

广义货币是由狭义货币和准货币构成的。准货币是指银行的定期存款、储蓄存款、货币市场存款等资产。

(二)几种主要的划分标准

1. 美国层次划分

目前，美国对货币层次的划分大致如下。

M_1=通货+活期存款+其他支票存款；

M_2=M_1+小额定期存款+储蓄存款+货币市场存款账户+货币市场基金份额(非机构所有)+隔日回购协议+隔日欧洲美元+合并调整；

M_3=M_2+大面额定期存款+货币市场基金份额(机构所有)+定期回购协议定期欧洲美元+合并调整；

L=M_3+短期财政部证券+商业票据+储蓄债券+银行承兑票据。

2. 欧盟层次划分

欧盟在货币层次划分方面，相对于美国有很大的差别。欧洲中央银行将货币分为狭义货币、中间货币和广义货币三个层次，具体划分如下。

狭义货币：M_1=流通中现金+隔夜存款；

中间货币：M_2=M_1+期限为两年以下的定期存款+通知期限三个月以内的通知存款；

广义货币：M_3=M_2+回购协议+货币市场基金(MMF)+货币市场票据+期限为两年以内的债券。

3. 日本层次划分

日本现行的货币层次划分大致如下。

M_1=现金+活期存款；

M_2+CD=M_1+准货币+可转让存单；

M_3+CD=M_2+CD+邮政、农协、渔协、信用合作和劳动金库的存款以及货币信托和贷方信托存款。此外还有广义流动性等于“M3+CD”加回购协议债券、金融债券、国家债券、投资信托和外国债券。这里 CD 为可转让存单。

4. 国际货币基金组织的货币划分

M_0=流通与银行体系外的现金通货

M_1=M_0+商业银行活期存款+邮政汇划资金+国库接受的私人活期存款

M_2=M_1+储蓄存款+定期存款+政府短期债券

5. 我国层次划分

中国人民银行于 1994 年第三季度开始，正式确定并按季公布货币供应量指标，根据当时的实际情况，货币层次的划分具体如下。

M_0=流通中的现金；

M_1=M_0+企业活期存款+机关、团体、部队存款+农村存款+个人持有的信用卡存款；

M_2=M_1+城乡居民储蓄存款+企业存款中具有定期性质的存款+信托类存款+其他存款；

M_3=M_2+金融债券+商业票据+大额可转让定期存单等。

在我国，M_1 是通常所说的狭义货币供应量，M_2 是广义货币供应量，M_3 是为金融创新而增设的。

知识点提示

2017 年 10 月末，我国广义货币(M_2)余额 165.34 万亿元，同比增长 8.8%，增速分别比上月末和上年同期低 0.4 个和 2.8 个百分点；狭义货币(M_1)余额 52.6 万亿元，同比增长 13%，增速分别比上月末和上年同期低 1 个和 10.9 个百分点；流通中货币(M_0)余额 6.82 万亿元，同比增长 6.3%。当月净回笼现金 1518 亿元。(中国人民银行 2017 年金融数据统计报告)

本章小结

1. 货币起源于商品，是商品生产和商品交换发展到一定程度的产物。

2. 按照马克思的货币起源学说，货币是伴随着商品价值形式的不断发展变化而最终产生的。商品价值形式经历了四个不同的发展变化阶段：简单的或偶然的价值形式阶段、扩大的价值形式阶段、一般价值形式(一般等价形式)阶段、货币形式阶段。

3. 在发达的商品经济中，货币具有价值尺度、流通手段、贮藏手段、支付手段和世界货币五种职能。其中最基本的职能是价值尺度和流通手段。

4. 自货币产生以来，货币形式的演进经历了数千年的过程，货币形式依次经历了实物货币——金属货币——代用货币——信用货币的演进。

5. 货币制度，简称“币制”，是国家法律规定的货币流通规则、结构和组织机构体系的总称。货币制度是随着商品经济的发展而逐步产生的，到近代形成比较规范的制度。

6. 货币制度构成要素包括：货币币材；货币单位；本位币与辅币的铸造、发行与流通程序；银行券与纸币发行和流通程序；金准备制度。

7. 货币制度经历了银本位制、金银复本位制、金本位制和信用货币本位制。

8. 我国现行的货币制度比较特殊，我国目前实行“一国两制”方针，目前在中国境内共有人民币、港元、澳门元、新台币四个货币区，四种货币各限于本地区流通。

9. 各国中央银行在确定货币供给的统计口径时，以金融资产流动性的大小作为标准，并根据自身政策目的的特点和需要，划分了货币层次。货币层次的划分有利于中央银行进行宏观经济运行监测和货币政策操作。

(扫一扫，一起来拓展一下视野吧！)

课后习题

一、单项选择题

1. 与货币的出现紧密相连的是(　　)。

A. 金银的稀缺性　B. 交换产生与发展　C. 国家的强制力　D. 先哲的智慧

2. 商品价值形式最终演变的结果是(　　)。

A. 简单价值形式　B. 扩大价值形式　C. 一般价值形式　D. 货币价值形式

3. 中国最早的铸币金属是(　　)。

A. 铜　B. 银　C. 铁　D. 贝

4. 在下列货币制度中劣币驱逐良币律出现在(　　)。

A. 金本位制　B. 银本位制　C. 金银复本位制　D. 金汇兑本位制

5. 中华人民共和国货币制度建立于(　　)。

A. 1948 年　B. 1949 年　C. 1950 年　D. 1951 年

6. 欧洲货币同盟开始使用“欧元 EURO”于(　　)。

A. 1998 年　B. 1999 年　C. 2001 年　D. 2002 年

7. 信用货币的产生源于货币的哪种职能？(　　)。

A. 价值尺度　B. 流通手段　C. 储藏手段　D. 支付手段

8. 货币政策调控的主要对象是(　　)。

A. M_0　B. M_1　C. M_2　D. 全都是

9. 目前各国划分货币层次的主要依据普遍是金融资产的(　　)。

A. 安全性　B. 流动性　C. 收益性　D. 全都是

10. 建立货币制度的首要步骤是(　　)。

A. 确定币材　　B. 通货铸造

C. 确定发行与流通程序　　D. 黄金储备充足

11. 规定黄金由政府储存，居民可在银行券达到规定的数额时才可兑换黄金的是哪种货币制度？(　　)。

A. 平行本位制　　B. 金汇兑本位制　　C. 金块本位制　　D. 纸币本位制

12. 货币在(　　)时执行支付手段职能。

A. 商品买卖　　B. 缴纳税款　　C. 饭馆就餐付账　　D. 表现商品价值

13. 流动性最强的金融资产是(　　)。

A. 银行活期存款　　B. 居民储蓄存款　　C. 银行定期存款　　D. 借记卡

14. 实物货币是指(　　)。

A. 没有内在价值的货币　　B. 不能分割的货币

C. 货币运动伴随商品运动　　D. 货币作为价值的独立形式进行单方面转移

15. 从世界范围来看，纸币本位制下的(　　)流通是逐渐缩小趋势。

A. 存款货币　　B. 电子货币　　C. 现金货币　　D. 金币

二、多项选择题

1. 一般而言，要求作为货币的商品具有如下特征(　　)。

A. 价值比较高　　B. 金属的一种

C. 易于分割　　D. 易于保存便于携带

2. 下列属于准货币的是(　　)。

A. 支票存款　　B. 单位定期存款　　C. 活期储蓄存款　　D. 定期储蓄存款

3. 信用货币包括(　　)。

A. 银行券　　B. 支票　　C. 活期存款

D. 商业票据　　E. 定期存款

4. 货币支付职能发挥作用的场所有(　　)。

A. 赋税　　B. 各种劳动报酬　　C. 国家财政

D. 银行信用　　E. 地租

5. 对本位币的理解正确的是(　　)。

A. 本位币是一国的基本通货　　B. 本位币具有有限法偿

C. 本位币具有无限法偿　　D. 本位币的最小规格是一个货币单位

E. 本位币具有排他性

6. 信用货币制度的特点有(　　)。

A. 黄金作为货币发行的准备　　B. 贵金属非货币化

C. 国家强制力保证货币的流通　　D. 金银储备保证货币的可兑换性

E. 货币发行通过信用渠道

7. 以下可以自由铸造银币的货币制度是(　　)。

A. 银币本位制　　B. 跛行本位制　　C. 平行本位制

D. 双本位制　　E. 纸币制度

8. 对货币单位的理解正确的有(　　)。

A. 国家法定的货币计量单位　　B. 规定了货币单位的名称

C. 规定本位币的币材　　D. 确定技术标准

E. 规定货币单位所含的货币金属量

9. 我国货币制度规定人民币具有以下的特点(　　)。

A. 人民币是可兑换货币　　B. 人民币与黄金没有直接联系

C. 人民币是信用货币　　D. 人民币具有无限法偿力

E. 人民币具有有限法偿力

三、辨析题(正确打“√”，错误打“×”)

1. 最早的货币形式是金属铸币。(　　)
2. 金铸币本位制在金属货币制度中是最稳定的货币制度。(　　)
3. 劣币驱逐良币律产生于信用货币制度的不可兑换性。(　　)
4. 纸币之所以能成为流通手段是因为它本身具有价值。(　　)
5. 在信用货币制度下金银储备成为货币发行的准备。(　　)
6. 货币的产生源于交换的产生与发展以及商品内部矛盾的演变。(　　)
7. 金属货币自由铸造制度的意义在于使铸币价值与金属价值保持一致。(　　)
8. 人民币制度是不兑现的信用货币制度。(　　)
9. 金属货币制发挥蓄水池功能的前提是要有足够大的币材金属贮藏。(　　)
10. 银行券是随着资本主义银行的发展而首先在欧洲出现于流通中的纸制货币。(　　)
11. 在足值的金属货币流通条件下，不会发生通货膨胀。(　　)
12. 无论在何种货币制度下，辅币的实际价值都小于其名义价值。(　　)
13. 历史上最早出现的货币制度是银本位制。(　　)
14. 商品的价格与单位货币的含金量呈反比关系。(　　)
15. 我国的辅币是有限法偿的，不能用于纳税。(　　)

四、简答题

1. 如何理解货币的支付手段?
2. 简述金属货币制度的主要构成要素。
3. 简述信用货币制度的主要特点。
4. 简述货币形态的演化。
5. 货币的职能有哪些?
6. 人民币是否具有储藏手段的职能?
7. 划分货币层次的依据是什么？ 为什么说科学地划分货币层次具有非常重要的意义?
8. 什么是“劣币驱逐良币”规律？试举例说明。
9. 货币执行世界货币职能的表现主要有哪些方面?

五、论述题

1. 如何理解金币本位制度是一种稳定的货币制度，而金块本位制和金汇兑本位制是一种残缺的金本位制?

2. 什么是纸币本位制？有何特点?

六、案例分析题

1. 金圆券是解放战争后期国民政府为支撑其崩溃局面而发行的一种本位货币，1948 年 8

月 19 日开始发行。抗日战争胜利后，国民党发动内战，消耗了巨量财富，引起财政赤字直线上升和物价疯狂上涨，国民党统治区社会经济一片混乱，1948 年通货膨胀加剧，法币急剧贬值。至 1949 年 6 月，金圆券发行总额竟达一百三十余万亿元，超过原定发行总限额的六万五千倍。票面额也越来越大，从初发行时的最高面额一百元，最后竟出现五十万元、一百万元一张的巨额大票。金圆券流通不到一年，形同废纸，国民政府财政金融陷于全面崩溃。人们开始拒用金圆券。

问题:

(1) 国民党的金圆券是一种什么货币？

(2) 金圆券为什么会大幅贬值？

2. 找出以下故事中包括了货币的哪些职能，画线连接事件与其职能

张考入了某金融学院。由于入校匆忙，秋冬的服装没有带全，“十一”长假，她到商场看好了一件羽绒服，价格还不贵，标价 300 元人民贮藏手段币，于是她毫不犹豫地掏出 300 元人民币买了回去。	价值尺度 流通手段
晚上她想给妈妈打个电话，可是手机欠费停机了，使用银行卡充了 100 元人民币话费，向妈妈报了平安。妈妈对她说，最近要去香港旅游，明天准备去银行换一些港币和美元。她对妈妈说，美元在持续贬值，可千万不要多换。	支付手段 世界货币

七、综合训练

训练任务：调查了解同学们在日常生活中使用纸币和电子货币的比例。

训练活动：在班级或户外设计一份调查问卷并作出总结。

训练目的：掌握相关知识，学会设计调查问卷。

课后阅读

扫一扫，看看课后还有什么值得阅读的吧！

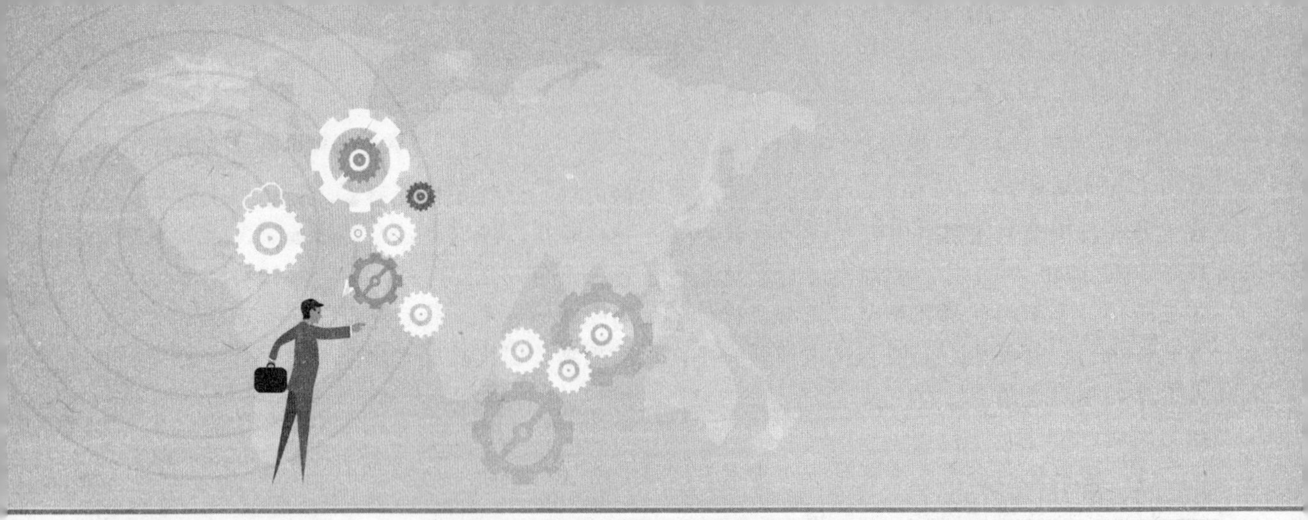

第三章 信用与利息

学习目标

- 掌握信用的概念、信用的特征和信用的形式；
- 了解信用在国民经济中的地位及其职能作用；
- 了解利息和利息率的基本知识；
- 掌握决定和影响利率变动的各种因素。

技能目标

熟悉经济生活中的各种信用形式，能够善于运用信用形式，能够运用单利、复利两种方法计算利息。

案例导读

社会越发达，个人信用越重要

美国是众所周知的发达国家，它对于个人信用体系方面的运作比较有意思，有位长期居住在美国的中国朋友曾经谈到了这点。来美国不久，他开车从华盛顿到波士顿，准备去看望一位朋友。在最后一个高速公路收费站，他被告知应交2美元的费用。但当时他的口袋只有1.75美元，没有办法，他当时只能向这位工作人员进行解释。本以为会被苛责的他，没想到事情发展会很简单。工作人员眉头都没皱地对他说“没关系”。之后，他收到收费站寄送过来的一封信，内容是叮嘱自己要按照信封的地址把另外0.25美元寄给他们，否则的话将会被罚款几十美元。

当时这位朋友觉得很好笑。他跟别人说，如果不把这0.25美元寄回去会怎样？朋友给他的建议是千万不要那样做，否则的话将会为这0.25美元付出巨大的代价。因为美国的个人信用调查公司将会把这件事记录在案，而他本人的信用历史也会从此出现污点，对于他今后的工作和生活是非常不利的。由此可知，在美国个人信用是非常受重视的。

思考：如何认识信用？

信用在国民经济中的作用是什么？

如何维护个人信用？

第一节 信用概述

信用是和商品生产、货币经济相联系的范畴，是在商品货币关系的基础上产生的。随着信用的发展，经济活动中出现了各种信用形式，主要包括商业信用、银行信用、国家信用、消费信用等。

一、信用的概念

信用过去常用来表示道德层面的信守承诺，具有信誉的意思。在金融学中，信用是一个十分重要的范畴，是指以偿还本金和支付利息为条件的暂时让渡商品或货币的借贷行为。信用的内涵与特征应从以下三个方面去理解。

(一)内涵

1. 信用是以还本和付息为条件的借贷行为

信用是一种借贷行为，是借贷的总称，其特点是以偿还为条件的付出。借贷行为，主要涉及借款和贷款两个当事人。在借贷行为中，贷者把一定量的实物或货币交给(付给)借入者，借入者承担偿还的义务，即一定时期后(由契约或协议决定)必须把借入的货币或实物如数偿还给贷出者。有偿付出是信用这一经济范畴有别于其他如财政、社会救济等行为的最主要的特征。现代银行制度形成以后，银行以中介地位参加借贷活动，即贷者不是把货币直接交给借款人，而是将其存入银行，银行在信用调查的基础上把存款再贷给借入者。银行等中介机构的介入，一方面，使信贷关系复杂化；另一方面，也使信用经济得到很快的发展。

2. 信用是价值单方面转移或让渡的特殊形式

信用活动的价值运动是通过一系列借贷、偿还、支付活动实现的。这种借贷行为是指以偿还为条件的付出，且这种付出只是使用权的转移，所有权并没有转移，偿还性和支付利息是它的基本特征。信用是以偿还为条件的价值单方面让渡，不同于商品买卖。在商品买卖中，价值进行对等转移和运动，一手交钱，一手交货：卖者售出商品，获得等值的货币；买者付出货币，得到商品。但是在信用即借贷活动中，贷者把一部分货币或商品给予借者，借者并没有同时对贷者进行任何形式的价值补偿，而借者在一定时期后不仅要偿还本金，还要付息。

3. 信用反映的是债权债务关系

信用活动的当事人主要有两个方面，即贷者和借者。从贷者角度看，信用关系反映了他有要求付款的权利；从借者的角度看，他有付款的义务。因此，信用关系反映债权债务关系。

知识点提示

实物借贷是以实物为标准进行的借贷活动，即贷者把一定的实物贷给借者，借者到期以实物形式归还本金，并以实物形式支付利息。在前资本主义社会，实物借贷是一种很普遍的借贷方式。在自然经济占主导地位的社会，借贷形式主要是实物借贷。随着商品经济的发展，货币借贷逐渐成为主要形式，货币借贷是以货币为标的进行的借贷活动。虽然货币借贷是现代经济中最主要的借贷方式，但货币借贷并未完全取代实物借贷。

(二)特征

(1) 时间性，信用是一种债权债务关系，这种关系应该有期限，即商品或货币的所有权与使用权的分离是有时间限制的，否则就属于赠与或其他经济关系了。

(2) 偿还性，信用关系中商品或货币的暂时转移是以偿还为基本条件的，商品或货币所有者要求在信用关系结束时，以一种方式收回商品或货币，这是信用关系的基本要求。

(3) 收益性，信用关系是有偿的，商品或货币的所有权人让渡使用权，必然需要得到一定报酬。

(4) 风险性，债权人将使用权让渡给债务人时，只能获得一定的债权或所有权凭证，能否到期收回商品或货币的使用权并得到利息，还取决于债务人的信用和偿还能力，具有一定的风险性。

二、信用的构成要素

信用行为发生过程一般需要有五个要素。

1. 信用主体

信用作为特定的经济交易行为，要有行为的主体，即行为双方当事人，其中转移资产、服务的一方为授信人，而接受的一方则为受信人。授信人通过授信取得一定的权利，即在一定时间内向受信人收回一定量货币和其他资产与服务的权利，而受信人则有偿还的义务。在有关商品或货币的信用交易过程中，信用主体常常既是授信人又是受信人；而在信用贷款中，授信人和受信人则是分离的、不统一的。

2. 信用客体

信用作为一种经济交易行为，必定有被交易的对象，即信用客体。这种被交易的对象就是授信方的资产，它可以是有形的(如以商品或货币形式存在)，也可以是无形的(如以服务形式存在)。没有这种信用客体，就不会产生经济交易，因而不会有信用行为的发生。

3. 利率

信用关系是在偿还和付息的条件上得以建立的，因此，利率不可缺少。

4. 信用流通的工具

授信信用双方的权利和义务关系，需要表现在一定的载体上(如商业票据、股票、债券等)，这种载体被称为信用流通工具。信用流通工具是信用关系的载体，没有载体，信用关系就无所依附。作为载体的信用流通工具，一般具有如下几个主要特征。

(1) 返还性。商业票据和债券等信用工具，一般都要载明债务的偿还期限，债权人或授信人可以按信用工具上所记载的偿还期限按时收回其债权金额。

(2) 可转让性，即流动性。是指信用工具可以在金融市场上买卖。对于信用工具的所有者来说，可以随时将持有的信用工具卖出而获得现金，收回其投放在信用工具上的资金。

(3) 收益性。信用工具能定期或不定期地给其持有者带来收益。

5. 时间间隔

信用行为与其他交易行为的最大不同，就在于它是在一定的时间间隔下进行的，没有时间间隔，信用活动就无法开展下去。

三、信用的演变

(一)信用产生的原因

1. 信用产生和发展的基础在于商品货币经济

商品货币经济是价值经济，信用是建立在价值经济基础之上的，是价值经济的形式之一。因此，信用产生的总的根源是商品货币经济及其发展。

2. 私有制和贫富两极分化

信用是在私有制出现以后，在商品交换的基础上产生的。在原始社会初期，社会生产力水平极低，人们的生产活动还难以维持温饱，没有剩余产品进行交换，因而也就没有信用存在的基础。到了原始社会末期，出现了两次社会大分工，劳动生产率有了明显提高，出现了剩余产品和商品交换，特别是由于在这个基础上出现了私有制，使原始社会内部发生了贫富分化，出现了富裕家族和贫困家族。货币资财集中在富裕家族手中，而贫困家族因缺少生活资料和生产资料，为了维持生活和继续从事生产，或遭到天灾人祸，他们不得不向富裕家族借贷，于是出现了信用活动。最早的信用活动是实物借贷。货币产生之后，逐渐发展为货币借贷，并且经历了以实物借贷为主，辅之以货币借贷形式和逐步发展为以货币借贷为主的过程。

3. 商品或货币占有不均衡

随着商品生产的发展，作为商品经济两大要素的商品和货币其矛盾对立也日益增强。货币和商品在各所有者之间分布很不均衡，有时需要购买商品的人没有货币，而有货币的人又不需要购买，这种矛盾通过信用迎刃而解了。工业革命之后，社会化大生产要求大规模资金的支持，信用形式和内容有了更进一步的发展，除了商业信用、银行信用之外，股份信用也迅速发展，成为社会信用不可或缺的重要方面。

(二)信用活动产生的基础

在现代经济生活中信用已经贯穿于社会生活的各个方面，社会生产过程的每一个环节，包括生产、流通、分配、消费等各个环节，它又是商品经济赖以生存发展的制度基础。在现代信用货币制度之下，信用货币无处不在，信用关系也随之被带到经济生活的每一个角落。现代信用的活动，越来越超出产业经济内部范围，把社会上一切闲置货币都动员起来，投入信用经济运转之中，所以，现代经济已从货币经济发展到信用经济，货币收支大部分表现为信用收支。在企业、政府和个人的货币收支中，货币收入和支出会呈现出三种状态：①货币收入大于支出；②货币收入少于支出；③货币支出等于收入，即处于均衡状态。在现代经济中，闲置资金不会绝对闲置不用，而会被积极加以利用。货币收入少于支出，表现为赤字(短缺)；货币收入大于支出，表现为盈余(多余)。于是，在货币收支盈余和赤字之间，就有进行货币调剂融通的必要。从信用关系上来说，货币赤字单位是债务人，盈余单位是债权人，在日常的经济活动中，任何企业、政府和个人都既是债权人又是债务人。

(三)信用活动演变过程

1. 高利贷是最古老的信用形式

高利贷，顾名思义，就是这种信用的利率水平很高，贷者要收取较高的利息，借者往往要付出较高的代价。高利贷的年息一般都要 30%以上，100%~200%的年息也是常见的。高利贷利息如此之高，其原因有两方面：一是借款人的借款目的大多是为了获得必要的购买手段和支付手段；二是在自然经济占统治地位、商品经济不发达的条件下，人们不容易获取货币，这就为高利贷的形成创造了条件。

高利贷具有两大特点：利息高与非生产性，这两个特点源于当时生产力与生产方式的历史局限性。在信用萌芽、发展的早期阶段，生产力发展的不充分使信用产生的前提——剩余产品非常有限，借贷行为中当剩余产品即借贷对象供给不充分的条件下，必然表现为借贷价格——利息很高。在工业革命以前漫长的历史时期，人类的生产方式主要是以小手工生产方式进行的，生产性资金主要通过内部筹集资金的方式来解决，利息的高昂使信用难以进入正常的生产过程之中，由此也就决定了高利贷的非生产性特点，高利贷借者的目的在于消费而不是生产。

阅读专栏

高利贷究竟产生于何时，至今已无法考证。有历史记载的高利贷至今已有 2800 多年了。据西方历史记载，早在公元前 18 世纪，古巴比伦皇帝汉谟拉比编制了一部法典，其中规定贷谷的利息达本金 1/3，贷银则达 1/5；债务人无谷和银予以还债，应以其他动产作抵偿；不得虐待抵债的人质致死等。

我国最早反映放债取息的著作，较西方为晚。在春秋战国时期，即公元前 300 年前后方有记载。例如，《管子·轻重篇》，该著作描写了齐桓公调查民间高利贷严重的情形：一家放债，高的谷千钟，钱千万，少的谷六七百钟，钱六七百万。利率高的十分，低的二分。另外，《战国策·齐策》对战国时期放债取息的情况也有描述。当时，放债取息已非常普遍，叫做“假贷”或“称贷”。齐公子孟尝君在自己的封地“薛”放债取息，作为奉养三千宾客的财源之一。史书中关于借贷牟取暴利的最早记载出现在《史记》中：汉景帝三年，为平定诸侯叛乱，需要大量经费，汉朝将领将不得不去向商人借高利贷，一些商人担心叛乱能否平息，所以都不肯借钱。当时有一人愿意贷款给官府，但要求 10 倍的利息，结果三个月后吴楚之乱得到了平定，放贷之人如期收回了本金和利息，一举成为长安巨富。由此，放高利贷便成为西汉官僚家族取得财产的主要途径之一。

2. 现代信用的产生

现代信用的标志是借贷资本和产业资本的形成。借贷资本是货币资本的所有者为了获得利息而贷给职能资本家使用的货币资本。借贷资本也是一种生息资本。借贷资本是在产业资本循环和周转的基础上形成的，它直接与资本主义再生产过程相联系。在产业资本循环中，由于种种原因，必然会游离出一部分闲置资本，而这些闲置的货币资本如果不能为它的所有者带来剩余价值，那就与资本的本性相矛盾了。因此资本家必然要把它运用起来，而当这部分资本家有闲置资本的时候，另一些资本家为了维持资本不间断地周转，或扩大生产规模与经营范围，可能会出现货币资本暂时不足，需要临时补充。在这种情况下，资本家之间就有可能也有必要通过有借有还的信用形式，进行货币资本的余缺调剂。

四、信用与经济的关系

(一)现代经济是信用经济

现代经济是一种信用经济。在现代经济生活中，信用即债权债务关系是一种最普遍的经济关系，经济生活中的每一个部门、每一个环节都渗透着债权债务关系，债权债务关系已成为联结各级经济部门、政府、企业和个人最重要的纽带，而且经济越发展，债权债务关系越紧密，成为经济正常运转的必要条件。这是由以下两方面决定的：①从现代经济的基本特征来看，现代经济是以商品生产和商品交换为目的的商品货币经济，激烈竞争对资金的需求必然要通过信用方式得到满足。②从货币形式的发展来看，现代货币是信用货币。自金属货币退出流通领域以后，信用货币成为流通中最基本的货币形式。在现代经济社会中任何人的生活都不可能完全与货币脱离开，或多或少会与货币发生联系，形成各种各样的货币收支，而这些货币收支最终都是银行的资产和负债，体现了银行与其他经济部门之间的信用关系。

(二)现代信用对经济的作用与影响

现代经济是建立在信用基础之上的，信用关系是现代经济中最普遍最基本的经济关系。信用在现代经济中的作用既有积极的一面，也有消极的一面。

1. 信用对现代经济发展的推动作用

(1) 信用是促进现代经济发展的基础。 现代经济是以商品生产和商品交换为特征的商品货币经济，商品生产者之间的竞争是十分激烈的，竞争的胜负决定商品生产者要进行适度规模生产、提高商品质量，而规模生产要求生产者有相应的资金投入及改进工艺、提高生产技术水平，商品生产者对资金的这些需求必然要通过信用方式得到满足。如果商品生产者依靠自身的积累去扩大生产规模和更新设备的话，那么这样的积累过程将是很长的，商品生产者会为此丧失许多优势与机会，处于不利地位。所以现代经济的基本特征就决定了信用是经济发展的基础，一个企业只有具备了良好的信用，才能有更广阔的发展前景。

(2) 信用可以实现资本转移，自发调节各部门的发展比例。平均利润规律在商品经济条件下是普遍适用的。由于资本有机构成和资本周转速度不同等原因，分布在各个部门的等量资本得到的利润并不相同，有些部门利润率低，有些部门利润率高。当某种商品供过于求，价格下跌，从而利润率降低时，资本就会被其所有者从这个部门抽出，投向商品供小于求、价格上涨、利润率高的部门。这样，供过于求的商品生产就会减少，供不应求的商品生产就会增加，促使各部门生产比例趋于合理，从而推动利润率平均化。利润率的平均化是以资本自由转移为条件的。这种自由转移离不开信用的支持，信用使资本在不同部门之间的自由转移，导致了各部门利润率趋于平均化，形成平均利润率。平均利润率形成以后，各部门的等量资本必须获得平均利润，并以此调节各部门的发展比例。

(3) 信用可以节约流通费用，加速资本周转。 现代信用形式主要包括商业信用、银行信用、国家作用、消费信用等，在现代经济发展中，通过信用的形式，可以有效地节约商品、货币的流通时间和费用，加速资本的周转。如现代银行信用制度的发展使债权债务可以在银行信用基础上通过转账结算方式清算，不需要现金结算。在信用制度基础上产生的信用流通工具代替金属货币流通。建立在银行信用基础上的存款货币流通，节约了现金流通费用，并加速了货币流通，甚至用电子计算机代替现金流通，节约了社会流通费用。

(4) 信用促进商品的实现过程，创造更多的价值。现代商业信用和消费信用的发展，可以减少商品的储存量和与此有关的商品保管费用。例如，没有商业信用，商品生产者因资金缺少不能及时得到所需的原材料，生产就无法进行下去；商业企业必须支付现款进货，企业的产品可能卖不出去，或推迟销售；若企业向原材料供应商或商店提供信用，生产企业就能先得到原材料继续进行生产，也可以先把商品转让给商店，等商店销售完成或有贷款时再付款，就可以大大加快商品的销售速度。

(5) 信用为现代企业制度的改革和发展创造了条件。现代企业包括有限责任公司和股份有限公司。股份有限公司是 19 世纪初在西方资本主义发达国家出现的一种新型企业组织形式。它不同于以往的独资企业或合伙企业。股份公司的资本是通过发行股票的方式筹集的。购买股票的人就成为股份公司的股东，股份公司为全部股东所拥有。由于股份公司是面向社会筹集资本，因此它的资本金都比较大。股份公司的出现极大地促进了资本主义经济的发展。股份公司的产生和发展是与信用制度的发展紧密相连的。

2. 现代信用对经济的消极影响

信用对经济的消极作用主要表现为信用风险和经济泡沫的出现。信用风险是指债务人无法按照承诺偿还债权人本息的风险。在现代社会中，各个主体之间的债权债务交错，形成了错综复杂的链条，如果这个链条上有一个环节断裂，就会引发连锁反应，对整个社会的信用联系造成很大的危害。经济泡沫是指某种资产或商品的价格大大地偏离其基本价值，经济泡沫的开始是资产或商品价格暴涨，这些资产或商品的需求急剧膨胀，极大地超出了供给。在泡沫经济中，依靠信用制度造成虚假需求，又推动了虚假繁荣，导致经济过度扩张。因此，信用活动管控不当，就会对经济发展造成危害。

第二节 信用的形式

信用关系总要表现为一定的信用形式。在现代经济条件下，信用形式主要包括商业信用、银行信用、国家信用、消费信用等。其中，商业信用和银行信用是两种最基本的信用形式。

一、商业信用

(一)商业信用的概念

商业信用是企业之间相互提供的、与商品交换直接相联系的信用活动。其具体形式有商品的赊购赊销和预付货款两大类。

商业信用是在商品交易过程中提供的信用，如工业企业向商业企业出售自己生产的产品，买卖成交了，但商业企业没有现款支付商品价款，这时双方就可以订立一个协议，暂时不付款，而以工业企业赊销的方式出售，协议规定一定时间以后再付款。这样，在这个工业企业和这个商业企业之间除了商品买卖之外，又产生了一种商业信用关系。商业信用之所以称为商业信用，正因为它是建立在商品交易基础上的信用行为。

商业信用从形式上看是直接以商品形式提供的，但实质上仍然是价值借贷，借者并不欠贷者的某种商品，而欠贷者一定数额的商品价款。商业信用也和其他信用形式一样，也是价值单方面转移，但发生信用时是商品所有者把一部分价值(商品价款)单方面贷给商品的购买者，而到还款期时购买者把商品价款单方面转移给原商品的卖主。简单的商品交换是价值当时对等转移，这是它同信用的根本不同之处。

预付与赊销相反，即购货企业在没有获得商品时，预先支付部分或全部货款。在购买生产周期较长的商品时，通常用预付方式。

(二)商业信用的特点

商业信用有以下 4 个特点。

(1) 商业信用所贷出的是商品资本，是处于产业资本循环过程最后一个阶段上的商品资本，而不是暂时闲置的货币资本，它还有待于转化为货币资本。

(2) 商业信用的债权人和债务人都是工商企业，体现了企业之间的关系。

(3) 在产业周期的各个阶段上，商业信用的动态(即伸缩)是和产业资本的动态相一致的。在繁荣时期，生产扩大了，生产的产品增多了，对商业信用的需要也增加了，以信用方式销售的商品也就增多。反之，在经济危机或严重不景气时期，市场商品流通渠道堵塞，生产规模缩小，对商业信用的需要减少，以信用方式销售的商品也就减少，甚至完全停止以信用方式出售商品，因为在商业信用中以借贷资本出现的，就是处在再生产过程中的资本。

(4) 商业信用中所提供的商品，一般用于生产或销售。

知识点提示

强制商业信用：指本应支付的货款而拖欠不付的现象。它与一般商业信用的区别是：强制商业信用是在买方强制拖欠货款的情况下发生的，而一般商业信用则是在商品卖方主动提供，或经买卖双方磋商之下形成的。由于强制商业信用违背了商品经济条件下交换与借贷的基本原则(平等与自愿)，因而构成拖欠方对被拖欠方财产的侵犯行为，在这个意义上讲，应该说强制商业信用不是真正的信用。

(三)商业信用的局限性

由于商业信用具有以上特点，决定了它的存在和发展存在一定的局限性。

1. 信用的规模和数量具有局限性

商业信用是在厂商间展开的，其提供的信用资本是产业资本的一部分。由于以商品或预付货款形式所提供的信用，只是企业总资本的一部分，因而要受到资本总量的限制。而且，从个别企业来看，它以延期付款方式出售的商品，并非是其全部资本，主要是再生产过程最后阶段的商品资本和可以出售的半成品。

2. 信用的使用方向具有局限性

由于商业信用的需求者是所售商品的直接购买者，这就决定了企业只能和与自己的经济业务有联系的部门发生信用关系，并且，只能在产业链中向下游产品的生产者提供信用，例如：棉花商只能以出售棉花的形式向纺织厂提供信用，而不可能向机器加工厂提供信用。而且有时只能单向授信或受信，如棉花商→纺织厂→织布厂→印染厂→服装加工厂依次授信，而不能反方向提供商业信用。

3. 信用能力上具有局限性

商业信用之所以能在企业之间建立起一种直接的反映债权债务的信用关系，除了双方以商品买卖关系成立为前提外，更重要的是出卖商品的企业比较确切了解购买者的偿还能力及诚信，否则，就不易发生商业信用。

4. 期限上的局限性

企业在向对方提供商业信用时，其所提供的只能是在生产过程中暂时闲置的货币资金，期限很短。所以商业信用只能满足短期资金融通的需要。

阅读专栏

我国的商业信用

我国在新中国成立初期曾经广泛存在商业信用，当时，商业信用解决了国民经济恢复时期资金不足的困难，有助于国营经济利用多种商业信用形式，实现对其他经济成分的引导和调控。商业信用在当时不仅被广泛运用，而且取得了较好的成效。1956 年以后，随着生产资料社会主义改造的基本完成和计划经济管理体制的建立，商业信用逐渐被取缔。禁止商业信用虽然消除了计划管理失控的隐患，但也扼杀了其繁荣市场、搞活流通的作用，束缚了商品生产和流通的发展。1979 年改革开放之后，商业信用又重新恢复，但并未获得迅猛发展。这一方面是由大量变相、强制的商业信用的出现极大地冲击了企业和个人的信用道德观念，滋生了企业采用强制商业信用的习惯，企业间相互拖欠货款的现象屡见不鲜，在一定程度上阻碍了商业信用的发展。直至 1995 年，《中华人民共和国票据法》的颁布实施对中国商业信用的规范化发展起到了推动作用。

(资料来源：付淑霞，安春梅. 现代金融学[M]. 武汉：武汉理工大学出版社)

商业信用——经商法则

1596 年，荷兰的一位船长带着 17 名水手，被冰封的海面困在了北极圈的一个地方。8 个月漫长的冬季，8 个人冻死了，但荷兰商人却做了一件令人难以想象的事情，他们丝毫未动别人委托给他们运输的货物，这些货物中就有可以挽救他们生命的衣物和药品。冰冻时节结束了，幸存的商人终于把货物几乎完好无损地带回荷兰，送到委托人手中。荷兰人有充分的理由权变，他们可以先打开托运箱，把能吃的吃了，等到了目的地，可以加倍偿还托运者，任何人都会同意这种人道的做法。但是，荷兰人没有这样做。他们把商业信用看得比自己的生命更重要，他们用生命作代价，守住信用，创造了传之后世的经商法则。

荷兰曾经只是个 100 多万人口的小国，却因为商誉卓越而成为海运贸易强国，影响了世世代代的荷兰人。

(资料来源：袁晓梅，陈宁. 财政与金融[M]. 北京：人民邮电出版社)

二、银行信用

(一)银行信用的概念

银行信用是以银行为中介的、用货币形式提供给企业或个人的信用。货币是一般等价物，可以用来购买任何商品，这就突破了商业信用以特定商品买卖为前提的限制。银行在整个社会范围内筹集资金和分配资金，它拥有的信贷资金数量大，信誉高，可以满足生产和流通企业的任何资金需求，因此，随着资本主义经济的发展，银行信用在社会信用体系中逐渐成为占主导地位的信用形式。

(二)银行信用的特点

1. 银行信用是一种间接信用

银行信用的借贷双方，一方是银行和非银行金融机构，另一方是企业或个人，银行是在企业、个人借贷关系中充当中介人，所以银行信用是一种间接信用。

2. 银行信用的客体是单一形态的货币资本

一方面，银行信用能有效地聚集社会上的各种有关资金，形成巨额的借贷资本，从而克服商业信用在数量上的局限性；另一方面，银行信用是以单一货币形态提供，可以不受商品流转方向的限制，从而克服了商业信用在方向上的局限性。

3. 银行信用的能力和作用范围是很大的

由于银行是特殊的部门，它可以依靠自身在社会经济生活中的重要地位，了解各企业的经营活动，建立广泛的信用关系，使自己的信誉及信用能力大大提高，作用的范围也相应扩大，克服了商业信用使用范围的局限。

4. 在产业资本循环周转的各个阶段上，银行信用的动态与产业资本的动态是不一致的

5. 银行信用具有创造信用的功能

其他经济实体要进行货币借贷必须先获得货币才能提供信用，而银行却能创造货币提供信用，克服商业信用的局限性，使银行具有雄厚的资金实力，使银行能为客户提供不同期限、不同数量的信用，满足客户的需要。

正是由于银行信用具有以上一些特点，更能适应商品经济发展的需要，使其成为现代信用的主要形式，在现代经济社会信用体系中占核心地位，发挥主导作用。

知识点提示

商业信用和银行信用具有相互促进的关系。银行信用是在商业信用的基础上产生和发展起来的，而银行信用的出现又使商业信用进一步得到完善和发展。商业票据都具有一定期限，当商业票据未到期而持票人又急需资金时，持票人可到银行办理票据贴现，以取得资金，这时商业信用就转化成了银行信用。有了银行信用的参与，商业票据更具有流动性和安全性，大大减少了资金融通的风险。

三、国家信用

(一)国家信用的概念

国家信用是以国家为主体进行的一种信用活动。国家按照信用原则以发行债券等方式，从国内外货币持有者手中借入货币资金，因此，国家信用是一种国家负债，指以国家为一方所取得或提供的信用。包括国内信用和国际信用。国内信用是国家以债务人身份向国内居民、企业、团体取得的信用，它形成国家的内债。国际信用是国家以债务人身份向国外居民、企业、团体和政府取得的信用。

国家信用的典型形式是国库券和国债，国库券一般期限较短，通常在一至两年内，是一种短期负债。因财政收支出现临时性、季节性不平衡时发行以调剂其收支平衡，以国库收入作为还本付息的来源。而国债一般期限较长，属于中长期债券，为弥补赤字或刺激经济增长的目的而发行，以国债资金的建设项目收益为还本付息的来源。

(二)国家信用的特点

(1) 国家政府以债务人的身份取得信用，信誉较高，对内负债，债权人包括居民、企业和团体；对外负债，则债权人包括国外居民、企业、团体、政府和金融机构。

(2) 国家信用的目的主要是弥补财政赤字和调节经济运行。随着经济的发展，国家财政支出扩大，目前世界各国几乎都采用发行国债来筹集资金以弥补财政赤字，因为它比直接增加税收更易于为公众所接受，而且还可以避免因发行货币而导致的通货膨胀。

知识点提示

国债，又称国家公债，是债的一种特殊形式，是国家以其信用为基础，按照国债的一般原则，通过向社会筹集资金所形成的债权债务关系。国债是由国家发行的债券，是中央政府为筹集财政资金而发行的一种政府债券，是中央政府向投资者出具的、承诺在一定时期支付利息和到期偿还本金的债权债务凭证，由于国债的发行主体是国家，所以它具有最高的信用度，被公认为是最安全的投资工具。而地方政府发行的债券叫地方债券或市政债券。

阅读专栏

1. 国债。发行主体是中央政府，具有最高信用等级，由财政部具体进行发行操作，分为记账式国债和储蓄国债。其中，记账式国债通过中央结算公司招标发行，在银行间债券市场、交易所债券市场交易，在中央结算公司总托管。目前贴现国债有 91 天、182 天、273 天三个品种，附息国债有 1 年、3 年、5 年、7 年、10 年、15 年、20 年、30 年、50 年期等品种。储蓄国债通过商业银行柜台面向个人投资者发行，分为凭证式和电子式两种，其中电子式储蓄国债在中央结算公司总托管。

2. 地方政府债券。发行主体是地方政府，分为一般债券和专项债券。通过中央结算公司招标或定向承销发行，在银行间债券市场、交易所债券市场交易，在中央结算公司总托管。目前一般债券有 1 年、3 年、5 年、7 年、10 年等品种，专项债券有 1 年(尚未实际发行)、2 年(尚未实际发行)、3 年、5 年、7 年、10 年等品种。

(资料来源：《中国债券市场概览 2016》，中国债券信息网)

四、消费信用

(一)消费信用的概念

消费信用是指由企业、商业银行以及其他信用机构以商品形态向消费者个人提供的信用。目的是解决消费者支付能力不足的困难，重要用于耐用消费品、支付劳务费用和购买住宅等方面的需要。

(二)消费信用的形式

消费信用的形式有以下几种。

1. 分期付款

分期付款是消费者在购买时签订书面合同，合同中说明期限、利息、每次支付的金额及其他费用，消费者先支付部分货款，然后根据合同，分期支付余下的贷款和利息。这是最常见的消费信用方式，多用于购买耐用消费品，如汽车、房屋、家具等。

2. 信用卡

信用卡是由发卡机构和零销商联合起来，为消费者提供的一种延期付款的消费信用。消费者凭卡可在约定单位购买商品和支付劳务，定期与银行结账，信用卡还可以在规定的额度内透支。

3. 消费贷款

消费贷款是指银行或其他金融机构直接以货币的形式向消费者个人或企业发放消费贷款，主要有信用贷款和抵押贷款两种方式，还款方式有到期一次性还本付息和分期偿还本息。消费信贷一般属于中长期信用，多为住房抵押贷款。

(三)消费信用的作用

消费信用有以下几种作用。

1. 消费信用的积极作用

(1) 在一定程度上缓和了消费者购买力水平和生活水平的矛盾，有助于提高消费水平；同时可以发挥消费对生产的促进作用，刺激经济不断增长。

(2) 有利于商业银行调整信贷结构，寻找新的利润增长点。商业银行抵押为担保或者面向有稳定收入的人群发放消费信贷，是风险较小的资产业务。增加消费贷款在贷款结构中的比重，将有助于增强贷款的盈利性。

阅读专栏

有这样一则幽默故事：一个中国老太太和一个美国老太太死后在天堂不期而遇。美国老太太说：“总算还完了几十年的住房贷款。”中国老太太则叹息：“总算攒够了买房的钱。”这则幽默将中西方消费观念的差异表现得淋漓尽致，同样是购买住房，中国老太太先攒钱，虽然是无债一身轻，但临死也没住上房；而美国老太太先借钱买房，后还债，结果提前几十年住进了新居。

其实在西方国家，消费信用相当流行，事实上，在最早实行消费信贷的美国，约有三分之二的小汽车和一半以上的电视机、家具等耐用消费品是通过消费信用的方式购买的。消费信用，通俗地讲就是花明天的钱圆今天的梦，用未来的钱享受今天的生活。它是商品经济发展到一定阶段的必然产物，也是人类走向现代经济社会的必然选择。

消费信用在我国起步较晚，直到 1998 年 3 月，中国建设银行首先推出个人住房消费信贷，同年 10 月又推出汽车消费信贷，信用消费才逐步走进了老百姓的生活。当前，住房、汽车等耐用消费品贷款，教育助学贷款，旅游贷款等消费信贷业务正在成为我国商业银行的重要竞争领域，但目前的规模还不够大，比重还不够高。为了吸引消费者，银行和商家在服务方面做了不少文章，国家也在政策上大力扶持。作为消费者，我们是否也该丢掉陈旧的消费观念，跟上现代消费时尚呢？

(资料来源：刘静萍. 金融学[M]. 长沙：湖南师范大学出版社)

2. 消费信贷的消极作用

消费信用的过度发展会增加经济的不稳定性，造成通货膨胀和债务危机。

(1) 对于供给不足，特别是消费品不足的国家，这种信用会加剧供求的紧张状态，容易引发需求拉上型的通货膨胀。

(2) 在生产相对过剩的国家，虽然它可以改变一定的消费不足状况，但是长此下去，会加深供给和需求的矛盾，在更大程度上造成供求脱节。因此，消费信用应该控制在适度范围内。一般来说，制约消费信用的因素主要有：总供给能力与水平、居民的实际收入与生活水平、资金供求关系、消费观念与文化传统等。

五、其他信用

(一)国际信用

国际信用是指一切跨国的信用关系。国家间先进技术、资金、设备的交流可以促进各国经济发展。因此，商业信用和银行信用被广泛用于国际间贸易和其他经济往来。国际信用是在国际贸易的基础上，为适应国际贸易的发展和经济增长而产生的一种借贷关系。

国际信用种类繁多，具体包括六种主要类型。

(1) 出口信贷，是指国际贸易中的一种中长期贷款形式，是一国政府为了促进本国出口，增强国际竞争能力，通过提供利息补贴和信贷担保的方式，鼓励本国银行向本国出口商或外国进口商提供的中长期贷款。

出口信贷包括卖方信贷和买方信贷两种具体形式。卖方信贷是指出口方银行向出口商提供的贷款；卖方信贷是指出口方银行向外国进口商或进口方银行提供的贷款。

(2) 银行信贷，是指进口企业或进口方银行直接从外国金融机构借入资金的一种信用形式。它一般采用货币贷款方式，并事先指定了贷款货币的用途。它不享受出口信贷优惠，所以贷款利率要比出口信贷高。

(3) 市场信贷，是指由国外的一家银行或几家银行组成的银团帮助进口国企业或银行在国际金融市场上通过发行中长期债券或大额定期存单来筹措资金的信用方式。随着国际金融市场的一体化，这种方式愈来愈普遍。

(4) 国际租赁，是指国际间以实物租赁方式提供信用的新型融资形式。根据租赁的目的和融资方式的不同，可将其分为金融租赁和经营租赁两种形式。金融租赁是出租人应承租人的要求，出资购买其所需的设备，并一次性出租给承租人，租约期满后收回全部投资的租赁方式。这里的出租人一般是银行或金融机构，主要为承租人融通资金。经营租赁是出租人将自己的设备和用品向承租人反复多次出租的租赁方式。这里的出租人多为工商企业，出租设备多为自己的闲置或利用率不高的设备。这种租赁方式一般要多次出租才能收回全部设备投资。

(5) 补偿贸易，是指外国企业向进口企业提供机器设备、专利技术、员工培训等，待项目投产后，进口企业以该项目的产品或按合同规定的收入分配比例清偿债务的信用方式。实质上，它是一种国际间的商业信用，在发展中国家得到广泛使用。

(6) 国际金融机构贷款，是指包括国际货币基金组织、世界银行在内的国际性金融机构向其成员国提供的贷款。

(二)民间信用

民间信用是在规范的信用活动之外，居民个人或企业之间以货币形式或实物形式提供的一种信用形式。多用于解决生产和生活中临时性的资金缺口。民间信用的参与者一般是从事商品经营活动者或个人消费者。

民间信用的形式有三种：私人的直接货币或实物借贷，通过中介进行的货币借贷以及用实物抵押的“典当”。与其他信用形式相比，民间信用具有以下几个特点：一是期限较短，主要用于个人生产生活中的资金需求；二是利率弹性较大，一般高于银行利率，有些甚至有高利贷的性质；三是民间信用具有自发性和高风险性的特点。由于民间信用是个人之间独立进行的活动，运用范围广大，其信用程序难以规范，有些往往以口头的形式进行，缺少明确的债权债务关系证明，因而违约的风险比较大。

民间信用是其他信用形式的补充，一般情况下，民间信用的活跃程度同一个国家、一个地区的金融服务完善程度呈反比，有助于动员社会闲散资金，扩大融资范围，弥补银行信用的不足，对促进个体经济发展有积极作用，也与银行及其他金融领域产生竞争关系，可以促进金融体制的改革与发展。但另一方面，民间信用有自发性和盲目性的特点，而国家难以控制资金，容易造成金融秩序的混乱，影响货币流通和生产生活的安定，对生产有一定的破坏作用。

(三)金融信托、租赁信用

信托信用是指委托人将一定财产权委托给受托人，由受托人按约定的目的进行管理或处分而构成的信用关系。

租赁信用是指出租人和承租人以一定的契约和报酬为前提的信用形式。这是一种很古老的信用形式，公元前 2000 年，居住在巴比伦地区的苏美尔人中已经出现租赁实物的行为。随着租赁信用的发展，现在租赁可以分为金融租赁和经营租赁两种形式。前者是将融资融物相结合，后者主要针对一些大中型设备的租赁。目前租赁信用已经成为一项重要的金融业务。

第三节 利 率 概 述

一、利息

利息是与信用相伴随的一个经济范畴，是货币所有者因贷出货币而从借款人那里获得的超过本金的那部分金额。利息是剩余价值的转化形式，是财富的分配形式，是借贷资本的价格。从债权人角度说，利息是货币资金所有者贷出一定数量货币所获得的报酬；从债务人角度说，利息是货币资金需求者介入一定数量货币所付出的代价。其性质可以从三个方面理解。

1. 从利息的来源看，利息是剩余价值的转化形式

从表面上看，利息产生于货币借贷，但货币本身不会增值，只有当货币转化为资本时，才具有增值的能力。在借贷活动中，货币所有者贷出货币，仅仅是转让货币的使用权；而借款者将借入的货币转化为资本投入生产和流通中，经过劳动者的价值创造过程，使投入的货币资本增值，形成利润。由于当初借款人只得到了货币资本的使用权，所有权仍在货币所有者手中，所以借款人要将新增利润的一部分以利息形式支付给货币所有者，作为其转让使用权的报酬，或者说是借款者取得货币使用权而付出的代价。由此可见，贷款者可以不直接参与生产经营活动而得到利息收入；而借款者在资本不足的情况下，可以通过信用活动利用别人的资本来从事生产经营获取利润。所以，利息虽然产生于借贷关系，但实质上是利润的一部分。而利润是劳动者为社会创造的剩余价值的表现形式，所以，利息是剩余价值的转化形式，它体现着利息真正的来源。

2. 从借贷双方的关系看，利息是财富的分配形式

利息是利润的一部分，从而是社会总产品的组成部分，是社会一定时期财富的增加。借者凭借货币资本的使用权增加了财富，贷者凭借货币资本的所有权要求对财富加以分配，从而使利息成为社会财富的分配形式。在我国社会主义市场经济体制中，这种凭借资本所有权而要求对财富的分配权受到法律的保护。

3. 从市场供求的关系看，利息是特殊商品——借贷资本的价格

在现代经济社会中，多种融资方式并存使融资成为市场行为，金融工具成为商品。资金需求者通过出售金融商品而筹集资金；资金供应者通过购买金融商品而投资，资金供求关系转化为金融商品买卖关系，利息成为金融商品买卖的价格。但实际上，多样化的金融商品都是特殊商品——借贷资本的外在反映，因此利息实质上是借贷资本的价格，随着借贷资本供求关系的变动而变动。

利息的计算公式为：

利息=本金×每期利息率×借贷期限

二、利息率

(一)利息率的定义

利息率，又称利率，是指一定时期内利息额与借贷本金的比率。利率是衡量资本增值量的尺度，用公式表示为

$$利率=\frac{利息额}{本金\times期限}\times100\%$$

例如：某人借款 100 元买东西，一年后还款 110 元，多还的 10 元即为利息，这笔借款的利率为：r=10/100×100%=10%

利率是市场经济中众多价格中最重要的一项，因为利率是一般等价物的价格，其变化对经济影响程度最高，通常被视为经济活动的晴雨表。

利息率的表示方法有年利率、月利率和日利率。年利率一般以本金的百分之几表示，例如年息3厘，就是指本金100元，每年利息3元。月利率一般以本金的千分之几表示，通常称为月厘，如月息3厘，就是指本金1000元，每月利息3元。日利率一般以本金的万分之几表示，通常称为日息几厘。

(二)利率的种类

利率按照不同的标准，可以划分为不同的种类。

1. 市场利率、官定利率、公定利率和基准利率

市场利率是指在金融市场上由资金供求双方通过竞争而形成的利率。它既包括借贷双方在借贷市场上直接融通资金时形成的利率，也包括在证券市场上买卖各种有价证券的利息率。市场利率随借贷资金供求状况的变化而变化，当资金供给小于需求时，利率呈上升趋势，相反当资金供给大于需求时，利率呈下降趋势。官定利率是指政府货币管理当局和中央银行确定的利率。官定利率对市场利率起着影响和导向作用，它代表了政府货币政策的意图；同时市场利率又是政府制订官定利率的依据。此外，还有一种近似官定利率的公定利率，它是由非政府部门的金融民间组织，如银行公会等所确定的要求各会员银行必须执行的利率。公定利率是银行同业自律性管理的一种手段。这种行业公定利率对其会员银行也有约束作用。例如，香港银行公会定期调整并公布各种存贷款利率，各会员银行必须执行。官定利率和行业公定利率都程度不同地反映了非市场强制力量对利率形成的干预。

基准利率是指在多种利率并存的条件下起决定作用的利率。在市场经济中，基准利率是指通过市场机制形成的无风险利率。一般来说，利息包含对机会成本的补偿和对风险的补偿。利率中用于补偿机会成本的部分往往由无风险利率表示。在这个基础上由于风险的大小不同，风险溢价的程度也千差万别，相对于千差万别的风险溢价，无风险利率也就成为“基准利率”。

基准利率的概念在实际生活中也有另一种用法。如中国人民银行对商业银行等金融机构的存、贷款利率，叫基准利率。西方国家，传统上是以中央银行的再贴现率标志利率水平的高低。现在已有变化，各国不太相同。美国主要是联邦储备系统确定“联邦基金利率”。欧洲中央银行则发布三个指导利率：有价证券回购利率、央行对商业银行的隔夜贷款利率和商业银行在央行的隔夜存款利率。货币当局发布的这些利率，对于诱导市场利率的形成有关键意义。

阅读专栏

美国、英国、中国基准利率介绍

全球最著名的基准利率有伦敦同业拆放利率和美国联邦基准利率，两国的存贷款利率均是根据此利率自行确定的。

伦敦同业拆借利率(LIBOR)，LIBOR 是英文 London InterBank Offered Rate 的缩写，即伦敦银行同业拆放利率。按照《路透金融词典》的解释，LIBOR 指伦敦银行业市场拆借短期资金(隔夜至一年)的利率，代表国际货币市场的拆借利率，可作为贷款或浮动利率票据的利率基准。

20世纪70年代，路透社全球知名咨询供应商通过向伦敦各家银行咨询有关利率报价，

进行计算后公开发布。这便是LIBOR的雏形。后来，英国银行协会公布了LIBOR的生成机制，包括计算公式、公布时间等。其过程依然由供应商每天通过向有资格的入选金融机构咨询有关报价，然后按照各银行的报价进行排序，选取中间50%数据处理，最后在每天伦敦当地时间中午十一点三十分进行公布。需要指出的是被指定报价的机构都是当今一流的银行。实际上可以说是世界上的一小部分的人控制着世界的结算利率！

美国联邦基准利率是指美国同业拆借市场的利率，其最主要的是隔夜拆借利率。这种利率的变动能够敏感地反映银行之间资金的余缺，美联储瞄准并调节同业拆借利率就能直接影响商业银行的资金成本，并且将同业拆借市场上的资金余缺传递给工商企业，进而影响消费、投资和国民经济。

上海银行间同业拆放利率(Shanghai Interbank Offered Rate，简称Shibor)，以位于上海的全国银行间同业拆借中心为技术平台计算、发布并命名，是由信用等级较高的银行组成报价团自主报出的人民币同业拆出利率计算确定的算术平均利率，是单利、无担保、批发性利率。目前，对社会公布的Shibor品种包括隔夜、1周、2周、1个月、3个月、6个月、9个月及1年。

表3-1 金融机构人民币存款基准利率调整表(2015年10月24日)

单位：年利率%

项　目	利　率	
	2015年8月26日	2015年10月24日
一、活期存款	0.35	0.35
二、定期存款		
(一)整存整取		
三个月	1.35	1.10
半　年	1.55	1.30
一　年	1.75	1.50
二　年	2.35	2.10
三　年	3.00	2.75
(二)零存整取、整存零取、存本取息		
一　年	1.35	1.10
三　年	1.55	1.30
(三)定活两便	按一年以内定期整存整取同档次利率打六折执行	按一年以内定期整存整取同档次利率打六折执行
三、协定存款	1.15	1.15
四、通知存款		
一　天	0.80	0.80
七　天	1.35	1.35
五、个人住房公积金存款		
当年缴存	0.35	0.35
上年结转	1.35	1.10

资料来源：中国人民银行网。

2. 名义利率与实际利率

名义利率是借贷契约和有价证券上载明的利息率。实际利率是名义利率剔除通货膨胀因素后的真实利率。判断利率水平应以实际利率为准。名义利率和实际利率的关系可以用公式表示为：实际利率=名义利率-通货膨胀率。

例如，一个家庭将1000元存入银行，存期为一年，一年后获得的本息和为1100元，那么名义利率为10%。如果该年的通货膨胀率是10%，那么一年后的1100元与一年前的1000元购买力相同，实际利率就是0。

实际利率对经济有实质性影响，但通常在经济管理中能够操作的只是名义利率。划分名义利率与实际利率的意义在于：它为分析通货膨胀下的利率变动及其影响提供了依据与工具，便利了利率杠杆操作。根据名义利率与实际利率的比较，实际利率呈现三种情况：当名义利率高于通货膨胀率时，实际利率为正利率；当名义利率等于通货膨胀率时，实际利率为零；当名义利率低于通货膨胀率时，实际利率为负利率。在不同的实际利率状况下，借贷双方和企业会有不同的经济行为。一般而言，正利率与零利率和负利率对经济的调节作用是互逆的，只有正利率才符合价值规律的要求。

3. 短期利率和长期利率

短期利率是指融资时间在1年期以内的利息率。长期利率是指融资时间在1年以上的利息率。一般长期利率高于短期利率水平。划分长短期利率的意义主要在于明确融资期限长短对利率水平的影响，掌握期限利率结构的管理要求，确保借贷资金的真实收益。

4. 固定利率和浮动利率

固定利率是指利息率在整个借款期限内固定不变，不随借贷资金的供求状况和市场利率的波动而发生变化。浮动利率又称可变利率，是指利息率随着市场利率的波动而定期调整变化的利率。

实行固定利率对于借贷双方准确计算成本与收益十分方便，适用于借贷期限较短或市场利率变化不大的情况，但当借贷期限较长、市场利率波动较大的时期，则不宜采用固定利率。因为固定利率只要双方协定后，就不能单方面变更。在此期间，通货膨胀的作用和市场上借贷资本供求状况的变化，会使借贷双方都可能承担利率波动的风险。浮动利率多用于较长期的借贷及国际金融市场。浮动利率能够灵活反映市场上资金供求状况，更好地发挥利率的调节作用；同时，由于浮动利率可以随时予以调整，有利于减少利率波动所造成的风险，克服了固定利率的缺陷。但由于浮动利率变化不定，使借贷成本的计算和考核相对复杂，并且可能加重贷款人的负担。

知识点提示

由于我国的利率还处于管制状态，加上中国金融市场还没有与国际金融市场接轨，所以，有些规定与国外的规定有很大差别。中国的固定利率是由国家规定的利率，在一个借贷期内不能改变。中国的浮动利率是指在央行基准利率的基础上，中央银行允许商业银行和非银行类金融机构，在规定的幅度内，根据不同情况调整利率幅度。它的特点是不改变基准利率，而是围绕基准利率上下波动。严格来讲，这是一种变相的固定利率。

5. 存款利率与贷款利率

存款利率是指客户在银行或其他金融机构存款所取得的利息额与存款本金的比率。贷款利率是指银行或其他金融机构发放贷款所收取的利息额与贷款本金的比率。贷款利率与存款利率的差额即为存贷利差，存贷利差是银行利润的主要来源，它直接决定着银行的经济效益。

(三)单利和复利

利息的计算方法分为单利和复利。单利计息是指在计算利息额时，不论期限长短，仅以本金计息，所产生的利息不再加入本金重复计息。

单利利息后付计算法公式为：$i=P\times i\times n$

式中：I——利息额；

i——利率；

P——贷款额(本金)；

n——贷款期限。

本利和的公式为：$S=P+P_{in}=P(1+in)$

式中：S——本利和。

例如，某人存入银行 1000 元，年利率为 3%，存期为 3 年，那么到期可以获得的利息额为：

$$I=1000\times 3\%\times 3=90(\text{元})$$

(四)复利的计算

复利是在本金额一定的情况下，在整个借贷期限内每隔一定时期(通常为 1 年、半年、3 个月、1 个月)计算一次利息，并将此利息转入本金，称为利息转换，以后一并计算利息，俗称“利滚利”。在计算复利的情况下，最初本金额的一定量，以后由于利息逐渐计入本金，所以本金额实际上在增大。在实际经济生活中，除了上述典型的复利外，在借款人分期付息、到期一次还本，或在分期付息、分期还本两种情况下，都属复利计算法。

在复利利息后付的情况下，如已知贷款额、贷款利率、贷款期限，求本利和(S)的公式为：

$$S=P(1+i)^n \tag{1}$$

求利息额(I)的公式为：

$$I=S-P=P(1+i)^n-P=P[(1+i)^n-1]$$

在复利条件下，利息转换时间的长短具有重要意义。利息转换期限的间隔越长，则本利和、利息额相对越小，借款人的利息负担相对较轻；利息转换的间隔期限越短，则本利和、利息额相对越大，借款人的利息负担相对较重。

(五)终值与现值

经济学上把现在时点上的本金依照给定的利率按复利方式计算出来的本金和利息之和，统称为“终值”。终值$(S)=P(1+i)^n$。

现值是终值的对称概念，是指未来一定时间的特定资金按复利计算的现在价值，或者说是为取得将来一定本利和现在所需要的本金。计算公式为：

$$\text{现值}(P)=S/(1+i)^n$$

假设某人拟在 5 年后获得本利和 10000 元。投资报酬率为 100%，请问他现在应投入多少元？根据以上的现值公式可以得出

$$P=S/(1+i)^n$$
$$=10000\text{ 元}\times\frac{1}{(1+10\%)^5}$$
$$=10000\text{ 元}\times 0.621$$
$$=6210\text{ 元}$$

由此可以看出，该人拟在 5 年后获得本利和 10000 元，现在应该投入 6210 元。

阅读专栏

时间价值

1626 年，印第安人上了荷兰人的当，荷兰人用价值约 24 美元的东西从印第安人手里买下了纽约。是否上当姑且不论，我们借此认识一下复利的魅力。

设银行年利率为复利 6%，24 美元一直存到 2015 年的本利和为

$$S=P(1+i)^n=24\times(1+6\%)^{2015-1626}\approx 0.17\text{ 万亿美元}$$

这是个天文数字，如果年利率提高为复利 7%，则存到 2015 年的本利和为

$$S=P(1+i)^n=24\times(1+7\%)^{2015-1626}\approx 6.46\text{ 万亿美元}$$

如果年利率再提升至 8%，则

$$S=P(1+i)^n=24\times(1+8\%)^{2015-1626}\approx 241\text{ 万亿美元}$$

2014 年美国国内生产总值不足 17 万亿美元，我国国内生产总值也刚刚突破 10 万亿美元，三四百年前的 24 美元能把全世界都买下来？当然不能，以上运算只是假设，我国商业银行一直实行单利，而且最长期限是 5 年。国外商业银行存款也不会享受如上述计算假设中的好条件。还需要考虑一点，西方发达国家金融市场比较成熟，单纯存款利率极低，年利率通常在 1%以下甚至接近于 0，有兴趣的读者可以将年利率改为复利 0.25%，重新计算看看本利和缩水到了什么程度。

银行存款基本上没有实现上述天文数字的可能，但其他金融理财产品却有可能。曾有媒体报道 1979 年美国耶鲁大学有一群毕业多年的同学聚会，凑了 37.5 万美元，他们认为学校不会理财，他们帮着做投资理财，想看看 25 年(2004 年)会是什么结果。2004 年，耶鲁大学收到了这笔等待了 25 年的捐款——1.1 亿美元。

(资料来源：袁晓梅，陈宁. 财政与金融[M]. 北京：人民邮电出版社)

第四节　利率的作用及影响因素

一、决定和影响利率水平变动的因素

(一)决定利率水平的因素

1. 社会平均利润率

利息是利润的一部分，所以利息率必然依存于利润率，受利润率的制约。但利息率的高

低并非由个别商品生产经营者的利润水平来决定，而是由大多数商品生产经营者的利润水平共同决定。在现代社会化大生产的条件下，各个商品生产经营者的利润在竞争中具有平均化趋势，所以利息率决定于社会平均利润率。

在一般正常的经济生活中，利率必然在零和社会平均利润率之间进行波动，即 0<利率<社会平均利润率。这是利息率确定的经济区间，在这样的区间内确定出的具体利率才具有正常的经济意义。至于利率在该区间内究竟如何确定，还取决于社会资金供求状况。

2. 社会资金供求状况

平均利润率对利率的决定作用是就利率总水平而言的，某一时刻的市场利率则是由社会资金供求状况决定的。这是因为在信用经济中，货币资金是一种特殊商品。一方面，这种特殊商品的投资和使用能带来价值的增值；另一方面这种特殊商品以利率表示其价格。在金融市场上，货币资金这种商品的价格——利率的高低自然要受其供求关系状况所左右。当社会资金供大于求时，利率相应降低；当社会资金供不应求时，利率则相应提高。利率对社会资金供求关系反映的程度取决于供求决定机制是否健全。供求决定越充分的市场，利率越能反映资金供求的真实状况。

(二)影响利率水平变动的因素

社会平均利润率和社会资金供求状况所决定的是利率的基本水平，现实的利率水平还要受以下诸多因素的影响。

1. 物价水平的变动

物价变动对利率的影响主要表现为货币本身的升值或贬值的影响。若一国发生通货膨胀，货币贬值，物价上涨，从而使货币的实际购买能力下降，表现在借贷活动中，就是投资或信贷本金的价值随物价上涨而发生贴水，因此利息成为补偿贴水的手段。如果利率不能补偿贴水率，投资和信贷就会受到抑制。反之，若一国发生通货紧缩，货币升值，物价下跌，货币的实际购买力提高，表现在借贷活动中，就是投资或信贷本金的价值因货币升值而发生升水，利率水平必然回调。所以利率水平与物价水平变动具有同步发展的趋势，物价变动的幅度制约着利率水平的高低。

2. 国家的经济政策

在现代经济运行中，利率作为一个金融变量，它既是一个决定于某些经济因素的经济运行机制中的内生变量，又是一个中央银行货币政策可以影响的外生变量，所以利率成为国家对经济活动进行调节的重要工具。世界各国政府都根据本国经济发展状况和经济政策目标，通过中央银行制订的官方利率来影响市场利率，以达到调节经济，实现其经济发展目标的目的。利率不再完全随着借贷资金供求状况在其确定的经济区间内自由波动，而必须受国家的调节与控制。在经济高涨时期，国家实行紧缩的金融政策，相应会提高利率水平；在经济衰退时期，国家实行扩张的金融政策，相应会降低利率水平。

3. 国际利率水平

随着国际间经济联系的日益加深，国际利率水平对一国国内利率水平的影响越来越大。国际利率水平对国内利率的影响是通过借贷资本在国际间的流动来实现的。若一国国内利率水平高于国际利率水平，外国资本就会向国内流动，国内借贷资本供应就会增加，受供求关系影响，国内利率水平就会慢慢下降，直至与国际利率水平相当。若一国国内利率水平低于国际利率水平，本国资本就会向国外输出，国内借贷资本供应就会减少，受供求关系影响，国内利率水平就会慢慢上升，直至逼近国际利率水平。

4. 汇率

汇率与利率，从表面上看是两个作用领域完全不同的经济杠杆。但实质上，两者具有较强的联动性。

首先，利率的变动能影响汇率。如前所述，若国内国际两个金融市场利率水平不一致，必然会引起资本在国际间的流动。资本的输出输入又必然会影响一国国际收支状况，而一国的国际收支状况又直接影响着汇率的变动。比如，若中央银行提高国内利率，使之高于国际金融市场利率，那么在金融市场上银根就会紧缩，公众对外汇需求就会减少；同时，资金又会流入，外汇供应比较充裕，这样就会使外汇汇率相对下跌，本币汇率相对上升。反之亦然。

其次，汇率的变动也会影响利率水平。若外汇汇率上升、本币贬值时，国内居民对外汇的需求就会下跌，从而使本币供应相对充裕，国内利率趋于稳定，并在稳定中下降。若外汇汇率下跌、本币升值时，国内居民对外汇的需求就会增加，本币的供应处于相对紧张状态，从而迫使国内市场利率上扬。

5. 其他因素

除上述决定和影响利率水平的因素外，还有其他因素也会对利率产生影响。

(1) 借贷期限。利率随借贷期限的长短而不同，通常借贷期限愈长，利率就愈高，反之则愈低。

(2) 借贷成本。银行经营的成本主要有两类：一是借入资金成本；二是业务费用。而银行收益除中间业务的手续费等收入外，主要是来自存、贷款利率之间的差价收益。所以银行在确定利率水平，尤其是贷款利率水平时，就必然要考虑经营成本，使贷款利率水平高于存款利率水平。

除此之外，一国的民族融资习惯、利率管理、国际协议等都会在一定程度上对利率水平及其结构产生影响。

二、利率的基本功能

(一)资本积累功能

资本积累是世界各国发展经济的必要手段之一。早期的西方资本主义国家，普遍采用对内暴力镇压和对外进行掠夺为主要手段的资本原始积累方式。随着现代文明的进步与经济发展，资本所有者的产权越来越受到法律的保护，资本积累的方式发生了很大的变化。在现代经济条件下，依靠信用方式积累和积聚资金是现实可行的有效方式。在商品经济运行过程中，一方面，由于资金本身的运动规律，生产的季节性、临时性变化，相对于收入来源的个人消费滞后等原因，在全社会任何时候都存在一定数量的暂时闲置资金和个人收入。另一方面，发展经济又需要不断地补充资金，从而形成对资金的长期需求。这样，资金闲置与资金渴望增值的本性产生了矛盾，因此，二者都有重新投入流通的要求。但在市场经济条件下，因为资金和收入分属不同的所有者，资金供给者与资金需求者的经济利益各不相同。所以，资金的让渡就不能是无偿的，而必须是有偿的，这种有偿的手段就是利率。有了利率的存在，就有收息的可能。利息收入的诱惑，可使闲置资金者主动让渡资金的使用权，从而使社会能够积聚更多的资金。利率越高，对投资者的诱惑力就越大，社会就越有可能积聚更多的资金。总之，通过利率杠杆来积聚资金，可以获得在中央银行不扩大货币供给的条件下，全社会的可用货币资金总量增加的效应。当然，不能为了积聚更多的资金，而不加限制地提高利率，因为利率水平要受到平均利润率、筹资者还本付息能力等各方面因素的制约。

(二)宏观调控功能

利率是经济的内生变量，也是金融政策的外生变量。作为经济的内生变量，当经济繁荣时，由于信贷需求量增加，利率就会提高；相反，经济不景气，对信贷需求量则会减少，利率自然就会下降。由于利率在很大程度上反映着经济的发展走势，于是各国政府及金融管理当局常常利用利率手段来改变经济的发展态势，使利率成为国家宏观调控的重要经济杠杆。

1. 调节货币供求

在市场上资金供求缺口比较大时(资金供给<资金需求)，为促使二者平衡，一般应采取调高存贷款利率的措施，在增加资金供给的同时抑制资金需求。其传递机制是：当资金需求大于资金供给时，中央银行就要调高再贷款利率(或再贴现率)，使商业银行的融资成本增加；在这种情况下，商业银行为保持其既得利润，它就必然要同时调高存贷款利率；其中，贷款利率的调高会使借款人减少，借款规模压缩；存款利率的调高会使存款人增加存款且使存款来源增加。这样，在资金供给增加的同时，资金需求又在减少，从而使资金供求趋于均衡。当资金需求小于资金供给时，就可以推出方向相反的传递机制。在通货膨胀率比较高的情况下，也可以运用利率杠杆进行有效地抑制。总之，存款利率的高低直接影响着银行的存款规模，进而会减缓或增加社会购买力对商品市场的压力；贷款利率的高低直接影响着银行的贷款规模，决定货币供应量，对币值稳定有重要影响。

2. 优化资源配置

利率调高，一方面可使拥有闲置货币资金的所有者受利益诱导将其存入银行等金融机构，使全社会的资金来源增加；另一方面，借款人因利率调高而需多付利息，成本也相应增加，而成本对于利润自然是一个抵消因素，由此而产生的利益约束将迫使那些经济效益较差的借款人减少借款，使有限的资金流向效益高的行业、企业和产品，从而促使全社会的生产要素产生优化配置效应。因此，利率作为资金的价格，会自发地引导资金流向利润率较高的部门，实现社会资源的优化配置。

3. 完善国民经济结构

首先，国家利用利率积聚资金的功能，能使分散在社会各阶层的货币收入和再生产过程中暂时闲置的货币资金得以集中起来，转化为信贷资金，通过信贷资金的分配，满足生产发展的资金需要，促进经济快速发展。其次，国家可对急需发展的农业、能源、交通运输等行业，适当降低利率，支持其大力发展；对需要限制的某些加工行业，则可适当提高利率，从资金上限制其发展。从而使国民经济各部门能够健康、协调地发展。

4. 调节国际收支

当国际收支逆差比较严重时，可以将本国的利率调到高于其他国家的水平，这样一方面可以阻止本国资金流向利率较高的国家，另一方面还可以吸引外资流入本国。但是，当国际收支逆差发生在国内经济衰退时期，则不宜采取调节利率水平的做法，而只能通过调整利率结构来平衡国际收支。

(三)储蓄的利率弹性和投资的利率弹性

利息是利润的一部分，利息率的高低直接决定着利润在货币所有者和货币使用者之间的分配比例，利息率越高，货币所有者得到的利润就越多，企业收入就越少。正是由于利率具有的这种分配功能，调整利率就能调节货币所有者(资金供给者)和货币使用者(资金需求者)的经济利益，因而对经济活动有调节作用。调高存款利率，存款者的利息增加，他就可能会减少当期消费，增加当期储蓄；调高贷款利率，借款者要付出的利息增多，可得利润减少，就会减少借款，投资因此缩减。

显而易见，利率的这种调节作用是以资金供给者和资金需求者都关心自身的经济利益为前提条件的。只有各个可以独立决策的经济人——企业、个人以及其他机构都以利润最大化、效益最大化为基本准则，利率的高低直接关系到他们的利益，在利益约束的机制下，利率才会有广泛而突出的调节作用。

利率在经济生活中的作用，主要体现在对于储蓄及投资的影响上。影响程度的大小，取决于储蓄的利率弹性与投资的利率弹性。

1. 储蓄的利率弹性

利率对储蓄的影响有两个方面：一是利率提高、储蓄增加的替代效应，表示人们在利率水平提高的情况下，愿意增加未来消费——储蓄，来替代当前消费。这一效应反映了人们有较强的增加利息收入从而增加财富积累的偏好。二是利率提高、储蓄减少的收入效应，它表示人们在利率水平提高时，希望增加现期消费，从而减少储蓄。这一效应则反映了人们在收入水平由于利率提高而提高时，希望进一步改善生活水准的偏好。

一般来说，一个社会中总体上的储蓄利率弹性究竟是大是小，最终取决于上述方向相反的两种作用相互抵消的结果。由于相互抵消，尽管利率的收入效应与替代效应分别来看都很强，但利率的弹性却有可能很低。至于储蓄的利率弹性的方向是正或负，显然也取决于收入效应与替代效应的对比结果。当然，也有例外的情况。如果一个社会的收入水平很低，人们的收入仅够维持温饱或略有剩余，这时再高的利率也难以使储蓄的比例增大。此时，利率对储蓄的替代效应就很小。另外一种情况是虽然收入水平较低，但可供购买的商品有限，且所有的商品都实行限量限价供应，这时，社会也会有一定的消费剩余，即想支用而无法支用的结余，人们称之为“强制储蓄”，显然这种强制储蓄与利率无关。

以我国为例，1979 年之前，我国居民的货币收入很低，但由于实行限量限价的计划供应方式，居民也有一定的消费剩余，这种剩余在我国多年不存在其他投资渠道的情况下只能表现为储蓄存款。很显然这是一种强制储蓄，与当时的利率水平没有多大关系。改革开放之后，我国的计划经济体制逐步被市场经济体制所取代，市场物品供应丰富，居民收入增加，但是，观察 90 年代以来中国人民银行多次调整利率后储蓄存款的变化可以发现，储蓄与利率两个指标的相关程度依然较小。如：1990—1991 年连续三次下调利率并未引起储蓄明显下降与消费明显增加；1996—2002 年连续八次下调利率，储蓄非但没有明显下降反而还继续增加，消费也没有明显的增加。

2. 投资的利率弹性

影响投资变动的基本因素有二：一是利率，二是资本边际效益即预期利润率。前者体现为投资的成本，后者体现为投资的收益。因此，利率变化对投资所起的作用，取决于企业对资本边际效益与市场利率的比较。如果资本边际效益大于市场利率，就可以诱使企业增加投资；反之则减少投资。当然，同样幅度的利率变化以及利率与资本边际效益的比对于不同企业投资的影响程度是不同的。比如，在劳动力成本——工资不随利率下降而降低的情况下，对劳动密集型企业的投资，利率弹性就小些；对资本密集型企业的投资，利率弹性就会大些。另外，期限较长的固定资产投资的利率弹性会大些。存货投资的利率弹性则较复杂。由于存货的增减更主要的取决于产品销售及其他成本，利息成本只是影响因素之一，因此，需有较大幅度的利率变化，才能引致存货投资量的明显变化。

三、利率的作用

利率在经济中的作用主要表现在以下三个方面。

(一)利率影响消费和储蓄

在宏观经济活动中通过影响储蓄收益可以调节社会资本的供给，例如提高利率可以增加居民储蓄，生息资产的收益提高，即期消费的机会成本增加，居民就会减少即期消费，增加储蓄；同时，也会减少手持现金量，增加生息资产的供给。而高利率也会缩减企业的生产规模，这会导致居民收入下降，购买力减少，消费减少。

(二)利率影响投资

利率是企业投资的成本，利率越高成本越大，生产和投资收益越低，投资规模就会缩小。反之，低利率则会减少投资成本，使投资量增加。

(三)利率可以发挥调节经济运行的功能

通过对投资成本的影响可以调节社会投资总量和投资结构，例如提高利率会减少社会投资总量，而差别利率可以调节社会投资结构，总储蓄和总投资的变动将影响社会总供求；在微观经济活动中，利率可以通过影响企业的生产成本与收益发挥促进企业改善经营管理的作用。

四、利率市场化

(一)利率市场化的定义

利率市场化是指中央银行逐步放松和消除对利率的管制，遵循价值规律，由市场自主确定利率水平。利率市场化至少应包括下述三点。

(1) 利率水平由市场决定。

(2) 货币当局对利率进行间接调控。

(3) 市场主体享有充分的自主权。

(二)我国利率制度的改革

利率市场化是我国利率改革的方向。

党和国家非常重视我国的利率市场化改革。1993 年，党的十四大《关于金融体制改革的决定》提出，我国利率改革的长远目标是：建立以市场资金供求为基础，以中央银行基准利率为调控核心，由市场资金供求决定各种利率水平的市场利率体系的市场利率管理体系。

党的十四届三中全会《中共中央关于建立社会主义市场经济体制若干问题的决定》中提出，中央银行按照资金供求状况及时调整基准利率，并允许商业银行存贷款利率在规定幅度内自由浮动。

2003 年，党的十六大报告提出：稳步推进利率市场化改革，优化金融资源配置。

党的第十六届三中全会《中共中央关于完善社会主义市场经济体制若干问题的决定》中进一步明确“稳步推进利率市场化，建立健全由市场供求决定的利率形成机制，中央银行通过运用货币政策工具引导市场利率。”

阅读专栏

我国的利率市场化改革

1. 我国利率市场化改革的基本思路

根据十六届三中全会精神，结合我国经济金融发展和加入世贸组织后开放金融市场的需要，人民银行将按照先外币、后本币，先贷款、后存款，存款先大额长期、后小额短期的基本步骤，逐步建立由市场供求决定金融机构存、贷款利率水平的利率形成机制，中央银行调控和引导市场利率，使市场机制在金融资源配置中发挥主导作用。

2. 我国利率市场化的改革进程

自 1996 年我国利率市场化进程正式启动以来，经过 7 年的发展，利率市场化改革稳步推进，并取得了阶段性进展。

1996 年 6 月 1 日人民银行放开了银行间同业拆借利率，

1997 年 6 月放开银行间债券回购利率。

1998 年 8 月，国家开发银行在银行间债券市场首次进行了市场化发债，1999 年 10 月，国债发行也开始采用市场招标形式，从而实现了银行间市场利率、国债和政策性金融债发行利率的市场化。

1998 年，人民银行改革了贴现利率生成机制，贴现利率和转贴现利率在再贴现利率的基础上加点生成，在不超过同期贷款利率(含浮动)的前提下由商业银行自定。再贴现利率成为中央银行一项独立的货币政策工具，服务于货币政策需要。

1998 年、1999 年人民银行连续三次扩大金融机构贷款利率浮动幅度。(1998 年 11 月，金融机构对小企业的贷款利率可在法定贷款利率基础上再上浮 20%，大中型企业可上浮 10%；从 1999 年 9 月起，对中小企业贷款利率又可在法定贷款利率基础上上浮 30%，对大中型企业维持上浮 10%不变)。

2002 年，开始积极地在 8 家农村信用社进行存款利率市场化的试点，赋予它们更大幅度地调整利率的权力；

2004 年 1 月 1 日，人民银行再次扩大金融机构贷款利率浮动区间。贷款利率浮动区间不再根据企业所有制性质、规模大小分别制定。

扩大商业银行自主定价权，提高贷款利率市场化程度，企业贷款利率最高上浮幅度扩大到 70%，下浮幅度保持 10%不变。在扩大金融机构人民币贷款利率浮动区间的同时，推出放开人民币各项贷款的计、结息方式和 5 年期以上贷款利率的上限等其他配套措施。

进行大额长期存款利率市场化尝试，1999 年 10 月，人民银行批准中资商业银行法人对中资保险公司法人试办由双方协商确定利率的大额定期存款(最低起存金额 3000 万元，期限在 5 年以上不含 5 年)，进行了存款利率改革的初步尝试。2003 年 11 月，商业银行农村信用社可以开办邮政储蓄协议存款(最低起存金额 3000 万元，期限降为 3 年以上不含 3 年)。

积极推进境内外币利率市场化。2000 年 9 月，放开外币贷款利率和 300 万美元(含 300 万)以上的大额外币存款利率；300 万美元以下的小额外币存款利率仍由人民银行统一管理。2002 年 3 月，人民银行统一了中、外资金融机构外币利率管理政策，实现中外资金融机构在外币利率政策上的公平待遇。2003 年 7 月，放开了英镑、瑞士法郎和加拿大元的外币小额存款利率管理，由商业银行自主确定。2003 年 11 月，对美元、日元、港币、欧元小额存款利率实行上限管理，商业银行可根据国际金融市场利率变化，在不超过上限的前提下自主确定。

(资料来源：中国人民银行网站)

本章小结

1. 信用是以偿还和付息为条件的价值单方面的运动，是价值运动的一种特殊形式。信用产生的前提条件是私有制的产生，信用存在的客观经济基础是商品货币关系。信用产生以后，经历了高利贷信用、资本主义信用和社会主义信用三个发展阶段。

2. 信用形式是借贷关系的具体表现形式，具体包括商业信用、银行信用、国家信用、消费信用、国际信用等。其中，商业信用是信用体系的基础，银行信用是信用体系的主导。

3. 利息是资金的“价格”，是借款人支付给贷款人的报酬。利息是剩余产品价值的转化形式，体现着借贷双方共同分配劳动者创造的剩余产品的关系。利率按照不同的标准，可以划分为不同的种类。

4. 决定和影响利率变化的因素有：平均利润率、借贷资金的供求关系、物价水平、国家经济政策、国际利率水平、汇率等。

5. 利率市场化是指中央银行逐步放松和消除对利率的管制，遵循价值规律，由市场自主确定利率水平。利率市场化是我国利率改革的方向。

(扫一扫，一起来拓展一下视野吧！)

课后习题

一、单项选择题

1. 一些具有较高社会效益，但经济效益较差、投资回收期较长的大型基建项目的资金往往只能通过(　　)解决。

A. 国家信用　B. 社会信用　C. 银行信用　D. 民间信用

2. 整个信用形式的基础是(　　)。

A. 商业信用　B. 银行信用　C. 国家信用　D. 消费信用

3. 我国习惯上将年息、月息、日息都以“厘”作单位，但实际含义却不同，若年息 6 厘、月息 4 厘，则分别是指(　　)。

A. 年利率为 6%，月利率为 4%　B. 年利率为 6%，月利率为 40%

C. 年利率为 6%，月利率为 0.4%　D. 年利率为 60%，月利率为 4%

4. 市场利率的高低取决于(　　)。

A. 统一利率　B. 浮动利率

C. 借贷资金的供求关系　D. 国家政府

5. 在其他因素不变的条件下，利息率大小(　　)。

A. 反映资金的供求状况　B. 直接制约企业收入的多少

C. 能反映使用资金的成本的变化　D. 反映两类资本家对利润分割的比率

6. 消费信用是企业或银行向(　　)提供的信用。

A. 本国政府　B. 社会团体　C. 消费者　D. 工商企业

7. (　　)不同程度反映了非市场的强制力量对利率形成的干预。

A. 官定利率　B. 浮动利率　C. 行业公定利率　D. 市场利率

8. 商业信用最重要的特征在于(　　)。

A. 它是处于生产、流通过程中的信用

B. 商业信用的双方都是工商企业

C. 商业信用的动态与产业资本的动态不相一致

D. 它与特定的资金交易紧密结合在一起

9. 以金融机构为媒介的信用是(　　)。

A. 银行信用　B. 消费信用　C. 商业信用　D. 国家信用

10. 现代经济中，信用活动与货币运动紧密相连，信用的扩张意味着货币供给的(　　)。

A. 增加　B. 减少　C. 不变　D. 不确定

11. 商业票据必须经过(　　)才能转让流通。

A. 承兑　B. 背书　C. 提示　D. 追索

12. 个人获得住房贷款属于(　　)。

A. 商业信用　B. 消费信用　C. 国家信用　D. 补偿贸易

13. 国家信用的主要工具是(　　)。

A. 政府债券　B. 银行贷款　C. 银行透支　D. 发行银行券

14. 当银行存款的名义利率和物价变动率一致时，存户到期提取的本利和能够达到(　　)。

A. 升值　　B. 贬值
C. 保值　　D. 升值或贬值的幅度不定

15. 当前我国银行同业拆借利率属于(　　)。

A. 官定利率　　B. 市场利率　　C. 公定利率　　D. 基准利率

二、多项选择题

1. 根据名义利率与实际利率的比较，实际利率呈现三种情况(　　)。

A. 名义利率高于通货膨胀率时，实际利率为正利率
B. 名义利率高于通货膨胀率时，实际利率为负利率
C. 名义利率等于通货膨胀率时，实际利率为零
D. 名义利率低于通货膨胀率时，实际利率为正利率
E. 名义利率低于通货膨胀率时，实际利率为负利率

2. 债券按发行主体的不同可划分为（　　)。

A. 政府债券　　B. 信用债券　　C. 公司债券
D. 抵押债券　　E. 金融债券

3. 以信用发放主体为标准划分，可将信用分为(　　)。

A. 商业信用　　B. 银行信用　　C. 政府信用
D. 国际信用　　E. 个人信用或民间信用

4. 国家信用的基本特点有(　　)。

A. 以国家政府作为债务人　　B. 根据借贷原则有偿进行
C. 根据借贷原则强制进行　　D. 国家信用的利息由纳税人承担
E. 国家信用是当今社会的主要信用形式

5. 银行信用相对于商业信用而言，其重要的特点有(　　)。

A. 银行信用是以银行为中介开展活动的信用形式
B. 银行信用在规模和数量上有局限性
C. 银行信用相对于商业信用而言，具有创造信用的功能
D. 在产业周期的各个阶段上，银行信用的动态与商业信用的动态是一致的
E. 在产业周期的各个阶段上，银行信用的动态与商业信用的动态是不一致的

6. 信用行为的基本特点包括(　　)。

A. 以收回为条件的付出　　B. 贷者有权获得利息　　C. 无偿的赠与或援助
D. 平等的价值交换　　E. 极高的利率水平

7. 中国工商银行某储蓄所挂牌的一年期存款利率属于(　　)。

A. 市场利率　　B. 官定利率　　C. 名义利率
D. 实际利率　　E. 优惠利率

8. 影响利率变动的因素有(　　)。

A. 资金的供求状况　　B. 国际政治经济关系　　C. 利润的平均水平
D. 货币政策与财政政策　　E. 物价变动的幅度

9. 考虑到通货膨胀因素的存在，利率可分为(　　)。

A. 浮动利率　　B. 一般利率　　C. 名义利率

D. 实际利率　　E. 优惠利率

10. 银行提高贷款利率有助于(　　)。

A. 抑制企业对信贷资金的需求　　B. 刺激物价上涨

C. 刺激经济增长　　D. 抑制物价上涨

E. 减少居民个人的消费信贷

三、辨析题(正确打“√”，错误打“×”)

1. 官定利率就是指低于市场一般标准的贷款利率。(　　)

2. 贷款利率低于同期存款利率的现象，我们称之为“利率倒挂”。(　　)

3. 浮动利率避免了在借贷期间由于市场因素带来利率的波动，有利于降低借贷双方的风险。(　　)

4. 某企业将自己的产品赊销给消费者，则该企业与消费者之间产生了商业信用关系。(　　)

5. 国库券是一种长期的信用工具。(　　)

6. 目前我国商业银行的存贷款利率是由商业银行自己决定的。(　　)

7. 在我国，月息5厘是指月利率为5%。(　　)

8. 现代社会，银行信用已逐步取代商业信用，并使后者规模日益缩小。(　　)

9. 银行信用是当代各国采用的最主要的信用形式。(　　)

10. 就我国目前现状而言，作为一个整体，居民个人是我国金融市场上货币资金的主要供给者。(　　)

11. 商品交换是信用存在与发展的基础。(　　)

12. 间接融资中的信用风险是由金融机构来承担的。(　　)

四、简答题

1. 如何理解信用的含义？信用的基本特征是什么？

2. 信用具有什么基本特征？

3. 简述银行信用与商业信用的异同点。

4. 信用的基本形式有哪些？它们各有哪些特点？

5. 利率可分为哪些种类？

6. 影响利率的主要因素是什么？

7. 经济周期是如何影响利率水平的？

8. 简述消费信用的积极作用和消极作用。

五、论述题

利率变动对经济生活的影响有哪些？

六、案例分析

1. 某小型高科技企业生产的通信电源技术含量高、专业性强，产品主要销售给国内大号设计制造商。由于企业处于起步阶段，研发资金投入大，而公司规模小，自由资金有限，在扩大生产经营方面受到较大的阻碍；加之公司处于弱势地位，无法从购货商处获得优惠的价格。公司面临资金周转的困难。

某商业银行向其提供了应收账款融资业务，公司将购货商的应收账款转让给银行，银行按照应收账款金额给予一定比例的融资，等到购货商到期支付货款后再归还银行，就这样该公司成功做好了这笔应收账款融资业务，金额 200 万元，解决了资金周转的困难之后，公司陆续在银行办理应收账款融资业务，融资金额不断扩大。

分析：以上融资属于什么信用？企业如何利用该信用解决问题？

问题：银行信用的优越性体现在哪些方面？

2. 我国习惯上将年息、月息、日息都经以“厘”作单位，但实际含义却不同，若年息 6 厘，月息 4 厘，日息 2 厘，则借人 100 万元的资金，分别按照这三种计息方式计算利息，每年需要支付多少利息。(只考虑单利)

3. 司债券面值 100 元，票面利率为 6%，5 年到期。当前价格为 115 元。如果张某购买了该债券并持有 2 年，2 年后以 112 元卖出该债券。①计算当期收益率。②计算张某的实际收益率。

七、综合训练

训练任务：正确计算利息，能够准确划分各类利率。

训练活动：1. 熟练运用计息公式计算本利和；

2. 课外时间可到各类银行去走访，了解当前各种利率水平。

训练目的：熟练掌握计息公式。

课后阅读

扫一扫，看看课后还有什么值得阅读的吧！

第四章　金融工具

学习目标

- 了解衍生金融工具的类型、特征及分类；
- 重点掌握金融工具的特征及分类；
- 重点掌握票据、债券、股票、证券投资基金的主要内容。

技能目标

熟悉各种金融工具，能够从事简单的金融交易。

案例导读

哲学家泰利斯因为没钱而遭人耻笑，而且大家都觉得泰利斯懂得哲学史，没有任何用处，显然，擅长占星术的泰利斯并不这么认为，他很快向世人证明了自己的才能。

有一年冬天，泰利斯通过观测星象，预测到来年秋天当地的橄榄将会是百年一遇的大丰收，虽然他很穷，可是他还是拿出了自己仅有的一点积蓄，秘密找到了当地所有的橄榄油压榨机的主人，他希望和这些人达成协议：泰利斯付给每个人一笔定金来买下一份“期权”，“期权”的内容就是明年秋天的时候，他能优先用平常的租金使用压榨机主人们的压榨机，因为当时没有人有与泰利斯一样的想法，所以他付出的代价非常小。

第二年的秋天，当地的橄榄果然获得了大丰收，压榨机变得供不应求，泰利斯有了向求租者漫天要价的机会，当地人怕橄榄烂掉，只能接受泰利斯的价格，这次之后，泰利斯发了一笔大财。

(资料来源：《清华金融课》，李亚轩)

思考：金融工具具有什么样的特点？

第一节　金融工具概述

金融工具是金融市场上进行交易的载体，金融工具一般具有广泛的社会可接受性，随时可以流通转让。不同的金融工具具有不同的特点，能分别满足资金供需双方在数量、期限和条件等方面的不同需要，在不同的市场为不同的交易者服务。我们应该掌握金融工具的特征及分类以及票据、债券、股票、证券投资基金这些基础性金融工具的主要内容，能描述它们的特征。

一、金融工具的特征

(一)金融工具的概念

金融工具是证明债权或所有权的合法凭证，是载明资金供求双方权利、义务关系的合约。它是金融市场上进行交易的载体，是金融市场至关重要的构成要素。金融工具一般具有广泛的社会可接受性，随时可以流通转让。随着金融市场规模扩大和功能的增强，金融工具的种类也越来越丰富。

(二)金融工具的特征

不同的金融工具具有不同的特点，能够分别满足资金供需双方在数量、期限和条件等方面的不同需要，在不同的市场上为不同的交易者服务。从整体上看，各类金融工具一般都具有以下特征。

1. 偿还性

偿还性是指一般金融工具所规定的偿还期。偿还期，是指从借款人拿到借款开始，到借款全部还清为止所经历的时间。各种金融工具在发行时一般都具有不同的偿还期，较长期限的有 10 年、20 年和 50 年。还有一种永久性债务工具，它在借款人同意以后无期限地支付利息，但始终不偿还本金，这是一个极端的例子。还有银行活期存款，它随时可以兑现，其偿还期实际等于零。另外，由于金融工具可以流通转让，它在投资者购买到手之前也许已经转让多次。因此，偿还期的计算只有相对于持有金融工具的当时期限来考虑才有实际意义。

2. 流动性

流动性是指金融工具在不受或少受损失的情况下随时或迅速变为现金的能力。从这个角度看，政府和中央银行所发行的纸币和银行活期存款，具有很强的流动性。其他信用工具，或者短期内不易脱手，或者在变现时易受市场波动影响而蒙受损失，或者在交易过程中须耗费相当的交易成本，其流动性也相应减少。一般来说，流动性和偿还期成反比，即偿还期越长，流动性越差；与债务人信用能力成正比，即债务人的信誉越高，流动性越强。

3. 风险性

风险性是指信用工具的本息是否会遇到遭受损失的风险。风险主要来自两个方面：一是违约风险，指债务人不能按时履行契约，支付利息和偿还本息的风险；二是市场风险，指市场上金融工具价格下降可能带来的风险。一般来说，金融工具的偿还期与风险性成正比，即偿还期越长，其风险性越大；而金融工具的流动性与风险性成反比，即流动性越强的金融工具，其风险性就越小。

4. 收益性

收益性是指金融工具定期或不定期给持有者带来收益。如股票可获得股息收益，债券能获得债券利息。另外还可利用金融市场的行情变化，买卖金融工具，带来价差收入。金融工具的收益大小是通过收益率来反映的，收益率指持有金融工具所取得的收益与本金的比率。

知识点提示

在习惯上，金融工具有时也被称为金融资产，但从严格意义上讲，两者是有差别的。金融资产是单位或个人所拥有的以价值形式存在的资产。金融工具只有对它的持有人而言才是金融资产。例如，债券和股票对于发行它们的中央银行或公司来说，是这些机构的负债；而对于持有人而言，债券和股票这类金融工具就是金融资产。

二、金融工具的种类

金融工具种类繁多，从不同的角度可以将金融工具划分为不同的种类。

(一)按金融工具期限分类

以偿还期限为标准，金融工具可划分为长期金融工具和短期金融工具两大类。长期金融工具也称为资本市场金融工具，如公债券、股票等。短期金融工具也称为货币市场金融工具，如国库券、商业票据、可转让存单等。长期与短期的划分没有一个绝对标准，目前一般把一年以下期限的金融工具称为短期，一年以上期限称为长期。西方一般把一年以下的货币市场交易对象称为准货币，这是由于偿还期短、流动性强，随时可变现，近似于货币。

(二)按是否与实际信用活动直接相关划分

按是否与实际信用活动直接相关划分，可以分为基础金融工具和衍生金融工具。基础金融工具是指能够产生衍生金融工具的传统金融工具。衍生金融工具是指以另外的金融工具的存在为前提，以这些金融工具的存在为买卖对象，价格也由这些金融工具决定的金融工具。

(三)按发行者的性质分类

按发行者的性质分类，金融工具可以分为直接金融工具和间接金融工具。直接金融工具是指非金融机构，如工商企业、个人和政府所发行和签署的商业票据、股票、公债券、公司债券、国库券、抵押契约等。这些金融工具，是用来在金融市场上直接进行借贷或交易的。间接金融工具是指金融机构发行的银行券、存单、人寿保险单、各种借据和银行票据等。这些金融工具是由融资单位通过银行和信用机构融资而产生的。

第二节　基础性金融工具

基础性金融工具主要有票据、债券、股票、证券投资基金等，它们是金融市场上使用最广泛的工具，也是衍生金融工具赖以存在的基础。以下将主要介绍以上这些基础性金融工具。

一、票据

(一)票据的概念和特点

票据是由出票人签发的具有一定格式，载有一定金额、日期、约定出票人自己或要求他人，按照规定期限向指定人或执票人无条件支付款项的书面凭证。票据一般分为汇票、本票和支票。

票据具有以下特点。

(1) 票据是出票人依法签发的有价证券。法律依据不同的票据种类，规定了不同的票据形式，出票人必须依照法律规定的要求签发相关票据，否则将不受法律保护。

(2) 票据以支付一定金额为目。出票人的签发和转让以支付票据上的金额为最终目的，该金额得到全部支付，票据上的权利义务即为消灭。

(3) 票据所表示的权利与票据不可分离。票据权利的发生，必须作为票据；票据权利的转让，必须交付票据；票据权利的行使，必须提示票据，权利与票据融为一体。

(4) 票据所记载的金额由出票人自行支付或委托他人支付。由出票人自行支付的是本票，由出票人委托他人支付的是汇票和支票。

(5) 票据的持票人只要向付款人提示票据，付款人即应无条件向持票人或收款人支付票据金额。票据是一种无因证券，持票人只要向票据债务人提示票据就可行使票据权利，而不问票据取得的原因是否无效或有瑕疵。

(6) 票据是一种可转让的证券。根据国际上通行的做法，凡记名票据，必须经背书才能交付转让；凡无记名票据，可直接交付转让。我国《票据法》规定的票据均为记名票据，故其必须通过背书的方式进行转让。

(二)票据的种类

票据按照性质的不同可以分为汇票、本票和支票。

1. 汇票

汇票是由出票人签发，付款人见票后或到期时对收款人无条件支付款项的信用凭证。汇票具有如下特征：①汇票有三个基本当事人，即出票人、付款人和收款人。②汇票是由出票人委托他人支付的票据，是一种委托证券，而非自付证券。③汇票是在指定到期日付款的票据。指定到期日是指见票即付、定日付款、出票后定期付款、见票后定期付款四种形式。④汇票是付款人无条件支付票据金额给持票人的票据。此处的持票人包括收款人、被背书人和受让人，如图 4-1 所示。

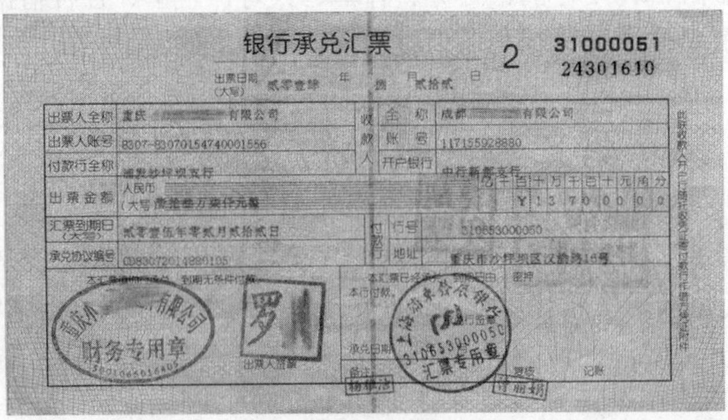

图 4-1　银行承兑汇票票样

我国《票据法》将汇票按出票人不同分为银行汇票和商业汇票，前者是指银行签发的汇票，后者则是银行之外的企事业单位、机关、团体等签发的汇票。

(1) 银行汇票是汇款人将款项交当地银行，由银行签发给汇款人持往异地指定银行办理转账结算或向银行兑取现款的票据。

(2) 商业汇票是由债权人签发，命令债务人支付款项的票据。根据承兑人的身份不同，又可分为商业承兑汇票及银行承兑汇票。经过银行承兑的汇票强化了商业票据的信用能力，因为银行在这里充当了担保人。

2. 本票

本票是指出票人签发的，承诺自己在见票时无条件支付确定的金额给收款人或者持票人的票据。本票是由出票人约定自己付款的一种自付证券，其基本当事人有两个，即出票人和收款人，在出票人之外不存在独立的付款人。在出票人完成出票行为之后，即承担了到期日无条件支付票据金额的责任，不需要在到期日承兑。因此，本票与汇票是不同的，如图 4-2 所示。

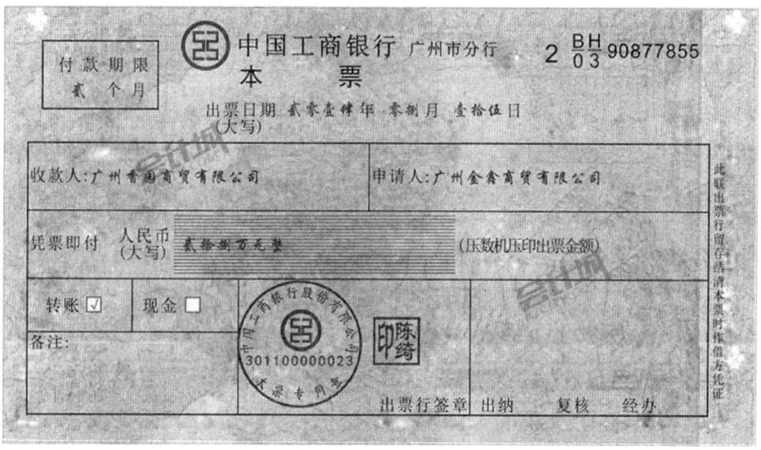

图 4-2 银行本票票样

根据发票人的不同，本票分为银行本票和商业本票。银行本票是申请人将款项交存银行，由银行签发给申请人凭以办理转账结算或支取现金的票据。在我国现行票据制度规定中只有银行本票，且现行规定的本票也只为记名本票。本票还可分为定额本票和不定额本票、即期本票和远期本票等。

3. 支票

支票是银行活期存款人通知银行从其账户上无条件支付一定金额给票面指定人或持票人的信用凭证。凡在银行开立活期往来账户的客户，银行均售予其空白支票簿，客户凭此在存款金额内签发支票。支票按支付方式可分为现金支票、转账支票、定额支票等。现金支票可以用来支取现金，也可以办理转账结算。转账支票只能用于转账，因常常在票面上用两条平行线来表示，又称之为划线支票。定额支票是我国收购单位通过将款项交存银行，由银行开给收购单位用于向农户支付收购农副产品价款的一种固定金额的信用凭证，也是我国现行票据制度中的一种信用工具，如图 4-3 所示。

图 4-3　支票的票样

二、债券

(一)债券的概念和基本要素

1. 债券的概念

债券是一种金融契约，是政府、金融机构、工商企业等直接向社会借债筹措资金时，向投资者发行，同时承诺按一定利率支付利息并按约定条件偿还本金的债权债务凭证。债券的本质是债务证明书，具有法律效力。债券购买者或投资者与发行者之间是一种债权债务关系，债券发行人即债务人，投资者(债券购买者)即债权人。

2. 债券的基本要素

债券尽管种类多种多样，但是在内容上都要包含一些基本的要素。这些要素是指发行的债券上必须载明的基本内容，这是明确债权人和债务人权利与义务的主要约定，具体包括以下内容。

1)　债券面值

债券面值是指债券的票面价值，是发行人对债券持有人在债券到期后应偿还的本金数额，也是企业向债券持有人按期支付利息的计算依据。债券的面值与债券实际的发行价格并不一定是一致的，发行价格大于面值称为溢价发行，小于面值称为折价发行，等价发行称为平价发行。

2)　偿还期

债券偿还期是指企业债券上载明的偿还债券本金的期限，即债券发行日至到期日之间的时间间隔。公司要结合自身资金周转状况及外部资本市场的各种影响因素来确定公司债券的偿还期。

3)　付息期

债券的付息期是指企业发行债券后利息支付的时间。它可以是到期一次支付，或1年、半年或者3个月支付一次。在考虑货币时间价值和通货膨胀因素的情况下，付息期对债券投资者的实际收益有很大影响。到期一次付息的债券，其利息通常是按单利计算的；而年内分期付息的债券，其利息是按复利计算的。

4) 票面利率

债券的票面利率是指债券利息与债券面值的比率，是发行人承诺以后一定时期支付给债券持有人报酬的计算标准。债券票面利率的确定主要受银行利率、发行者的资信状况、偿还期限和利息计算方法以及当时资金市场上资金供求情况等因素的影响。

5) 发行人名称

发行人名称是指债券的债务主体，为债权人到期追回本金和利息提供依据。

上述要素是债券票面的基本要素，但在发行时并不一定全部在票面印制出来。例如，在很多情况下，债券发行者是以公告或条例形式向社会公布债券的期限和利率，如图 4-4 所示。

图 4-4 企业债券的票样

3. 债券的基本特征

债券作为一种债权债务凭证，与其他有价证券一样，也是一种虚拟资本，而非真实资本，它是经济运行中实际运用的真实资本的证书。债券作为一种重要的融资手段和金融工具具有如下特征。

1) 偿还性

债券一般都规定有偿还期限，发行人必须按约定条件偿还本金并支付利息。

2) 流通性

债券一般都可以在流通市场上自由转让。

3) 安全性

与股票相比，债券通常规定有固定的利率。与企业绩效没有直接联系，收益比较稳定，风险较小。此外，在企业破产时，债券持有者享有优先于股票持有者对企业剩余资产的索取权。

4) 收益性

债券的收益性主要表现在两个方面，一是投资债券可以给投资者定期或不定期地带来利息收入；二是投资者可以利用债券价格的变动，买卖债券赚取差额。

(二)债券的种类

债券的种类很多，按照不同的分类标准可以划分不同的种类。

1. 按债券发行主体划分，可以分为公司债券、金融债券和政府债券

1) 公司债券

公司债券是指公司依照法定程序发行的，约定在一定期限还本付息的有价证券。

公司债券主要有以下特点，①风险较大。公司债券的还款来源是公司的经营利润，但是任何一家公司的未来经营都存在很大的不确定性，因此公司债券持有人承担着损失利息、甚至本金的风险。②收益率较高。根据风险与收益成正比的原则，要求较高风险的公司债券需提供给债券持有人较高的投资收益。③不拥有对公司的经营权，但是可以先于股东优先享有索取利息和优先要求补偿和分配剩余资产的权利。

2) 金融债券

金融债券是指银行等金融机构作为筹资主体为筹措资金而面向投资者发行的一种有价证券。它属于银行等金融机构的主动负债，在英、美等欧美国家金融机构发行的债券归类于公司债券，在我国及日本等国家金融机构发行的债券称为金融债券。

知识点提示

企业债券(Enterprise Bond)通常又称为公司债券，是企业依照法定程序发行，约定在一定期限内还本付息的债券。公司债券的发行主体是股份公司，但也可以是非股份公司的企业发行债券，所以，一般归类时，公司债券和企业发行的债券合在一起，可直接成为公司(企业)债券。企业债券是公司依照法定程序发行、约定在一定期限还本付息的有价证券。通常泛指企业发行的债券，中国一部分发债的企业不是股份公司，一般把这类债券叫企业债。

阅读专栏

我国的企业债券

根据深、沪证券交易所关于上市企业债券的规定，企业债券发行的主体可以是股份公司，也可以是有限责任公司。申请上市的企业债券必须符合规定条件。

企业债券代表着发债企业和投资者之间的一种债权债务关系，债券持有人是企业的债权人，债券持有人有权按期收回本息。企业债券与股票一样，同属有价证券，可以自由转让。企业债券风险与企业本身的经营状况直接相关。如果企业发行债券后，经营状况不好，连续出现亏损，可能无力支付投资者本息，投资者就面临着受损失的风险。所以，在企业发行债券时，一般要对发债企业进行严格的资格审查或要求发行企业有财产抵押，以保护投资者利益。另一方面，在一定限度内，证券市场上的风险与收益成正相关关系，高风险伴随着高收益。企业债券由于具有较大风险、它们的利率通常也高于国债。

企业债券诞生于中国，是中国存在的一种特殊法律规定的债券形式。按照中国国务院1993年8月颁布实施的《企业债券管理条例》规定，“企业债券是指企业依照法定程序发行、约定在一定期限内还本付息的有价证券”。从企业债券定义本身而言，与公司债券定义相比，除发行人有企业与公司的区别之外，其他都是一样的。

(资料来源：中国企业债券存在的法律基础，找法网，2015-6-10)

3) 政府债券

政府债券是指由中央政府和地方政府发行的债券。它以政府的信用作为保证，无需抵押品，其风险在各种债券中是最小的，政府债券按照偿还期的不同可分为短期债券和中、期长

期债券。

中央政府债券又称国家债券或国家公债券。各国政府发行债券的目的通常是为了满足弥补国家财政赤字、进行大型工程项目建设、偿还旧债本息等方面的资金需要。国家债券按照偿还期限的长短可分为短期国家债券、中期国家债券和长期国家债券，但各国的划分标准不尽一致。美国和日本等国家以 1 年以下的债券为短期国家债券，1 年以上 10 年以下的债券为中期国家债券，10 年以上的债券为长期国家债券。美国和英国发行国库券，均为弥补国库暂时性资金不足。美国国库券的偿还期限通常为 3 个月或 6 个月，最长不超过 1 年。英国国库券的偿还期限通常为 90 天。中国国库券有所不同：①它不是短期国家债券，而是中长期国家债券。其偿还期限已先后有 10 年、5 年、3 年 3 种。②它所筹集资金一是用于国家重点项目建设，二是用于弥补预算赤字。此外，中国的国库券尚未成为中央银行从事公开市场业务的工具。

地方政府债券指某一国家中有财政收入的地方政府地方公共机构发行的债券。地方政府债券一般用于交通、通信、住宅、教育、医院和污水处理系统等地方性公共设施的建设。

阅读专栏

地方政府债券一般也是以当地政府的税收能力作为还本付息的担保。地方发债有两种模式，第一种为地方政府直接发债；第二种是中央发行国债，再转贷给地方，也就是中央发国债之后给地方用。在某些特定情况下，地方政府债券又被称为“市政债券”。

我国的政府债券

中国最早是从清朝末期开始发行国内公债并大量举借丧权辱国的外债。

由中国共产党领导的红色政权在新民主主义时期也曾多次发行公债，如 1932 年江西中央革命根据地曾分 2 期发行总额为 180 万元的“革命战争短期公债”。

新中国成立后，中国国债发行可分为三个阶段：第一阶段是新中国刚刚建立的 1950 年，当时为了保证仍在进行的革命战争的供给和恢复国民经济，发行了总价值约为 302 亿元的“人民胜利折实公债”。第二阶段是 1954—1958 年，为了进行社会主义经济建设分 5 次发行了总额为 35.46 亿元的“国家经济建设公债”。第三阶段是 1979 年以后，为了克服财政困难和筹集重点建设资金，中国从 1981 年起重新开始发行国债。截止到 1995 年，共发行了 8 种内债，有国库券、国家重点建设债券、财政债券、特种债券、定向债券、保值债券、转换债券等，累计余额达 3300 亿元。

在中国所谓地方债券，是相对国债而言，以地方政府为发债主体。不过我国债券业内也往往把地方企业发行的债券列为地方债券范畴。20 世纪 80 年代末至 90 年代初， 许多地方政府为了筹集资金修路建桥，都曾经发行过地方债券。有的甚至是无息的，以支援国家建设的名义摊派给各单位，更有甚者就直接充当部分工资。但到了 1993 年，这一行为被国务院制止了，原因乃是对地方政府承付的兑现能力有所怀疑。此后颁布的《中华人民共和国预算法》第 28 条明确规定“除法律和国务院另有规定外，地方政府不得发行地方政府债券”

中国的地方政府债券最早出现在中华人民共和国成立初期，1981 年恢复国债后地方债券就不见踪影了，1993 年地方国债被国务院明确“叫停”，原因是“怀疑地方政府承付的兑现能力”。1995 年 1 月 1 日起施行的《预算法》第 28 条明确规定：除法律和国务院另有规定外，地方政府不得发行地方政府债券。“地方政府债券”的禁令一直保持至 2009 年，此后开始允许地方政府发行债券。

（资料来源：百度文库）

我国国债的种类比较如表 4-1 所示。

表 4-1 记账式、凭证式、储蓄国债(电子式)“三性”比较

种类 特性	记账式国债	凭证式国债	储蓄国债(电子式)
收益性	票面利率略高于相同期限的凭证式国债和储蓄国债(电子式)；通过低买高卖获取额外收益	一般会略高于同期定期储蓄存款利率。如提前兑付，根据持有期限按不同期次国债的不同规定以低于国债票面利率的利率来计算收益	一般会略高于同期定期储蓄存款利率。如提前兑付，条件同凭证式国债
风险性	价格(本金和利息)随市场利率的变动而变动	价格(本金和利息)不随市场利率的变动而变动	价格(本金和利息)不随市场利率的变动而变动
流动性	可以通过证券交易所交易系统进行买卖	只能去原购买网点办理提前兑现，支付 2‰手续费	只能去原购买网点办理提前兑现，支付 1‰手续费

2. 按是否能转换为公司股票，可以分为可转换债券和不可转换债券

1) 可转换债券

可转换债券是指在特定时期内可以按某一固定的比例转换成普通股的债券，它具有债务与权益双重属性，属于一种混合性筹资方式。由于可转换债券赋予债券持有人将来成为公司股东的权利，因此其利率通常低于不可转换债券。若将来转换成功，在转换前发行企业达到了低成本筹资的目的，转换后又可节省股票的发行成本。

2) 不可转换债券

不可转换债券，是指不能转换为普通股的债券，又称为普通债券，由于其没有赋予债券持有人将来成为公司股东的权利，所以其利率一般高于可转换债券。

3. 按利率是否固定，可以分为固定利率债券和浮动利率债券

1) 固定利率债券

固定利率债券是将利率印在票面上，并按时向债券持有人支付利息的债券。该利率不随市场利率的变化而调整，因而固定利率债券可以较好地抵制通货紧缩风险。

2) 浮动利率债券

浮动利率债券是发行时规定债券利率随市场利率定期浮动的债券，因为浮动利率债券的利率同当前市场利率挂钩，而当前市场利率又考虑到了通货膨胀率的影响，所以浮动利率债券可以较好地抵制通货膨胀风险。

三、股票

(一)股票的概念

股票是股份有限公司在筹集资本时向出资人发行的股份凭证，代表着其持有者(及股东)对股份公司的所有权。这种所有权是一种综合权利，如参加股东大会投票表决、参与公司的重大决策、收取股息或分享红利等。股票一般可以通过买卖方式有偿转让，股东能通过股票转让收回其投资，但不能要求公司返还其出资。股东是公司的所有者，以其出资额为限对公司负有限责任，承担风险，分享收益。

股票是一种有价证券，是股份公司在筹集资本时向出资人发行的股份凭证，代表着其持有者(即股东)对股份公司的所有权。股票是股份证书的简称，是股份公司为筹集资金而发行给股东作为持股凭证并借以取得股息和红利的一种有价证券。每股股票都代表股东对企业拥有一个基本单位的所有权。股票是股份公司资本的构成部分，可以转让、买卖或作价抵押，是资金市场的主要长期信用工具。

(二)股票的分类

1. 按股票所代表的股东权利划分，可分为普通股股票和优先股股票

1)　普通股股票

普通股股票是指每一股东对公司财产都拥有平等权益，及对股东享有的平等权利不加以特别限制，并能随股份有限公司利润的大小而分取相应股息的股票。普通股是最普通也最重要的股票种类。通股股东按其所持有股份比例享有以下基本权利：①公司决策参与权；②利润分配权；③优先认股权；④剩余资产分配权。

2)　优先股股票

优先股股票是指股份有限公司发行的具有收益分配和剩余财产分配优先权的股票。优先股在利润分红及剩余财产分配的权利方面，优先于普通股。优先股股东享有两种权利：①优先分配权。在公司分配利润时，拥有优先股票的股东比持有普通股票的股东分配在先，但是享受固定金额的股利，即优先股的股利是相对固定的。②优先求偿权。若公司清算，分配剩余财产时，优先股在普通股之前分配。

2. 按是否在票面上记载股东的姓名，可以区分为记名股票和不记名股票

1)　记名股票

记名股票是指将股东姓名记载在股票票面和股东名册上的股票。记名股票如果转让必须经过公司办理过户手续。

2)　不记名股票

不记名股票是指股票票面不记载股东姓名的股票。与记名股票相比，只是存在记载姓名与否的差别，股东所有权的内容并没有变化，如果转让，通过交付即可生效。

3. 按是否在股票票面上标明金额，可以分为有面额股票和无面额股票

1) 有面额股票

有面额股票是指在股票票面上记载一定金额的股票，这一记载的金额也称为票面金额、股票面值。有面值股票的发行价格可以与股票票面金额相一致，法律上也允许以高于票面金额的价格溢价发行，但一般都不允许以低于票面金额的价格折价发行。我国《公司法》规定，股份有限公司的资本划分为股份，每一股的金额相等。

2) 无面额股票

无面额股票是指股票票面不记载金额的股票。这类股票不标明固定的金额，但要在票面上表示其在公司资本金额中所占的比例，所以它又被称作比例股股票。无面额股票并不是说股票没有票面价值，只是由于公司状况不断变动，公司资产总额经常发生变化，股票的价值随公司实际资产的增减而升降，目前世界上很多国家的公司法规定不允许发行股票。

知识点提示

股票根据上市地区的不同可以分为以下多种类型。

A 股，也称为人民币普通股票、流通股、社会公众股、普通股。是指那些在中国大陆注册、在中国大陆上市的普通股票。以人民币认购和交易。

B 股，也称为人民币特种股票。是指那些在中国大陆注册、在中国大陆上市的特种股票。以人民币标明面值，只能以外币认购和交易。B 股公司的注册地和上市地都在境内。只不过投资者在境外或在中国香港、澳门及台湾。

H 股，也称为国企股，是指国有企业在香港(HongKong)上市的股票。

S 股，是指那些主要生产或者经营等核心业务在中国大陆，而企业的注册地在新加坡(Singapore)或者其他国家和地区，但是在新加坡交易所上市挂牌的企业股票。

N 股，是指那些在中国大陆注册、在纽约(New York)上市的外资股。

股票根据业绩也分为以下几种类型。

ST 股，ST 股是指境内上市公司连续两年亏损，被进行特别处理的股票；*ST 是指境内上市公司连续三年亏损的股票。摘帽是指原来是 ST 的，现在去掉 ST 了。

垃圾股，是指经营亏损或违规公司的股票。

绩优股，是指公司经营很好，业绩很好，每股收益 0.5 元以上。

蓝筹股，是指股票市场上，那些在其所属行业内占有重要支配性地位、业绩优良，成交活跃、红利优厚的大公司股票称为蓝筹股。

红筹股，是指那些在香港上市，但由中资企业直接控制或持有三成半股权以上的上市公司股份。

题材股，是指具有某种特别内涵的股票，这一内涵通常会被当作一种选股和炒作题材，成为股市的热点。

四、证券投资基金

(一)证券投资基金的概念

证券投资基金是一种利益共享、风险共担的集合投资制度，即通过发行基金证券，集中

投资者的资金，交由基金托管人(即具有资格的银行)托管，由基金管理人管理，主要从事股票、债券等金融工具的投资，并将投资收益按基金投资者的投资比例进行分配的一种间接投资方式。

阅读专栏

投资基金的产生

投资基金创始于19世纪60年代的英国，迄今已有一百多年的历史，它是商品经济发展到一定阶段，广大中小投资者迫切需要进入市场进行投资的产物。1868年，英国创立了世界上最早的投资基金——“海外和殖民地政府信托”，当时适逢英国产业革命成功，工业高度发达，殖民地和海外贸易遍及全球，由此而积聚起来的巨额资金面对狭小的国内市场苦无出路，纷纷转向海外谋求发展。首创的这家投资基金投资于殖民地的公司债，开创了投资基金这种金融方式的先河。

虽然投资基金始创于英国，但现代意义的投资基金则首推美国于1924年在波士顿设立的“马萨诸塞投资信托基金”。此后，美国经济和金融在世界上占据了领先地位，国民的金融意识日益增强，中小投资者纷纷通过这种共同投资的方式介入市场，投资基金逐渐成为美国最普遍的投资方式，获得了前所未有的繁荣和发展，并波及世界各地。进入20世纪90年代以后，投资基金已经风靡全球，并成为许多国家证券市场上的又一生力军。

(资料来源：王兆星等. 金融市场学[M]. 北京：中国金融出版社)

(二)证券投资基金的特征

1) 集合投资

基金对投资最低限额要求不高，可广泛吸收社会资金；在参与投资时，可获得规模效益的好处。

2) 分散风险

通过科学的投资组合降低风险、提高收益。

3) 专家管理

可以尽量避免投资决策的失误，提高投资成功率。

此外，证券投资基金还有其他一些特征：①证券投资基金的单位面值一般较低，在我国每份基金单位面值为一元人民币。②实行组合投资，我国有关法律规定，一个基金投资于股票、债券的比例不得低于该基金资产总值的80%；一个基金持有一家上市公司的股票，不得超过该基金资产净值的10%。③它以间接投资的形式取得直接投资的效果。

阅读专栏

截至2017年12月底，我国境内共有基金管理公司113家，其中中外合资公司45家，内资公司68家；取得公募基金管理资格的证券公司或证券公司资管子公司共12家，保险资管公司2家。以上机构管理的公募基金资产合计11.6万亿元人民币，如表4-2所示。

表 4-2　公募基金市场数据(2017 年 12 月)

类别	基金数量(只) (2017/12/31)	份额(亿份) (2017/12/31)	净值(亿元) (2017/12/31)	基金数量(只) (2017/11/30)	份额(亿份) (2017/11/30)	净值(亿元) (2017/11/30)
封闭式基金	480	5863.27	6097.99	454	5801.63	6019.27
开放式基金	4361	104326.82	109898.87	4288	102954.10	108060.96
其中：股票基金	791	5847.66	7602.40	771	5746.23	7462.69
其中：混合基金	2096	16315.05	19378.46	2052	15423.53	17972.29
其中：货币基金	348	67253.81	67357.02	347	67902.13	68045.26
其中：债券基金	989	14091.62	14647.40	982	13030.83	13635.02
其中：QOII 基金	137	818.68	913.59	136	851.38	945.70
合计	4841	110190.09	115996.86	4742	108755.73	114080.23

资料来源：中国证券投资基金业协会。

(三)证券投资基金的分类

1. 按基金的组织方式分类

按基金的组织方式分类可分为以下几种。

1)　契约型基金

契约型基金又称为单位信托基金，是指把投资者、管理人、托管人三者作为基金的当事人，通过签订基金契约的形式，发行受益凭证而设立的一种基金。契约型基金起源于英国，后在中国香港、新加坡、印度尼西亚等国家和地区十分流行。

契约型基金是基于契约原理而组织起来的代理投资行为，没有基金章程，也没有董事会，而是通过基金契约来规范三方当事人的行为。基金管理人负责基金的管理操作。基金托管人作为基金资产的名义持有人，负责基金资产的保管和处置，对基金管理人的运作实行监督。

2)　公司型基金

公司型基金是按照公司法以公司形态组成的，该基金公司以发行股份的方式募集资金，一般投资者则为认购基金而购买该公司的股份，也就成为该公司的股东，凭其持有的股份依法享有投资收益。这种基金要设立董事会，重大事项由董事会讨论决定。

公司型基金的特点是：基金公司的设立程序类似于一般股份公司，基金公司本身依法注册为法人，但不同于一般股份公司的是，它是委托专业的财务顾问或管理公司来经营与管理；基金公司的组织结构也与一般股份公司类似，设有董事会和持有人大会，基金资产由公司所有，投资者则是这家公司的股东，承担风险并通过股东大会行使权利。

3)　契约型基金与公司型基金的区别

(1)　法律依据不同。契约性基金是依照基金契约组建，信托法是其设立的依据，基金本身不具有法律资格。公司型基金是按照公司法组建的，具有法人资格。

(2)　资金的性质不同。契约型基金的资金是通过发行基金份额筹集起来的信托财产；公司型基金的资金是通过发行普通股票筹集的公司法人的资本。

(3)　投资者的地位不同。契约型基金的投资者购买基金份额后成为基金契约的当事人之一，投资者既是基金的委托人，即基于对基金管理人的信任，将自己的资金委托给基金管理人管理和营运，又是基金的受益人，即享有基金的受益权；公司型基金的投资者购买基金的股票后成为该公司的股东。因此，契约型基金的投资者没有管理基金资产的权力，而公司型基金的股东通过股东大会享有管理基金公司的权力。

(4) 基金的营运依据不同。契约型基金依据基金契约营运基金；公司型基金依据基金公司章程营运基金。

由此可见，契约型基金和公司型基金在法律依据，组织形态以及有关当事人扮演角色上是不同的。但对投资者来说，投资于公司型基金和契约型基金并无多大区别，它们的投资方式都是把投资者的资金集中起来，按照基金设立时所规定的投资目标和策略，将基金资产分散投资于众多的金融产品上，获取收益后再分配给投资者。

从世界基金业的发展趋势看，公司型基金除了比契约型基金多了一层基金公司组织外，其他各方面都与契约型基金有趋同化的倾向。

2. 按基金的运作方式分类

按基金的运作方式分类可分为以下几种。

1) 封闭式基金

封闭式基金是指基金的发起人在设立基金时，限定了基金单位的发行总额，筹集到这个总额后，基金即宣告成立，并进行封闭，在一定时期内不再接受新的投资。这种基金又称为固定型投资基金。基金单位的流通采取在证券交易所上市的办法，投资者日后买卖基金单位都必须通过证券经纪商在二级市场上进行竞价交易。

封闭式基金的期限是指基金的存续期，即基金从成立起到终止之间的时间。决定基金期限长短的因素主要有两个：一是基金本身投资期限的长短，一般如果基金目的是进行中长期投资(如创业基金)的，其存续期就可能长一些，反之，如果基金目的是进行短期投资(如货币市场基金)，其存续期可能短一些。二是宏观经济形势，一般经济稳定增长，基金存续期可长一些，若经济波浪起伏，则应相对地短一些。当然，在现实中，存续期还应考虑基金发起人和众多投资者的要求来确定。基金期限届满即为基金终止，管理人应组织清算小组对基金资金进行清产核资，并将清产核资后的基金净资产按照投资者的出资比例进行公正合理的分配。

2) 开放式基金

开放式基金是指基金管理公司在设立基金时，发行基金单位的总份额不固定，可视投资者的需求追加发行。投资者也可根据市场状况和各自的投资决策，或者要求发行机构按现期净资产值扣除手续费后赎回股份或受益凭证，或者再买入股份或受益凭证，增持基金单位份额。为了应付投资者中途抽回资金，实现变现的要求，开放式基金一般都从所筹资金中拨出一定比例，以现金形式保持这部分资产。这虽然会影响基金的盈利水平，但作为开放式基金来说，这是必需的。

3) 封闭式基金与开放式基金的区别

(1) 期限不同。封闭式基金通常有固定的封闭期，大多在 5 年以上，一般为 10 年或 15 年，经受益人大会通过并经主管机关同意可以适当延长期限。而开放式基金没有固定期限，投资者可随时向基金管理人赎回基金单位。

(2) 发行规模限制不同。封闭式基金在招募说明书中列明其基金规模，在封闭期限内未经法定程序认可不能再增加发行。开放式基金没有发行规模限制，投资者可随时提出认购或赎回申请，基金规模就会随之增加或减少。

(3) 基金单位交易方式不同。封闭式基金的基金单位在封闭期限内不能赎回，持有人只能寻求在证券交易场所出售给第三者。开放式基金的投资者则可以在首次发行结束一段时间(多为 3 个月)后，随时向基金管理人或中介机构提出购买或赎回申请。这种基金买卖方式灵活，除极少数开放式基金在交易所作名义上市外，通常不上市交易。

(4) 基金单位的交易价格计算标准不同。封闭式基金与开放式基金的基金单位除了首次发行价都是按面值加一定百分比的购买费计算外，以后的交易计价方式不同。封闭式基金的买卖价格受市场供求关系的影响，常出现溢价或折价现象，并不必然反映基金的净资产值。开放式基金的交易价格则取决于基金每单位净资产值的大小，其申购价一般是基金单位资产值加一定的购买费，赎回价是基金单位净资产值减去一定的赎回费，不直接受市场供求影响。

(5) 投资策略不同。封闭式基金的基金单位数值不变，资本不会减少，因此基金可进行长期投资，基金资产的投资组合能有效在预定计划内进行。开放式基金因基金单位可随时赎回，为应付投资者随时赎回兑现，基金资产不能全部用来投资，更不能把全部资本用来进行长线投资，必须保持基金资产的流动性，在投资组合上需保留一部分现金和高流动性的金融商品。

从发达国家金融市场来看，开放式基金已成为世界投资基金的主流。世界基金发展史从某种意义上说就是从封闭式基金走向开放式基金的历史。

3. 按投资目标分类

按投资目标分类可分为以下几种。

1) 成长型基金

成长型基金是基金中最常见的一种，它追求的是基金资产的长期增值。为了实现这一目标，基金管理人通常会将基金资产投资于信誉度较高、有长期成长前景或长期盈余的所谓成长公司的股票。成长型基金又可分为稳健成长型基金和积极成长型基金。

2) 收入型基金

收入型基金主要投资于可带来现金收入的有价证券，以获取当期的最大收入为目的。收入型基金资产成长的潜力较小，损失本金的风险相对也较低，一般可分为固定收入型基金和股票收入型基金。固定收入型基金的主要投资对象是债券和优先股，因而尽管收益率较高，但长期成长的潜力很小，而且当市场利率波动时，基金净值容易受到影响。股票收入型基金的成长潜力比较大，但易受股市波动的影响。

3) 平衡型基金

平衡型基金将资产分别投资于两种不同特性的证券上，并在以取得收入为目的的债券及优先股和以资本增值为目的的普通股之间进行平衡。这种基金一般将 25%~50%的资产投资于债券及优先股，其余的投资于普通股。平衡型基金的主要目的是从其投资组合的债券中得到适当的利息收益，与此同时又可以获得普通股的升值收益。投资者既可获得当期收入，又可得到资金的长期增值，通常是把资金分散投资于股票和债券。平衡型基金的特点是风险比较低，缺点是成长的潜力不大。

4. 按投资标的分类

按投资标的分类可分为以下几种。

1) 债券基金

债券基金以债券为主要投资对象，债券比例须在 80%以上。由于债券的年利率固定，因而这类基金的风险较低，适合于稳健型投资者。

通常债券基金收益会受货币市场利率的影响，当市场利率下调时，其收益就会上升；反之，若市场利率上调，则基金收益率下降。除此以外，汇率也会影响基金的收益，管理人在购买非本国货币的债券时，往往还需在外汇市场上做套期保值。

2) 股票基金

股票基金以股票为主要投资对象，股票比例须在60%以上。股票基金的投资目标侧重于追求资本利得和长期资本增值。基金管理人拟定投资组合，将资金投放到一个或几个国家，甚至是全球的股票市场，以达到分散投资、降低风险的目的。

投资者之所以钟爱股票基金，原因在于可以有不同的风险类型供选择，而且可以克服股票市场普遍存在的区域性投资限制的弱点。此外，还具有变现性强、流动性强等优点。由于聚集了巨额资金，几只甚至一只基金就可以引发股市动荡，所以各国政府对股票基金的监管都十分严格，不同程度地规定了基金购买某一家上市公司的股票总额不得超过基金资产净值的一定比例，防止基金过度投机和操纵股市。

3) 货币市场基金

货币市场基金是以货币市场工具为投资对象的一种基金。货币市场基金通常被认为是无风险或低风险的投资。其投资对象一般期限在一年内，包括银行短期存款、国库券、公司债券、银行承兑票据及商业票据等。通常，货币基金的收益会随着市场利率的下跌而降低，与债券基金正好相反。

4) 混合型基金

混合型基金主要从资产配置的角度看，股票、债券和货币的投资比例没有固定的范围。

5. 按投资理念分类

按投资理念分类可分为以下几种。

1) 主动型基金

一般主动型基金以寻求取得超越市场的业绩表现为目标。其基金管理者一般认为证券市场是无效的，存在着错误定价的股票。

2) 被动型基金(指数型基金)

一般选取特定的指数成份股作为投资的对象，不主动寻求超越市场的表现，而是试图复制指数的表现。其投资管理者认为，市场是有效的，投资者不可能超越市场。

知识点提示

根据资本来源基金还有以下几种。

1. 国内基金

它是基金资本来源于国内并投资于国内金融市场的投资基金。一般而言，国内基金在一国基金市场上应占主导地位。

2. 国际基金

它是基金资本来源于国内但投资于境外金融市场的投资基金。由于各国经济和金融市场发展的不平衡性，因而在不同国家会有不同的投资回报，通过国际基金的跨国投资，可以为本国资本带来更多的投资机会以及在更大范围内分散投资风险，但国际基金的投资成本和费用一般也较高。国际基金有国际股票基金、国际债券基金和全球商品基金等种类。

3. 离岸基金

它是基金资本从国外筹集并投资于国外金融市场的基金。离岸基金的特点是两头在外。离岸基金的资产注册登记不在母国，为了吸引全球投资者的资金，离岸基金一般都在素有“避税天堂”之称的地方注册，如卢森堡、开曼群岛、百慕大等，因为这些国家和地区对个人投资的资本利得、利息和股息收入都不收税。

4. 海外基金

它是基金资本从国外筹集并投资于国内金融市场的基金。利用海外基金通过发行受益凭证，把筹集到的资金交由指定的投资机构集中投资于特定国家的股票和债券，把所得收益作为再投资或作为红利分配给投资者，它所发行的受益凭证则在国际著名的证券市场挂牌上市。海外基金已成为发展中国家利用外资的一种较为理想的形式，一些资本市场没有对外开放或实行严格外汇管制的国家可以利用海外基金。

阅读专栏

证券投资基金与股票、债券的区别

1. 权利关系不同。基金发起人与管理人、托管人之间完全是一种信托契约关系。股票是由股份公司发行的，股票持有人是股份公司股东，有权参与公司的经营管理决策，股东与公司是一种股权关系；债券则是由政府，银行及企业等诸家发行主体发行的，债券的投资者与发行者之间形成的是一种债权债务关系。

2. 投资者的经营管理权不同。通过发行股票筹集到的资金，完全可以由发行股票的股份公司掌握和运用，股票持有人也有权参与公司的经营管理决策；通过发行债券筹集到的资金，也是由发行债券的公司自主支配。而投资基金的运作机制则有所不同。无论是哪种类型的基金，其发起人和投资人都不直接从事基金的运作，而是委托管理人营运。

3. 风险和收益各不相同。股票的直接收益取决于发行公司的经营效益，不确定性强，投资于股票有较大的风险。债券的直接收益取决于债券利率，而债券利率一般是事先确定的，投资风险较小。基金主要投资于有价证券，而且其投资选择灵活多样，从而使基金的收益有可能高于债券，投资风险又可能小于股票。因此，基金能满足那些不能或不宜于直接参与股票、债券投资的个人或机构的需要。

4. 存续时间不一致。与债券投资所不同的是，基金可以期满后再延续。与股票投资不同的是，开放式基金可以随时增加或减少基金份额，持有人可以按基金的资产净值向公司要求申购或赎回其所持有的基金单位或股份。

5. 所筹资金的投向不同。股票和债券是融资工具，筹集的资金主要是投向实业，而基金主要是投向其他有价证券等金融工具。

第三节 衍生金融工具

衍生金融工具是指在股票、债券等基本金融工具的基础上派生出来的可交易凭证，又称为“衍生金融产品”“衍生金融工具”。近 20 多年来，衍生金融工具的交易非常活跃，各种新型的衍生金融工具不断被创造出来。本节介绍几种基本的类型。

一、金融远期合约

(一)金融期货合约的概念

金融远期合约，是指双方约定在未来的某一确定时间，按确定的价格买卖一定数量的某种金融资产的合约。在合约中规定，在将来买入标的物的一方成为多方，而在未来卖出标的物的一方成为空方。合约规定的未来买卖标的物的价格称为交割价格。

远期和约是非标准化合约，因此不在交易所交易，而是在金融机构之间或金融机构与客户之间通过谈判后签署远期合约。在签署远期合约之前双方可以就交割地点、交割时间、交割价格、合约规模、标的物的品质等细节进行谈判，以便尽量满足双方的需要，具有较大的灵活性，这是远期合约的主要优点。但远期合约也有明显的缺点：首先由于远期合约没有固定的、集中的交易场所，不利于信息交流和传递，不利于形成统一的市场价格，市场效率较低；其次由于每份远期合约千差万别，这就给远期合约的流通造成较大的不便，因此远期合约的流动性较差；最后，远期合约的履约没有保证，当价格变动对一方有利，对方有可能无力或无诚意履行合约，因此远期合约的违约风险较高。

(二)金融远期合约的种类

金融远期合约主要有远期利率协议和远期外汇合约等。

1. 远期利率协议

远期利率协议是买卖双方同意从未来某一商定的时期开始，在特定时期内按协议利率借贷一笔数额确定、以具体货币表示名义本金的协议。远期利率协议的买方是名义借款人，其订立远期利率协议的目的主要是为了规避利率上升的风险。远期利率协议的卖方则是名义贷款人，其订立远期利率协议的目的主要是为了规避利率下降的风险。之所以称为“名义”，是因为借贷双方不必交换本金，只是在结算日根据协议利率和参考利率之间的差额以及名义本金额，由交易一方付给另一方结算金。由于远期利率协议交易的本金不用交付，利率是按差额结算的，所以资金流动量较小，这就给银行提供了一种管理利率风险而无须改变其资产负债结构的有效工具。

2. 远期外汇合约

远期外汇合约是指双方约定在将来某一时间按约定的远期汇率买卖一定金额的某种外汇的合约。交易双方在签订合同时就确定好将来进行交割的远期汇率，到时不论汇价如何变化，都应按此汇率交割。在交割时，名义本金并未交割，只交割合同中规定的远期汇率与当时的即期汇率之间的差额。

阅读专栏

人民币不交收远期外汇合约介绍

不交收远期外汇合约是在场外市场进行交易的外汇衍生产品。客户与银行之间协议一个货币汇率，并于指定日期履行兑换承诺。双方不会互相交收货币，而是先比较现货汇率及协议汇率的差价，再以单一货币结算(如美元兑人民币结算货币为美元)。人民币不交收远期外汇合约的主要特点有：①最低合约面值为 100000 美元；②合约期为一个月、两个月、三个月、六个月或一年；③无须任何手续费。

下面我们一起看一个典型案例。案例的基本情况分别见表 4-3、表 4-4 和表 4-5。

表 4-3　当人民币升值时，陈先生于结算当日可赚取 423 美元

客户	陈先生	
对人民币前景的看法	预期人民币将会升值	
不交收远期外汇合约	客户买入——人民币 客户卖出——美元	银行卖出——人民币 银行买入——美元
订立合约日期	2009 年 1 月 1 日	
合约期	一个月	
估价日	2009 年 1 月 31 日	
结算日	2009 年 2 月 1 日	
远期汇率	1 美元兑 7.130 元人民币	
面值	100000 美元	
所需存款金额	100000 美元或其等值的外币	

表 4-4　当人民币贬值时，陈先生于结算当日亏损 279.72 美元

估价日的汇率	1 美元兑 7.100 元人民币(人民币兑美元升值)
结算金额	100000 美元×(7.130-7.100)÷7.100=423 美元

表 4-5　陈先生结算不亏损也不盈利

估价日的汇率	1 美元兑 7.150 元人民币(人民币兑美元贬值)
结算金额	100000 美元×(7.130-7.150)÷7.150=279.72 美元

资料来源：根据中国工商银行网站资料整理

远期合约主要应用在外汇交易上，通常是由银行和客户互相协议交收货币和到期日交收汇率，用以减低外汇风险。举例来说，陈先生有一笔 100 万澳元的应收账款，这笔钱将于三个月后收款，现时澳元兑港元汇价是 1 澳元兑 6.5 港元。假若陈先生什么都不做，三个月后澳元可能大升大跌，对陈先生来说，外汇风险很大。陈先生大可和 A 银行进行远期外汇合约，以锁定到期日的外汇价格。假设 A 银行愿意用 1 澳元兑 6.6 港元的汇价，在三个月后去购入陈先生手上的 100 万澳元，那么不管三个月后澳元的汇价有多大变化，陈先生都可确保收到 660 万港元。当然，天下没有免费午餐，陈先生和 A 银行进行远期外汇合约，陈先生需付银行手续费。读者或者会问，为何在上述例子里，陈先生不选择使用外汇期货？相对期货合约，远期合约的自由度比较大，例如在到期日子，合约订定的货币和交收数量等，都可以由买卖双方协商，故此远期合约更是一种比期货合约更贴身定做的金融产品。而且，有些货币、商品是没有期货市场，远期合约提供了另一种可供对冲的途径。再者，由于一些货币不能自由兑换，所以市场也可以将货币交收改为替补差价，由亏的一方给予赚钱的一方现金补偿，这就是远期不交收合约(Non-Deliverable Forward，NDF)，我们时常听到新闻说人民币远期不交收合约现时的价格是多少，其实就是指这种独特的远期合约，现在人民币的 NDF 主要是场外交易，新加坡和中国香港是主要的人民币 NDF 市场。

二、金融期货合约

(一)金融期货合约的概念

期货也称期货合约，是指由期货交易所统一制定、规定在将来某一特定的时间和地点交割一定数量的实物商品或金融商品的标准化合约。它由发行合约的交易所设计，是一种标准化的协议。期货合约一般包括商品期货合约和金融期货合约。国际上，期货作为投资产品的同时，也是一种有效的风险规避工具，广泛地渗透进商业经济活动中的各个领域。

金融期货合约是指协议双方同意在约定的将来某个日期按约定的条件(包括价格、交割地点、交割方式)买入或卖出一定标准数量的某种金融工具的标准化的协议。合约中规定的价格就是期货价格。

(二)金融期货合约的特征

期货交易的基本特征可以归纳为以下几个方面。

1. 合约标准化

期货交易是通过买卖期货合约进行的，而期货合约是标准化的。期货合约标准化指的是除价格外，期货合约的所有条款都是预先由期货交易所规定好的，具有标准化的特点。

2. 交易集中化

期货交易必须在期货交易所内进行。期货交易所实行会员制，只有会员方能进场交易。那些处在场外的广大客户若想参与期货交易，只能委托期货经纪公司代理交易。所以，期货市场是一个高度组织化的市场，并且实行严格的管理制度，期货交易最终在期货交易所内集中完成。

3. 双向交易和对冲机制

双向交易，也就是期货交易者既可以买入期货合约作为期货交易的开端(称为买入建仓)，也可以卖出期货合约作为交易的开端(称为卖出建仓)，也就是通常所说的“买空卖空”。与双向交易的特点相联系的还有对冲机制，在期货交易中大多数交易者并不是通过合约到期时进行实物交割来履行合约，而是通过与建仓时的交易方向相反的交易来解除履约责任。具体说就是买入建仓之后可以通过卖出相同合约的方式解除履约责任，卖出建仓后可以通过买入相同合约的方式解除履约责任。

知识点提示

期货交易的交割一般有两种方式：一是实物交割，即用实物(或金融工具)交收的方式来履行期货交易的责任；二是对冲平仓，相当于买者可把原来买进的期货卖掉，卖者可把原来卖出的期货买回。平仓就是了结交易，原先买入的就卖出，原先是卖出的就买入。

4. 杠杆机制

期货交易实行保证金制度，也就是说交易者在进行期货交易时需缴纳少量的保证金，一般为成交合约价值的5%～10%，就能完成数倍乃至数十倍的合约交易，期货交易的这种特点吸引了大量投机者参与期货交易。期货交易具有的以少量资金就可以进行较大价值额投资的特点，被形象地称为“杠杆机制”。期货交易的杠杆机制使期货交易具有高收益高风险的特点。

5. 每日无负债结算制度

期货交易实行每日无负债结算制度，也就是在每个交易日结束后，对交易者当天的盈亏状况进行结算，在不同交易者之间根据盈亏进行资金划转，如果交易者亏损严重，保证金账户资金不足时，则要求交易者必须在下一日开市前追加保证金，以做到“每日无负债”。

期货交易必须集中在交易所内进行，而在场内操作交易的只能是交易所的会员，包括期货经纪公司和自营会员。因此普通投资者在进入期货市场交易之前，应首先选择一个具备合法代理资格、信誉好、资金安全、运作规范和收费比较合理的期货经纪公司会员，自营会员没有代理资格。

(三)金融期货合约的种类

1. 利率期货

利率期货是指标的资产价格依赖于利率水平的期货合约，如长期国债期货、短期国债期货和欧洲美元期货。

2. 外汇期货

外汇期货的标的物是外汇，如美元、欧元、英镑、日元、澳元和加元等。

3. 股价指数期货

股价指数期货的标的物是股价指数。由于股价指数是一种极特殊的商品，它没有具体的实物形式，双方在交易时只能把股价指数的点数折算成货币单位进行结算，没有实物的交割。这是股价指数期货与其他标的物期货的最大区别。例如，芝加哥商品交易所(CME)的 S&P500 指数期货的单位价格(即每份合约的价格)规定为指数点乘以 500 美元。

知识点提示

我国商品期货交易所和具体的交易品种

我国目前有四家期货交易所：上海期货交易所、大连商品交易所、郑州商品交易所和中国金融期货交易所。上海期货交易所上市交易的期货合约有黄金、白银、铜、铝、锌、铅、螺纹钢、燃料油、天然橡胶、线材、石油沥青等品种。大连商品交易所上市交易的期货合约有玉米、黄大豆 1 号、黄大豆 2 号、豆粕、豆油、棕榈油、线型低密度聚乙烯、聚氯乙烯、焦炭、焦煤、铁矿石等品种。郑州商品交易所上市交易的期货合约有强麦、普麦、棉花、白糖、菜籽油、早籼稻、精对苯二甲酸(PTA)、甲醇、玻璃、油菜籽、菜籽粕、动力煤等品种。

中国金融期货交易所于 2006 年 9 月 8 日在上海成立，由上海期货交易所、郑州商品交易所、大连商品交易所、上海证券交易所和深圳证券交易所共同发起设立的金融期货交易所。上市的期货品种为股指期货(沪深 300 股票指数期货)、国债期货等。

三、金融期权合约

(一)金融期权合约的概念

金融期权合约，是指赋予其购买者在规定期限内按双方约定的价格(简称协议价格或执行价格)购买或出售一定数量某种金融商品或金融期货合约为标的物权利的合约。

金融期权合约是一种权利合约，它有以下几个要素。

(1) 标的物。它在期权合约中规定双方买卖的金融商品或金融期货合约。

(2) 期权合约的买方。它是购买期权的一方，即支付期权费，获得权利的一方，也被称为期权的多头方。在金融期权交易中，期权购买者可在期权合约所规定的某一特定时间，以事先确定的价格向期权卖方买进或卖出一定数量的某种金融产品合约。在期权合约所规定的时间内或期权合约所规定的某一特定的履约日，期权的买方既可以执行其所拥有的这一权利，也可以放弃这一权利。期权合约赋予期权合约买方的只有权利，而没有任何义务。

(3) 期权合约的卖方。它是出售期权的一方，收取期权费，承担在规定的时间内履行合约义务的一方，也被称为期权的空头方。在金融期权交易中，期权合约的卖方应在期权合约所规定的时间内或期权合约所规定的某一特定的履约日履行合约义务。只要期权的买方要求执行期权，期权卖方就必须无条件地履行期权合约所规定的义务。期权合约的卖方只有履行合约的义务，而没有任何权利。

(4) 执行价格。它也称协议价格，是指期权合约所规定的期权买方在行使权利时所实际执行的价格。

(5) 到期日。它是期权合约规定的期权形式的最后有效日期，又称为行权日。

(6) 期权费。它是指期权买方为获取期权合约所赋予的权利而向期权卖方支付的费用，也被称为期权价格。期权费视期权种类、期限、标的资产价格的易变程度不同而不同。这一费用一旦支付，不管期权买方是否最终执行期权，均不予退回。

(二)金融期权合约的分类

(1) 按期权买者的权利划分，期权可分为看涨期权和看跌期权。看涨期权就是赋予期权买者购买标的资产权利的合约；而赋予期权买者出售标的资产权利的合约就是看跌期权。

(2) 按期权买者执行期权的时限划分，期权可分为欧式期权和美式期权。欧式期权的买者只能在期权到期日才能执行期权(即行使买进或卖出标的资产的权利)。而美式期权允许买者在期权到期前的任何时间执行期权。

(3) 按照期权合约的标的资产划分，金融期权可大致分为利率期权、货币期权(或称为外汇期权)、股价指数期权、股票期权以及金融期货期权，而金融期货期权又可分为利率期货、货币期货和股价指数期货三种。金融期权的分类如图 4-5 所示。

- 金融期权
  - 现货期权
    - 利率期权
    - 货币期权
    - 股价指数期权
    - 股票期权
  - 期货期权
    - 利率期货期权
    - 货币期货期权
    - 股价指数期货期权

图 4-5 金融期权的分类

(三)金融期权合约的交易

与期货交易不同的是，期权交易不仅有正规的交易所，还有一个规模庞大的场外交易市场。交易所交易的是标准化的期权合约，场外交易的则是非标准化的期权合约。

对于场内交易的期权来说，其合约有效期一般不超过 9 个月，以 3 个月和 6 个月最为常见。与期货交易一样，由于有效期(交割月份)不同，同一种标的资产可以有好几个期权品种。

我们以看涨期权为例，分析金融期权合约的交易。

假定某投资者预期某种股票价格将会上涨，于是以 2 元/股的期权费购买了一份标的物为 1000 份该种股票、执行价格为 20 元、期限为 3 个月的看涨期权合约。对于期权合约的买卖双方而言，盈亏情况可分为以下几种情况。

(1) 如果在期权到期时，股价等于或低于 20 元/股，则看涨期权就无价值，期权的买方就不会选择执行期权合约。买方的最大亏损为 2000 元(即 1000×2 元/股)，卖方则可获得 2000 元的收益。

(2) 如果在期权到期时，股价在 20 元/股至 22 元/股之间，期权的买方可以以低于市价的价格购入股票，从而获得价差收入，以弥补一些期权费，所以，他会选择执行期权合约。当股价刚好等于 22 元/股时，期权买方的价差收入正好弥补期权费，净收益为零。

(3) 如果在期权到期前，股价高于 22 元/股，买方就可实现净盈余。理论上，随着股价的上升，买方的净盈余就越多。而期权卖方则为净损失，并随着股票格的上涨而无限制地不断下降。具体如图 4-6 所示。

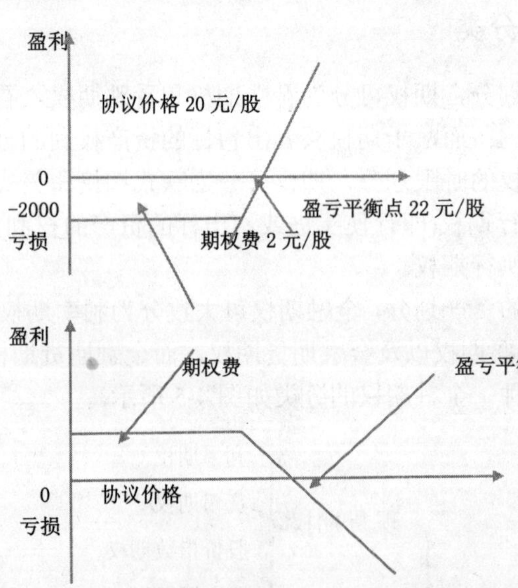

图 4-6 看涨期权买方与卖方的盈亏分布

四、金融互换

(一)金融互换的概念

在衍生工具领域，互换是一种相对较新的工具，是 20 世纪 80 年代为降低利率风险而产生的。互换包括商品互换和金融互换。

金融互换是指约定两个或两个以上当事人按照商定条件，在约定的时间内，交换一系列现金流的合约。

知识点提示

互换和掉期在英文中都称为 Swap，因此很多人误把它们混为一谈。实际上，两者有很大的区别。一方面，掉期是外汇市场上的一种交易方法，是指对不同期限，但金额相等的同种外汇做两笔反方向的交易，它并没有实质的合约，更不是一种衍生工具；而互换则没有实质的合约，是一种重要的衍生工具。另一方面，掉期在外汇市场上进行，它本身没有专门的市场；互换则在专门的互换市场上交易。

(二)金融互换的基本功能

(1) 通过金融互换可在全球各市场之间进行套利，从而一方面降低筹资者的融资成本或提高投资者的资产收益，另一方面促进全球金融市场的一体化。

(2) 利用金融互换，可以管理资产负债组合中的利率风险和汇率风险。

(3) 金融互换为表外业务，可以逃避外汇管制、利率管制及税收限制。

(三)金融互换的种类

(1) 利率互换是指双方同意在未来的一定期限内，根据同种货币同样的名义本金交换现金流，其中一方的现金流根据浮动利率计算，而另一方的现金流根据固定利率计算。互换的期限通常在 2 年以上，有时甚至在 15 年以上。

(2) 货币互换。货币互换是指将一种货币的本金和固定利息与另一货币的等价本金和固定利息进行交换。

货币互换的主要原因是，双方在各自国家中的金融市场上具有比较优势。由于货币互换涉及本金互换，因此，当汇率变动很大时，双方将面临一定的信用风险。当然这种风险仍比单纯的贷款风险小得多。

本章小结

1. 金融工具是证明债权或所有权的合法凭证，是载明资金供求双方权利、义务关系的合约。它是金融市场上进行交易的载体，是金融市场至关重要的构成要素。

2. 金融工具具有偿还性、流动性、风险性和收益性。各类金融工具实际上是为了满足资金供需双方在某些方面的不同需要而设计出来的，是以四个特征进行不同组合的结果。

3. 按金融工具期限可划分为短期金融工具和长期金融工具；按是否与实际信用活动直接相关划分，可以分为基础金融工具和衍生金融工具；按发行者的性质金融工具可以分为直接金融工具和间接金融工具。

4. 基础性金融工具主要有票据、债券、股票、证券投资基金等，它们是金融市场上使用最广泛的工具，也是衍生金融工具赖以存在的基础。

5. 衍生金融工具是指在股票、债券等基本金融工具的基础上派生出来的可交易凭证，又称为“衍生金融产品”“衍生金融工具”。近 20 多年来，衍生金融工具的交易非常活跃，各种新型的衍生金融工具不断被创造出来。最常见的有金融远期合约、金融期货合约、金融期权合约和金融互换等几种类型。

(扫一扫，一起来拓展一下视野吧！)

课后习题

一、单项选择题

1. 下列属于衍生金融工具的是(　　)。

A. 股票　　B. 债券　　C. 期货　　D. 外汇

2. 一家美国的进口商 A90 天后要支付给英国出口商 B500 万英镑，那么，为了避免这一风险，A 方可以(　　)。

A. 在远期外汇市场买入 90 天远期 500 万英镑

B. 在远期外汇市场卖出 90 天远期 500 万英镑

C. 立即买入 500 万英镑

D. 立即卖出 500 万英镑

3. 衍生金融工具的首要功能是(　　)。

A. 价格发现　　B. 投机手段　　C. 保值手段　　D. 套利手段

4. 2008 年 1 月 9 日中国期货历史上首个贵金属期货-黄金期货在(　　)挂牌交易。

A. 大连商品交易所　　B. 郑州商品交易所

C. 中国金融期货交易所　　D. 上海期货交易所

5. 关于期货交易和现货交易，下列描述错误的是(　　)。

A. 现货交易中，商流与物流在时空上基本是统一的

B. 并不是所有的商品都能成为期货交易的品种

C. 期货交易不受时空限制，交易灵活方便

D. 期货交易的目的一般不是未来获得实物商品

6. 最早出现的商品期货是(　　)。

A. 金属期货　　B. 农产品期货　　C. 能源期货　　D. 林产品期货

7. 期货市场的套期保值功能是将市场价格风险转移给了(　　)。

A. 套期保值者　　B. 生产经营者　　C. 期货交易所　　D. 期货投机者

8. 信用工具的流动性与债务人的信用能力成(　　)。

A. 反比　　B. 正比　　C. 不确定　　D. 无关

9. 由债务人向债权人发生的，承诺在一定时期内支付一定款项的债务凭证是(　　)。

A. 本票　B. 支票　C. 债券　D. 汇票

10. 优先股股票相对于普通股股票在股息分配和(　　)方面具有优先权。

A. 表决权　B. 发言权

C. 剩余财产分配权　D. 公司增发股票的认购权

11. 证券投资基金的资金主要投向(　　)。

A. 实业　B. 邮票　C. 有价证券　D. 珠宝

12. 安全性最高的有价证券是(　　)。

A. 国债　B. 股票　C. 公司债券　D. 企业债券

13. 看涨期权的买方具有在约定期限内按(　　)价格买入一定数量金融资产的权利。

A. 市场价格　B. 买入价格　C. 卖出价格　D. 约定价格

14. 金融期货的交易对象是(　　)。

A. 金融商品　B. 金融商品合约　C. 金融期货合约　D. 金融期权

15. 股票实质是代表了股东对股份公司的(　　)。

A. 产权　B. 债券　C. 物权　D. 所有权

二、多项选择题

1. 债券的性质可以表述为(　　)。

A. 属于有价证券　B. 是一种真实资本

C. 是债权的表现　D. 是所有权凭证

2. 金融期货的功能(　　)。

A. 投资功能　B. 套期保值功能　C. 筹资功能　D. 价格发现功能

3. 优先股股票不同于普通股股票，它的特征包括(　　)。

A. 股息率固定　B. 股息分派优先

C. 剩余资产分配优先　D. 一般无表决权

4. 银行票据是票据的一种，它主要包括(　　)。

A. 银行本票　B. 银行汇票　C. 银行支票　D. 定期存单

5. 债券票面的基本要素有(　　)。

A. 票面价值　B. 偿还期限　C. 利率　D. 发行者名称

6. 金融债券的特点是(　　)。

A. 信用度较高　B. 发行量较大

C. 一般为中长期债券　D. 风险较大、利率高于其他债券

7. 股票指数期权在美国最为常见的标的指数有(　　)。

A. S&P100 指数　B. S&P500 指数

C. 道琼斯工业平均指数　D. 纳斯达克 100 指数

8. 衍生金融工具按照基础资产的分类(　　)。

A. 股权式类衍生工具　B. 利率衍生工具

C. 货币衍生工具　D. 选择权类衍生工具

9. 按照衍生金融工具自身交易的方法和特点分为(　　)。

A. 金融远期　B. 金融期货　C. 金融期权　D. 金融互换

10. 衍生金融工具市场参与者包括(　　)。

A. 保值者　　B. 投机者　　C. 套利者　　D. 经纪人

三、辨析题(正确打“√”，错误打“×”)

1.金融交易中，投机者的活动对市场的持续发展只是起到破坏性作用。(　　)

2. 公债是指国家为了筹措资金而向投资者出具的、承诺一定时期支付利息和到期还本的债务凭证。(　　)

3. 公司盈利越多，发放的股息就一定越多。(　　)

4. 金融期权和金融期货的推出，都是基于广大投资者对投机需求的不断提高。(　　)

5. 银行能通过存款吸收资金，因此不需要发行债券。(　　)

6. 商业汇票是由出票人委托付款人于指定的日期无条件支付一定金额给持票人的票据。(　　)

7. 政府公债的特点是：信誉高、安全性好、流动性高。(　　)

8. 当公司经营状况良好的时候，优先股股东会因此而收到高额收益。(　　)

9. 本票可记为记名本票和不记名本票，不记名本票可以承兑。(　　)

10. 在公司破产后，优先股在剩余资产的分配权上要优先于普通股及债权人。(　　)

四、简答题

1. 简述金融工具的基本特征。

2. 简述基础股票、债券的区别是什么？

3. 简述基础性金融工具的种类。

4. 简述金融期货合约的特点。

5. 简述金融期货合约的作用。

五、论述题

试论述金融衍生工具的特性与风险。

六、案例分析

1995年2月26日，新加坡巴林公司期货经理尼克·里森投资日经225股指期货失利，导致巴林银行遭受巨额损失，合计损失达 14 亿美元，最终因无力继续经营而宣布破产。从此，这个有着233年经营史和良好业绩的老牌商业银行在伦敦城乃至全球金融界消失。目前该行已由荷兰国际银行保险集团接管。

巴林银行破产的直接原因是新加坡巴林公司期货经理尼克·里森错误地判断了日本股市的走向。1995年1月份，日本经济呈现复苏势头，里森看好日本股市，分别在东京和大阪等地买进大量期货合同，希望在日经指数上升时赚取大额利润。天有不测风云，1995 年 1 月17日突发的日本阪神地震打击了日本股市的回升势头，股价持续下跌。巴林银行因此损失金额高达14亿美元，这几乎是巴林银行当时的所有资产，这座曾经辉煌的金融大厦就此倒塌。巴林银行集团破产的消息震动了国际金融市场，各地股市受到不同程度的冲击，英镑汇率急剧下跌，对马克的汇率跌至历史最低水平。巴林银行事件对于欧美金融业的隐性影响不可估量。

分析：透过巴林银行倒闭事件，我们应该怎样看待衍生金融工具？

七、综合训练

训练任务：利用网络平台了解我国现有的金融工具；可利用模拟软件进行交易。

训练活动：通过网络搜集信息，了解我国各类金融工具交易状况；掌握集中金融工具的交易规则。

训练目的：熟练运用网络平台查询信息；了解我国金融工具交易。

课后阅读

扫一扫，看看课后还有什么值得阅读的吧！

第五章 金融机构

学习目标

- 掌握金融机构的职能和性质；
- 了解一般金融机构体系的构成；
- 掌握我国金融机构体系的构成；
- 熟悉国际金融机构体系的构成及其各自的宗旨与主要业务。

技能目标

能够准确判断不同种类金融业务的金融机构归属。

案例导读

有一则故事，是说某岛上有一些金匠，他们靠加工金银首饰为生。其中，有手艺高超的，他们工艺精湛，做出的东西很好，自然拿着金银找他们加工的人就越来越多，甚至排成了长队等着加工。于是，大家就干脆把金、银存放在他们那儿，并由金匠开出收据做凭证。大家凭收据取回首饰。长此以往，时间长了，金匠就有了市场上的信誉度，慢慢地因为金匠的信誉度非常好，所以他开出的收据被市场所承认，可以直接在市场上流通。此时，金匠开出的收据和他所存的金子是等值的，也就是说金匠开出的一两金子的票据，对应地在他的库房里就有一两金子在那儿放着。随着时间的推移，金匠所存的金子不断地增多，他发现每天只有一定数量的金子被提走，而另一部分金子基本上是不动的。受此启发，金匠就以存着不动的金子为基础，开出票据到市场上去投资或借给贷款人，用以获得更大的收益。

随着金匠一次次的冒险成功，他的财富在不断地积累。他发现投资越多，财富增长得越快。可他没有那么多金子，怎么办呢？于是，他就超出他实际所拥有的金子数开出更多的票据，到市场上去投资。此时，他所开出的票据和金子是不等值的。因为，他可能只有一两金子，却开出了二两金子的票据，于是十足的准备金制度，演变为部分准备金制度，早期银行就在首饰加工业的基础上产生了。

思考：孤岛金匠的故事比较形象地展示了银行的产生过程，那么现在金融机构体系是什么样子的？中央银行、商业银行、政策性银行都是如何运行的？

第一节 金融机构概述

一、金融机构含义与性质

现代市场经济是一个货币经济和实物经济相互交错、互相转换的经济体系。在这个经济体系中，金融机构充当着媒介，它们将货币运动、信用关系和金融市场活动联系起来，润滑和促进整个国民经济的运行和发展。现代金融机构体系是一个庞大而复杂的系统，通过本章的学习，可以从整体上了解金融机构的种类，掌握金融机构体系的一般构成和中国现行金融机构体系以及各金融机构的职责和业务范围，从而对金融活动形成一个整体的、初步的感性认识。

(一)金融机构的概念

金融，泛指货币资金的融通。一切与货币流通与信用有关的活动，如货币的发行及流通与回笼、存款的吸收与提取、贷款的发放与收回、国内外汇兑的往来结算、票据的承兑和贴现、证券投资和保险基金的筹集与运用等，都属于金融的范畴。因此，凡专门从事各种金融活动的组织，均可称为金融机构。严格说来，金融机构是指发行间接金融工具以及在金融体系中推进资金融通的经济实体，是促使资金盈余者与资金不足者之间融通资金的信用中介。金融机构是金融体系的重要组成部分，在整个国民经济运行中起着举足轻重的作用。它们通过疏通、引导资金的流动，促进和实现了资源在经济社会中的合理配置，提高了全社会经济运行的效率。

(二)金融机构的性质

从性质上来说，金融机构是一种经济组织，即经营货币信用业务，从事资金融通的金融企业。绝大多数金融机构与一般工商企业一样，都以盈利为目的；但是，金融机构是一种特殊企业。其特殊性具体表现在以下四个方面。

1. 金融机构是以金融商品为其经营对象的金融企业

无论是经营存款、放款、汇兑和储蓄业务的银行机构，还是经营证券投资或保险业务的非银行金融机构，它们经营的对象都是金融商品，或者说金融工具。这些金融商品与货币一样，是一种特殊商品，与一般工商企业经营的普通商品完全不同。金融机构正是通过对这些金融商品的“买卖”，促进资金融通并赚取利润。

2. 金融机构是以融通资金为己任，促使最后贷款人(资金盈余单位)与最后借款人(资金不足单位)联系起来的金融媒介体

一般工商企业以生产或销售产品为主要任务，而金融机构则是以融通资金为使命。它既可以通过向资金盈余单位出售间接金融工具，把资金集中起来，然后再用这些资金去购买资金不足单位的直接金融工具，实现资金盈余单位和资金不足单位之间的资金融通，又可以通过创造信用把资金盈余单位的资金转移给资金不足单位使用，即创造被称为货币的间接金融工具(钞票、活期存款)，购买资金不足单位的直接金融工具，资金不足单位再使用货币购买

商品，从而实现社会组织间的资源转移。不管是直接融资金融机构还是间接融资金融机构，也不管是银行业务还是其他金融业务，其最终目的都是为了实现资金融通。可以说，作为金融媒介体是金融机构的最本质特征。

3. 金融机构是为全社会提供金融服务的社会公共服务机构

金融是资金社会化的产物，金融机构是实现资金社会化的特殊机构。它一方面把全社会闲置资金集中起来，另一方面又把这些资金分配给资金需要者使用，实现资金在全社会范围内的流动。因此，金融机构也是一个社会公共机构，它负有社会职责。从金融机构产生的那一天起，就为社会提供金融服务，如货币的兑换、保管、汇兑等。在现代商品经济条件下，金融机构面向全社会各阶层，多方面提供各种金融服务。特别是以信用货币制度和银行制度为主体的银行机构，具有极其深刻的渗透力和扩散性，已成为国民经济的神经中枢及社会经济的调节机构。金融机构具有影响国家最高利益和社会经济发展等特殊的公共性和社会性，而一般工商企业不具有这种特征。正是因为金融机构是这样一种社会公共服务机构，才要不断进行金融服务创新，丰富金融服务品种，提高金融服务质量，取信于民，对社会负责，从而在金融服务发展中创造利润，增加收入。

4. 金融机构是最具风险性，最需加强风险管理的经济组织

金融机构作为金融媒介体，是把盈余单位的资金供给资金不足单位使用，其贷款可能收不回来，或者资金周转不灵；同时，经营的货币本身也可能因为市场利率、物价水平的变化而带来损失。也就是说，金融机构面临较多的信用风险、货币风险和市场风险。它与一般企业相比较，风险度要大得多。更为重要的是，金融机构涉及面广、影响大，其风险对社会经济、政治等各方面影响都极为深刻。所以，金融机构特别需要加强风险管理和控制。

二、金融机构的职能

(一)充当信用中介

信用中介是金融机构最基本、最能反映其经营活动特性的职能。作为信用中介，金融机构一方面动员和集中一切闲置的货币资金，另一方面则借助于信用将这些货币资金投向国民经济各部门。通过金融机构的信用中介职能，在不改变社会资本总额的条件下，扩大了再生产的规模，提高了生产率。

(二)充当支付中介

支付中介职能是指通过存款在账户上的转移，代理客户支付，或在存款的基础上，为客户对付现款等。金融机构能够充当支付中介，是因为其具有较高的信誉和较多的分支机构。金融机构充当支付中介，大大减少了现金的使用，加速了货币资金的周转，促进了社会再生产规模的扩大。

(三)将货币收入和储蓄转化为资本

作为信用中介，金融机构最初只是在资金盈余企业和资金短缺企业之间进行资金融通。随着银行业的发展，个人收入和储蓄也被银行汇集起来，贷放给企业，非资本的货币就转化

为货币资本。金融机构通过把非资本的货币转化为货币资本，扩大了社会资本总量，使社会再生产以更快的速度增长。

(四)创造信用工具

由于支付中介职能的存在，金融机构可以创造各种信用工具，这些信用工具被投入流通领域，既减少了流通费用，又提供了更多的流通手段和支付手段以满足经济发展的需要。

(五)提供各种金融服务

金融机构可以为客户提供各种金融服务，因为金融机构联系面广，信息灵通，尤其是计算机在业务中的广泛应用，使其可以为客户提供咨询和决策服务。

知识点提示

商业银行是各种金融机构中唯一能吸收活期存款，开设支票存款账户的机构。

三、金融机构的分类

在现代经济中，金融机构种类繁多，按照不同的标准可以进行不同的分类。

(一)从融资方式来看，金融机构可分为间接融资金融机构和直接融资金融机构

间接融资金融机构是指在间接融资领域中的金融机构，它是作为资金余缺双方进行金融交易的媒介体，如各种类型的银行和非银行金融中介机构；直接融资金融机构是指在直接融资领域中的金融机构，它是为筹资者和投资者双方牵线搭桥，建立联系，沟通交易渠道的，如证券公司、证券交易所等。

两者的根本区别在于：间接融资的金融机构要通过各种负债业务活动集聚资金，然后再通过各种资产业务活动分配这些资金，在资金盈余单位和资金不足单位之间充当融资的中介，因此这类金融机构通常被称为金融中介机构；直接融资的金融机构则主要是促成资金盈余者与资金不足者接上关系，而并非主要在借贷之间进行资产负债业务经营活动。在现代金融机构体系中，金融中介机构是其重要组成部分，因此，通常所说的金融机构就是指金融中介机构。不过，金融中介机构与金融机构在外延上还是有区别的。

(二)按照金融机构的性质和主要业务类别划分，可分为存款性金融机构和非存款性金融机构

存款性金融机构是指从个人和企业单位吸收存款筹集资金，从事贷款投资等运用资金的中介机构。它主要包括商业银行、储蓄机构和信用社等。非存款性金融机构是指通过自行发行证券获取收入或接受某些社会组织或公众的契约性缴款筹措资金，进行长期投资的金融机构，如各类保险公司、养老基金、投资银行等。存款性金融机构和非存款性金融机构的最大区别在于前者可以吸收公众存款，而后者不可以吸收公众存款。

(三)以银行为中心，可将金融机构划分为银行机构和非银行金融机构

这是最为常见的一种分类方法。银行是经营货币信用业务的金融机构，它通过吸收存款、

发放贷款、办理结算和汇兑等业务，在整个社会范围内融通资金。银行是金融机构的主体。非银行金融机构，又称其他金融机构，是指经营各种金融业务，但不具备创造货币能力且又不称为银行的金融机构。这类机构较为复杂，如保险公司、信托投资公司、证券公司、租赁公司、财务公司和养老基金等都可归属于这一类。

(四)从金融机构经营目标来分类，金融机构可分为商业性金融机构和政策性金融机构

凡以追求利润为经营目标，按照市场经济规律进行经营活动的金融机构均是商业性金融机构，如商业银行、证券公司、保险公司等。而以贯彻国家产业政策为经营目标，按照国家政策要求进行经营活动的金融机构称为政策性金融机构，开发银行、农业发展银行、住房信贷银行、进出口银行等都属这类金融机构。商业性金融机构主要从事“商业性”金融业务，而政策性金融机构主要从事“政策性”金融业务。它们在资本结构、资本来源等方面也有区别。

知识点提示

非银行金融机构和银行金融机构的区别

非银行金融机构和银行金融机构的主要区别在以下几个方面。

1. 资金来源和运用不同

银行通常以吸收存款为主要资金来源，资金运用则以发放各种贷款为主，而非银行金融机构则主要依靠发行股票、债券等方式筹措资金，资金运用则主要以从事非贷款的金融业务为主，如专门从事保险、证券、信托、租赁、典当等金融业务。

2. 信用创造功能不同

银行金融机构特别是商业银行由于从事转账结算业务，从而获得了信用创造功能，而非银行金融机构一般不经营此种业务，因而不具有信用创造功能。

3. 监管方式和程度不同

由于商业银行具有信用创造功能，因而中央银行对商业银行的监管相对比较严格，而对非银行金融机构的监管比较松懈。不过最近几十年来，随着金融创新和金融自由化发展，西方国家对商业银行的监管也趋于放松。

4. 地位和作用不同

由于银行金融机构特别是商业银行是构成现代金融体系的主体，因而它们在现代经济生活中处于更重要的位置。

总体而言，在现代金融机构体系中，中央银行是这个体系的核心，商业银行是主体和基础，银行与非银行多种金融机构并存，相互协调，相互补充，共同发展。

第二节　金融机构体系的一般模式

一、金融体系

金融体系是一个国家以行政和法律的形式与运用经济规律确定的金融系统结构，以及构

成这个系统的各种类型的银行和非银行金融机构的职能作用和相互关系。

金融体系是一个普遍的、一般的概念。其具体内容及其表现形式完全取决于不同国家、不同经济制度下不同的生产方式和生产关系。世界各国的金融体系基本上可以分为两种类型：一类是多元复合金融体系，即以中央银行为核心，以商业银行为主体，多种金融机构并存的金融体系。另一类是一元金融体系，即将中央银行的职能和商业银行的职能集中于单一的国家银行的金融体系，在这一体系中，一般另外设立一些专业性的银行，如储蓄银行、投资银行和外汇银行等。一元金融体系只是存在于典型的计划经济国家。

西方经济发达国家普遍建立了规模庞大、分工细致的金融体系。但是由于各国经济背景和发展过程不同，每个国家的金融体系具体设置形式也不尽相同。但就金融体系的组成来看，一般包括的内容有金融机构体系、金融市场体系和金融调控与监管体系。

(一)金融机构体系

金融机构是专门从事各种金融活动的组织，是金融活动的主体之一。金融机构体系是各种金融机构的有机结合。一般而言，金融机构体系主要包括中央银行、各种类型的银行和非银行金融机构等。

在现代金融体系中，中央银行处于特殊的领导地位，具有对全国金融业、金融活动进行宏观调控的特殊功能。各种类型的银行包括商业银行和各类专业银行，是金融体系的基础，在整个社会的资金融通中充当中介。非银行金融机构主要是保险公司、信托投资公司、信用合作组织、证券公司等。其主要任务是为筹资者和投资者进行联系、牵线搭桥。各类金融机构的相互依存、相互竞争、相互作用和影响促进了金融机构体系的形成和发展。金融市场是进行资金融通或资金借贷的场所。

(二)金融市场体系

金融市场是进行资金融通或资金借贷的场所。金融市场体系涉及不同方式的分类，如按金融工具的期限分为货币和资本市场；按交易层次分为发行市场和流通市场；按金融资产形式分为同业拆借市场、债券市场、股票市场、外汇市场、黄金市场等。

金融市场是一个由多种要素构成的有机整体，其基本要素有以下三点。

(1) 市场参与者，包括个人、企业、政府机构、金融机构和中央银行；

(2) 金融工具，一般具有期限性、流动性、风险性和收益性的性质；

(3) 交易组织方式，主要有交易所方式、柜台方式和中介方式。

(三)金融调控与监管体系

金融体系内的脆弱性，金融行业的特殊性，金融主体行为的有限性和金融资产价格的内在波动性，这些都可使金融市场产生内在的不稳定，并可能导致资源配置不合理、收入分配不公平和经济大幅波动等。因此，改变金融机构与系统的脆弱性，降低金融资产价格的波动性，以提高金融市场的效率，增强金融体系的稳定性，保护市场参与者的合法利益，为经济发展创造良好的金融环境。

金融调控是指国家通过制定货币政策，利用货币政策工具来影响现实的宏观经济运行，以实现一定时期的经济目标的活动。

当今世界各国均通过设立各种监管机构，如金融管理局、货币管理局、证券交易监督委员会等来履行金融监管职能。我国目前除中央银行执行货币监督职能外，还设立了中国银行业监督管理委员会、中国证券监督管理委员会和中国保险监督管理委员会，分别监管金融业与金融市场、证券业与证券市场以及保险业的健康、稳定运行。

二、金融机构体系的一般构成

各金融机构在一国从事金融活动而形成的相互区别、相互联系的统一整体就是金融机构体系。世界各国的金融机构体系不尽相同，但概括起来看，一般都包含中央银行、商业银行、专业银行和非银行金融机构。其中，中央银行是金融机构体系的核心，商业银行是主体，专业银行和非银行金融机构是重要组成部分。

(一)金融机构体系模式

由于各国、各地区的经济体制和经济发展不同，其金融体系的组织结构、职能分工也有所差别，由此形成了各种不同的金融机构体系模式。

1. 以中央银行为核心的金融机构体系

以中央银行为核心，还包括商业银行、专业银行、投资银行以及各种非银行金融机构，共同组成的金融机构体系。这是当今世界各国普遍实行的一种金融体系模式，目前我国实行的即为以中央银行为核心的金融机构体系。

2. 没有中央银行的金融机构体系

如新加坡实行的就是没有中央银行的金融体系模式。这种金融体系模式的基本特征是整个金融体系是由众多的商业银行、投资银行以及其他各种金融机构组成，但没有设立中央银行。货币由单纯充当行政机构的货币当局发行，或由政府制定某几家信用好的商业银行作为货币发行银行，有权发行货币。如新加坡的货币由新加坡通货委员会发行，香港则由香港特别行政区政府指定商业银行性质的汇丰银行、渣打银行和中国银行三家共同负责发行。在金融管理方面，政府单独设立金融管理机构，如新加坡的货币管理局、香港的金融管理局等机构，即负责对金融业进行广泛的监督和管理。

3. 高度集中的金融机构体系

高度集中的金融体系是一种高度集权式的金融体系，其基本特征是金融机构单一。这种金融体系模式主要为单一计划经济国家所采用。单一计划经济在经济管理方面实行高度集中的经济管理体制，一切经济活动都是用计划加以规定，与此相适应，在金融体系方面实行这种集权模式。如苏联、东欧各国以及经济体制改革以前的中国都实行过这种模式。

(二)金融机构体系的构成

1. 中央银行

中央银行在一国金融机构体系中居于领导核心地位，具有特殊功能。它不以盈利为目的，不直接面向社会企业、单位和个人开办信用业务，而是通过向政府和商业银行及其他金融机构提供各种信用服务来实现其管理金融的目标和任务。中央银行是国家的货币发行银行、银行的银行和政府的银行。中央银行负责制定和执行国家的金融政策，调节货币流通与信用活动，对国家负责，在对外金融活动中代表国家，并对国内整个金融体系和金融活动实行管理与监督的金融中心机构。

中央银行的机构组织在现代工业化国家也不尽相同，绝大部分国家实行单元制中央银行，即一国只设一家中央银行；有些联邦制国家则实行多元制中央银行，一国内设有多家中央银行，如美国的中央银行，由分布于 12 个州的 12 家银行组成，为联邦储备体系；有些国家不设中央银行，而由相应的机构来担当其职能。虽然各国中央银行的具体组织形式有或多或少的区别，但都发挥中央银行的作用，在性质上是相同的。

2. 商业银行

商业银行是以盈利为目的，以吸收社会公众的存款和发放贷款为主要业务活动、综合性多功能的金融企业。在西方国家的金融机构体系中，它是唯一能够接受活期存款的银行，因而也被称为存款货币银行，这是商业银行区别于其他金融机构的重要标志。商业银行在各国金融机构体系中居于主导地位，是一国金融机构体系的主体。

商业银行具有信用中介、支付中介、信用创造、金融服务等功能，可在资金的供给者与需求者之间融通资金；可通过存款在账户上的转移，代理客户支付，在存款的基础上为客户办理兑付业务，还可为客户提供多种金融服务等，因此现代商业银行被称为“金融百货公司”。

3. 专业银行

专业银行是专门经营某种特定范围的金融业务和提供专门性金融服务的银行。专业银行是社会分工发展在金融业的表现。随着社会生产力的发展，社会分工越来越细，要求银行必须精通某一方面的知识，以提供专业化的金融服务，这样才能满足经济发展的需要。各国的专业银行种类很多，主要有以下几种形式。

1) 投资银行

是专门对工商企业办理投资和长期信贷业务的银行。各国投资银行的名称有所不同，例如在英国投资银行被称为商人银行，在日本被称为证券公司，在欧美国家被称为投资银行、投资公司等。

投资银行与商业银行不同，其资金来源主要依靠发行自己的股票和债券来筹集；即便有些国家的投资银行被允许接受存款，也主要是定期存款。投资银行的主要业务是：对工商企业的股票和债券进行直接投资；提供中期和长期贷款；为工商企业代办发行或包销股票和债券；参与企业的创建和改组活动；包销本国政府和外国政府的公债券；提供投资和财务咨询服务等。

2) 储蓄银行

储蓄银行是指专门以吸收居民储蓄存款为资金来源并发放各种抵押贷款的专业银行。为了保护小额储蓄者的利益，一般对储蓄银行都设有专门的立法，限制其通过吸收储蓄所筹集资金的投资领域。世界上第一家地方储蓄银行是于 1817 年慈善团体在荷兰建成的。储蓄银行的名称各国有所不同，例如英国称其为信托储蓄银行，美国称其为互助储蓄银行或储蓄贷款协会。因为储蓄银行的资金来源相对稳定，所以储蓄银行的资产业务主要用于中长期贷款和投资。

知识点提示

存款保险制度又称存款保障制度。市场经济条件下，存款保险制度是保护存款人权益的重要措施，是金融安全网的重要组成部分。目前，世界上已有 110 多个国家和地区建立了存款保险制度。实践证明，存款保险制度在保护存款人权益、及时防范和化解金融风险、维护金融稳定中发挥了重要作用，已成为各国普遍实施的一项金融业基础性制度安排。

存款保险制度建立后，一是有利于更好地保护存款人的权益，维护金融市场和公众对我国银行体系的信心，推动形成市场化的金融风险防范和化解机制，建立维护金融稳定的长效机制；二是有利于进一步加强和完善我国金融安全网，使风险早发现和少发生，增强我国金融业抵御和处置风险的能力；三是有利于强化市场纪律约束，创造公平竞争的市场环境，为加快发展民营银行和中小银行、加大对小微企业的金融支持保驾护航。

3) 抵押银行

抵押银行是专门经营房地产和其他不动产抵押放款业务的专业银行。如德国的土地抵押信贷协会、农业抵押银行、抵押汇兑银行等；法国的房地产信贷银行等。抵押银行的资金来源主要是通过发行不动产抵押证券来筹集。其长期贷款业务主要包括两类：一是以土地为抵押物的贷款，贷款对象是土地所有者或农场主；二是以城市不动产为抵押物的贷款，贷款对象主要是房屋所有者和建筑商。抵押银行也经营以股票、债券和黄金为抵押品的贷款。

中国没有设立专门的抵押银行，抵押贷款业务主要常见于各类银行当中。我国规定，抵押品必须是具有担保价值并能够转让的，一般指代表财产所有权和债权的各种有价证券，其他动产和不动产，如房屋、建筑物、运输工具、机械设备、电器产品及原材料等，国有土地及矿藏等自然资源不得作为抵押品。

4) 农业银行

农业银行主要以支持农业发展为原则而由政府来设立，其资金来源主要为政府拨款，还包括发行股票或债券、吸收存款等。农业银行的业务基本上包括了农业生产中的一切资金需要。

农业银行本质上是政策性银行，如美国的联邦土地银行、法国的农业信贷银行、德国的农业抵押银行、日本的农林渔金融公库等。

5) 进出口银行

进出口银行是为实施本国对外贸易业务而设立的专业性银行。这类银行的设立主要是为支持本国对外贸易事业的发展，促进本国产品的出口，加强国际间金融合作，广泛吸引国际资本和收集国际信息。进出口银行一般是政府组建的非营利性的官方机构，但也有半官方性质的。另外，进出口银行往往也是执行本国政府对外投资和援助的特定金融机构。

4. 保险公司

保险公司是专门通过经营保险业务，为保障社会经济生活的安全和延续而提供经济补偿的一种金融机构。保险公司是西方发达国家中最重要的非银行金融机构。保险具有分散风险、组织经济补偿两个基本功能，在现代社会中还有融通资金的功能。

5. 信托投资公司

信托投资公司也叫金融信托公司，是一种以营利为目的，并以受托人身份收受、经营和运用信托资金、信托财产的金融机构。信托投资公司的主要职责是受人之托，代人理财，因此其融资功能是在代人理财的过程中体现的。其业务范围主要包括：吸收信托存款；委托贷款与投资；信托贷款与投资；养老金和有价证券信托；办理担保与代理业务；从事融资性租赁业务，等等。

6. 信用合作社

信用合作社是一种互助合作型的金融组织。信用合作社往往在特定行业和特定范围内发展。信用社的资金来源主要是合作社成员缴纳的股金以及吸收的存款，其资金主要用于解决其成员的资金需要，向其成员发放短期生产性贷款或消费贷款。在资金充裕时，信用社也会从事以不动产或以证券为抵押的中长期贷款。

7. 金融租赁公司

金融租赁公司是指通过融物的形式来发挥融资作用的金融机构。它主要是指通过承办各种机电设备、交通运输工具、仪器仪表等大型动产及附带先进技术的租赁业务和转租赁业务，为承租企业提供资金融通，促进大型成套设备、交通运输工具的输入和输出。

8. 金融公司

金融公司也叫财务公司，是指通过发行商业票据、债券和股票等方式获得资金，并将资金主要用于特定消费者贷款和工商企业贷款的金融企业。金融公司一般不吸收存款，其业务特点是大额借入，小额贷出，主要用于汽车、电视机及其他耐用消费品的分期付款贷款。金融公司的业务一般不受商业银行法规的限制，也无需缴存准备金。

三、我国金融机构体系的构成

(一)旧中国的金融机构体系

19 世纪中期以前，旧中国金融业的骨干是钱庄和票号。钱庄主要从事存放款业务，票号则兼营汇兑。鸦片战争后，外资银行纷纷进驻中国，如 1845 年，英商丽如银行就在香港设立分行，在广州设立分理处，1847 年在上海设立机构。此后，又相继有法、美、德、日、俄等国纷纷在华设立银行，它们主要经营对外贸易的结算与进出口信贷，同时也涉及贷款及货币发行，基本上控制了我国的金融业。到 19 世纪末，才开始出现中国人自办的银行。1896 年 10 月，清政府核准设立中国通商银行，并于 1897 年 5 月 27 日在上海正式营业，开辟了中国金融历史的新纪元。此后，清政府于 1908 年正式颁布《银行通则》，确立了银行的设立及业务范围。中国民族资本的商业银行随之纷纷开业。旧中国的民族资本商业银行对中国民族资本主义的发展起到了卓有成效的促进作用，但在半殖民地半封建的社会环境中，民族资本商业银行终难摆脱帝国主义和封建主义的双重桎梏。抗日战争爆发后，旧中国的民族资本商业银行实际已陷于奄奄一息的境地。

在国民党统治时期，官僚资本“四行二局一库”占有垄断地位。“四行”是指中央银行、中国银行、交通银行和中国农民银行。其中，中央银行于 1928 年成立，是国民党统治区银行体系中起中央银行作用的银行，清末成立的中国银行和交通银行，由于参入“官股”，而被国民党政府所控制；中国农民银行是 1935 年成立的。这四大银行都有发行银行券的权力，直到 1942 年，才由中央银行垄断发行货币。“二局”是指 1930 年和 1935 年分别成立的邮政储蓄金汇业局和中央信托局。“一库”是指 1946 年成立的中央合作金库。此外，官营资本的银行还有由地方官办的银行等。据 1946 年统计，当时共有各类银行 3488 家，其中官营 2446 家。

(二)新中国成立后“大一统”的金融机构体系

新中国成立后，实行高度集中的计划经济模式，同时金融机构体系也发生了根本性的变化。1948 年成立了中国人民银行，原各解放区的银行都并入中国人民银行。随后，国家对官僚资本银行采取了没收政策，全部没收了国民党政府的“四大银行”及其分支机构；对民族资本银行及私人钱庄实行了社会主义改造，通过对私人金融机构的公私合营逐步予以公有化改造，至 1955 年被合并改造完毕。而在广大农村，则发展起了集体性质的信用合作社。这样，初步形成了以当时苏联模式为蓝本的“大一统”的、具有特色的社会主义新金融体系，为金融在社会主义经济中充分发挥作用奠定了基础。

“大一统”的金融体系，从 20 世纪 50 年代中期即开始形成，一直存续至 70 年代末。在这一时期，中国人民银行虽行使一定的金融职能，具有企业性，但它又是一个直属国务院的政府机构，具有行政机构与金融企业的双重属性。其在全国的分支机构完全按上级指令办事，自上而下统存统贷，层层下达指标，没有竞争，不负盈亏，基本上已丧失了商业银行的本质属性。在当时也有一些金融机构存在，如中国银行、中国人民建设银行、中国人民保险公司及农村信用合作社，但其本质上只是人民银行的一个业务部门。

(三)金融体系的改革与发展

党的十一届三中全会以后，在党和政府的领导下，我国经济体制进行了全面的改革。为适应这一要求，金融机构体系也进入了一个改革与发展的新阶段。我国金融机构体系的改革大体上可分为三个阶段。

1) 20 世纪 70 年代末到 90 年代初

改革的基本核心是实现中央银行与专业银行的分设及多种金融机构的初步发展。

1979 年 2 月，为适应农村经济改革与农业发展的需要，重新恢复了中国农业银行，并把中国人民银行的全部农村金融业务移交给中国农业银行，农业银行的机构与业务获得了迅速发展。1979 年 3 月，专营外汇业务的中国银行从中国人民银行中分设出来，原中国人民银行的国际业务也相应移交给了中国银行，中国银行的国内业务与海外业务也得到了迅速发展。1980 年，中国人民建设银行从财政部中独立出来，专门从事基本建设投资贷款。但中国人民银行仍然是一身兼二任，一方面要从事货币发行与全国金融的行政管理与调控，另一方面仍然担负着占据全国银行业务绝大比重的城市工商企业信贷业务。

在这种情况下，人民银行很难做到既顾及经营其繁重的具体业务，又不贻误全局调控及行政管理的职责，而且也使其与其他专业银行的业务分工关系产生矛盾。于是，1983 年国务院决定中国人民银行专门行使中央银行的职能，不再兼办工商信贷和储蓄业务。1984 年 1 月，中国工商银行正式成立，它接收了原由人民银行办理的全部工商信贷业务与城镇储蓄业务，工商银行成为最大的国有专业银行。同年，原中国人民银行的国外保险业务处也从人民银行中分设出来，成立了中国人民保险公司，成为中国第一家专业性保险公司。

从此，中国人民银行完全脱离了具体的银行业务，转化成专业性的中央银行，专门从事货币发行、金融行政管理与宏观调控的职能。但由于新成立的四大专业银行都是国有专业银行，在资金上与人民银行并未完全脱钩，在业务上仍然具有政策性业务与商业性业务的双重职能，中央银行的调控能力仍然有限，管理依然要依赖行政命令。

在这一阶段的改革中，除了专业银行与中央银行分设以外，还出现了金融机构多元化的初步发展及业务活动的发展。具体表现在：一是 20 世纪 80 年代初开始成立了各种投资信托类型的金融机构。如 1979 年 10 月成立的中国国际信托投资公司，1981 年 12 月成立的中国投资银行，此外还包括各省市相继成立的地方性投资信托公司和国际信托投资公司等。二是 80 年代初农村信用合作社与城市信用合作社得到了恢复与发展，尤其是 1984 年以后，城市信用合作社的广泛发展，大大地扩展了非国有的金融体系。同时外资银行分支机构也开始发展。1986 年，股份制的商业银行“交通银行”重新设立，标志着国家专业银行垄断全国金融机构的模式被打破，一个多形式、多层次发展的金融机构体系在改革开放后有了初步的发展。

2) 20 世纪 90 年代初开始到 21 世纪初

这一阶段的改革比前一阶段更为深入，影响也更大。

本阶段改革背景是建设社会主义市场经济体制目标，具体到金融体系的改革目标是建立适应社会主义市场经济发展需要的以中央银行为领导，政策性金融和商业性金融相分离，以国有独资商业银行为主体，多种金融机构并存的现代金融体系。主要涉及的改革内容有以下各方面。

(1) 中国人民银行的性质进一步明确“作为中央银行”，开始从事金融的宏观调控，逐步摆脱了过度行政化管理和依附于财政的地位，独立地制定与执行货币政策，特别是 1995 年 3 月通过的《中国人民银行法》，对人民银行的地位进行了法律规定；同时逐步减少对各专业银行及各种金融机构过多的行政性干预，对金融体系实施间接的调控管理，建立新的金融体系运行机制。

(2) 专业银行向国有商业银行转化。由于专业银行的组织管理方式与经营原则与市场经济活动大相径庭，资金的行政性分配，银行机构的行政性设置管理，经营上的非盈利活动等阻碍了银行业的健康发展，因此，必须对专业银行进行改革，使其向商业银行转化。专业银行商业化改革的主要内容包括：使专业银行成为独立自主经营、自负盈亏、自求平衡的国有商业银行；实行政策性业务与经营性业务的分离，国有商业银行放弃承担的政策性业务，专门从事商业性经营；成立 3 家政策性银行，即国家开发银行，中国进出口银行和中国农业发展银行来专业从事政策性业务；国有商业银行业务活动上实行市场化经营，以利润为目标，与其他金融机构开展平等竞争。

(3) 商业银行进一步发展。在促进专业银行商业化的同时，其他商业银行也得到了快速发展，特别是 20 世纪 90 年代后，股份制商业银行、地方性商业银行与外资银行得到了广泛的发展，开始与国有商业银行进行更全面、更深层次的竞争。

(4) 多种金融机构的发展。在商业银行全面发展的同时，包括各种非银行金融机构，非国有的民间金融机构，以及外资金融机构都得到了很大发展。一个市场化的金融机构体系正在逐步形成。

3) 2003 年年底至今

这一阶段的改革，主要包括：扎实推进国有商业银行整体改革进程；解决农村信用社改革过程中的产权制度和管理体制问题；明确新形势下资产管理公司发展定位和公司治理要求；进一步完善政策性银行功能；推进中小商业银行在改革重组中规范发展等。

(四)现阶段我国金融机构体系的基本构成

经过 40 年的改革开放，我国现已形成了以中国人民银行为领导，以国有商业银行为主体，多种金融机构并存、分工协作的金融机构体系。我国大陆的金融体系构成如表 5-1 所示。

表 5-1　金融体系分类表

机构分类	机构名称	机构职能
监管机构	中国人民银行	中国人民银行为国务院组成部门，是中华人民共和国的中央银行，是在国务院领导下制定和执行货币政策、维护金融稳定、提供金融服务的宏观调控部门
	中国银行业监督管理委员会	中国银行业监督管理委员会(简称银监会)为国务院直属正部级事业单位。根据国务院授权，统一监督管理银行、金融资产管理公司、信托投资公司及其他存款类金融机构，维护银行业的合法、稳健运行
	中国证券监督管理委员会	中国证券监督管理委员会(简称证监会)为国务院直属正部级事业单位，依照法律、法规和国务院授权，统一监督管理全国证券期货市场，维护证券期货市场秩序，保障其合法运行
	中国保险监督管理委员会	中国保险监督管理委员会(简称保监会)为国务院直属事业单位。根据国务院授权履行行政管理职能，依照法律、法规统一监督管理全国保险市场，维护保险业的合法、稳健运行
银行类金融机构	政策性银行与国家开发银行	国家开发银行、中国进出口银行和中国农业发展银行，主要分别承担国家重点建设项目融资、支持进出口贸易融资和农业政策性贷款业务的任务
	大型商业银行	大型商业银行包括中国工商银行、中国农业银行、中国银行、中国建设银行及交通银行。大型商业银行是我国银行体系的主体，以获取利润为经营目标，以经营存贷款、办理转账结算为主要业务，以多种金融资产和金融负债为经营对象，具有综合性服务功能，对我国经济金融的发展起着重要作用
	股份制商业银行	股份制商业银行是指大型商业银行以外的全国性股份制商业银行、区域性股份制商业银行的总称。中信银行、招商银行等属于全国性股份制商业银行
	城市商业银行	城市商业银行是中国银行业的重要组成和特殊群体，其前身是 20 世纪 80 年代设立的城市信用社，当时的业务定位是：为中小企业提供金融支持，为地方经济搭桥铺路。从 20 世纪 90 年代中期，以城市信用社为基础，各地纷纷组建城市商业银行
	农村金融机构	农村金融机构主要包括农村信用社、农村商业银行、农村合作银行、村镇银行、农村资金互助社和贷款公司，主要从事农村地区的银行金融服务业务

续表

机构分类	机构名称	机构职能
银行类金融机构	中国邮政储蓄银行	中国邮政储蓄银行是在邮政储蓄的基础上组建的。中国邮政储蓄银行主要依托和发挥网络优势，以零售业务和中间业务为主，为城市社区和广大农村地区居民提供基础金融服务
	外资银行	外资银行指依照有关法律、法规，经批准在中华人民共和国境内设立的外商独资银行、中外合资银行、外国银行分行、外国银行代表处
证券类金融机构	证券交易所	证券交易所是为证券集中交易提供场所和设施，组织和监督证券交易，实行自律管理的法人，目前包括上海证券交易所和深圳证券交易所
	证券公司	证券公司指经批准而成立的专门经营证券业务，具有独立法人地位的有限责任公司或者股份有限公司，可以承销发行、自营买卖或自营兼代理买卖证券。普通投资人的证券投资都要通过公司来进行
	证券服务机构	证券服务机构是从事证券投资咨询、证券资信评估服务、证券集中保管等证券服务业务的法人机构
	期货公司	期货公司是指依法设立的、接受客户委托、按照客户的指令、以自己的名义为客户进行期货交易并收取交易手续费的中介组织，其交易结果由客户承担。期货公司是交易者与期货交易所之间的桥梁
	基金管理公司	基金管理公司是指依据有关法律法规设立的对基金的募集、基金份额的申购和赎回、基金财产的投资、收益分配等基金运作活动进行管理的公司。证券投资基金的依法募集由基金管理人承担。基金管理人由依法设立的基金管理公司担任。担任基金管理人应当经国务院证券监督管理机构核准
保险类金融机构	保险公司	保险公司是依照法律法规和国家政策设立的经营商业保险和政策性保险的金融机构
	保险中介机构	保险中介机构是介于保险人和被保险人之间，专门从事保险业务咨询与推销、风险管理与安排、保险价值评估、损失鉴定与理算等中间服务活动，并获取佣金或手续费的组织
其他类金融机构	金融资产管理公司	金融资产管理公司指经国务院决定设立的收购国有银行不良贷款，管理和处置因收购国有银行不良贷款形成资产的国有独资非银行金融机构
	信托公司	信托公司是指依法设立的，以营利和收取报酬为目的，以受托人身份承诺信托和处理信托事务的金融机构
	企业集团财务公司	企业集团财务公司是以加强企业集团资金集中管理和提高企业集团资金使用效率为目的，为企业集团成员单位提供财务管理服务的非银行金融机构
	金融租赁公司	金融租赁公司是指经国务院银行业监督管理机构批准，以经营融资租赁业务为主的非银行金融机构

续表

机构分类	机构名称	机构职能
其他类金融机构	汽车金融公司	汽车金融公司是指经国务院银行业监督管理机构批准设立的，为中华人民共和国境内的汽车购买者及销售者提供金融服务的非银行金融机构
	货币经纪公司	货币经纪公司是指经批准在中国境内设立的，通过电子技术或其他手段，专门从事促进金融机构间资金融通和外汇交易等经纪服务，并从中收取佣金的非银行金融机构
	消费金融公司	消费金融公司是指经国务院银行业监督管理机构批准，在中华人民共和国境内设立的，不吸收公众存款，以小额、分散为原则，为中国境内居民个人提供以消费为目的的贷款的非银行金融机构
金融行业自律组织	中国银行业协会	中国银行业协会是经中国人民银行和民政部批准成立，并在民政部登记注册的全国性非营利社会团体，是中国银行业自律组织。2003 年中国银监会成立后，中国银行业协会主管单位由中国人民银行变更为中国银监会
	中国证券业协会	中国证券业协会是依据《中华人民共和国证券法》和《社会团体登记管理条例》的有关规定设立的证券业自律性组织，属于非营利性社会团体法人，接受中国证监会和国家民政部的业务指导和监督管理
	中国期货业协会	中国期货业协会是依据《中华人民共和国证券法》《期货交易管理条例》和《社会团体登记管理条例》的有关规定设立的期货行业自律性组织，属于非营利性社会团体法人，接受中国证监会和国家民政部的业务指导和监督管理
	中国证券投资基金业协会	中国证券投资基金业协会是依据《中华人民共和国证券法》《中华人民共和国证券投资基金法》和《社会团体登记管理条例》的有关规定设立的证券投资基金业自律性组织，属于非营利性社会团体法人，接受中国证监会和国家民政部的业务指导和监督管理
	中国保险行业协会	中国保险行业协会是经国务院保险监督管理机构审查同意并在国家民政部登记注册的中国保险业的全国性自律组织，是自愿结成的非营利性社会团体法人
	中国银行间市场交易商协会	中国银行间市场交易商协会是由市场参与者自愿组成的，包括银行间债券市场、同业拆借市场、外汇市场、票据市场和黄金市场在内的银行间市场的自律组织。其是经国务院、民政部批准成立的全国性非营利性社会团体法人

资料来源：《金融知识普及读本》，中国人民银行网站。

1. 中国人民银行——中央银行

中国人民银行是国务院领导和管理全国金融事业的国家机关，是我国金融体系的核心。其于 1948 年 12 月 1 日在石家庄成立，但此时的中国人民银行既行使中央银行职能，又行使商业银行职能。1983 年 9 月，国务院决定中国人民银行专门行使中央银行职能。1995 年 3 月 18 日，第八届全国人民代表大会第三次会议通过了《中华人民共和国中国人民银行法》，这样，中国人民银行作为中央银行以法律的形式被确定。2003 年 12 月 27 日，第十届全国人民代表大会第六次会议通过了《关于修改〈中华人民共和国中国人民银行法〉的决定》。新修订的《中华人民共和国中国人民银行法》明确规定，中国人民银行是中华人民共和国的中央银行，中国人民银行在国务院领导下，制定和执行货币政策，防范和化解金融风险，维护金融稳定。

中国人民银行实行总分行制，总部设在北京，其分支机构原来按行政区划设置。为了进一步加强中央银行的宏观调控职能，从 1997 年下半年开始，中央银行体制进行改革，撤销省级分行，设置大区分行，实行总行、大区分行、中心支行和县市支行四级管理体制。

知识点提示

中国人民银行九大分行辖区

1. 上海分行(管辖上海、浙江、福建)
2. 天津分行(管辖天津、河北、山西、内蒙古)
3. 沈阳分行(管辖辽宁、吉林、黑龙江)
4. 南京分行(管辖江苏、安徽)
5. 济南分行(管辖山东、河南)
6. 武汉分行(管辖江西、湖北、湖南)
7. 广州分行(管辖广东、广西、海南)
8. 成都分行(管辖四川、贵州、云南、西藏)
9. 西安分行(管辖陕西、甘肃、青海、宁夏、新疆)

中国人民银行的职能：制定和实施货币政策；发行人民币，管理人民币流通；监管货币市场、外汇市场、黄金市场；实施外汇管理，持有、管理、经营国家外汇储备和黄金储备；经理国库；维护支付、清算系统正常运行；负责金融业的综合统计制度的制订和汇总，进行宏观经济分析与预测；进行有关国际金融活动。

2. 商业银行

商业银行是我国金融体系的主体，它主要由三个部分组成：一是国有商业银行，二是全国性股份制商业银行，三是地方性股份制商业银行。

1) 国有商业银行

国有商业银行包括中国工商银行、中国农业银行、中国建设银行和中国银行，是我国金融体系中的骨干。它们都是直属于国务院的经济实体，都是在 1994 年进行金融体制改革，实行政策性金融与商业性金融分离后，由国家专业银行转化而来的，其资本在股份制改造前全部归国家所有。国有商业银行都是以货币信用为基本经营对象的企业法人，经办《中华人民共和国商业银行法》规定的存款、放款、结算、证券及外汇等各项业务，但在境内不得从事信托投资和股票业务，不得投资于非自用的不动产，不得向非银行金融机构和企业投资。国有商业银行都是全国性商业银行，总行均设在北京，各省、自治区、直辖市设分行，在地(市)设二级分行(中心支行)，在县(区)设支行或办事处、分理处、储蓄所等各级机构网点，在国外也都设有分行或代表处。从 1998 年开始，四大国有商业银行对分支机构进行调整，撤销部分县以下机构、网点。国有商业银行在业务上受银监会(原为中国人民银行)的领导和管理，其分支机构分别受各商业银行总行的垂直领导，分级管理。但是，四大国有商业银行的发展历史和服务重点各有所不同。

2) 全国性股份制商业银行

全国性股份制商业银行主要是指随着金融体制改革的不断深入，我国在 1996 年以后陆续组建的一批在全国设立分支机构的股份制商业银行。1986 年恢复建立了我国第一家股份制商业银行——交通银行。以后又相继成立了中信实业银行(现更名为中信银行)、招商银行、深圳发展银行、福建兴业银行、广东发展银行、华夏银行、中国投资银行(1999 年并入国家开发银行和中国光大银行)、中国光大银行、上海浦东发展银行、海南发展银行(1998 年破产关闭)、中国民生银行、渤海银行、中国邮政储蓄银行等十几家商业银行。这些银行的共同特点是：股权结构多元化而非国家独有，产权关系明晰，实行董事长领导下的行长负责制；初步建立了自主经营、自负盈亏、自担风险、自求平衡、自我约束、自我发展的经营机制。

此外，目前上海浦东发展银行、交通银行、招商银行等 8 家商业银行已公开上市发行股票，其他股份制银行也做好了上市准备。

3) 地方性股份制商业银行

地方性股份制商业银行主要是指城市商业银行、农村商业银行。

(1) 城市商业银行。1995 年以来，在对城市信用社清产核资的基础上，通过吸收地方财政、企业入股，在我国的一些城市开始组建城市合作银行；1998 年将城市合作银行改建为以城市命名的城市商业银行。其经营职责是为发展地方经济服务，为中小企业发展服务。截至 2006 年年底，全国共有 114 家城市商业银行。

(2) 农村商业银行。农村商业银行是在农村信用合作联社的基础上改制组建的，全国首批成立的农村商业银行是 2001 年 11 月挂牌的江苏省张家港市、常熟市、江阴市三家农村商业银行。

3. 政策性银行

我国的政策性银行是具有法人资格的国有银行，直属于国务院领导，其业务受中国人民银行的监督，主要任务是贯彻国家产业政策，支持国家区域发展战略；资金来源主要是财政拨款和发行金融债券，具有严格的业务经营范围，坚持自主经营、自担风险、保本微利、不与商业银行业务竞争的经营原则。主要有以下三家。

1) 国家开发银行

国家开发银行是专门从事政策性国家重点建设贷款及贴息业务的政策性投资开发银行。1994 年 3 月成立，注册资本金为 500 亿元人民币，总部在北京，目前在全国设有 32 家分行和 4 家代表处。

2) 中国农业发展银行

中国农业发展银行是一家主要承担国家粮棉油储备、农副产品合同收购、农业开发等方面的政策性贷款，代理财政支农资金的拨付及监督使用的政策性银行。1994 年 11 月成立，注册资本金为 200 亿元人民币，总部在北京，在省(市)、地(市)、县(市)设有一级和二级分行及支行。

3) 中国进出口银行

中国进出口银行是主要是为大型成套设备进出口提供信贷，为成套机电产品出口信贷提供贴息及出口信用担保的政策性银行。1994 年 4 月成立，注册资本金为 338 亿元人民币，总部在北京，不设营业性分支机构，根据业务吸引需要，在个别城市设派出机构。

4. 农村合作银行

农村合作银行是由辖内农民、农村工商户、企业法人和其他经济组织入股组成的股份合作制社区性地方金融机构，是在合作制的基础上吸收股份制运行机制的一种企业组织形式。2003 年上半年，试点组建了浙江鄞州农村合作银行。农村合作银行是在农村信用社产权制度改革方面进行的积极而富有开拓性的实践，随着改革的不断深化及其自身的发展壮大，农村合作银行必将成为农村金融体系中的重要组成部分和支持地方区域经济发展的重要力量。

5. 外资银行

外资银行进入新中国始于 1979 年。当年，日本输出入银行在北京设立代表处，这是我国批准设立的第一家外资银行代表处。2001 年 11 月 11 日，我国正式加入世界贸易组织(WTO)。按照加入世贸组织承诺的时间表，逐步开放外资银行经营人民币业务的地域范围和客户对象范围。

2006 年 11 月 11 日，我国加入世界贸易组织的过渡期结束，国务院颁布的《中华人民共和国外资银行管理条例》(简称《外资银行管理条例》)及银监会发布的《中华人民共和国外资银行管理条例实施细则》正式生效，取消外资银行经营人民币业务的地域和客户限制，允许外资银行对所有客户提供人民币服务，取消对外资银行在华经营的非审慎性限制，标志着中国正式全面开放银行业。

按照《外资银行管理条例》，外商独资银行、中外合资银行按照银监会批准的业务范围，可以经营部分或者全部外汇业务和人民币业务；经中国人民银行批准，可以经营结汇、售汇业务。外国银行分行按照银监会批准的业务范围，可以经营部分或者全部外汇业务以及对除中国境内公民以外客户的人民币业务。因此，外资银行若想与中资商业银行一样经营全面的外汇和人民币业务，即享受国民待遇，必须设立具有独立资格的法人银行，即外商独资银行或中外合资银行。

阅读专栏

外资银行

根据《外资银行管理条例》，外资银行是指依照中华人民共和国有关法律、法规，经批准在中华人民共和国境内设立的下列机构：一家外国银行单独出资或者一家外国银行与其他外国金融机构共同出资设立的外商独资银行；外国金融机构与中国的公司、企业共同出资设立的中外合资银行；外国银行分行；外国银行代表处。其中，外商独资银行、中外合资银行和外国银行分行统称为外资银行营业性机构。

据银监会统计，截至 2006 年 12 月末，在中国注册的外国独资和合资法人银行业机构共 14 家，下设 19 家分支行及附属机构；22 个国家和地区的 74 家外国银行在中国 25 个城市设立了 200 家分行和 79 家支行；42 个国家和地区的 186 家外国银行在中国 24 个城市设立了 242 家代表处。在华外资银行的本外币资产总额为 1033 亿美元，占中国银行业金融机构总资产的 18%。此外，共有 27 家外资金融机构注资入股了我国的 20 家商业银行。

(资料来源：中国银行监督管理委员会网站)

中国首批改制外资银行领到“法人营业执照”

2007 年 3 月 29 日，汇丰银行(中国)有限公司、渣打银行(中国)有限公司、东亚银行(中国)有限公司、花旗银行(中国)有限公司领到了上海市工商局颁发的“企业法人营业执照”。

此举标志着中国《外资银行管理条例》实施以来，首批改制外资银行已正式取得了中国企业法人地位。这 4 家外资法人银行将以与中资银行相同的身份，从事包括人民币在内的各项金融业务。

(资料来源：新华网上海)

6. 非银行金融机构

1) 保险公司

改革开放以来，我国基本形成了以中国人民保险公司(集团)为主体，多种保险形式并存，多家保险公司竞争、共同发展的保险体系。1988 年以前，我国保险业由中国人民保险公司独家经营，后来保险市场主体逐渐增加。1996 年 7 月，中国人民保险公司改建为中国人民保险(集团)公司(简称中保集团)。中保集团下设三个专业子公司，即中保财产保险有限公司(专营各类财产保险业务)、中保人寿保险有限公司(经营长期寿险和短期人身保险业务)、中保再保险有限公司(经营系统内部的再保险业务及集团对外的分出分入业务，并代行国家法定再保险功能)。

2) 证券机构

我国证券机构主要包括证券公司、证券交易所、证券登记公司、证券咨询公司等。其中，证券公司是主要的证券机构，它可分为全国性证券公司(如申银万国证券有限公司、银河证券有限公司、海通证券有限公司等)和各省(市)地方证券公司、综合类证券公司与经营类证券公司。证券交易所有上海和深圳证券交易所两家。证券登记公司和证券咨询公司若干家。

3) 信托投资公司

中华人民共和国成立初期，在上海、天津等大城市开办了信托机构。一类是银行的信托部，如中国人民银行上海分行信托部；一类是投资公司，如天津市投资公司。这些信托机构在五六十年代陆续停办。改革开放以后，信托业务逐步恢复。1979 年 10 月，我国成立了第一家信托投资公司——中国国际信托投资公司。此后，金融信托业在全国范围内迅速发展，银行、政府、各类经济主管部门都设立了信托机构，办理信托业务。1989 年和 1995 年两次对信托机构进行清理整顿。目前全国性信托机构只有 20 多家。

4) 财务公司

我国的财务公司是指以加强企业集团资金集中管理和提高企业集团资金使用效率为目的，为企业集团成员单位(以下简称成员单位)提供财务管理服务的非银行金融机构。它的业务限制在本集团内，主要任务是为本企业集团内部集资或融通资金，不得从企业集团之外吸收存款，也不得对非集团单位和个人发放贷款。1984 年，我国第一家财务公司在深圳经济特区成立。目前，我国共有企业集团财务公司 74 家，资产 4500 亿元左右。

5) 租赁公司

我国的租赁公司主要从事融资租赁，一般业务是当企业需要添置某些技术设备而又缺乏资金时，由出租人代其购进或租进所需设备，然后再出租给承租单位使用，获取租金收入。我国 1981 年成立了第一家租赁公司——中国东方租赁有限公司，以后又相继在全国成立了许多全国性、地方性的租赁公司。到 1999 年年底，共有 15 家租赁公司，资产总额 182 亿元。累计租赁业务额 1900 亿元，对国民经济发展起到了一定的促进作用。

6) 金融资产管理公司

1999 年我国成立了中国信达、华融、长城、东方四家金融资产管理公司，它们分别处置建行、工行、农行和中行不良资产。中国的金融资产管理公司带有典型的政策性金融机构的特征，是专门为接受和处理国有金融机构不良资产而建立的。金融资产管理公司通过技术操作，可以将商业银行剥离出来的不良资产加以处置，有利于国有商业银行进行资产重组，提高竞争力。

7) 农村信用合作社

农村信用合作社是由社员入股组成、实行社员民主管理、主要为社员提供金融服务的合作金融机构。其是独立的企业法人，以其全部资产对农村信用社的债务承担责任，依法享有民事权利，承担民事责任。农村信用合作社是农村金融的主力军和联系广大农民群众的金融纽带。1996 年前国务院决定信用社由农业银行管理，1996 年后农村信用社与农业银行脱钩，交由当地政府管理。2003 年 6 月，国务院下发《国务院关于印发深化农村信用社改革试点方案的通知》。文件指出："应按照'明晰产权关系、强化约束机制、增强服务功能、国家适当支持、地方政府负责'的总体要求，加快农村信用社管理体制和产权制度改革，把农村信用社逐步办成由农民、农村工商户和各类经济组织入股，为农民、农业和农村经济发展服务的社区性地方金融机构，充分发挥农村信用社农村金融主力军和联系农民的金融纽带作用，更好地支持农村经济结构调整，促进城乡经济协调发展。"

农村信用社的主要业务有传统的存款、放款、汇兑等，近年来，在立足、服务"三农"的基础上，积极拓展服务领域，创新服务品种，增加服务手段。部分地区的农村信用社先后开办了代理、担保、信用卡等中间业务，尝试开办了票据贴现、外汇交易、电话银行、网上银行等新业务，为社员、客户提供了更加优质便捷的金融服务。

8) 汽车金融公司

我国的汽车金融公司是指经中国银行业监督管理委员会依据有关法律、行政法规和本办法规定批准设立的，为中国境内的汽车购买者及销售者提供贷款的非银行金融企业法人。2004 年 8 月 18 日，中国第一家汽车金融公司上汽通用汽车金融有限责任公司在上海宣布开业；2004 年 8 月，大众汽车金融(中国)有限公司获得汽车金融公司金融许可和营业许可，并于 9 月 8 日开始营业，成为第一家获准在中国开业的外商独资汽车金融公司。此后，丰田汽车金融(中国)有限公司也正式获得中国银监会的开业批复获准开业。

9) 货币经纪公司

我国的货币经纪公司是指经批准在中国境内设立的，通过电子技术或其他手段，专门从事促进金融机构间资金融通和外汇交易等经纪服务，并从中收取佣金的非银行金融机构。它的服务对象仅限于境内外金融机构。经中国银监会批准，货币经纪公司可以从事以下部分或全部的业务：境内外外汇市场交易；境内外货币市场交易；境内外债券市场交易；境内外衍生产品交易；经中国银行业监督管理委员会批准的其他业务。货币经纪公司从事证券交易所相关业务的经纪服务，需报经中国证券监督管理委员会审批。2005 年 11 月 8 日，国内第一家货币经纪公司——上海国利货币经纪有限公司获准筹建。

四、国际金融机构体系

国际金融机构是指从事国际金融管理和国际金融活动的超国家性质的组织机构。从其职能和业务范围看，它可分为全球性国际金融机构和区域性国际金融机构。

(一)全球性国际金融机构

1. 国际货币基金组织

国际货币基金组织是协调国际间的货币政策，加强国际货币合作而建立的政府间的金融机构。它是根据 1944 年 7 月在美国新罕布什尔州布雷顿森林召开联合国和联盟国家的国际货币金融会议上通过的《国际货币基金协定》而建立起来的。于 1945 年 12 月 27 日正式成立，1947 年 3 月 1 日开始办理业务。同年 11 月 15 日成为联合国的一个专门机构，但在经营上有其独立性。至今，IMF 已有 184 个成员。

国际基金组织设 5 个地区部门(非洲、亚洲、欧洲、中东、西半球)和 12 个职能部门(行政管理、中央银行业务、汇兑和贸易关系、对外关系、财政事务、国际货币基金学院、法律事务、研究、秘书、司库、统计、语言服务局)。其宗旨是通过一个常设机构来促进国际贸易的扩大和平稳发展；组织成员国共同研究和协商国际货币问题，增进国际货币合作；推动各国货币自由兑换，稳定汇率，避免竞争性的货币贬值；协助成员国建立多边支付制度，消除妨碍世界贸易增长的外汇管制。

该组织的资金来源于各成员认缴的份额。成员享有提款权，即按所缴份额的一定比例借用外汇。成员有义务提供经济资料，并在外汇政策和管理方面接受该组织的监督。 基金组织的最高权力机构为理事会，由各成员派正、副理事各一名组成，一般由各国的财政部长或中央银行行长担任。执行董事会负责日常工作，行使理事会委托的一切权力，由 24 名执行董事组成；总裁由执行董事会推选，负责基金组织的业务工作，任期 5 年，可连任，另外还有三名副总裁。

国际货币基金组织主要业务活动有：向成员提供贷款，在货币问题上促进国际合作，研究国际货币制度改革的有关问题，研究扩大基金组织的作用，提供技术援助和加强同其他国际机构的联系。

中国是该组织创始国之一。1980 年 4 月 17 日，该组织正式恢复中国的代表权。中国自 1980 年恢复在货币基金组织的席位后单独组成一个选区并派一名执行董事。1991 年，该组织在北京设立常驻代表处。

2. 世界银行

世界银行又称“国际复兴开发银行”，是与国际货币基金组织同时产生并专门从事开发性长期资金融通的政府间国际金融机构。世界银行是根据 1944 年美国布雷顿森林会议上通过的《国际复兴开发银行协定》于 1945 年 12 月成立的，总部设在华盛顿。根据一国加入世界银行的前提是它必须首先加入。目前，世界银行拥有 184 个成员国，几乎包括世界上所有国家。

世界银行的宗旨是：通过提供和组织长期贷款和投资，解决成员国灾后恢复和经济发展的资金需要，资助其兴办特定的基本建设工程。根据世界银行的宗旨，其主要业务活动是对发展中成员国提供长期贷款；对成员国政府或经政府担保的私人企业提供贷款和技术援助，资助他们兴建某些建设周期长，利润率偏低，但又为该国经济和社会发展所必需的建设项目。

我国是世界银行的创始国之一，并于1980年5月15日恢复了在该行的合法席位。

3. 国际开发协会

国际开发协会是世界银行的一个附属机构，成立于1960年9月，总部设在美国华盛顿。到目前为止，国际开发协会已有176个成员国。

国际开发协会的宗旨是：对落后国家给予条件较宽、期限较长、负担较轻，并可用部分当地货币偿还的贷款，以促进其经济发展、生产和生活水平的提高。国际开发协会同世界银行每年同期举行一次春季例会和一次年会。国际开发协会的组织结构中，理事会是最高决策机构，由捐款国组成的董事会负责处理日常业务。

1980年，中国恢复了在世界银行集团的合法席位，并同时成为国际开发协会的成员国。截至1999年7月，协会共向中国提供了102亿美元的软贷款。从1999年7月起，国际开发协会停止对中国提供贷款。

4. 国际金融公司

国际金融公司是全球性投资机构和咨询机构，成立于1956年。申请加入国际金融公司的国家必须是世界银行的成员。到目前为止，国际金融公司共有179个成员国。

作为一个国际组织，它的宗旨是为发展中国家提供没有政府担保的各种投资，以促进会员国经济的发展；促进外国私人资本在发展中国家的投资；促进发展中国家资本市场的发展。国际金融公司与世界银行集团的其他机构密切合作并互为补充，但它在法律和财务上是独立的。它有自己的章程、股东、财务制度、管理体系及工作人员。

国际金融公司综合了多边开发银行和私人商业银行的特点。其股本金来源于各个成员国，包括发达及不发达国家——中国也是国际金融公司的股东之一。

国际金融公司对项目的资金支持包括提供贷款和股本投资。国际金融公司在世界银行集团中分工负责支持发展中国家非国有经济的发展。中国已在1980年成为国际金融公司的成员国及股东。自1992年年底国际金融公司建立中国代表处以来，其业务状况一直呈上升趋势，是国际金融公司全球业务发展最快的成员国之一。

(二)区域性国际金融机构

1. 国际清算银行

它是西方国家政府间的国际金融联合机构。该行是根据1930年1月20日签订的海牙国际协定，于同年5月17日由英国、法国、德国、比利时等六国的中央银行以及代表美国利益的三家商业银行(摩根银行、纽约花旗银行和芝加哥花旗银行)联合组成，总部设在瑞士巴塞尔。后来，欧美其他国家及澳大利亚等国的中央银行也参加了该行。目前中国人民银行也参加了该行。

国际清算银行的宗旨是：促进国际间在经济和金融事务上的合作；促进成员国中央银行之间的合作，为成员国提供更为广泛的国际性金融业务的方便，特别是充当国际金融清算业务的代理人或受托人。国际清算银行也是由主要工业国家组成的行长定期会晤的场所，主要致力于促进国际间在银行监管事务上的合作，制订并提倡良好的银行营运准则。

2. 亚洲开发银行

亚洲开发银行是面向亚洲和太平洋地区的政府间多边开发银行机构。它是根据联合国亚洲及太平洋经济社会委员会的决议，于 1966 年 11 月建立，同年 12 月开始营业，总部设在菲律宾首都马尼拉。亚行成立之初有 24 个国家或地区参加，1998 年增加到 57 个，其中亚太地区 41 个。

亚洲开发银行的宗旨是：向本地区发展中成员国发放开发性贷款、投资和技术援助，并同联合国及其专门机构合作，协调成员国在经济、贸易和发展方面的政策，促进亚太地区的经济繁荣。亚洲开发银行创建时，台湾地区以中国名义参加。1986 年 3 月，我国成为亚洲开发银行的正式成员国，我国台湾作为中国台北地区成员留在亚洲开发银行。

3. 非洲开发银行

非洲开发银行是 1963 年 8 月在喀土穆举行的非洲国家财政部长会议决定成立的非洲国家政府合办的互助性国际金融机构。1964 年 9 月，该行宣告正式成立，行址设在科特迪瓦首都阿比让，1966 年 7 月正式开业。最初，只有除南非以外的非洲国家才能加入非洲开发银行。为了广泛吸收资金和扩大贷款能力，1980 年 5 月非洲开发银行通过决议欢迎非洲以外的国家入股。目前该行的成员除 53 个非洲国家外，还有 24 个非洲以外的国家。

非洲开发银行的宗旨是为本大陆成员国的经济发展和社会进步提供贷款、投资和技术援助，以充分利用成员国的人力和自然资源，促进各国经济的协调发展，以便加快非洲经济一体化。非洲开发银行的最高权力机构是理事会，由各成员国指派 1 名理事组成，理事一般由各国财政部长或中央银行行长担任。

我国于 1985 年 5 月正式加入非洲开发银行。

4. 泛美开发银行

它是美洲及美洲以外的国家联合建立的，向拉丁美洲国家提供贷款的国际金融机构。该行成立于 1959 年 4 月，行址设在华盛顿。成员国 1976 年以前均为美洲国家，以后逐渐发展到欧洲和亚洲的一些国家。到 2000 年，成员国共有 48 个，其中拉美国家 29 个，美洲以外的国家 19 个。

泛美开发银行的宗旨是：集中美洲内外的资金，向成员国政府、经济团体、经济发展项目提供以政府为担保的贷款，以促进成员国的经济合作和发展。

5. 欧洲复兴开发银行

欧洲复兴开发银行成立于 1990 年年初。建立欧洲复兴开发银行的目的是：帮助发展多党民主制、多元化和市场经济的中欧和东欧国家，重点对私人经济成分和转向市场经济的国营经济成分提供贷款。欧洲复兴开发银行的创办者除了欧洲国家外，还有美国、加拿大、墨西哥、日本、韩国、澳大利亚、新西兰及以色列等一共 38 个国家，还有欧共体和欧洲投资银行两个国际经济组织。

知识点提示

金融机构——凡专门从事各种金融活动的组织，均称为金融机构，也叫金融中介。

国际金融机构——在国际范围内专门从事金融活动的组织，叫国际金融机构。国际金融机构分为全球性国际金融机构(如官方的国际货币基金组织，世界银行，非官方的如花旗银行等)，区域性国际金融机构(如亚洲开发银行、非洲开发银行等)，以及立足于本国但通过跨国分支机构的开设可以从事涉外金融业务的国际金融机构。

政策性金融机构——是为贯彻政府意图，在金融领域从事金融监管、金融调控和政策性信贷业务的金融机构，包括中央银行、金融监管机构和政策性银行等。

商业性金融机构——指通过为工商企业、社会公众提供各种金融服务，以盈利为目的存在和发展的金融机构，包括银行、证券机构、保险机构等。

本章小结

1. 金融体系是一个国家以行政的、法律的形式和运用经济规律确定的金融系统结构以及构成这个系统的各种类型的银行和非银行金融机构的职能作用和相互关系。

2. 金融机构是指发行间接金融工具以及在金融体系中推进资金融通的经济实体，是促使资金盈余者与资金不足者之间融通资金的信用中介。金融机构是金融体系的重要组成部分，在整个国民经济运行中起着举足轻重的作用。它们通过疏通、引导资金的流动，促进和实现了资源在经济社会中的合理配置，提高了全社会经济运行的效率。

3. 金融机构的职能包括：信用中介，是金融机构最基本、最能反映其经营活动特性的职能。支付中介职能是指通过存款在账户上的转移，代理客户支付，或在存款的基础上，为客户兑付现款等。金融机构作为信用中介能将货币收入和储蓄转化为资本。由于支付中介职能的存在，金融机构可以创造各种信用工具，这些信用工具被投入流通，既减少了流通费用，又提供了更多的流通手段和支付手段以满足经济发展的需要。金融机构可以为客户提供各种金融服务，因为金融机构联系面广，信息灵通，尤其是计算机在业务中的广泛应用，使其可以为客户提供咨询和决策服务。

4. 经过 40 年的改革开放，我国现已形成了以中国人民银行为领导，以国有商业银行为主体，多种金融机构并存、分工协作的金融机构体系。

5. 国际金融机构是指从事国际金融管理和国际金融活动的超国家性质的组织机构。

(扫一扫，一起来拓展一下视野吧！)

课后习题

一、单项选择题

1. 根据现有史料，银行业起源于中世纪的(　　)。

A. 荷兰　　B. 意大利　　C. 法国　　D. 英国

2. 世界上第一家股份制银行——英格兰银行始建于公元(　　)。
   A. 1640 年　B. 1789 年　C. 1694 年　D. 1649 年
3. 英格兰银行的设立标志着(　　)。
   A. 银行的产生　B. 商业银行制度的产生
   C. 中央银行制度的诞生　D. 股份制银行的诞生
4. 下列哪个国家将储蓄银行称之为信托储蓄银行(　　)。
   A. 美国　B. 英国　C. 法国　D. 意大利
5. 下列哪家是中国近代史上第一家外资背景的股份制银行(　　)。
   A. 麦加利银行　B. 汇丰银行　C. 丽如银行　D. 花旗银行
6. 中国近代出现的第一家具有现代意义的民族资本银行是(　　)。
   A. 中国银行　B. 交通银行　C. 东方银行　D. 中国通商银行
7. 中国人民银行始建于(　　)。
   A. 1949 年 10 月 1 日　B. 1948 年 10 月 1 日
   C. 1948 年 1 月 1 日　D. 1948 年 12 月 1 日
8. 下列哪家属于我国的政策性银行(　　)。
   A. 中国投资银行　B. 中国农业发展银行
   C. 中国进出口发展银行　D. 中国农村开发银行
9. 作为新中国第一家保险机构的中国人民保险公司始建于(　　)。
   A. 1949 年 10 月　B. 1948 年 10 月
   C. 1948 年 1 月　D. 1948 年 12 月
10. 基于中国大陆现有的金融体制，下列哪家不属于存款类金融机构(　　)。
   A. 信用合作社　B. 金融租赁公司
   C. 中央银行　D. 投资银行
11. 20 世纪 90 年代中叶，我国创设政策性银行的最主要的动因是(　　)。
   A. 外汇储备急速增长　B. 产业政策发展的需要
   C. 人民币国际化需要　D. 国有银行不堪沉重的政策性业务负担
12. 属于管理性金融机构的是(　　)。
   A. 商业银行　B. 中央银行　C. 专业银行　D. 投资银行
13. 在银行体系中，处于主导地位的是(　　)。
   A. 中央银行　B. 专业银行　C. 商业银行　D. 投资银行
14. 投资银行在英国被称为(　　)。
   A. 商人银行　B. 商业银行　C. 专业银行　D. 证券公司
15. 下列不属于我国商业银行业务范围的是(　　)。
   A. 发行金融债券　B. 监管其他金融机构
   C. 买卖政府债券　D. 买卖外汇

二、多项选择题

1. 政策性金融中介机构一般由以下机构组成(　　)。
   A. 邮政储蓄银行　B. 开发银行　C. 进出口银行　D. 农业发展银行
2. 下列属于非银行金融机构的是(　　)。

A. 专业银行　B. 典当行　C. 信托投资公司　D. 金融租赁公司

3. 下列属于布雷顿森林体系创立的全球性国际金融机构是(　　)。

A. 国际开发协会　B. 国际货币基金组织

C. 世界银行　D. 国际清算银行

4. 金融机构包括(　　)。

A. 商业银行　B. 中央银行　C. 政策性银行　D. 非银行金融机构

5. 银行金融机构包括(　　)。

A. 商业银行　B. 政策性银行　C. 投资银行　D. 中央银行

6. 保险公司的功能主要有(　　)。

A. 信用创造　B. 支付中介　C. 提供经济补偿　D. 融通资金

7. 金融机构不同于一般的工商企业，其经营的特殊性主要体现在(　　)。

A. 经营对象的特殊性　B. 业务领域的特殊性

C. 经营风险的特殊性　D. 经营目标的特殊性

8. 投资基金的特点有(　　)。

A. 专家理财　B. 投资组合　C. 规模经营　D. 风险大

9. 20 世纪 90 年代以来，国际银行业出现了(　　)。

A. 重组　B. 兼并　C. 分业　D. 收购

10. 下列属于商业银行与投资银行区别的是(　　)。

A. 资金融通过程的作用不同　B. 资金融通交易中的风险不同

C. 对资金最终需求者提供服务的方式不同　D. 提供金融服务的内容不同

三、辨析题(正确打“√”，错误打“×”)

1. 金融机构体系一般可分为中央银行和商业银行两大类。(　　)

2. 在多数国家，银行类金融机构在整个金融体系中占有支配性地位。(　　)

3. 银行类金融机构与非银行类金融机构划分的最重要的依据在于是否开展证券业务。(　　)

4. 银行和非银行金融机构的区别主要在于是否吸收活期存款。(　　)

5. 早期的高利贷信用是现代银行制度形成的重要途径之一。(　　)

6. 早期银行只有信用媒介功能而没有信用创造功能。(　　)

7. 吸收活期存款并非是存款类金融机构的专利。(　　)

8. 中央银行是一国金融运作体系的主体。(　　)

9. 中央银行是一国最高的货币金融管理机构，在各国金融体系中居于的领导和核心的地位。(　　)

10. 其实中央银行并不是一家金融机构，而是国家机器的一个组成部分。(　　)

11. 随着金融自由化的发展，现在西方发达国家的中央银行已逐渐成为“金融百货公司”。(　　)

12. 其实政策性银行与中央银行一样，它们不以盈利为目的，共同制定和实施货币政策。(　　)

13. 政策性银行是重要的专业银行之一。(　　)

14. 国有企业和各级政府的存款是政策性银行最主要的资金来源。(　　)

15. 不追求盈利是政策性银行最重要的经营特点之一。（　）
16. 中国进出口银行是直属国务院领导的政策性金融机构。（　）
17. 专业银行是指专门经营指定范围业务和提供专门性金融服务的组织。（　）
18. 其实专业银行也就是商业银行。（　）
19. 投资银行是一国专门负责开发性建设项目投融资的专业银行。（　）
20. 依靠发行股票和债券筹集资金是储蓄银行主要的资金来源。（　）

四、简答题

1. 简述一国金融体系的构成。
2. 简述商业银行与政策性银行的区别。
3. 简述金融机构的性质。
4. 银行金融机构有哪些类型？
5. 非银行金融机构有哪些类型？

五、论述题

1. 试述我国金融机构体系的构成与职能。
2. 试述如何完善我国金融机构体系。

六、案例分析

假如金融机构有如下业务：

1. 与某房地产开发商签订2000万元的借贷合同；
2. 发行400亿元人民币；
3. 接受归国侨胞2万美元一年期定期存款；
4. 购入一年期国库券；
5. 获得财政部拨付款项2亿元，作为其资金来源。

问题：① 判断从事这些金融业务的主体应该是中央银行、商业银行，还是政策性银行？
　　　② 说明上述金融机构的主要业务。

七、综合训练

训练任务：通过金融业务办理能够辨别银行金融机构和非银行金融机构的业务区别。
训练活动：可以借助自由的银行卡，利用结算平台尝试存款、转账和购物。
训练目的：熟悉各类金融机构的职能和业务。

课后阅读

扫一扫，看看课后还有什么值得阅读的吧！

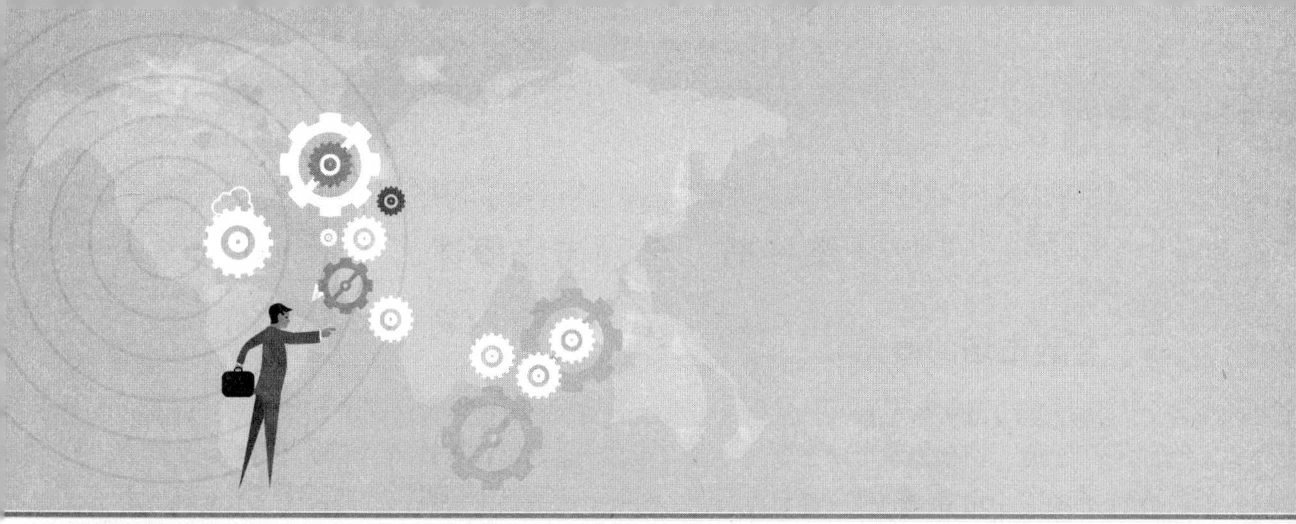

第六章　金融市场

学习目标

- 了解金融市场的含义；了解金融市场的类型、框架和特点；了解金融市场的功能和作用。
- 了解货币市场的概念和分类以及各类货币市场的特点和功能。
- 了解资本市场的概念和分类，了解各类资本市场的特点和功能。
- 了解外汇市场和黄金市场的概念和功能。

技能目标

能够从事基本的金融市场交易。

案例导读

梧桐树协议

1653 年，一群荷兰移民忙忙碌碌地在纽约市曼哈顿市接近南端的地方竖起了一排高 12 英尺的原木墙，目的是保护自己免于遭受印第安人和英国人的袭击和骚扰。32 年后，一群测量人员沿着这排木墙画下了建设街道的白线，并给这条还不存在的街道起了一个名字，WallStreet(华尔街)。

在此之后的 100 多年里，华尔街一直默默无闻，直到 1792 年 5 月 17 日，纽约华尔街 68 号的一棵梧桐树下，24 位股票经纪人签下了一份协议：“我们，在此签字——作为股票买卖的经纪人庄严宣誓，并向彼此承诺：从今天起，我们将以不低于 0.25% 的佣金率为任何客户买卖任何股票，同时在任何交易的磋商中我们将给予彼此优先权。”这份短短数行的《梧桐树协议》，最终在 1817 年 3 月 8 日促成了纽约证券和交易委员会(New York Stock and Exchange Board)的诞生，历经改革与兼并，如今它已成为全球最大的证券交易市场——纽约证券交易所(New York Stock Exchange)。也就是说，今天，纽约证券交易所完整走过了 200 周年。

(资料来源：根据百度百科金融业相关资料整理)

思考：梧桐树协议的意义是什么？

第一节　金融市场概述

一、金融市场的概念

金融市场又称为资金市场，是指以金融资产为交易对象而形成的供求关系及其机制的总和。这一定义，包括如下三层含义，一是它是金融资产进行交易的一个有形和无形的场所；二是它反映了金融资产的供应者和需求者之间所形成的供求关系；三是它包含了金融资产交易过程中所产生的运行机制，其中最主要的是价格(包括利率、汇率及各种证券的价格)机制。包括货币市场和资本市场，是资金融通的市场。所谓资金融通，是指在经济运行过程中，资金供求双方运用各种金融工具调节资金盈余的活动，是所有金融交易活动的总称。在金融市场上交易的是各种金融商品，如股票、债券、储蓄存单等。金融市场，这些金融商品类型随着经济、金融的发展而不断创新。现代金融交易的场所不仅包括各种具体的、有形的场所，也包括没有固定空间和工作设施，而是通过通信、互联网等网络构成的无形场所(可理解为一种融资机制)。金融市场对经济活动的各个方面都有着直接的深刻影响，如个人财富、企业的经营、经济运行的效率，都直接取决于金融市场的活动。一般认为金融市场和商品市场、劳务市场、技术市场共同构成一国的市场体系。

由于在金融市场上交易的商品是一种特殊的商品，即金融工具所代表的货币资金，使金融市场与商品市场相比具有以下特征。第一，金融市场是以金融工具为交易对象的市场。通常的市场是以商品为交易对象，各种商品都有价值，但使用价值各不相同；金融市场的交易工具都代表一定数量的货币资金，本身没有价值，只有给资金需求者带来利润且给资金供应者带来利息的使用价值。第二，金融市场不一定是有形市场。商品市场一般都有固定的交易场所，是有形的市场；有的金融市场也有固定场所，如证券交易所，但金融市场不一定有具体的固定场所和设施。第三，金融市场是个公开的市场。第四，金融市场的非物质化。商品市场上的交易一般都由实物转手，金融市场上的交易不一定发生实物的转手，常常表现为结算和保管中心有关双方账户上的证券数量和现金储备额的变动。

二、金融市场的构成要素

完整的市场，需要具备相应的市场构成要素，否则市场难以顺利实现它的功能，与其他市场一样，金融市场必须具备的要素包括金融市场主体、金融市场客体、金融市场媒体和金融市场价格。

(一)金融市场主体

金融市场的主体，即金融市场的交易者。参与金融市场交易的机构或个人，或者是资金的供给者，或者是资金的需求者，或者是以双重身份出现。如果从参与交易的动机来看，则可以更进一步细分为投资者(投机者)、筹资者、套期保值者、套利者、调控和监管者等。

一般说来，金融市场的主体主要包括政府部门、工商企业、居民个人与家庭、存款性金融机构、非存款性金融机构以及中央银行。

1. 政府部门

政府作为金融市场的交易主体，扮演着双重角色。一是作为资金的需求者和供应者，二是作为市场活动的调节者。

从世界各国来看，政府部门是金融市场上资金的主要需求者。其中，中央政府进入金融市场获得资金的主要方式是发行中央政府债券，而地方政府通常发行地方政府债券来融通资金。

2. 企业部门

工商企业是金融市场上首要的、大宗的资金需求者，同时也是资金的供给者。但是，从企业部门在金融市场的地位来看，工商企业或者是最大的资金需求者，或者是仅次于政府部门的资金需求者。

3. 家庭部门

居民家庭与个人是金融市场上的主要资金供应者，家庭与个人收入在扣除消费以后的结余部分，便会形成储蓄，这是金融市场上主要的资金来源。

4. 金融部门

1) 存款性金融机构

存款性金融机构是指经营各种存款并提供信用中介服务以获取收益的金融机构。存款性金融机构是金融市场的重要参与者，也是套期保值和套利交易的重要交易主体。

2) 非存款性金融机构

金融市场上还有另一类重要的金融机构参与者，即非存款性金融机构。非存款性金融机构在资金来源方面与存款性金融机构的显著不同是，它们不直接吸收公众存款，而是通过发行证券或以契约的形式聚集社会闲散资金。这些机构包括保险公司、退休和养老基金、投资银行和投资基金等。

5. 中央银行

中央银行在金融市场上处于特殊地位，既是金融市场的主体，又大多是金融市场上的监管者。从中央银行参与金融市场的角度来看，首先，作为银行的银行，它扮演着最后贷款人的角色，从而成为金融市场资金的提供者。其次，中央银行为了执行货币政策，调节货币供应量，通常采取在金融市场上买卖证券的做法，进行公开市场操作。

(二)金融市场客体

金融市场的交易对象是货币资金。即通过交易所要获取的货币资金。资金是金融市场特有的交易对象，它和任何物质商品是不同的，表面看是金融工具的交易，而实质却是货币资金的交易。人们通过交易取得货币资金的最终目的是为了投向商品生产和流通领域。

有的金融交易要以金融工具为媒介。金融工具即金融资产，代表了所有权、债权，因而本质上是虚拟资本。金融工具是证明金融交易金额、期限、价格，对交易双方权利和义务具有法律约束意义的证明文件。

(三)金融市场媒介

金融市场媒体是指那些在金融市场上充当交易媒介，从事交易或促使交易完成的组织、机构或个人，亦即金融市场中介。

金融市场的媒体也是金融市场的一类参与者，但它起的作用与一般的金融市场主体有着重要的区别：第一，金融市场媒体参与金融市场活动，是作为中介促进金融市场中主体交易的完成，并从中收取交易佣金；第二，就原始动机而言，金融市场媒体在市场上是以投机者而非投资者的身份进行金融交易，当然这种交易活动对活跃金融市场具有重大作用。

金融市场媒体可分为两类：一类是金融市场交易商，如货币经纪人、证券经纪人、证券承销商、外汇经纪人等。另一类则是机构媒体或组织媒体，如证券交易所、投资银行等。

(四)金融市场价格

金融市场的交易活动会受到交易价格的支配，金融市场价格是金融市场最基本的构成要素之一。金融市场的交易对象是货币资金，因此利率便成为金融商品的价格。有些金融工具自身有利率，如国库券、企业债券、贴现票据都有自身的利率；有些金融工具没有固定的收益率，如普通股票。金融工具的价格是投资者参与金融交易的主要依据。利率的波动反映着市场资金供求的变化状况，是引导市场资金流的信号。一种金融工具的流动性、收益性和安全性决定着其价格基础，同时其价格还会受到市场预期、市场供求变化等外部因素的影响。

三、金融市场的功能

金融市场作为金融资产交易场所，可以通过各个市场主体及各种金融工具得以表现，总体表现为以下五个方面。

(一)聚集和分配资金功能

金融市场是一种多渠道、多形式、多层次、多功能筹资与融资的场所，金融市场通过各种金融工具的买卖交易，为资金供求者提供了多种多样的选择机会，以适应他们不同的投资和融资要求。所以，对资金供应者来说，金融工具交易既能增加资金流动性，使资金转手方便，又可多得收益；对资金需求者来说，可以根据自身经营状况和资金需求的性质和数额，有选择地在金融市场上筹措各类资金，降低筹资成本，提高筹资效益。这就发挥了广泛动员，大量筹集和有效分配社会闲散资金的功能，有利于经济的发展。

(二)转化和融通资金功能

金融市场的出现，为各种长、短期资金相互转化和横向融通提供了媒介和场所。在金融市场上，参与者可以根据自己的需要，用现金购买有价证券或其他金融资产，使流通手段转化为长、短期投资，把消费基金转化为生产基金；也可以把有价证券或其他金融资产出售，变为现实的购买力，以解决即期支付的需要；还可以通过市场交易变换投资、筹资方式，如把长期证券转化为短期证券，或把短期证券调换成长期证券。同时，金融市场的建立，冲破了地区和部门的界限，成为资金横向融通和纵向分配的枢纽，起到了各地区、各部门相互联系，相互合作，相互协调，挖掘资金潜力，保障资金畅通无阻，加速资金周转，提高资金效益的积极作用。

(三)优化资源配置功能

金融市场表现为一种较高层次的资金运动，它通过金融资产价格机制和利率机制这个“神经中枢”来调节资金的流量、流向和流速，使资金在各个部门重新组合，优化配置。如，当国民经济某个部门出现经济效益良好时，它就会通过价格机制和利率机制，显示出较高的收益率，以此吸收资金投资于该部门加速其发展，从而使资金得到优化配置的高效利用。

(四)分散和转移风险功能

由于金融市场有各种各样的金融工具可供选择，使投资者交易可以采取各种证券组合的方式分散风险，从而提高投资的安全性和盈利性。同时，金融市场为长期资金提供了流动性，为投资者和筹资者进行套利交易、套期保值交易提供了便利，使他们得以转移和防范风险。此外，金融市场作为一种有组织的市场，有完善的法规和制度，交易行为是规范和有序的，在一定程度上防止了作弊欺诈行为，从而增强了交易的安全性。

(五)信号系统功能

1. 金融市场是国民经济的“晴雨表”

金融市场历来被认为是国民经济的“晴雨表”和“气象台”，是人们公认的国民经济信号系统，很多经济社会信息都可以在金融市场上反映出来。当监管当局通过金融市场进行公开市场业务等干预性操作时，会引起金融市场行情变动。如通过货币市场投放或回笼基础货币，通过资本市场出售或购回债券，通过外汇市场吞吐外汇等政策变动，都会从金融市场传递给企业、个人，有利于其他经济主体把握国家宏观经济政策的脉搏，作出正确的经济决策。

2. 金融市场反映企业的经营状况和发展前景

金融市场上证券价格的涨跌应该真实地反映企业或公司的经营管理情况和发展前景。通过证券交易，人们可以了解公司的经营情况和社会经济情况，而证券市场规定企业定期和不定期披露财务报表和经营决策的制度，也有利于投资者根据市场行情，选择正确的投资时机和机会。

3. 开放经济下，金融市场能反映世界经济的发展变化

在世界金融和经济一体化条件下，各国金融市场的开放已经是必然趋势，各国金融市场间的联动性越来越大。各国特别是发达国家的金融市场已连接成一个 24 小时全球交易的金融市场。金融市场的信息传递不仅仅反映在一国或一定地区内宏、微观信息的变化，而且经由国际资本的流出流入对一国国内金融行情的影响，能反映出世界经济的发展变化情况。

“二战”以来，全球金融市场上出现了一派蓬勃发展的景象，进入金融市场的全盛时期。随着金融管制放松，竞争加剧，金融工具不断创新，金融交易量急剧增长。全球金融市场出现金融资产证券化、金融全球化、金融自由化及金融工程化的趋势。

知识点提示

金融市场与其他市场的关系

在市场经济条件下，各类市场在资源配置中发挥着基础性作用，这些市场共同组合成一个完整、统一且互相联系的有机体系。市场体系分为产品市场(如消费品市场、生产资料市场、旅游服务市场等)和为这些产品提供生产条件的要素市场(如劳动力市场、土地市场、资金市场等)。

金融市场是统一市场体系的一个重要组成部分，属于要素市场。它与消费品市场、生产资料市场、劳动力市场、技术市场、信息市场、房地产市场、旅游服务市场等各类市场相互联系，相互依存，共同形成统一市场的有机整体。在整个市场体系中，金融市场是最基本的组成部分之一，是联系其他市场的纽带。因为在现代市场经济中，无论是消费资料、生产资料的买卖，还是技术和劳动力的流动等，各种市场的交易活动都要通过货币的流通和资金的运动来实现，都离不开金融市场的密切配合。从这个意义上说，金融市场的发展对整个市场体系的发展起着举足轻重的制约作用，市场体系中其他各市场的发展则为金融市场的发展提供了条件和可能。

四、金融市场的分类

根据不同的标准，金融市场可以分为许多不同的种类，各种不同种类的金融市场就构成了金融市场体系。

(一)按金融交易期限，可以划分为货币市场和资本市场

货币市场是短期金融市场，是指融资期限在一年以下的金融市场。资本市场是长期金融市场，是指融资期限在一年以上的金融市场。

(二)按金融市场的功能划分，可以分为初级市场、次级市场

初级市场，又称为发行市场或一级市场，是指各种新发行的证券第一次售出的活动及场所。次级市场，也称为交易市场或二级市场，是进行各种证券转手买卖交易的市场。证券的交易市场又分为场内交易和场外交易两种形式。

(三)按金融市场交易的金融产品，可划分为原生金融市场和衍生金融市场

原生金融市场是指原生金融商品交易的市场，主要包括货币化黄金、各种货币、票据、股票、债券、基金等有价证券。衍生金融市场是指基于原生金融商品而衍生的金融商品进行交易的市场，包括各类远期、期货、期权及互换合约的交易。

(四)按金融市场的地域范围，可划分为国内金融市场和国际金融市场

国内金融市场仅指交易活动发生在一国或一个地区范围内，以本币标值的金融商品为交易对象，交易主体主要是本国和本地区的居民。狭义国际金融市场，也称为传统的国际金融市场，则指交易活动的范围超越国界，交易业务一般都是国际业务，交易对象为不同货币标

值的金融商品，交易者包括不同国家和地区的自然人和法人。广义的国际金融市场则还包括离岸金融市场，即新型的国际金融市场，也是纯粹意义上的国际金融市场。其参与者是非本国居民，交易的资金来源于非居民或国外货币，为境外机构提供各种金融服务，基本上不受所在国金融当局的管制，是完全的自由交易市场。

阅读专栏

纽约金融市场

纽约金融市场是国际金融中心之一。1810 年纽约就已取代费城，成为美国国内最大的金融和商业中心。但当时国际金融交易都集中在伦敦，第一次世界大战期间及战后，纽约迅速发展为国际金融中心。第二次世界大战以后，纽约金融市场在国际金融领域中的地位进一步加强。美国凭借其在战争时期膨胀起来的强大经济和金融实力，建立了以美元为中心的资本主义货币体系，使美元成为世界最主要的储备货币和国际清算货币。纽约联邦储备银行作为贯彻执行美国货币政策及外汇政策的主要机构，在金融市场的活动直接影响到市场利率和汇率的变化，对国际市场利率和汇率的变化有着重要影响。世界各地的美元买卖，都必须在纽约的商业银行账户上办理收付、清算和划拨，因此纽约成为世界美元交易的清算中心。1983 年世界最大的 100 家银行在纽约设有分支机构的就有 95 家。这些都为纽约金融市场的进一步发展创造了条件，加强了它在国际金融领域中的地位。

(资料来源：根据百度百科金融业相关资料整理)

第二节 货币市场

一、货币市场的概念及特点

货币市场是短期资金市场，是指融资期限在一年以下的金融市场，是金融市场的重要组成部分。由于该市场所容纳的金融工具，主要是政府、银行及工商企业发行的短期信用工具。具有期限短、流动性强和风险小的特点，在货币供应量层次划分上被置于现金货币和存款货币之后，称之为“准货币”，所以将该市场称为“货币市场”。

一个有效率的货币市场应该是一个具有广度、深度和弹性的市场，其市场容量大，信息流动迅速，交易成本低，交易活跃且持续，能吸引众多的投资者和投机者参与。货币市场由同行业拆借市场、票据市场、大额可转让定期存单市场(CD 市场)、国库券市场、消费信贷市场和回购协议市场六个子市场构成。

货币市场的主要特点有四点。

(1) 期限较短。货币市场期限最长为一年，最短为一天、半天，以 3～6 个月为最多。

(2) 流动性强。货币市场的流动性主要是指金融工具的变现能力。由于货币市场交易的时间短，变现速度比较快，容易实现变现。

(3) 短期融资。交易的目的主要是短期资金周转的供求需要，一般的去向是弥补流动资金的临时不足。

(4) 安全性较高。只有具有较高资信等级的企业或机构才有资格进入货币市场来筹集短期资金，也只有这样的企业或机构发行的短期金融工具才会被投资者所普遍接受。货币市场是批发市场，主要参与者为机构投资者，交易金额都比较大。

二、同业拆借市场

同业拆借市场是金融机构(除中央银行以外)之间进行短期资金融通的市场。同业拆借是指金融机构同业之间为了平衡头寸而发生的短期资金借贷活动。

知识点提示

头寸是中国传统的商业、金融用语，意思指款项。如果银行当日全部收入款项大于付出款项，称多头寸；付出款项大于收入款项，称缺头寸；对头寸盈余和短缺进行预计，叫轧头寸。

中央银行实行的法定存款准备金制度是推动同业拆借市场形成的直接原因。因为随着缴纳存款准备金制度的完善，不缴足法定准备金，就会被处以罚款。于是银行宁多勿少，形成超额准备金，这笔超额准备金可以用来调剂各专业银行和商业银行的资金余缺，一则方便，二则迅速，三则在划拨款项方面费用较低甚至免费。

同业拆借市场的类型，按其是否通过中介进行交易：一是由专业中介机构(如拆借经纪公司或短资公司)媒介资金供求双方的拆借方式；二是通过兼营或代理性的中介机构(如大银行或证券经纪人)进行拆借；三是拆借双方直接联系成交。按拆借的保障方式：有担保拆借和信用拆借。按拆借的期限：①隔夜拆借；②指定日拆借；③无条件拆借。

同业拆借期限一般不超过 1 个月，期限一般为 1～7 天，利率随行就市，每天不同，甚至每时每刻都有变化，其高低灵敏地反映着货币市场资金的供求状况。被视为基础利率，成为其他金融工具定价的基准。同时，同业拆借利率的信号指示功能使它成为中央银行调整货币政策的重要参考指标。因此，同业拆借市场是货币市场中非常重要的子市场之一。在国际货币市场上，有代表性的同业拆借利率有三种，即伦敦同业拆放利率(LIBOR)、新加坡同业拆借利率(SIBOR)和香港同业拆借利率(HIBOR)。目前，伦敦银行同业拆借利率已成为国际金融市场上的一种关键利率。

阅读专栏

伦敦银行间同业拆放利率 (LIBOR)

伦敦银行同业拆放利率(London Interbank Offered Rate，LIBOR)已成为全球贷款方及债券发行人的普遍参考利率，是目前国际间最重要和最常用的市场利率基准。

伦敦银行同业拆借市场开始只是银行之间为调整头寸不足而从事英镑短期交易的市场，20 世纪 60 年代后，随着伦敦金融领域里银行同业之间的相互拆放短期资金活动增多，伦敦同业英镑拆放市场开始取代贴现市场，成为伦敦银行界融资的主要场所，伦敦银行同业拆放利率成为伦敦金融市场借贷活动中计算利息的主要依据。

随着国际金融业务的扩张，业务迅速拓展到欧洲美元及其他欧洲货币，形成了“欧洲货币批发市场”。伦敦银行同业拆借利率就是这些货币的借贷利率。

以后，随着欧洲美元市场和其他欧洲货币市场的建立，国际银团辛迪加贷款及各种票据市场的发展，伦敦银行同业拆放利率在国际信贷业务中广泛使用，成为国际金融市场上的关键利率。目前，许多国家和地区的金融市场及海外金融中心均以此利率为基础确定自己的利率。

伦敦银行同业拆放利率是英国银行家协会根据其选定的银行在伦敦市场报出的银行同业拆借利率，进行取样并平均计算成为基准利率。是伦敦金融市场上银行之间相互拆放英镑、欧洲美元及其他欧洲货币资金时计息用的一种利率。伦敦银行同业拆放利率是由伦敦金融市场上一些报价银行在每个工作日 11 时向外报出的。该利率一般分为两种利率，即贷款利率和存款利率，两者之间的差额为银行利润。通常，报出的利率为隔夜(两个工作日)、7 天、1 个月、3 个月、6 个月和 1 年期的，超过一年以上的长期利率，则视对方的资信、信贷的金额和期限等情况另定。

在伦敦金融市场上，有资历对外报价的银行仅限于那些本身具有一定的资金吞吐能力，又能代客户吸存及贷放资金的英国大清算银行、大商业银行、海外银行及一些外国银行。这些银行被称作参考银行。由于竞争比较充分，各银行报出的价格基本没有什么差异。参与伦敦金融市场借贷活动的其他银行和金融机构，均以这些报价银行的利率为基础，确定自己的利率。

(资料来源：根据百度百科金融业相关资料整理)

三、票据市场

票据市场(paper market)指的是在商品交易和资金往来过程中产生的以汇票、本票和支票的发行、担保、承兑、贴现、转贴现、再贴现来实现短期资金融通的市场。

票据市场可分为票据承兑市场、票据贴现市场和本票市场。

(一)票据承兑市场

票据承兑市场是指汇票到期前，汇票付款人或指定银行确认票据证明事项，在票据上作出承诺付款的文字记载、签章的一种手续。承兑后的汇票才是市场上合法的金融票据。承兑银行承担到期向持票人付款的不可撤销的责任。

(二)票据贴现市场

贴现是商业票据持票人在票据到期前，为获取现款向金融机构贴付一定的利息所作的票据转让。贴现利息与票据到期时应得款项之金额比通称贴现率。票据贴现机构有两类：一类是商业银行；一类是专营贴现业务的金融机构，

例如，某企业持有一张半年后到期的一年期汇票，面额为 3000 元，到银行请求贴现，银行确定该票据的市场贴现率为 5%，则贴现金额为

$$3000\times(1-5\%\times180/360)=2950(\text{元})$$

即扣去 50 元贴现利息，实付 2950 元。

商业银行还可通过转贴现、再贴现融通资金。

(三)本票市场

商业本票虽然发源于商品交易，是买方由于资金一时短缺而开给卖方的付款凭证。但现代商业本票大多已和商品交易脱离关系，而成为出票人(债务人)融资、筹资的手段，故本票

一般不是同时列明出票人和债权人的双名票据，而是只列明出票人姓名的单名票据。本票发行者主要是资力雄厚、信誉卓著的大公司、金融公司、银行控股公司等。

票据市场是短期资金融通的主要场所，是直接联系产业资本和金融资本的枢纽，作为货币市场的一个子市场，在整个货币体系中票据市场是最基础、交易主体中最广泛的组成部分。票据市场可以把“无形”的信用变为“有形”，把不能流动的挂账信用变为具有高度流动性的票据信用。票据市场的存在与发展不仅为票据的普及推广提供了充分的流动性，还集中了交易信息，极大地降低了交易费用，使票据更易为人所接受。

知识点提示

同时银行业务的票据贴现和贷款之间的区别

1. 融资的期限不同。银行贷款的期限可以短至几个月也可以长达五年以上，但是贴现的期限是固定的，纸质承兑汇票的期限最长不超过半年，而电子承兑汇票的期限最长不会超过1 年时间，另外，银行贷款在到期时可以申请延期，但贴现不存在延期不延期的问题，只有到期不予解付的追索。

2. 款项用途有无约定不同。一般的银行贷款都会约定贷款的用途，只能将贷款用于约定的事项中，而企业的票据申请贴现后的资金是可以随意支配的，无须就贴现所得的款项用途而作出承诺或者说明。

3. 贷款和贴现的付息方式不同。银行贷款的利息是在贷款到期时或者按照某个约定日期来定时收取的，通常称为先贷款后付息。而票据贴现是在贴现时所付的利息，是与票面金额、贴现的天数、银行的利率相关的，银行给的贴现利率越低，那么所付的贴现利息越少。一般情况下，银行承兑汇票的利率远远低于银行贷款的利率。

4. 当事人不同。银行贷款的当事人包括银行、借款人和担保人(信用贷款下，没有担保人)。票据贴现的当事人包括银行、票据权利人(贴现申请人)和票据上参与票据背书、记载签章的其他当事人。

5. 手续不同。银行贷款的申请准备工作复杂，手续较多，需要经过开户、建立信贷关系、授信、贷前审查、担保人(物)评估等过程。而票据贴现只需要票据权利人保证票据真实有效，并且基于真实的贸易背景，并符合银行背书的规范，那么就可以去银行申请贴现。

6. 流动性不同。银行贷款投放后，一般都是借贷人直接使用贷款，不会发生贷款权利的转移。而票据贴现是票据权利人将票据转让给银行，银行付给背书人贴现金额，并获得票据权利。银行可以通过背书的方式将该票据继续流通。

7. 授信主体不同。银行贷款的授信主体是贷款申请人为主，其他担保人为辅；而票据贴现后，第一付款人为承兑人，因此票据贴现授信主体应以承兑人为主，贴现申请人或其他票据债务人为辅。

8. 收贷对象不同。银行贷款到期，收贷对象以贷款申请人为主，担保人为辅；而贴现票据到期，收贷对象以承兑人为主，其他票据债务人为辅。

9. 会计处置与报表处理不同。企业办理贴现后，表现为应收票据的减少，货币资金的增加。卖出票据后，在企业资产负债表中不作反映，仅在表外附注栏的“或有事项”中进行说明，即“已贴现商业汇票形成的或有负责金额”，表现为企业的或有负债。而企业在办理贷款后，表现为短期或长期借款增加，货币资金增加，在会计报表上有明确反映。

四、回购市场

回购市场，又称回购协议市场，是指证券的卖方在出售证券时向证券的买方承诺在指定日期以约定价格再购回证券的协议。回购是指在出售证券时，与证券的购买商签订协议，约定在一定期限后按约定的价格购回所买证券，从而获得即时可用资金的一种交易行为。从本质上来说，回购协议是一种抵押贷款，其抵押品为证券。

从买方看来，它又叫逆回购协议。其操作过程为：借款者(卖方)向贷款者(买方)暂时出售一笔证券，同时约定在一定时间内以稍高的价格重新购回；或者借款者以原价购回原先所出售的证券，但是向证券购买者支付一笔利息。这样证券出售者便暂时获得了一笔可支配的资金，证券的购买者则从证券的买卖差价或利息支付中获得一笔收入。逆回购协议的运作方式如图 6-1 所示。

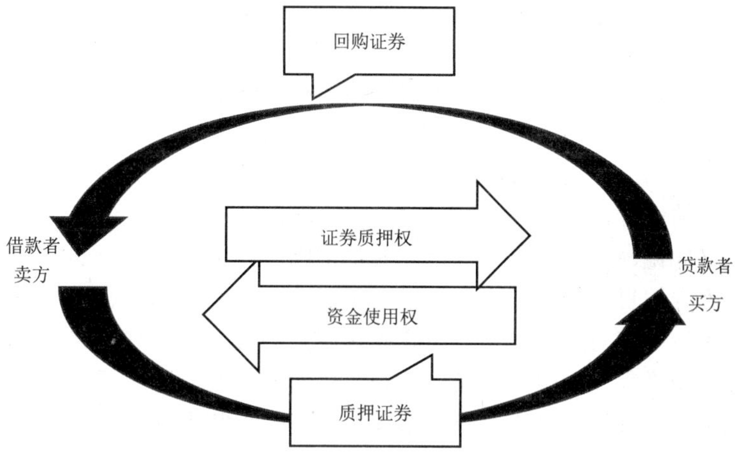

图 6-1　逆回购协议运作

回购协议中的出售方大多为银行或证券商，购买方则主要是一些大企业，后者往往以这种方式来使自己在银行账户上出现的暂时性余额得到有效的利用。回购协议的期限大多很短，很多只有一个营业日，但是由于数额巨大，购买者的收入也很可观。

我国国债回购交易分割成两个市场：交易所国债回购市场、银行间债券回购市场。

五、可转让大额定期存单市场

可转让大额定期存单(Large-denomination Negotiable Certificates of Time Deposit，简写为 CDs)，是银行发行的到期之前可转让的定期存款凭证。它与普通的银行定期存款单有显著区别：①通常不记名，不能提前支取，可以在二级市场上转让；②大额存单按标准单位发行(固定)，面额较大；③发行者多是大银行；④期限多在 1 年以内，利率有固定，也有浮动。为规避利率管制，花旗银行于 20 世纪 60 年代初开始发行可转让定期存单，使商业银行的资金配置策略重心转向“负债管理”。

可转让大额定期存单是由商业银行发行的、可以在市场上转让的存款凭证。可转让大额定期存单的期限一般为 14 天到一年，金额较大，美国为 10 万美元。

可转让大额定期存单储蓄是一种固定面额、固定期限、可以转让的大额存款定期储蓄。发行对象既可以是个人，也可以是企事业单位。可转让大额定期存单无论单位或个人购买均使用相同式样的存单，分为记名和不记名两种。两类存单的面额均有 100 元、500 元、1000 元、5000 元、10 000 元、50 000 元、100 000 元、500 000 元共八种版面，购买此项存单起点个人是 500 元，单位是 50 000 元。存单期限共分为 3 个月、6 个月、9 个月、12 个月四种期限。

可转让大额定期存单是银行发行的具有固定期限和一定利率，并且可以转让的金融工具。这种金融工具的发行和流通所形成的市场称为可转让定期存单市场。

六、短期政府债券

短期政府债券(Short-term government bonds)是一国政府部门为满足短期资金需求而发行的一种期限在 1 年以内的债务凭证。在政府遇有资金困难时，可通过发行政府债券来筹集社会闲散资金，以弥补资金缺口。

短期政府债券是指各级政府或由政府提供信用担保的部门发行的短期债券，是政府承担责任的短期信用凭证。期限为 3、6、9、12 个月。广义上看，政府债券不仅包括国家财政部门发行的债券，还包括地方政府及政府代理机构发行的债券。但从狭义上说，政府债券仅指国家财政部所发行的债券。在西方国家一般将财政部发行的期限在 1 年以内的短期债券称为国库券。所以狭义地说，短期政府债券市场就是指国库券市场。

政府发行国库券的目的除了筹集资金以应付财政部门的短期资金需求外，还为中央银行的公开市场业务提供操作对象。其在货币政策调控上的意义，有时超过了平衡财政收支的目的。由于国库券被视为零风险金融工具，其利率也构成金融市场的基准利率之一。典型的国库券发行方式是拍卖，其优点是由市场决定发行价格，有利于降低成本。目前我国短期国债在国债发行总量中所占比率仍然过低，还不能为人民银行的公开市场操作提供足够的空间。

阅读专栏

债券市场进入开放发展新时代

2017 年 5 月 16 日，中国人民银行与香港金融管理局宣布开展内地与香港“债券通”合作，即境内外投资者通过两地债券市场基础设施连接，买卖两个市场交易流通债券的机制安排。此后，7 月 3 日，“债券通”正式成功上线开通。

相对于现在的沪港通和深港通，“债券通”的开放程度更进一步，其开通的不单是二级市场交易，更是把境内一级市场发行向境外投资者开放。在“债券通”开通当日，国家开发银行、农业发展银行、华能集团等机构宣布，通过“债券通”发行了债券。

从成交看，开通首日交易活跃，共有 70 家境外投资者与 19 家境内报价机构达成 128 笔交易，合计 70.48 亿元。截至 2017 年 9 月末，已有 186 家机构通过“债券通”途径进入银行间债券市场，持债规模超 700 亿元。近半年以来，“债券通”的境外投资者数量和交易量也始终保持上升态势，成为银行间债券市场对外开放的重要渠道之一。

“债券通”开通，是我国内地资本市场进一步对外开放的又一个里程碑。对此，人民银行副行长潘功胜表示，作为连接内地和国际金融市场的重要桥梁，“债券通”将进一步提升内地和香港金融市场互通互联效率和一体化程度，扩大香港金融市场的容量与规模，也为全球投资者参与中国内地金融市场提供更加便利的通道。同时，香港与国际接轨的金融市场规则、基础设施安排和监管体系等，也将为内地深化金融市场改革和开放注入新的活力和新的能量。

(资料来源：金融时报-中国金融新闻网)

第三节　资 本 市 场

一、资本市场的概念及特点

资本市场是指以长期金融工具为媒介进行的、期限在一年以上的长期资金融通市场。在资本市场上，发行主体所筹集的资金大多用于扩大再生产的投资，融通的资金期限长、流动性相对较差、风险较大而收益相对较高。我国资本市场包括股票市场、债券市场、基金市场等。与货币市场相比，资本市场的主要特点主要有以下几点。

(1) 交易期限长，至少在 1 年以上，最长可达数十年。

(2) 交易的目的主要是解决长期投资性资金供求矛盾，充实固定资产。

(3) 融资数量大，以满足长期投资项目需求。

(4) 资本市场融资工具既包括债务性工具，如政府债券、公司债券等，也包括股权型工具，即股票。

(5) 资本市场的交易工具与短期金融工具相比较，收益高、风险大流动性差。

广义的资本市场包括银行中长期信贷市场和证券市场。本节主要讲解证券市场，即通常所指的狭义的资本市场。证券市场是通过有价证券的发行与买卖进行投融资活动的市场。通常按照有价证券的交易程序，可将证券市场划分为证券发行市场和证券流通市场。

二、证券发行市场

证券发行市场又称一级市场或初级市场，是政府、企业及金融机构发行债券、股票、基金以筹集资金的市场。一级市场是一个无形市场，不存在具体形式的固定交易场所。证券发行市场的最主要功能是通过发行证券将闲散资金转化为生产资金的筹资功能以及为产权的分割、融合与重组创造条件的产权复合功能。

(一)证券发行市场由发行人、投资人和中介人等要素构成

1. 证券发行者

证券发行者是指资金的需求一方，即融入资金者或称债务人。政府机构、企业、股份公司以及金融机构等在具备发行资格、符合发行条件的情况下，都可以作为发行者，通过发行有价证券的方式筹集资金。股票的发行者是经过有关部门批准的股份有限公司；债券的发行主体是比较广泛的，其中国家公债和国库券的发行主体是国家财政部，金融债券的发行主体是金融机构，企业或公司债券的发行主体是企业或公司。

2. 证券的认购者

证券的认购者是指资金的供应者，即贷出资金者或称债权人。政府机构、企业、股份公司、金融机构以及个人都可以作为投资者，通过购买股票、债券等方式进行投资。

3. 中介机构

中介机构是指代发行者办理证券发行和销售业务的承销商。有价证券在进行公募发行时，由于发行对象是分散的公众，发行者为了保证发售成功，及时募集到足额的金额，需要借助于具有专门知识与技能并具有发行经验的承销商帮助发行，由承销商负责办理证券的承购销售业务，并承担一定的发行风险。中介机构主要是担负承销或交易经纪人的投资银行或信托投资公司。

(二)证券发行方式

证券发行方式有很多种，下面介绍三种发行方式。

1. 按照发行对象的不同，证券发行可分为公募发行和私募发行

公募发行是指面向广泛的不特定的投资者发行。公募发行方式的特点主要有以下三点。

(1) 发行工作量大，一般采用间接销售方式。

(2) 发行者必须向证券管理机关办理发行注册登记手续，发行者需要向公众披露有关资料、信息，接受公众监督。

(3) 公募发行的证券发行后一般可以上市转让流通，流动性强，风险相对较小。

私募发行是指面向少数特定的投资者发行。私募发行方式的特点主要有以下三点。

(1) 私募发行大多采用直接销售方式，即由发行主体自己办理证券发行所必需的一切手续、自担风险，这种方式不需要向发行中介机构缴纳手续费，可以节省发行费用。

(2) 私募发行不必向证券管理机构办理发行注册手续，发行程序相对简化，并可以节省注册费用。

(3) 私募发行证券一般不允许转让。

2. 按照发行目的不同，证券发行可分为初次发行和增资发行

初次发行。初次发行是指新组建股份公司时或原非股份制企业改制为股份公司时或原私人持股公司要转为公众持股公司时，公司首次发行股票。

增资发行。是指随着公司的发展，业务的扩大，为达到增加资本金的目的而发行股票的行为。股票增资发行，按照取得股票时是否缴纳股金来划分，可分为有偿增资发行、无偿增资发行和有偿无偿搭配增资发行三种方式。

3. 按照是否通过中介机构发行，可分为直接发行和间接发行

直接发行，又叫公司自办发行，指有价证券发行人自己办理发行手续、自己销售证券募集资金的方式。这种方式适合于筹资数量比较少、手续简单的筹资活动，一般私募发行采用此方式。这种方式的优点是节省承销费用、降低发行成本。缺点是发行人自己承担发行风险，割断了与证券公司等专业金融机构的联系，失去它们的具体指导，发行人对发行条件、市场时机的把握有限。

间接发行，即委托发行，指发行公司委托证券推销机构代理发行。公募发行都要通过承

销商间接发行。承销商的承销方式一般有三种：一是代销方式。由发行者委托承销商代为向社会销售证券，承销商按照协议规定的发行条件，在约定的发行期内尽力推销，到了销售截止日期，证券如果没有按原定发行数额售完，未售出部分仍退还给发行者，承销商不承担任何发行风险。二是余额包销方式。由承销商按照承销协议规定的发行额和发行条件，在约定的期限内面向社会推销证券，到销售截止日期，未售出的余额由承销者负责认购，承销商要按照规定的时间向发行者支付全部证券的款项。三是全额包销方式。由承销商先将全部证券认购下来，并向发行者支付全部证券款项，然后按照市场条件转售给投资者。这种方式承销者虽然要承担全部发行风险，但可以保证发行者及时得到所需的资金。

(三)证券发行条件

证券发行条件一般由证券的发行额度、期限、票面面值、票面利率和发行价格等因素构成。确定合理的发行条件是保证证券发行成功的一项重要工作，它既影响发行者的筹资成本，又决定着投资者的投资收益率。就发行价格而言，在直接发行方式下，发行价格就是投资者的认购价格，一般有三种形式：①平价，即发行价格与发行证券的票面金额相等。②折价，即发行价格低于发行证券的票面金额。③溢价，即发行价格高于发行证券的票面金额。

三、证券流通市场

证券流通市场也称证券交易市场、二级市场(security secondary market)、次级市场，是指对已经发行的证券进行买卖、转让和流通的市场。在二级市场上销售证券的收入属于出售证券的投资者，而不属于发行该证券的公司。证券发行市场是证券流通市场的前提，证券流通市场是证券发行市场的根本保障。

(一)证券流通市场的构成

证券流通市场可分为：场内交易市场、场外交易市场、第三市场和第四市场。

1. 场内交易市场——证券交易所

场内交易市场是指由证券交易所组织的集中交易市场。是指在一定的场所、一定的时间，按一定的规则，集中买卖已发行证券而形成的市场。能够进场参加交易的人员是交易所的会员，非会员不能进场交易。证券交易所的组织形式有会员制和公司制两种。会员制：是指一个由会员自愿组成的、不以营利为目的的社会法人团体。交易所实行会员自治、自律、自我管理的管理方式。公司制：是指以股份有限公司形式组织并以营利为目的的法人团体。公司制交易所以营利为目的，本身不参与证券买卖，只提供交易场所和交易设备及服务，其主要收入来自证券成交的佣金，实行自负盈亏。

证券交易所的特征为：

1) 公平性

公平性体现在证券交易所不以营利为目的，本身既不持有证券，也不参与证券买卖，更不能决定证券的价格。证券交易所只为证券买卖双方的成交创造条件、提供服务，并对双方进行监督，以保证交易公平、合理、迅速、及时。

2) 公开性

证券交易所是证券买卖完全公开的市场。体现在所有上市公司必须定期真实公布其经营情况和财务状况；证券交易所定期公布各种证券行情表和统计表，随时公布股票价格指数，为投资者进行投资提供公开信息。

3) 组织性

组织性体现在它有专门的立法和规章制度及操作程序；对上市证券的标准和审批、进场交易人员、成交单位、成交价格、成交后结算等都有严格的规定；对非法交易制定了严格的制裁措施等。

2. 场外交易市场

场外交易市场又称“柜台交易市场”或“店头市场”，是通过证券公司、证券经纪商或银行在证券交易所以外进行证券买卖所形成的市场。场内交易与场外交易市场不同点比较如表 6-1 所示。

表 6-1 场内交易与场外交易市场不同点比较

不同点	场内交易市场	场外交易市场
交易对象不同	挂牌上市的证券	未上市的证券
组织形式不同	固定的交易场所、固定的交易时间和固定的交易方式	没有固定的交易场所和固定的交易时间，主要通过电话交易
交易价格的确定不同方式不同	证券价格是公开竞价的结果	证券价格是交易双方通过直接协商决定
交易方式不同	有代理买卖	自营买卖为主，也有代理买卖

3. 第三市场

第三市场是指在场外交易市场上从事已在证券交易所挂牌上市的证券买卖的市场。即已上市证券的场外交易市场。参与主体主要是机构投资者。其目的是减少交易费用，降低投资成本。

4. 第四市场

第四市场是指投资者和筹资者不经过证券商，彼此之间利用计算机网络进行大宗股票交易的场外交易市场。其特点有下述几点。

(1) 信息灵敏、成交迅速。

(2) 交易成本低。

(3) 有利于保持交易的秘密性。

(4) 不冲击股票市场。

(二)证券交易方式

证券市场主要有现货交易、信用交易、期货交易、期权交易以及股指期货交易等方式。

1. 现货交易

现货交易是指证券买卖成交以后，马上办理交割清算手续，当场钱货两清的交易方式。

买卖双方达成交易协议后，买方即要付出现金并向卖方收取证券，卖方则付出证券并向买方收取现金，买卖双方都有证券实物和资金的收付进出。但在实际交易过程中，由于整个交易过程要遵循证券交易所或场外交易的基本程序，并且现货交易要通过现金账户进行，所以，现货交易很难做到在成交后马上交割，交割常在成交后的一个很短的时间内进行，一般在成交后的当日、次日或交易所指定的例行交收日期交付清算。现货交易的卖方必须向买方转移证券，因此，现货交易属于实物交易。现货交易是证券交易所采用的最基本、最常用的交易方式。其特点如下所述。

(1) 成交和交割基本上同时进行。

(2) 是一种实物交易和现金交易。

(3) 价格波动空间有限，投机性相对较小。

2. 信用交易

信用交易，又称保证金交易，是指证券公司或金融机关提供信用，使投资人可以从事买空、卖空的一种交易制度。信用交易方式有两种。

1) 保证金买长

保证金买长指投资者预测证券行情将要上涨，趁现在行市较低时向证券经纪商交付一定比率的保证金而获得贷款资金买进该种证券，待行情上涨后再卖出该种证券，以获取差价收益。

2) 保证金买短

保证金买短指投资者预测证券行情将要下跌，趁现在行市较高时向证券经纪商交付一定比率的保证金而借入证券并将其卖出，待行情下跌后再买进该种证券以归还证券经纪商，从而获取差价收益。

3. 期货交易

期货交易是指买卖双方成交后，按契约中规定的价格延期交割的一种交易方式。期货交易作为一种独立的交易方式，具有的特征如下所述。

(1) 期货交易的成交和交割不同步。投资者通过对市场行情的预测和判断进行投机或套期保值。

(2) 期货交易采取保证金方式进行。即投资者无须持有足够的现金或证券，只要向期货经纪公司交纳按照成交比例计取的保证金，就可以买卖较大数额的期货合约。

(3) 期货交易以对冲机制完成交易活动。期货交易中仅有极少数的合约到期进行实物交割，大约98%的期货合约是通过做相反交易平仓了结的。

期货交易最主要的功能是风险转移和价格发现。风险转移功能是指套期保值者通过期货交易将价格风险转移给愿意承担风险的投机者，这是期货交易最基本的功能。价格发现功能是指期货交易对于商品或证券的未来价格在某种程度上具有发现和指示的作用，能够比较真实地反映出商品或金融工具价格的变动趋势。

4. 期权交易

期权又称选择权，它实际上是一种与专门交易商签订的契约，规定持有者有权在一定期限内按交易双方所商订的“协定价格”，购买或出售一定数量证券的交易。期权交易双方在成交后，卖方以支付一定数量的期权费为代价，拥有在一定期限内以一定价格购买或出售一定数量某种金融资产的权利，而不用承担必须买进或卖出的义务；卖方在收取一定数量期权费后，在一定期限内必须无条件服从买方的选择并履行成交的承诺。构成要素为期权的时效、协定价格和期权费。期权交易的种类包括下述各种。

(1) 看涨期权和看跌期权。

(2) 欧式期权和美式期权。

期权交易的特点：

(1) 交易的对象是一种权利。

(2) 交易双方享受的权利和承担的义务不一样。

(3) 期权交易的风险较小。

5. 股票指数期货交易

股票指数期货交易是以证券交易所的股票指数变动作为买卖对象的期货交易。它也是先签订协议，到约定日期再按协议定好的价格办理交割。

由于股票价格指数代表股票价格总体水平，股票价格指数变动基本上反映了整个市场股票价格变动的趋势和幅度。把股价指数改造成一种可以买卖的商品，便成为股票投资者规避系统性风险的一种方式。在期货交易中，把股价指数期货合约作为买进卖出交易的对象，当一个投资者购买了某种股票后，担心由于股票价格指数下降而引起他所持的股票价格下降，投资者可采取股票价格指数期货进行保值。即他在买进股票的同时，卖出一个与出售股票时间点相同的股票指数期货。当这种股票价格的变动与整个市场变动完全一致时，投资者可以避免股票价格波动的风险。其特点如下所述。

(1) 交易对象是股票指数。

(2) 交割采用现金。

(3) 可以进行套期保值。

(4) 交易以签订期货合约的方式进行。

合约包括：每份价格、交割时间、交易月份、交易地点、报价方式、价格变动限制等。交易种类为多头套期保值、空头套期保值等。

目前，我国证券市场和期货市场都得到了一定的发展，股指期货的推出也将指日可待。

阅读专栏

民国时期的证券交易市场

上海证券交易大楼

民国时期，是中国近代证券市场发展史上内容最丰富、变化最复杂的重要时期。这一时期，中国近代证券市场走完了其形成、发展和衰亡的全过程。

1891 年，外商在上海成立了上海股份公所。1905 年，该公所改名为“上海众业公所”，这是外商经营的，也是旧中国最早的一家证券交易所。该交易所的主要交易对象是外国企业股票、公司债券、外国在上海的行政机构发行的债券、中国政府的金币公债以及南洋一带的橡皮股票等，擅长投机的外国人在上海这个冒险家的乐园里狠狠地捞了一把。

外国人的经营行为很快就引起了一些对经济敏感人士的注意，但日薄西山的清政府对此毫无感觉。1916 年，孙中山为筹措革命经费，联合虞洽卿等上海工商界人士，向北京政府农商部申请在上海创办证券物品交易所，农商部即以证券物品不能同时交易为借口驳回了孙中山等人的请求。1918 年夏天，中国人自己创办的第一个交易所——北京证券交易所诞生了。它的注册资本仅 10 万元，以经营股票、债券为主，同时兼做外币的交易。1920 年 7 月 1 日，上海证券物品交易所召开成立大会，推举虞洽卿为理事长，郭外峰、闻兰亭、盛丕华等 6 人为常务理事，确定资本总额为 500 万元，交易物品为有价证券、棉花、棉纱、布匹、金银、粮食油类、皮毛等 7 种。上海证券物品交易所是上海第一家中国人自己创办的交易所。

交易所在 1921 年得到极度发展，到 1921 年年底，市面银根突告紧张，现金周转需求加大，公债、股票普遍起了跌风，卖出的多，买进的少；交割时买进的付不出资金，卖出的交不出现货。交易所原本是在买卖成交后从交易双方获得佣金的。一笔买卖成交后，交易双方各以成交额的 2.5%给交易所作为佣金，故每笔交易，交易所实得佣金 5%。而一旦交易难以妥交，交易所就无利可获了。因此，那些匆匆成立、资金不足的交易所便纷纷解散，酿成了所谓“民十信交大风潮”。到 1922 年 3 月，上海能够照常营业的交易所一下子从 1920 年的 140 余家减到了 12 家。到 1926 年，北京政府历次发行的各种公债都已成了无人问津的废纸。唯有英镑善后公债顺乎一些人的崇洋心理，而独成挺秀之势。直到 1929 年 10 月 10 日，国民政府正式公布了《交易所法》，1930 年 3 月 1 日又颁布了《交易所法施行细则》，交易所的发展和管理才有了一个统一依据，全国的证券市场才又重新活跃，交易所的业务也随之兴盛起来。1927 年后，南京国民政府就以大量发行内债作为筹集经费的重要途径了。1927 年到 1936 年间，南京政府发行的内债等于北京政府 15 年来发行旧债的 4 倍。抗日战争爆发后，沦陷区内刚刚活跃一时的交易所再度停板息业。

据《近代中国的金融市场》一书记载，1946 年 9 月 16 日，上海证券交易所正式开业。资本 10 亿元，原上海华商证券交易所股东认购六成，另四成由中国银行、交通银行、农民银行及中央信托局、邮政储金汇业局认购。交易所在原证券大楼的基础上扩充改造，建立股票和债券两个市场。最初核定经纪人 225 家，上市股票有永安纱厂、美亚绸厂、新亚药厂、华丰搪瓷等 20 只。起先只做现期交易，但交易十分清淡。为了刺激股市，1946 年 11 月开办“递延交割”(变相期货交易)，并于 12 月试办套利交易。证券交易迅速扩大，日成交量猛增到 80 000 多万股，股票价格一路飙升。1947 年 3 月，政府宣布实施“经济紧急措施”，禁止黄金及外汇买卖，社会游资都涌向了证券市场，股票买卖更加兴旺。到 1947 年年底，上市股票增加到了 32 只，总市值达 70 783 亿元。通货恶性膨胀导致了经济的全面崩溃，股票市场在经历了短暂的“繁荣”后开始迅速衰退。1948 年 1 月，南京政府命令上海证券交易所经纪人限期增加资本和保证金。1949 年 3 月上海证券交易所在“疏导游资、稳定经济”的幌子下复业，但股票交易清淡，成交稀落。1949 年 5 月上海解放，上海证券交易所停业。至此，旧中国半殖民地半封建的证券市场结束了。

(资料来源：中国商网资料整理)

第四节 外汇与黄金市场

一、外汇市场

(一)外汇市场的概念和特点

外汇市场，是指经营外币和以外币计价的票据等有价证券买卖的市场。是金融市场的主要组成部分。以前，一般人对外汇市场的了解仅是一个外币的概念，然而历经几个时期的演进，它已较能为一般人所了解，而且已应用外汇交易为理财工具。 外汇市场是国际汇兑的简称。外汇市场的概念有静态和动态之分。动态外汇，是指把一国货币兑换成为另一国货币以清偿国际间债务的金融活动。从这个意义上来说，动态外汇等同于国际结算。静态的外汇又分为广义和狭义。广义的外汇是外国外汇管理法令所称的外汇。它泛指一切对外金融资产。现行的《中华人民共和国外汇管理条例》第三条规定，外汇是指以外币表示的可以用作国际清偿的支付手段和资产。狭义的外汇是指以外币表示的用于国际结算的支付手段。总之外汇市场是指经营外币和以外币计价的票据等有价证券买卖的市场。是金融市场的主要组成部分。

目前，世界上有 30 多个主要的外汇市场，它们遍布于世界各大洲的不同国家和地区。根据传统的地域划分，可分为亚洲、欧洲、北美洲等三大部分，其中，最重要的有伦敦、纽约、东京、新加坡、法兰克福、苏黎世、中国香港、巴黎、洛杉矶、悉尼等。

外汇市场具有以下特点。

1. 空间上的统一性

由于现代通信技术的高度发展及通信设施的不断完善，世界各地的外汇市场通过电话、电报、电传、计算机网络已经联成一体，各大银行外汇交易员只要在交易室内按动电钮、键盘便可了解世界各地的外汇行情，并与各地的经纪人谈判，进行外汇交易。

2. 时间上的连续性

现代通信技术的发展不仅将世界外汇市场联成一体，而且使各地区外汇市场按世界时区的差异相互衔接，出现了全球性的，星期一至星期五 24 小时不间断的外汇交易。

3. 汇率上的趋同性

由于空间上的统一性与时间上的连续性使各外汇市场行情及金融情报能够迅速相互传递，国际资金借助现代化的通信工具可以迅速转移，促使各国外汇市场之间的汇率差异缩小。高效率的套汇也会使各外汇市场的任何汇率差异迅速消失。

(二)外汇市场的构成

外汇市场的主体是参与者，主要有外汇银行、外汇经纪人、客户、中央银行等。

1. 外汇银行(Foreign Exchange Bank)

外汇银行又叫外汇指定银行，是指根据外汇法由中央银行指定可以经营外汇业务的商业银行或其他金融机构。外汇银行大致可以分为三类：专营或兼营外汇业务的本国商业银行，在本国的外国商业银行分行及本国与外国的合资银行，经营外汇业务的其他金融机构。中国的外汇指定银行包括了四大国有商业银行和交通银行等全国性的股份制商业银行以及具有外汇经营资格的外资银行在华分支机构，各地方商业银行和信用社许多还不具备外汇指定银行的资格。

2. 外汇银行的客户

在外汇市场中，凡与外汇银行有外汇交易关系的公司和个人，都是外汇银行的供应者、需求者和投机者，在外汇市场上占有重要的地位。他们中有为进行国际贸易、国际投资等经济交易而买卖外汇者，也有零星的外汇供求者，如国际旅游者、留学生等。中国外汇银行的顾客主要是有外汇需要的各类企业，由于生产经营和国际贸易的需要而产生了外汇的需求和供给。随着中国国门的开放和人们收入的普遍提高，个人在外汇交易中的地位开始变得越来越重要。

3. 外汇经纪商(Foreign Exchange Broker)

外汇经纪商指介于外汇银行之间、外汇银行和其他外汇市场参与者之间，进行联系、接洽外汇买卖，从中赚取佣金的经纪公司或个人。目前中国外汇市场上外汇经纪商的角色已经出现，随着中国外汇市场的发展，外汇经纪商的作用将会逐步扩大。如澳大利亚 ECN Trade 就是为机构和个人提供外汇、贵金属等高端金融投资产品的全球性机构。

4. 交易中心

大部分国家的外汇市场都有一个固定的交易场所，交易中心为参与交易的各方提供了一个有规则和次序的交易场所和结算机制，便利了会员之间的交易，促进了市场的稳定与发展。位于上海外滩的中国外汇交易中心是中国外汇交易的固定交易场所。

5. 中央银行与监管机构

外汇市场上另一个重要的参与者是各国的中央银行。这是因为各国的中央银行都持有相当数量的外汇余额作为国际储备的重要构成部分，并承担着维持本国货币金融市场的职责。随着中国外汇储备的逐步增加，中央银行在中国外汇市场的作用日益重要，大量的外汇储备成为中央银行干预外汇市场的重要保证。另外由于外汇市场的重要性，各国一般由专门的监管机构来规范外汇市场的发展，中国外汇市场的监管机构为国家外汇管理局。

在外汇市场中，凡是与外汇银行有外汇交易关系的公司或个人，都是外汇银行的客户，他们是外汇市场上的主要供求者，其在外汇市场上的作用和地位，仅次于外汇银行。

外汇市场的交易可分为三个层次，即银行与客户之间，银行同业之间，银行与中央银行之间的交易，在这些交易中，外汇经纪人往往起着中介作用。外汇市场参与者的构成及层次如图 6-2 所示。

1) 银行与顾客之间的外汇交易

顾客出于各种各样的动机，需要向外汇银行买卖外汇。银行在与顾客的外汇交易中，一方面从顾客手中买入外汇，另一方面又将外汇卖给顾客。实际上是在外汇的最终供给者和最终使用者之间起中介作用，赚取外汇的买卖差价。

2) 银行同业间的外汇交易

银行在每个营业日，根据顾客的需要与其进行外汇交易的结果，难免产生各种外汇头寸的多头或空头，统称敞开头寸。多头表示银行该种外汇的购入额大于出售额，空头则表示银行该种外汇的出售额多于购入额。当银行各种外汇头寸处于不平衡时，银行便产生了外汇风险。若银行要回避外汇风险，就需通过银行同业间的交易，“轧平”外汇头寸，即将多头抛出，空头补进，使其所承诺的某种货币的出售数量与所承诺的同种货币的购进数量相平衡。此外，银行还出于投机、套利、套期保值等目的从事同业的外汇交易。因此，银行同业间的外汇交易构成了绝大部分的外汇交易，占外汇市场交易总额的90%以上。

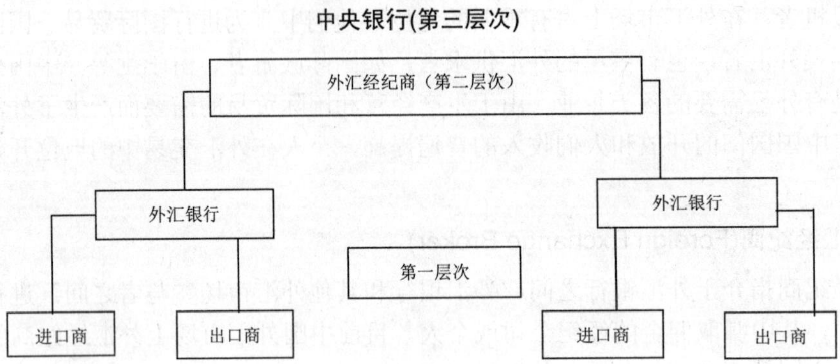

图 6-2　外汇市场参与者的构成及层次

银行同业市场是外汇市场供求流量的汇集点，因此它决定着外汇汇率的高低。在外汇市场上，有些实力雄厚的大银行处于“做市商”的地位，由于其雄厚的实力和巨额的经营，因此其报价对市场汇价的形成有很大的影响。

3)　银行与中央银行之间的外汇交易

中央银行为了使外汇市场上自发形成的供求关系所决定的汇率能相对地稳定在某一期望的水平上，可通过其与外汇银行之间的交易对外汇市场进行干预。

如果某种外币兑换本币的汇率低于期望值，中央银行就会向外汇银行购入该种外币，增加市场对该外币需求量，促使银行调高其汇率；反之，如果中央银行认为该外币的汇率偏高，就向银行出售该种外汇的储备，促使其汇率下降。

(三)外汇市场的交易方式

外汇市场上的各种交易可按不同的标准作不同的种类划分。

按合同的交割期限或交易的形式特征来区分，可分为即期外汇交易和远期外汇交易两大类。

按交易的目的或交易的性质来区分，可分成套利交易、掉期交易、互换交易、套期保值交易、投机交易以及中央银行的外汇干预交易等。

此外，随着国际金融业的竞争发展与金融工具的创新，外汇市场上还出现了许多新的交易方式，如外汇期货、期权交易。

二、黄金市场

黄金市场早在19世纪初就已经形成，是最古老的金融市场。尽管20世纪70年代以来黄金已经非货币化，但黄金仍然是一国政府国际储备的重要工具和国际支付的最后手段之一，目前国际金融市场上的黄金交易活动仍是异常活跃，黄金市场仍是金融市场的重要组成部分。

(一)黄金市场的概念

黄金市场(gold market)，是集中进行黄金买卖和金币兑换的市场。有的国家的黄金市场对黄金输出输入加以限制，有的则不加限制。

目前世界上最主要的黄金市场在伦敦、苏黎世、纽约、中国香港等地。伦敦黄金市场的价格对世界黄金行市有较大影响。

(二)黄金市场的构成

世界各大黄金市场经过几百年的发展，已形成了较为完善的交易方式和交易系统。其构成要素，从作用和功能上来考虑，可分为四个。

1. 为黄金交易提供服务的机构和场所

在各个成功的黄金市场中，为黄金交易提供服务的机构和场所其实各不相同，具体划分起来，又可分为有固定交易场所的有形市场和没有固定交易场所的无形市场。

2. 黄金市场买卖参与者

国际黄金市场的参与者，可分为国际金商、银行、对冲基金等金融机构、各个法人机构、私人投资者以及在黄金期货交易中有很大作用的经纪公司。

3. 有关的监督管理机构

随着黄金市场的不断发展，为保证市场的公正和公平，保护买卖双方利益，杜绝市场上操纵价格等非法交易行为。各地都建立了对黄金市场的监督体系。比如：美国的商品期货交易委员会、英国的金融服务局、中国香港的香港证券与期货管理委员会及新加坡金融管理局等。

4. 有关的行业自律组织

(1) 世界黄金协会是一个由世界范围的黄金制造者联合组成的非营利性机构，其总部设在伦敦，在各大黄金市场都设有办事处。其主要功能是通过引导黄金市场上的结构性变化(例如：消除税收，减少壁垒，改善世界黄金市场的分销渠道等)来尽可能提高世界黄金的销量。对世界黄金生产形成稳定的支持，并在所有实际和潜在的黄金购买者面前树立起正面的形象。

(2) 伦敦黄金市场协会成立于 1987 年，其主要职责就是提高伦敦黄金市场的运作效率及扩大伦敦黄金市场的影响，为伦敦招商，促进所有参与者(包括黄金生产者、精炼者、购买者等)的经营活动。同时与英国的有关管理部门，如英国金融管理局，关税与消费税局等共同合作，维持伦敦黄金市场稳定而有序的发展。

(三)黄金市场的类型

按市场范围划分为区域性黄金市场和主导型黄金市场。当今黄金市场中大部分属于区域性黄金市场，这类市场交易规模有限，且大多数集中在本地区，对世界黄金价格无太大影响，巴黎、法兰克福、布鲁塞尔等是区域性黄金市场中比较有影响的市场。主导型黄金市场是指其交易价格的形成及变化对全球黄金市场起主导作用的市场，目前伦敦、纽约、苏黎世、芝加哥和香港的黄金市场被称为五大国际黄金市场，这五个市场上黄金交易的价格堪称世界黄金价格的“晴雨表”。

按交割方式划分为现货黄金市场和期货黄金市场。现货黄金市场指交易双方在成交后两个营业日内完成交割的一种交易市场，伦敦、苏黎世的黄金市场即为这类市场的代表。期货黄金市场是指交易双方按照合约约定的未来某日期完成交割的一种交易市场，纽约、芝加哥等地的黄金市场即为期货市场的代表。

按管制程度不同可分为自由黄金市场和官方黄金市场。自由黄金市场一般无交易限制，居民和非居民都可自由参加，且黄金的输出和输入亦不限制，如苏黎世黄金市场。官方黄金市场又称为封闭性市场，只允许本国或本地区居民参与交易，且对黄金输出和输入，特别是输出都有严格限制。

(四)黄金市场的主要交易方式

黄金市场的交易方式主要包括现货交易、期货交易和期权交易。

黄金的现货交易主要有实物交易与账户交易两种，实物交易以买卖金块、金砖、金币等黄金实物进行交易；账户交易则由投资者在银行或交易商处开设账户，成交后只需在账户上列明数量、成色等，定期进行清算，因此又称为“纸黄金”。此外，在金融创新的趋势下，黄金的现货交易也出现了一些新形式，如抵押交易、杠杆交易等。

黄金期货交易是指由交易双方先签订合同，交付保证金后，在约定的日期按约定的条件办理交割的交易。期限一般为 3 个月、6 个月和 1 年。从黄金交易的目的来看，又分为保值交易和投机交易。所谓保值交易是指为了避免金价变动遭受损失进行的期货交易，而投机交易则是利用金价的涨跌趋势，买空卖空，从中赚取利润。

黄金期权交易是指按事先商定的价格、期限买卖数量标准化的黄金的权利。于其他金融工具的期权交易一样，具体又可以分为看涨期权交易和看跌期权交易。

新中国成立以来，我国一直对黄金流通实行严格的计划管理体制，由人民银行统一收购和配售黄金，统一制订黄金价格，严禁民间黄金流通。改革开放后，黄金流通体制开始进行小幅改革。1982 年，放开了黄金饰品零售市场；1993 年改革了黄金定价机制，允许黄金收购和出售交割随国际金价波动；1999 年，取消了白银的统购统配制度，并将白银的大宗交易放到一个规范的有形市场中运作；同年 12 月，我国在部分城市首次向社会销售金条。2001 年 6 月，人民银行正式启动黄金价格周报制度，在综合考虑国际黄金市场价格波动、汇率变动以及国内市场行情的基础上制订新的国内价格，初步实现了国内黄金价格市场化；2002 年 10 月，上海黄金交易所正式成立，实现了黄金原料交易的市场化。

目前，我国已建立了较为规范的黄金交易体系，上海成立了全国唯一的黄金交易所，为黄金交易提供场所、设施及相关服务，形成合理价格，发布市场信息。交易所实行会员制，由具备一定资格的黄金生产、冶炼、首饰加工、造币、黄金出口企业及部分商业银行组成。交易的现货纯度分别为 99.5%、99.9%、99.95%和 99.99%的黄金 4 个品种，同时进行白银和铂金的交易。

阅读专栏

国际主要的黄金市场

1. 伦敦黄金市场。它是世界上历史最悠久的、规模最大的黄金市场。1804 年，伦敦取代荷兰阿姆斯特丹成为世界黄金交易的中心。1919 年伦敦金市正式成立，每天进行上午和下午的两次黄金定价。在英格兰银行参与下，由伦敦五大金商定出当日的黄金市场价格，该价格对世界金市起着“晴雨表”的作用。市场黄金的供应者主要是南非。1982 年以前，伦敦黄金市场主要经营黄金现货交易，1982 年 4 月，伦敦期货黄金市场开业。伦敦是世界著名的黄金报价中心。伦敦市场还是世界唯一可以成吨买卖黄金的市场。

2. 苏黎世黄金市场。这是“二战”后发展起来的国际黄金市场。由于瑞士特殊的银行体系和辅助性的黄金交易服务体系，为黄金买卖提供了一个既自由又保密的环境，加上瑞士与南非也有优惠协议，获得了 80%的南非金以及苏联的黄金也聚集于此，使瑞士不仅是世界上新增黄金的最大中转站，也是世界上最大的私人黄金的存储中心。苏黎世黄金市场以黄金现货交易为主，在国际黄金市场上的地位仅次于伦敦。

3. 纽约—芝加哥黄金市场。它是在 1974 年美国政府取消私人购买与收藏黄金的禁令后发展起来的。目前，纽约—芝加哥市场是世界最大的黄金期货币场。主要原因是 1977 年后，美元贬值，美国人(主要是以法人团体为主)为了套期保值和投资增值获利，促使黄金期货迅速发展起来。

4. 香港黄金市场。它是在 1971 年 1 月取消金银进口管制后迅速发展起来的。兼做现货交易和期货交易。特点是交割中没有时间限制，实际是不定日期的期货市场。所以，许多国际著名大金商都在香港从事代理业务、中间业务及套购业务。香港是民办金饰品的重要贸易中心，还是联系伦敦、纽约等黄金市场的重要时区，因此，在世界特别是亚太地区具有举足轻重的地位。

5. 新加坡黄金市场。1978 年 11 月，新加坡黄金交易所正式开业，使市场由现货交易扩大到期货交易。新加坡黄金交易所昼夜开业，从时间上将伦敦和纽约市场联系起来，使黄金交易者在不同市场行情下买卖有更大的选择余地。近年来，随着新加坡政府鼓励性措施的实施，新加坡黄金市场作为亚太地区主要市场的地位逐渐加强，对世界黄金市场的影响正在扩大。

本章小结

1. 金融市场是实现货币资金借贷、办理各种票据和有价证券买卖的领域。金融市场有广义和狭义之分。金融市场是市场体系中极为重要的组成部分，是其他市场正常发展的先导和保证。

2. 金融市场的构成要素主要包括：金融市场参与者、金融工具、交易价格、组织形式等。

3. 金融市场的功能表现在：迅速有效地引导资金合理流动，提高资金配置效率；及时反映经济活动的走势；为金融管理部门进行金融间接调控提供条件；促进金融创新，使居民、企业等微观主体的金融资产多样化和金融风险分散化。

4. 货币市场是指以融资期限不超过 1 年的短期信用工具为交易对象的金融市场。具有交易期限短、流动性强、风险性小、可控性高的特点。

5. 票据贴现是商业票据的持票人(企业)在需要资金时，将其持有的未到期的商业票据转让给银行，银行扣除贴息后将余款支付给持票人的行为。单纯从表面考察，票据贴现是一种票据转让行为，即票据持有者将票据出让给贴现银行，以取得相应的资金。但从性质上看，票据贴现体现的是贴现银行对贴现申请人的授信行为。这种授信行为并非仅仅与银行信用相联系，而是商业信用与银行信用有机结合的产物，体现的是银行信用与商业信用互相交叉的双重信用关系。

6. 可转让大额定期存单，简称CD存单，是银行发行的有固定面额、可转让流通的存款凭证。首创于美国，实际上是美国银行界为逃避法律管制而推出的一项金融创新方式。可转让大额定期存单的发行，使商业银行的资金来源结构发生了显著变化，定期存款在全部存款中的比重明显上升，从而为拓展资产业务提供了有利条件。更为重要的是，促使银行从传统的单一资产管理，转向资产负债的全面管理，导致银行在经营思想和经营策略方面发生了深刻的全新的转变，开创了银行经营管理的新阶段。

7. 短期证券市场指融资期限在一年以下的债券市场，包括国库券市场和回购市场。国库券由于系中央政府发行，其特点是：还本付息的可靠程度强，投资风险小，流动性强，且有些国家规定所获投资收益可以免交个人所得税。所以，它有“金边债券”之称。个人投资者将其作为合适的投资对象，商业银行也经常保有相当数量的国库券资产，并视其为理想的二线储备，此外，它也为中央银行公开市场操作提供了基础条件。国库券因期限较短，所以其发行价格一般采用贴现价格，国库券在流通市场上的转让是按照票据贴现方式进行的，即有投资者买进未到期的国库券，其转让价格可参照商业银行资产业务中的贴现业务制订。

8. 资本市场是指以长期金融工具为媒介进行的、期限在一年以上的长期资金融通市场。在资本市场上，发行主体所筹集的资金大多用于扩大再生产的投资，融通的资金期限长、流动性相对较差、风险较大而收益相对较高。我国资本市场包括股票市场、债券市场、基金市场等。

9. 外汇市场是指从事外汇买卖的交易场所，或者说是各种不同的货币彼此进行交易的场所，它是金融市场的重要组成部分。外汇市场在实现购买力的国际转移，避免或防止外汇风险的发生、提供国际性的资金融通和国际结算等方面发挥着重要作用。

10. 黄金市场是最古老的金融市场。尽管20世纪70年代以来黄金已经非货币化，但黄金仍然是一国政府国际储备的重要工具和国际支付的最后手段之一，目前国际金融市场上的黄金交易活动仍然异常活跃，黄金市场仍是金融市场的重要组成部分。

(扫一扫，一起来拓展一下视野吧！)

课后习题

一、单项选择题

1. 按金融交易的期限划分，金融市场可分为(　　)。

A. 初级市场和次级市场　　B. 直接金融市场和间接金融市场

C. 货币市场和资本市场　　D. 现货市场、期货市场和期权市场

2. 下列(　　)是金融市场所具有的主要宏观功能。

A. 价格发现　　B. 减少搜寻成本和信息成本

C. 提供流动性　　D. 实现储蓄—投资转化

3. 短期金融工具交易市场又称为(　　)。

A. 初级市场　　B. 货币市场

C. 资本市场　　D. 次级市场

4. 长期金融工具交易市场又称为(　　)。

A. 货币市场　　B. 资本市场

C. 初级市场　　D. 次级市场

5. 下列属于资本市场的有(　　)。

A. 同业拆借市场　　B. 股票市场

C. 票据市场　　D. 大额可转让定期存单

6. 下列不属于货币市场的是(　　)。

A. 银行同业拆借市场　　B. 票据市场

C. 回购市场　　D. 证券市场

7. 金融市场上的交易主体指金融市场的(　　)。

A. 供给者　　B. 需求者

C. 管理者　　D. 参加者

8. 下列不属于直接金融工具的是(　　)。

A. 可转让大额定期存单　　B. 公司债券

C. 股票　　D. 政府债券

9. 以下(　　)不属于货币市场的特征。

A. 交易量大　　B. 比较容易产生金融创新

C. 期限长，风险高　　D. 多数无固定交易场所

10. 依交易对象的不同，下列哪项不属于货币市场(　　)。

A. 金融机构短期资金存贷市场　　B. 金融机构长期资金市场

C. 银行同业拆借市场　　D. 短期债券市场

11. 下列不属于资本市场的是(　　)。

A. 长期债券市场　　B. 股票市场

C. 国内债券市场　　D. 票据市场

12. 下列属于短期资金市场的是(　　)。

A. 票据市场　　B. 债券市场

C. 资本市场　　D. 股票市场

13. 下列不属于资本市场的是(　　)。

A. 回购协议市场　　B. 银行定期贷款

C. 国际贷款　　D. 长期消费信贷

14. 金融市场上由于金融工具价格的波动而带来的风险称为(　　)。

A. 系统性风险　　B. 非系统性风险

C. 信用风险　　D. 市场风险

15. 金融工具的价格与其盈利率和市场利率分别是哪种变动关系(　　)。

A. 反方向，反方向　　B. 同方向，同方向

C. 反方向，同方向　　D. 同方向，反方向

二、多项选择题

1. 按金融交易的交割期限可以把金融市场划分为(　　)。

A. 现货市场　　B. 货币市场　　C. 长期存贷市场

D. 证券市场　　E. 期货市场

2. 金融市场的参与者有(　　)。

A. 居民个人　　B. 商业性金融机构　　C. 政府

D. 企业　　E.中央银行

3. 按交易标的物可以把金融市场划分为(　　)。

A. 衍生工具市场　　B. 票据市场　　C. 证券市场

D. 黄金市场　　E. 外汇市场

4. 按金融交易方式可以把金融市场划分为(　　)。

A. 现货市场　　B. 货币市场　　C. 长期存贷市场

D. 期权市场　　E. 期货市场

5. 下列属于货币市场金融工具的是(　　)。

A. 商业票据　　B. 股票　　C. 短期公债

D. 公司债券　　E. 回购协议

6. 下列属于直接金融的信用工具包括(　　)。

A. 大额可转让定期存单　　B. 非金融公司股票　　C. 国库券

D. 公司债券　　E. 金融债券

7. 下列属于间接金融的信用工具包括(　　)。

A. 企业债券　　B. 定期存款单　　C. 国库券

D. 人寿保险单　　E. 银行债券

8. 与货币市场相比，资本市场的特点有(　　)。

A. 期限长　　B. 风险高　　C. 风险低

D. 收益高　　E.资金交易的借贷量

9. 下列属于短期资金市场的有(　　)。

A. 银行同业拆借市场　　B. 回购协议市场

C. 短期债券市场　　D. 票据市场

E. 金融机构短期资金借贷市场　　F. 货币市场共同基金

10. 目前西方较为流行的金融衍生产品主要有(　　)。

A. 金融远期合约　　B. 金融期货市场　　C. 金融期权市场

D. 可转换优先股　　E.互换市场

11. 下列属于短期资金市场的有(　　)。

A. 同业拆借市场　　B. 回购协议市场　　C. 短期债券市场

D. 票据市场　　E. 短期资金借贷市场

12. 目前西方较为流行的金融衍生工具有(　　)。

A. 远期合约　　B. 期货　　C. 期权

D. 可转换优先股　　E. 互换

13. 远期合约、期货合约、期权合约、互换合约的英文名是(　　)。

A. Forwards　　B. futures　　C. options

D. Stock　　E. swaps

14. 以下属于利率衍生工具的有(　　)。

A. 债券期货　　B. 债券期权　　C. 外汇期货

D. 外汇期权　　E. 货币互换

15. 场内交易和场外交易的最大区别在于(　　)。

A. 流动性　　B. 组织性　　C. 风险性

D. 集中性　　E. 公开性

三、辨析题(正确打“√”，错误打“×”)

1. 活期存款的到期日为零。(　　)

2. 在商业票据中，既有有商品交易背景的票据，又有无交易背景的票据。(　　)

3. 可转让大额存单使客户能够以实际上的短期存款取得按长期存款利率计算的利息收入。(　　)

4. 银行间拆借市场既可拆借短期资金，又可以进行长期资金的贷放。(　　)

5. 证券交易的经纪人既可充当证券买者与卖者的中间人，从事代客买卖业务，亦可以直接进行证券买卖，收取来自买卖的差价。(　　)

6. 新证券的发行，有公募与私募两种形式。(　　)

7. 证券投资基金的资产交由基金管理人保管。(　　)

8. 欧式期权可在期权到期日或到期日之前的任一个营业日执行。(　　)

9. 可转换债券是利率衍生工具的一种。(　　)

10. 二级市场是有价证券在发行人与投资者之间流通的市场。(　　)

四、简答题

1. 简述金融市场的定义与功能。

2. 比较直接金融与间接金融，各有什么优点和局限性。

3. 为什么近几年会出现直接金融的兴起？

4. 比较货币市场与资本市场。

5. 比较初级市场与二级市场，他们之间有什么联系？

6. 金融全球化为金融市场带来哪些不利影响和有利影响？

7. 面对金融市场各种发展趋势，分析思考对中国金融市场发展的生态环境将会带来哪些影响？

五、论述题

1. 金融全球化为金融市场带来哪些不利影响和有利影响？

2. 面对金融市场各种发展趋势，分析思考对中国金融市场发展的生态环境将会带来哪些影响？

六、案例分析

大型金融机构倒闭对金融市场的影响

2006 年美国爆发了次贷危机，面对次贷危机冲击不断，美国政府已经相继出手拯救贝尔斯登、房利美、房地美以及 AIG，但“治标不治本”的救援行动效果不甚理想，解决了这边的问题，又出现新的麻烦。面对雷曼事件，美国政府选择了放弃，既有美国财长保尔森认为的“雷曼的情况与贝尔斯登不同，雷曼的问题已经暴露于金融市场相当长时间，因此金融市场对此已经有所准备”，从而反对动用政府资金来解决雷曼的财务问题的原因影响，又与雷曼本身的投资风格、客户结构以及在华尔街的竞争地位决定其在政府心目中对美国经济的重要性相对不足有关。

雷曼破产的消息一经传出，美股立即暴跌，道指创 7 年前“9 • 11”事件以来单日最大跌幅。美金融机构的一系列问题导致投资者对未来忧心忡忡。截至收盘，道琼斯工业平均指数下跌了 4.42%。标准普尔 500 指数下跌了 4.71%。纳斯达克综合指数下跌了 3.60%。

受种种不利因素的影响，美国股指期货盘前全线走低。伴随着美股的低开，美期指一路下行，多头没有组织任何抵抗，金融机构的问题使市场一片恐慌，飞泻而下的指数创造了“9 • 11”以来的单日最大跌幅。道指合约跌 510 点，标普合约跌 63 点，纳指合约跌 59 点。美国金融风暴来袭。雷曼兄弟破产，美林同意将公司出售给美国银行，而 AIG 急需巨额现金来摆脱财务困境，这些消息震动了全球的金融市场，也令投资者对于其他金融机构的财务状况感到担忧。

其实，雷曼破产等一系列问题的根源是美国楼市继续低迷，它使建立在楼市上的一系列金融衍生工具都变得十分脆弱。美国经济依旧处于衰退的边缘，通胀压力高位运行，财政赤字继续恶化，令美国的货币政策和财政政策左右为难，有限的救助政策不但不能解决问题，还使新问题不断暴露，冲击着市场的信心。

问题：

为什么美国政府认为“雷曼的问题已经暴露于金融市场相当长时间，因此金融市场对此已经有所准备”，作出了放弃挽救雷曼的决定。但一旦破产申请公布后，并没有如美国政府所预期的那样，而是如实际发展的那样，美国股市反应激烈？

七、综合训练

训练任务：调查学校所在地区的货币市场的发展状况。

训练活动：利用课余时间到学校所在地区的货币市场进行调查，撰写调查报告。

训练目的：通过调查掌握货币市场基本常识、了解本地区货币市场的发展状况。

课后阅读

扫一扫，看看课后还有什么值得阅读的吧！

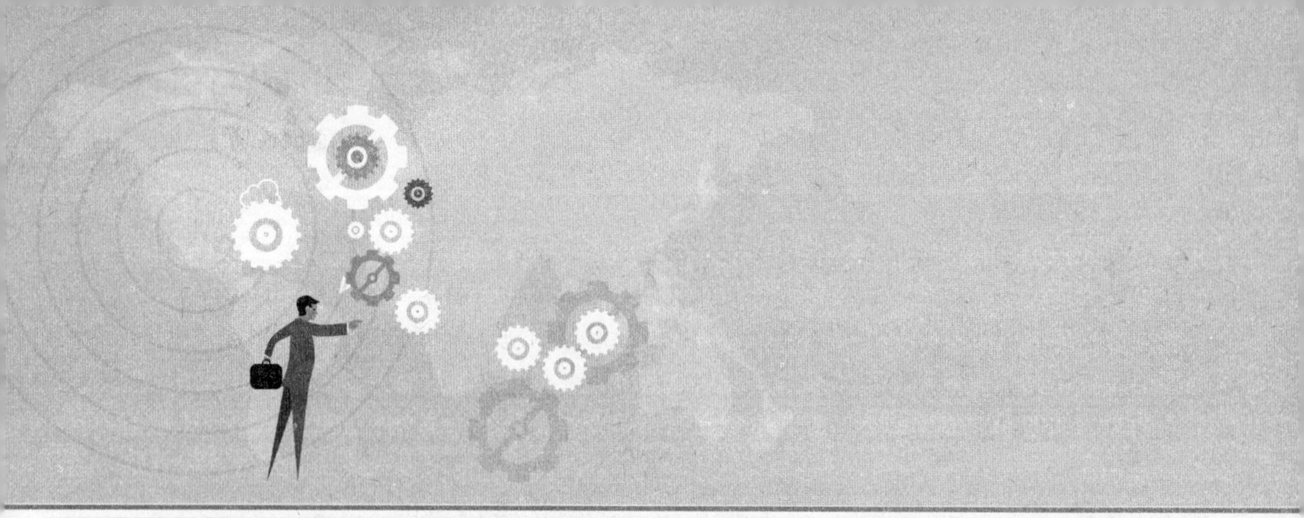

第七章 金融业务

学习目标

- 了解中央银行的产生和发展，了解中央银行的性质和职能。掌握中央银行的主要业务和种类。
- 了解商业银行的业务类型，了解商业银行的概念、性质和职能。
- 了解政策性银行的含义和特征，了解政策性银行的职能。掌握政策性银行的资产负债业务。
- 了解保险公司的特征，掌握保险公司的主要业务，熟悉保险公司的经营原则。
- 掌握证券公司相关业务。

技能目标

能够在金融机构办理相关的金融业务，熟悉基本的业务程序。

案例导入

衍生产品交易与巴林银行的倒闭

1995 年 2 月，具有 230 多年历史、在世界 1000 家大银行中按核心资本排名第 489 位的英国巴林银行宣布倒闭，这一消息在国际金融界引起了强烈震动。

巴林银行的倒闭是由于该行在新加坡的期货公司交易形成巨额亏损引发的。1992 年新加坡巴林银行期货公司开始进行金融期货交易不久，前台首席交易员(也是后台结算总管)里森即开立了“88888”账户。开户表格上注明此账户是“新加坡巴林期货公司的误差账户”，只能用于冲销错账，但这个账户却被用来进行交易，甚至成了里森赔钱的“隐藏所”。

自 1994 年下半年起，里森认为日经指数将上涨，逐渐买入日经 225 指数期货，不料 1995 年 1 月 17 日关西大地震后，日本股市反复下跌，里森的投资损失惨重。里森当时认为股票市场对神户地震反应过激，股价将会回升，为弥补亏损，里森一再加大投资，其日经 225 期货头寸从 1995 年 1 月 1 日的 1080 张 9503 合约多头增加到 2 月 26 日的 61039 张多头(其中 9503 合约多头 55399 张，9506 合约 5640 张)。据估计其 9503 合约多头平均买入价为 18120 点，经过 2 月 23 日，日经指数急剧下挫，9503 合约收盘价跌至 17473 点以下，累积亏损达到了 480 亿日元。

里森认为日本股票市场股价将会回升，而日本政府债券价格将会下跌，因此在大规模建日经 225 指数期货多仓的同时，又卖出大量日本政府债券期货。未套期保值合约数从 1 月 16 日 2050 手多头合约转为 1 月 24 日的 26079 手空头合约，但 1 月 17 日关西大地震后，在日经 225 指数出现大跌同时，日本政府债券价格出现了普遍上升，使里森日本政府债券的空头合约在 1 月 1 日到 2 月 27 日期间亏损 1.9 亿英镑。

截至 1995 年 3 月 2 日，巴林银行亏损额达 9.16 亿英镑，约合 14 亿美元。3 月 5 日，国际荷兰集团与巴林银行达成协议，接管其全部资产和负债，更名为“巴林银行有限公司”。至此，巴林银行 230 年的历史终于画上了句号。

思考：巴林银行的倒闭给我们的启示是什么？

第一节　中 央 银 行

中央银行，是国家最高的货币金融管理组织机构，在各国金融体系中居于主导地位。国家赋予其制定和执行货币政策，对国民经济进行宏观调控，对其他金融机构乃至金融业进行监督管理的权限，地位非常特殊。

一、中央银行的产生与类型

(一)中央银行的产生

中央银行是从现代商业银行中分离出来，逐渐演变而成的。中央银行的分离与演变过程是银行券发行集中的过程，体现了票据清算、最后贷款人和金融监管的需要。

1. 垄断货币发行权的需要

1)　银行券分散发行的缺陷

在银行发展初期，许多私人银行除办理存款、放款和汇兑等业务外，还要办理银行券发行业务，但分散银行券发行权的缺陷表现在：一是货币流通不稳定。小银行信用能力薄弱，无法保证自己所发行银行券的兑现，从而无法保证银行券的信誉及其流通的稳定性，进而引起社会混乱。二是小银行信用能力有限，所发行的银行券不能广泛流通。随着资本主义经济的发展，要求有更加稳定的通货，也要求银行券成为能在全国市场上流通的一般的信用流通工具。由此，客观上要求有一个资历雄厚，并在全国范围内有权威的大银行来集中发行。

2)　发行权自发集中到大银行

在经济发展过程中已经出现了一些大银行，它们拥有大量资本并在全国范围内具有较高的威信，这些银行所发行的银行券在流通中已经排挤着小银行的银行券，同时，由于存款业务的发展，一般的商业银行已经逐渐地可以不依靠银行券的发行来扩大其信用业务，这样，就形成了银行券集中发行的经济基础，于是，国家用法令限制或取消商业银行的银行券发行权，并把发行权集中到一个或少数几个银行。发行银行逐渐放弃直接对企业的信用业务，而主要是专门与商业银行和国家往来，发行银行在金融市场上的地位日益提高。每天所收受的票据数量不断扩大，银行之间的债券债务关系复杂化，票据清偿和结算的矛盾日益突出，信用渠道堵塞的现象经常发生，客观上要求有一个统一的交换票据和清算债务的中心机构。于是，许多商业银行逐渐把现金准备存入发行银行，它们之间的清算直接通过发行银行来办理，使发行银行逐渐成为公认的清算中心和现金保管者。

2. 商业银行需要最后贷款人

贷款的过度发放，使一些资力薄弱的银行丧失清偿力，由于挤兑而破产时有发生，于是迫切需要把各家银行的现金准备集中起来，当某家银行发生支付困难时给予支持，避免在危机中破产。这样，一些大的发行银行就依靠自己的威望和充足的财力在吸收商业银行存款的同时，对某些资金周转困难的银行和金融机构给予信用上的支持。随着银行数量不断增加，业务范围越来越广，金融对国民经济的影响越来越大。要保证金融稳定，经济稳定，必须建立专门机构对金融业的经营活动作必要的管理和监督。

由于银行券发行的集中、票据清算、最后贷款人和监管的需要，使一些大的商业银行逐渐从商业银行体系中分离出来，演变为中央银行。例如，在英国的中央银行是英格兰银行、法国是法兰西银行，而美国银行券的发行则集中于几个联邦储备银行。从中央银行的产生过程来看，中央银行起源于17世纪中叶，而形成中央银行制度，则是在19世纪中叶。从1656年瑞典银行开始，到1913年美国联邦储备体系建立，大约经历了260年。

知识点提示

我国的中央银行萌芽于20世纪初。清光绪三十年(1904年)由户部奏请清政府设立户部银行。光绪三十四年(1908年)，户部改为度支部，户部银行亦改称大清银行。发行货币，经办存贷款等业务。1908年成立交通银行，发行纸币，经办铁路、轮船、电报、邮政四个单位的一切款项收支。户部(大清)银行、交通银行都属于国家的银行，但实际上都没有真正起到中央银行的作用，只能说是一种萌芽。

(二)中央银行的发展

中央银行的形成是从集中货币发行开始的。早期中央银行的前身也是商业银行。按照最先享有货币发行特权的标准考察，历史上第一家中央银行是英格兰银行。英格兰银行在1844年凭借政府颁布的《比尔条例》而享有货币发行的特权。因而被称为中央银行的鼻祖。如果追溯成立时间，现有中央银行中成立时间最早的是瑞典银行，成立于1656年。但其直到1897年才拥有货币发行权。英格兰银行在成立时间上要稍晚于瑞典银行，成立于1694年。中央银行从产生到完善，大体经历了三个阶段。

1. 17至19世纪，中央银行初创时期

这一阶段的中央银行以自发形成为主，较之现代中央银行只具备部分服务职能，如货币发行(发行的银行部分职能)、代理国库(政府的银行中的一项职能)、作为银行界的最后贷款人及充当票据交换和清算中心(银行的银行部分职能)。

2. 19世纪末至20世纪中叶，中央银行制度的普遍推行时期

这一时期建立的中央银行制度最本质的特征是：具有比较明确的宗旨和基本齐备的功能。中央银行作为一项制度设计具有明显的制度安排特征。1920年在比利时布鲁塞尔召开的国际金融会议起了巨大的推动作用。这次会议上建议凡未设立中央银行的国家应尽快建立，

已建立的要进一步发挥中央银行的作用。各国纷纷响应。美国联邦储备体系是这一时期中央银行制度的典型代表。美国联邦储备体系于1914年11月根据《联邦储备法》成立，该法案规定联邦储备体系的宗旨和职能是：提供一种富有弹性的通货制度；提供更合理的准备金制度；提供再贴现商业票据的手段及建立更严格且更有效的银行监管制度。显然，美国联邦储备体系从一开始就建立成全功能的中央银行，为世界中央银行制度提供了鲜明的模式。

3. 20世纪中叶以后，中央银行制度进入现代的成熟完善时期

这一阶段中央银行的功能更加齐全，突出特点是确立了财政与中央银行分权制衡制度并重视政策调控职能的发挥。政策职能是指通过一系列货币政策工具主动地对宏观经济进行有效调节和控制的职能。这一职能的产生，大大提升了中央银行的地位和作用，中央银行日益被当作与政府并列的社会力量看待。在这一时期发达国家中央银行掀起了国有化浪潮，并不断增强中央银行的独立性；大部分发展中国家也纷纷建立起国有资本形式的中央银行制度，推动金融自由化发展。特别是80年代以后，重视货币政策、减少政府干预、保持中央银行独立性的呼声越来越高，以至于国际货币基金组织也把中央银行独立性问题作为健全中央银行制度的实践问题向其100多个会员提出来。

我国的中央银行是中国人民银行。它于1948年12月1日在石家庄成立，1983年以前既是货币发行的银行又对普通企业办理信贷业务。1983年9月17日国务院发布《关于中国人民银行专门行使中央银行职能决定》，1984年中国工商银行成立，中国人民银行不再对普通企业办理信贷业务，从此开始专门行使中央银行职能。

(三)中央银行的类型

当今世界，几乎所有的国家都建立了中央银行或类似的机构。作为制定和执行金融政策，领导、监督全国金融运行的最高当局，中央银行是一个复杂的组织控制系统， 需要通过一定的组织形式来发挥其职能。由于各国政治与经济制度、历史传统、文化背景和经济、金融发展水平各不相同，其中央银行制度在类型和结构上呈现出不同的特征。

1. 按中央银行制度的基本类型

按中央银行制度的基本类型可分为以下几种。

1)　单一式中央银行制度

单一式的中央银行制度是指国家单独设立一家中央银行机构，使之全面、纯粹地行使中央银行职能。单一式中央银行制度具有权力集中、决策迅速、职能完善、组织机构齐全等特点。单一式中央银行制度又可分为以下两种具体情形：①一元式中央银行制度(unit central bank system)，是在一个国家内只建立一家统一的中央银行。目前世界上绝大部分国家的中央银行都实行这种体制，比较典型的有英国、法国、日本和瑞典等。我国自1983年成立中国工商银行承担原来由中国人民银行办理的工商信贷和储蓄业务后，也是实行的这种体制，即由中国人民银行专门行使中央银行职能。②二元式中央银行制度(dual central bank system)，是在一国国家内建立中央和地方两级中央银行机构，中央级机构是最高权力或管理机构，但地方级机构也有一定的独立权力。这是一种带有联邦式特点的中央银行制度，典型的国家是美国和德国。

2)　复合式中央银行制度

复合式中央制度(compound central bank system)是指一个国家没有设置专司中央银行职

能的银行，而是由一家大银行将中央银行职能和一般商业银行经营职能集于一身的银行体制。在这种中央银行制度下，中央银行职能残缺不全，一般也没有制定货币政策的自主权，独立性较差，往往沦为财政部的一个附属机构。这种复合式中央银行制度主要在苏联和东欧国家实行，我国在 1983 年以前也一直实行这种银行制度，目前仍采用这种中央银行制度的国家已极为少见。

3) 跨国中央银行制度

跨国型中央银行制度(multinational central bank system)是由参加某一货币联盟的所有成员国设立一个共同的中央银行的制度，货币联盟的中央银行负责发行共同的货币，为成员国制定共同的金融政策，实施统一的外汇管理制度，执行成员国一致通过的决议。其典型代表就是欧洲中央银行(European System of Central Bank，ESCB)。1998 年 7 月，欧洲中央银行正式成立，它是欧洲一体化进程发展到一定程度的产物。欧盟(前欧共体)各成员国为适应其内部经济和金融一体化进程的要求，于 1969 年 12 月正式提出建立欧洲经济与货币联盟的目标。1979 年 3 月，正式开始实施欧洲货币体系计划；1994 年 1 月 1 日，欧洲货币局成立，即欧洲中央银行的前身；1995 年年底正式将欧洲货币命名为“欧元(EURO)”；2002 年 7 月 1 日，欧元成为欧盟成员国(英国例外)内唯一的法定货币。实行这一中央银行制度的还有：西非货币联盟(成员国有贝宁、马里、尼日尔、塞内加尔、科特迪瓦、布基纳法索和多哥)的西非国家银行、中非货币联盟(成员国有喀麦隆、加蓬、乍得、刚果和中非)的中非国家银行等。

4) 准中央银行制度

准中央银行制度(quasi central bank)是指有些国家或地区只设置类似中央银行的机构，或由政府授权某个或几个商业银行，行使部分中央银行职能的体制。新加坡和中国香港实行这种体制。

新加坡设立了金融管理局和货币发行局两个机构共同行使中央银行的职能。其中金融管理局负责制定货币政策和金融业发展政策，负责监管商业银行和其他金融机构，执行除发行货币外的所有中央银行职能。新加坡货币发行局则主要负责发行货币和保管发行准备金。

中国香港作为世界主要的国际金融中心，由于其特殊的地位和历史原因，没有设立中央银行。中央银行的职能由政府、同业公会和商业银行分别承担。1993 年 4 月 1 日，香港成立了金融管理局，行使货币政策、金融监管以及支付体系管理等职能，而发行货币的职能则由汇丰银行、渣打银行和中国银行共同承担。

2. 按中央银行的资本组成类型

按中央银行的资本组成类型分为以下几种。

1) 全部资本为国家所有的中央银行

全部资本为国家所有的中央银行是直接由国家拨款建立，或者国家拨款收买商业银行的私人股份改组成立。例如法国、西班牙、瑞典、英国、德国、印度等 50 多个国家的中央银行就是这种类型，我国的中国人民银行的全部资本也是国家出资，属于国家所有。

2) 资本为公私混合所有的中央银行

资本为公私混合所有的中央银行一部分属于国家，另一部分属于私人，一般国家资本占 50%以上，例如日本、墨西哥、巴基斯坦、土耳其、智利等国家的中央银行。私人银行虽然占有一部分股份，但是对其权利一般由法律作出限制规定，例如可以分红但是不能参加经营管理决策、股份转让也必须得到中央银行同意等。

3)　全部股份非国家所有的中央银行

全部股份非国家所有的中央银行资本均属于私人股东投入，经政府授权，执行中央银行职能。例如意大利、希腊、瑞士、秘鲁等国家的中央银行。还有美国的联邦储蓄银行，其资本属于参加联邦储蓄系统的各会员银行所有，实质也是私人资本的中央银行。

4)　资本为多国共有的中央银行

资本为多国共有的中央银行一般是跨国中央银行，其资本是由各成员国按规定的比例认缴。例如欧洲中央银行。

阅读专栏

欧洲中央银行

欧洲中央银行简称欧洲央行，总部位于德国法兰克福，成立于 1998 年 6 月 1 日，其负责欧盟欧元区的金融及货币政策。是根据 1992 年《马斯特里赫特条约》的规定于 1998 年 7 月 1 日正式成立的，是为了适应欧元发行流通而设立的金融机构，同时也是欧洲经济一体化的产物。

欧洲中央银行是世界上第一个管理超国家货币的中央银行。独立性是它的一个显著特点，它不接受欧盟领导机构的指令，不受各国政府的监督。它是唯一有资格允许在欧盟内部发行欧元的机构，1999 年 1 月 1 日欧元正式启动后，11 个欧元国政府将失去制定货币政策的权力，而必须实行欧洲中央银行制定的货币政策。

欧洲中央银行的组织机构主要包括执行董事会、欧洲央行委员会和扩大委员会。执行董事会由行长、副行长和 4 名董事组成，负责欧洲央行的日常工作；由执行董事会和 12 个欧元国的央行行长共同组成的欧洲央行委员会，是负责确定货币政策和保持欧元区内货币稳定的决定性机构；欧洲央行扩大委员会由央行行长、副行长及欧盟所有 15 国的央行行长组成，其任务是保持欧盟中欧元国家与非欧元国家接触。

欧洲央行委员会的决策采取简单多数表决制，每个委员只有一票。货币政策的权力虽然集中了，但是具体执行仍由各欧元国央行负责。各欧元国央行仍保留自己的外汇储备。欧洲央行只拥有 500 亿欧元的储备金，由各成员国央行根据本国在欧元区内的人口比例和国内生产总值的比例来提供。

(资料来源：百度百科整理)

二、中央银行的性质与职能

(一)中央银行的性质

中央银行是在一国金融体系中处于核心地位的金融机构，担当着制定和实施货币政策、监管金融业、控制货币流通以及信用供给的重任。中央银行的性质与职能之间既相互联系，又互相制约。中央银行的性质决定了它的职能；反过来，中央银行的职能又是中央银行性质的具体体现。

1. 中央银行是整个金融体系的枢纽

现代各国中央银行都是国家机关的重要组成部分，是一国信用活动的枢纽，处于该国金融体系的核心地位，是国家干预和调节宏观经济的重要工具。

通过中央银行，可以贯彻政府宏观金融政策的意图。中央银行可以运用货币调节机制，实现对货币总量的控制，达到控制信用规模，调节信用结构，适应经济发展要求的目的。中央银行既是金融市场的参与者，更是金融市场的管理者，因而在金融市场上居于支配地位。一方面，中央银行通过公开市场业务操作，直接参与金融市场的活动，调节货币供应量，从而影响社会信用规模；另一方面，则通过对金融市场进行必要的行政干预，以及利用中央银行操纵下的利率、贴现率升降引导信用活动 跟着中央银行的政策导向走。

2. 中央银行是不同于一般金融机构的特殊银行

中央银行虽然名为银行，但与普通的商业银行及其他金融机构相比，在业务经营目标、经营对象和经营内容上都有着本质的区别三点。

1) 经营目标不同

商业银行以及其他非银行金融机构作为经营货币业务的机构，一般以追逐利润最大化为目标；而中央银行作为国家管理金融的特殊机构，不以营利为目的，原则上也不从事普通商业银行业务，而以执行政府经济政策、维护金融秩序、保证货币供应、维持币值稳定为职责，以促进国民经济健康稳定发展。

2) 服务对象不同

普通商业银行和其他非银行金融机构的服务对象是企业、社会团体和个人；而中央银行一般不与企业、个人直接发生业务往来，其主要服务对象是政府和银行等金融机构。中央银行正是通过与这些机构的业务往来达到贯彻执行政府的政策意图，并对整个金融运行进行管理和控制的目的。

3) 经营内容不同

中央银行独占货币发行权，通过制定和实施货币政策，控制货币供应量，使社会总需求和总供给趋于均衡；而普通商业银行没有货币发行权。为降低金融风险，保证流动性，银行等金融机构按法律规定必须将一定比例的存款准备金存放中央银行账户，这种准备金存款具有强制性。此外，中央银行还接受政府财政性存款，对这些存款具有保管、调节性质。上述存款均不支付利息。中央银行负有调节信用的职能，其资产具有较大的流动性和可清偿性。除平时保持一定数量的现金和可迅速变现的有价证券外，中央银行的资产中一般不含有长期投资的成分，可随时对付清偿，以保证其调节功能的正常发挥。

3. 中央银行是国家管理金融的特殊机构

中央银行是国家管理金融、制定和执行金融政策、控制和调节信用活动的主要工具。

1) 中央银行是国家机关的一个组成部分

大多数国家的法律都明确规定：中央银行对行政、司法、立法部门负责，是国家管理金融的机关。例如，美国联邦储备体系直接对国会负责，是国会的一个部门；我国的中国人民银行直接隶属国务院，是政府的一个部委单位。

“二战”后，大多数国家中央银行的控股权迅速集中到政府手中。例如，英国、法国、加拿大、澳大利亚、荷兰、挪威等国都在“二战”后将中央银行收归国有。虽然少数国家仍然允许私人拥有中央银行股份，但这些私人股东只有按规定分红的权利，无权过问中央银行的人事任免和业务经营。

2) 中央银行代表国家制定和执行金融政策法规

制定和执行金融政策法规，是中央银行代表国家管理金融的主要手段。金融政策是中央银行根据国内外经济金融形势，以及社会经济发展目标制定的某一时期的金融活动指导方针。中央银行通过制定和实施金融政策，影响银行等金融机构以及社会公众的信用活动，使之适应国民经济发展的需要。例如，经济过热时，中央银行通过制定和实施紧缩的货币政策，控制经济增长速度；而在经济衰退时，实施扩张性的货币政策，增加货币供给，刺激经济增长。

中央银行除了运用金融政策管理金融外，还通过一定的法律程序，制定必要的金融法规规范金融业，使公众及金融业务参与者的合法权益得到保护。中央银行不仅被赋予金融法规的制定权，还被赋予金融法规的监督执行权，即依法对金融业实施监管。

3) 中央银行代表国家管理金融活动

国家金融市场的管理主要是通过中央银行来进行的，中央银行不仅是金融市场的积极参与者，更主要的是金融市场的组织者和管理者。中央银行利用金融立法和行政干预等手段，再配合以适当的货币政策，来维护金融市场的良好秩序和经济运行的稳定。

在国际金融方面，中央银行代表国家参与国际重大金融、贸易问题的谈判和协调，干预国际金融市场，参加国际金融组织，建立和发展多边融资关系。

在外汇管理方面，中央银行一方面通过对外汇储备和外汇收支的管理，保持国际收支基本平衡；另一方面又通过调节信用等手段，干预外汇市场，以维持汇率基本稳定，确保本币的信誉，为本国的经济发展服务。

4) 中央银行既是政府部门又独立于政府

一方面，中央银行代表国家管理金融业和执行金融政策，是政府或国家权力机关的一个部门或一个组成部分，因此，中央银行必然受到政府的控制或制约；但另一方面，政府又是中央银行的客户之一，大多数发达国家都制定了中央银行法或其他有关法律，明确规定中央银行相对独立于政府之外，享有高度的自主权，并禁止其成为政府财政赤字的资助者。

(二)中央银行的职能

1. 发行的银行

目前世界各国绝大多数都以立法的形式使中央银行垄断了货币发行权，成为国家唯一的发行银行(Bank of Issue)。

1) 中央银行货币发行的原则

第一，垄断发行原则。只有坚持中央银行对货币发行的垄断权，才能统一国内的通货形式，避免多头发行造成的货币流通混乱局面。更进一步地讲，只有中央银行垄断货币发行权，才有了统一制定和执行货币政策、按经济发展需要调节货币供应量的可能。除此之外，中央银行垄断发行还有利于中央银行加强自身的经济实力，有利于一国政府完全占有货币发行带来的经济利益。第二，有可靠信用保证的原则。是指一国货币发行要有一定的黄金或有价证券作担保，即建立一定的发行准备制度，以保证中央银行的货币发行。在现代纸币流通的情况下，大多数国家实行的是不可兑换黄金的货币制度，因而纸币的发行量与客观的国民经济发展水平、客观的货币需求量之间，必须保持相适应的关系，否则就会出现通货不稳定，进而导致社会经济乃至政治危机的爆发。第三，具有一定弹性的原则。货币发行要有一定弹性，是指货币发行要有一定的伸缩性和灵活性。但又要把握一定的“度”，既不能过少，阻碍国民经济正常发展；也不能过多，引起物价飞涨，导致国民经济混乱。只有这样，才能使中央银行的货币发行更好地适应不断变化的社会经济环境，防止通货膨胀或通货紧缩现象的发生，确保国民经济在正常的轨道上良好运行。

2) 货币发行的渠道

货币发行是指一国货币从中央银行的发行库通过各家商业银行的业务库进入社会的整个过程。货币发行业务是中央银行的主要负债业务，所发行的货币是构成基础货币的主要部分。货币发行的渠道包括再贴现、发放贷款、购买证券、收购金银和外汇等。中央银行通过这些活动将纸币投入流通，并通过同样渠道可以逆向组织货币的回笼，从而可以调节货币供应量，适应经济发展对货币流通的需求。

2. 国家的银行

中央银行，不管是由商业银行逐渐演变而来，还是依照法律新建的，都是一种体现国家意志的政府行为，是基于政府的需要而存在的，建立伊始就在为政府服务。所谓国家的银行(State’s Bank)，是指中央银行为政府贯彻执行财政金融政策，代理国库收支以及为国家提供各种金融服务。其具体业务主要包括下述各点。

1) 代理国库

实行中央银行制度的国家，其财政收入与支出的管理一般交由中央银行代理。具体业务包括：接受国库存款、为国库办理支付和结算以及为国库代收税款、办理公债的认购、推销、还本、付息等。

2) 向政府提供信用

作为国家的银行，中央银行在国家财政出现收不抵支的情况时，事实上负有提供信贷支持，解决政府临时性资金需求的任务。中央银行向政府提供信用支持的方式主要有：一是直接向政府提供贷款。主要是短期贷款，用于弥补政府财政收支的暂时不平衡。一般来说，中央银行没有向财政提供长期贷款的义务，否则会使中央银行沦为“印钞机器”，不仅会降低中央银行自身资产的流动性，削弱对货币供应量与金融市场的调控能力；还会导致通货膨胀。二是透支。政府在中央银行开立透支账户，在财政入不敷出时，直接向中央银行透支。这比向财政直接提供贷款具有更大的随意性，中央银行也难以控制向财政提供的货币数量。三是购买公债。中央银行在一级市场上直接购进政府公债，这与直接向政府提供贷款虽然形式上有所不同，但本质上是一样的；中央银行在二级市场上购买政府公债，虽然是向有价证券持有者提供货币，但资金间接地流向财政，起到了向政府提供间接融资的作用。

3) 保管外汇和黄金储备并进行外汇黄金的买卖和管理

第一，对储备资金总量进行调控，使之与国内货币发行和国际贸易等所需的支付需要相适应；第二，对储备资产结构特别是外汇资产结构进行调节；第三，对储备资产进行经营和管理，负责储备资产的保值增值；第四，保持国际收支平衡和汇率基本稳定。

4) 制定和实施货币政策

中央银行以国家货币政策制定者和执行者的身份，通过金融手段，对全国的货币、信用活动进行有目的、有目标的调节和控制，进而影响国家宏观经济，促进整个国民经济健康发展，实现其预期的货币政策目标。

5) 制定并监督执行有关金融管理法规

中央银行处于社会资金运动的核心，能够掌握全国经济金融活动的基本信息，为政府的经济决策提供支持。

6) 代表国家参与国际金融活动

进行金融事务的协调与磋商，积极促进国际金融领域的合作与发展。参与国际金融重大决策，代表本国政府与外国中央银行进行两国金融、贸易事项的谈判、协调与磋商，代表政府签订国际金融协定，管理与本国有关的国际资本流动，办理政府间的金融事务往来及清算，办理外汇收支清算和拨付等国际金融事务。

7) 充当政府的经济金融政策顾问，提供情报，提出建议。

3. 银行的银行

中央银行作为银行的银行(BankofBank)，凌驾于一般的商业银行和其他金融机构之上，只与商业银行和其他金融机构发生业务往来；在业务上和政策上起着监督和指导的作用，同时也为商业银行和其他金融机构提供各种服务。其职能具体表现在三个方面。

1) 集中保管银行存款准备金

实行中央银行制度的国家通常以法律规定商业银行和其他金融机构将其吸纳的存款按法定比例向中央银行缴存存款准备金。这一方面是保证存款机构的清偿能力，从而保障存款人的资金安全，以防止商业银行等存款机构因发生挤兑而倒闭；另一方面是控制银行等金融机构的货币创造能力即信用规模，有利于中央银行调节信用和控制货币供应量。

2) 最后贷款人

19 世纪中叶前后，连续不断的经济动荡和金融危机使人们认识到，商业银行和其他金融机构发生资金短缺、周转困难，又无法获得其他资金来源，导致金融恐慌或支付链条的中断，往往成为触发经济危机的导火索。中央银行如果以一定方式向发生困难的金融机构提供资金支持，能在很大程度上避免金融危机的发生。这样中央银行就成了商业银行和其他金融机构在资金上的“最后贷款人”(LenderofLastResort)。

最后贷款人职能的发挥，一是可以支持陷入资金周转困难的商业银行及其他金融机构，以避免银行挤兑风潮的扩大而最终导致整个银行业的崩溃；二是通过为商业银行办理短期资金融通，调节信用规模和货币供应量，传递和实施宏观调控的意图，这也进一步确立了中央银行在整个金融体系中的核心和主导地位。

3) 全国资金清算中心

中央银行作为全国金融机构的资金清算中心，起源于 19 世纪中期的英国。当时银行业务日益扩大，每天需要处理清算的票据数量急剧膨胀，各银行之间的债权债务处理关系日趋复杂，1854 年，英格兰银行率先对各银行间当天清算的差额采取结算的办法，大大简化了各银行间资金往来的清算程序。这一做法后来为其他国家纷纷仿效，沿革至今。

中央银行的票据交换和资金清算职能是在中央银行垄断货币发行和集中存款准备金的基础上发展起来的。由于商业银行等金融机构要把存款准备金存入中央银行，因而它们必须在中央银行设立账户，各金融机构之间的债权债务只要在中央银行的存款账户上进行划账、轧差，并直接增减存款准备金便可顺利完成。这一方面简化了金融机构债务清算程序，节约了资金的占用，另一方面也便于中央银行利用清算系统强化对整个金融体系的监管和控制。

三、中央银行的经营原则与主要业务

(一)中央银行业务经营原则

中央银行的业务活动不同于一般的商业银行，具有较大的特殊性，必须遵循一定的原则。

1. 非营利性

中央银行的目标是维护币值的稳定，并代表国家来管理、调节金融，保证整个金融体系的稳定，由此决定了中央银行是宏观金融管理机构而非盈利性金融机构，其一切活动要以整个社会的利益为主要目标，不能以其自身的盈利为目标。这也是中央银行与普通金融机构最本质的区别之一。

2. 经营对象限于金融机构和政府，不经营一般银行业务

从中央银行的三大职能来看，其服务对象只能是金融机构和政府。如果允许中央银行从事一般银行业务，势必与普通银行发生竞争，中央银行凭借自己拥有的特权，在竞争中具有绝对的优势，这不仅对于其他普通金融机构不公平，也会使中央银行丧失自己的超然地位，最终难以实现对金融的控制，从而无法完成其根本任务。

3. 流动性

中央银行对国民经济的宏观调控，手中需要掌握相当数量的资金，以满足其调节资金供求、稳定金融体系、促进经济增长的需要。可以说，保证资产具有最大的流动性，是中央银行履行其职能，实现其货币政策目标的前提条件。

4. 公开性

中央银行定期公布自己的业务即财务状况，并向社会提供有关的统计资料，既有利于提高中央银行的信誉，增加制定、执行货币政策的透明度；也有利于国内外有关方面准确、及时了解中央银行的政策，以便各界分析研究这些金融政策对国民经济带来的影响，并据以调整经营方针和策略，从而实现中央银行政策所预定的目标。

5. 主动性

由于中央银行的资产负债业务直接对货币供应产生影响，中央银行必须使其资产业务保持主动性，这样才能根据履行职责的需要，通过资产负债业务实施货币政策和金融监管，有

效控制货币供应量和信用总量。

6. 业务活动的相对独立性

中央银行业务活动的根本目的是对宏观经济进行调控，监督管理金融业，维护良好的货币金融环境。为保证这些目标的实现，中央银行的业务活动必须享有一定的独立性。

(二)中央银行的主要业务

1. 中央银行的负债业务

中央银行的负债业务是指社会集团和个人持有的对中央银行的债权。其主要包括资本业务、货币发行业务、存款业务等。

1) 资本业务

中央银行的资本业务就是筹集、维持和补充自有资本业务。中央银行为了保证正常的业务活动，一般会拥有一定数量的自有资本。中央银行自有资本的形成主要有三个途径：政府出资、地方政府或国有机构出资、私有银行或部门出资。

2) 货币发行业务

中央银行的纸币和铸币通过再贴现、贷款、购买证券、收购金银外汇等投入市场，从而形成流通中的货币。这些现金货币投入市场后，都是中央银行对社会公众的负债。因此，货币发行成为中央银行一项重要的负债业务。

中央银行成立后货币发行大都集中由中央银行统一办理。其原因是：①钞票可以整齐划一，在全国范围内流通，不致造成币制混乱；②便于政府监督管理，推行国家的货币政策；③中央银行可以随时根据社会经济发展变化进行调节和控制，使货币数量和流通需要尽可能相适应；④中央银行处于相对独立地位，可以抵制政府滥发钞票的要求，使货币供应量适当；⑤中央银行统一发行货币，可以掌握一定量的资金来源，增强金融实力，有利于调控货币供应量。各国中央银行对货币(现钞)发行均有以下几个原则：①集中垄断发行，中央银行发行的货币具有无限法偿能力，并且现代中央银行均不承担兑现义务。②要有可靠的信用基础，在纸币流通条件下，货币的发行业不能随意发行，必须有一定的发行保证制度，必须有独立的发行体制，不受政治压力和外界影响，使货币的发行建立在可靠的信用基础上。③维持高度弹性，中央银行发行货币应当适应经济变化的客观要求，有一定的伸缩弹性。随着生产和流通规模的扩大，中央银行应该相应增加货币数量，避免形成通货紧缩，影响商品生产和流通；同时中央银行也要适当控制货币发行数量，避免形成通货膨胀，影响经济稳定。

我国现行货币发行的原则是：集中统一发行原则、经济发行原则、计划发行原则。

3) 存款业务

中央银行的存款业务完全不同于商业银行和其他金融机构的存款业务。中央银行的存款业务主要来自两个方面：一是金融机构；二是政府和公共部门。金融机构在中央银行的存款包括法定准备金存款和超额准备金存款，在现代存款准备金制度下，中央银行集中了商业银行和其他金融机构的存款准备金。此外，商业银行和其他金融机构通过中央银行办理它们之间债务清算，所以为了清算需要也必须把一定数量的存款存在中央银行，这部分存款称为超额准备金存款。政府和公共部门在中央银行存款也包括两部分：一是财政金库存款，二是政府和公共部门经费存款。由于中央银行代理国家金库和财政收支，所以国库的资金以及财政资金在收支过程中形成的存款也属于中央银行存款。

2. 中央银行的资产业务

中央银行资产业务是中央银行运行其资金来源的业务活动，主要包括再贴现和再贷款业务、对政府的贷款、金银、外汇储备业务和证券买卖业务。

1) 再贴现和再贷款业务

当商业银行资金短缺时，可从中央银行取得借款。其方式是把工商企业贴现的票据向中央银行办理再贴现，或以票据有价证券作为抵押向中央银行申请借款。意大利银行再贴现的额度相当于商业银行负债额的3%~5%。德意志联邦银行对金融机构发放的抵押放款期限最长为3个月。中央银行可以配合政府的经济政策，把贴现业务作为调节资金的一种手段。例如通过提高或降低再贴现率以紧缩或扩张信用。

2) 对政府的贷款

中央银行对政府的贷款是政府弥补财政赤字的途径之一，但如果对这种贷款不加限制，则会从总量上削弱中央银行宏观金融控制的有效性，因此，各国中央银行法对此都作了明确的规定。美国联邦储备银行对政府需要的专项贷款规定了最高限额，而且要以财政部的特别库券作为担保。英格兰银行除少量的政府隔日需要可以融通外，一般不对政府垫款，政府需要的资金通过发行国库券的方式解决。

《中华人民共和国中国人民银行法》规定，中国人民银行不得对政府财政透支，不得直接认购、包销国债和其他政府债券，不得向地方政府、各级政府提供贷款。

3) 金银、外汇储备业务

各国政府都赋予中央银行掌管全国国际储蓄的职责，即掌管国际储备。所谓国际储备，是指具有国际性购买能力的货币，主要有黄金、白银；外汇(包括外国货币、存放外国的存款余额和以外币计算的票据及其他流动资产)。此外，还有特别提款权和在国际货币基金组织的头寸等。

4) 证券买卖业务

各国中央银行一般都经营证券业务，主要是买卖政府发行的长期或短期债券。在金融市场发达的国家，政府债券发行大，市场交易量也大，仅以政府债券为对象进行买卖，中央银行即可达到调节货币供应量的目的。一般在金融市场不太发达的国家，中央政府债券在市场上流通很小，中央银行买卖证券的范围就要扩大到各种票据和债券，如汇票、地方政府债券等。

中央银行持有证券和参与买卖证券的目的，不在于营利，而是为了调节和控制货币供应量。中央银行买进有价证券，向市场投放了货币，可以增加商业银行的原始存款，用以创造存款货币，扩大货币供应量；反之，中央银行卖出有价证券，则可减少货币供应量。中央银行买进有价证券时，会促使有价证券需求增加，从而提高有价证券价格，降低银行利率；反之，中央银行卖出有价证券，会造成银行可贷资金减少，致使利率上升。

中央银行经营这项业务，应当具备以下条件：一是中央银行处于领导地位，且有雄厚的资金力量；二是赋予中央银行弹性操作的权力，即在买卖证券的数量、种类等方面有一定的机动权限；三是金融市场较发达，组织也较健全；四是证券的数量和种类要适当，长期、中期及短期各类具备，便于选择买卖；五是信用制度要相当发达。

各国中央银行买卖证券业务的做法基本是一致的。在德国，法律规定德意志联邦银行为了调节货币，可以进入公开市场买卖汇票。我国中央银行已于 1996 年 4 月 1 日开始参与公开市场业务操作，主要是买卖国库券等。

3. 中央银行的中间业务

中央银行作为清算中心，其清算业务大体可分为三项。

(1) 办理票据集中交换，主办票据交换所；

(2) 办理交换差额的集中清算，通过各行在中央银行开设的账户划拨；

(3) 办理异地资金转移，提供全国性的资金清算职能。

目前各国做法不一，英国以伦敦为全国清算中心；美国各联邦储备银行代收外埠支票，并以华盛顿为全国最后清算中心；德国、法国则利用遍布全国的中央银行机构，建立转账账户，为银行界服务。

1) 集中票据交换

这项业务是通过票据交换所进行的。票据交换所是同一城市银行间清算各自应收应付票据款项的场所。票据交换所一般每天交换两次或一次，根据实际需要而定，所有银行间的应收应付款项，都可相互轧抵后而收付其差额。

各行交换后应收应付差额，即可通过其在中央银行开设的往来存款账户，进行转账收付，不必收付现金。

2) 办理异地资金转移

各城市、各地区间的资金往来，通过银行汇票传递，汇进汇出，最后形成异地间的资金划拨问题。这种异地间的资金划拨，必须通过中央银行统一办理。

办理异地资金转移，各国清算办法有很大不同，一般有两种类型，一是先由各金融机构内部自成联行系统，最后各金融机构的总管理处通过中央银行总行办理转账结算。二是将异地票据统一集中传送到中央银行总行办理轧差转账。

第二节 商 业 银 行

商业银行是指吸收公众存款、发放贷款、办理结算等业务的信用机构。商业银行在银行体系中占有重要地位，在信用活动中起着主导作用。如今商业银行同其他金融机构的业务界限已日趋消失，但在许多方面是其他金融机构所不能代替的，仍是银行体系的基本环节。美国的商业银行对美国的经济、财政、货币、金融政策起着举足轻重的作用，其中 50 家大商业银行的资产总额和存放款总额约占全国的三分之一。

阅读专栏

商业银行的产生

人们公认的早期银行的萌芽，起源于文艺复兴时期的意大利。“银行”一词英文是 Bank，是由意大利文 Banca 演变而来的。

在意大利文中，Banca 是“长凳”的意思。最初的银行家均为祖居在意大利北部伦巴第的犹太人，他们为躲避战乱，迁移到英伦三岛，以兑换、保管贵重物品、汇兑等为业。在市场上人各一凳，据以经营货币兑换业务。倘若有人遇到资金周转不灵，无力支付债务时，就会招致债主们群起捣碎其长凳，兑换商的信用也即宣告破碎。英文“破产”为 Bankruptcy，即源于此。

早期银行业的产生与国际贸易的发展有着密切的联系。中世纪的欧洲地中海沿岸各国，尤其是意大利的威尼斯、热那亚等城市是著名的国际贸易中心，商贾云集，市场繁荣。但由于当时社会的封建割据，货币制度混乱，各国商人所携带的铸币形状、成色、重量各不相同，为了适应贸易发展的需要，必须进行货币兑换。于是，单纯从事货币兑换业并从中收取手续费的专业货币商便开始出现和发展了。

随着异地交易和国际贸易的不断发展，来自各地的商人们为了避免长途携带而产生的麻烦和风险，开始把自己的货币交存在专业货币商处，委托其办理汇兑与支付。这时候的专业货币商已反映出银行萌芽的最初职能：货币的兑换与款项的划拨。

随着接受存款的数量不断增加，商人们发现多个存款人不会同时支取存款，于是他们开始把汇兑业务中暂时闲置的资金贷放给社会上的资金需求者。最初，商人们贷放的款项仅限于自有资金，随着代理支付制度的出现，借款者即把所借款项存入贷出者之处，并通知贷放人代理支付。

(资料来源：根据百度金融业知识整理)

一、商业银行的概念和性质

商业银行(Commercial Bank)，英文缩写为 CB，是银行的一种类型，职责是通过存款、贷款、汇兑、储蓄等业务，承担信用中介的金融机构。主要的业务范围是吸收公众存款、发放贷款以及办理票据贴现等。一般的商业银行没有货币的发行权，传统的商业银行的业务主要为经营存款和贷款业务。

现代商业银行是特殊的企业。可以从两个方面理解：

(1) 银行与工商企业的经营目标相同：都是为了追逐利润，所以它们都是企业。

(2) 与一般的资本主义工商企业不同：银行经营的对象不是普通商品，而是货币资本这个特殊商品，银行的活动处于货币信用领域，以信用方式与工商企业发生广泛的经济联系。正是由于现代银行是资本主义生产方式最精巧和最发达的产物，通过信用方式聚集和分配货币资本，具有调节社会经济生活的特殊作用，这就决定了银行在经济中的特殊地位。

二、商业银行的职能

商业银行的职能是由其性质决定的。它具有以下几种职能。

(一)充当信用中介

1. 什么是信用中介

银行一方面代表货币资本的集中，即贷出者的集中，另一方面代表借入者的集中。这时它就是信用中介，这是银行最基本的职能。

银行通过吸收存款、动员和集中社会上一切闲置的货币资本，然后，又通过放款把这些货币资本贷给职能资本家使用，并从中承担风险，这样，银行实际成了货币资本的集中，贷出者和借入者之间的中介人。

2. 信用中介的意义

银行作为信用中介，可以克服资本家之间直接借贷的种种局限，如在资本数量、借贷时间、空间、期限上不易取得一致和不易了解借者资信等方面的局限性，银行通过信用中介职能对资本进行再分配，使货币资本得到充分有效的运用，加速了资本的周转，促进了生产的扩大。

(二)变居民的货币收入和储蓄为资本

把社会中各阶层的货币收入和储蓄变为资本，也是商业银行的重要职能，个人的货币收入是用来供个人日常消费的，储蓄则是为了供将来的消费，所以它们都不是资本。但是，通过银行把它们汇集起来贷放给企业使用，这些零星的货币就成为生产经营者用来从事生产和经营活动的资本，这样，非资本的货币就转化为资本。马克思曾经指出："小的金额是不能单独作为货币资本发挥作用，但它们结合成为巨额，就形成一个货币力量。"这种收集小金额的活动是银行制度的特殊作用。

(三)充当支付中介

银行办理各种同货币资本运动有关的技术性业务时，充当支付中介。

由于银行具有较高的信誉和较多的分支结构，银行业务又与各个企业和部门有密切联系，因此，无论企业或个人都愿意委托银行保管货币、贵金属、有价证券、办理货币收付和转账结算等，这样，银行就成为社会的"出纳"和"账房"。银行通过账户为顾客办理货币结算，对于节约流通费用，加速资本的周转具有重要意义。

(四)创造信用流通工具

商业银行创造的信用流通工具主要是银行券和支票。

银行券是由银行开出的、并可随时兑现的、不定期的债券证券，是银行用来扩大信用业务的工具。支票是由客户签发，要求银行从其活期存款账户支付一定金额的付款凭证，也是银行的一种债务证券。借助于支票流通，银行可以超出自有资本和吸收资本的总额而扩大信用。银行借助银行券和支票的流通，扩大信用业务，并不是无限的，因为它要受银行本身现金准备状况和经济发展对信用的客观需要量的限制。

银行券和支票等信用流通工具进入流通界，代替很大一部分金属货币流通，这样，既节约了流通费用，又方便提供经济发展中需要增加的流通手段和支付手段，因而，银行这一职能的存在和发挥，促进了经济的发展。

三、商业银行的经营原则

(一)商业银行经营的一般原则

盈利性、安全性和流动性即三性原则。

1. 盈利性

银行的经营动机是为了获取利润。获取利润是商业银行开展业务的核心或标准，利润水平是商业银行经营管理水平的表现，采取各种措施以获取更多的利润是商业银行的经营管理目标。合理调度头寸，把银行的现金准备压缩到最低限度；大量吸收存款，开辟资金来源，把这些资金用于能够获得较多收益的贷款和证券投资上，并尽可能避免呆账的损失；加强经济核算，采用先进技术设备，提高劳工效率，降低费用开支，不断增加业务效益。这是商业银行经营管理的必要措施。

2. 安全性

安全性是指使银行资产避免风险损失。因为银行贷款发放和证券投资存在着信用风险、市场风险和利率风险，有可能发生贷款本金和利息不能按时按量收回和证券损失的情况。如果出现这种情况必然影响存款不能按时按量兑付，引起客户减少存款，甚至出现挤兑现象，危及银行的经营。银行要加强对客户的资信调查和经营预测；银行资产在种类和客户两方面要做到适当分散，并与负债的规模保持一定比例；遵守国家法令，执行中央银行的金融政策和制度，取得国家的法律保护和中央银行的支持等。

3. 流动性

流行性是银行能随时应付客户提取存款的支付能力，保持流动性，即保持银行一定的清偿力，应付日常提现需要。

应付突然大量提现需要，保证银行信贷资金正常周转以及银行业务顺利经营是极其重要的。商业银行或在资产方面保持流动性，或在负债方面保持较高的流动性，都能实现商业银行流动性的目标。在商业银行的资产构成中，可以随时用于偿付客户提取存款的库存现金和在中央银行存款，其流动性最强，一般称为一线准备；在短期内可以变现的国家债券，其流动性较好，一般称为二线准备；长期贷款，不动产抵押贷款和长期债券需要较长时间收回资金，流动性最差。如果商业银行资产流动性较差，它必须做到能随时主动获得足够的负债(即资金来源)以满足客户提现的需要和随时扩大贷款规模的需要。

我国在《中华人民共和国商业银行法》中规定：“商业银行以效益性、安全性、流动性为经营原则，实行自主经营、自担风险、自负盈亏、自我约束”。

(二)银行业务经营的三项原则的关系

它们是既有联系又有矛盾。

1. 三者联系密切

安全性是前提，只有保证了资金安全无损，业务才能正常运转。流动性是条件，只有保证了资金的正常流动，才能确立信用中介的地位，银行各项业务才能顺利进行。盈利性是目的，银行经营强调安全性和流动性，其目的还是为了获得利润。

2. 三者的矛盾

(1) 盈利性与安全性呈反方向变化。盈利水平高的资产，风险大，安全系数小，而较安全的资产，盈利水平却较低。

(2) 盈利性与流动性也呈反方向变化。盈利高的资产流动性差，而流动性强的资产盈利水平则较低。

(3) 安全性与流动性之间呈同方向变化。流动性强的资产安全性高，而流动性差的资产安全性也较低。因此，银行要满足盈利性、安全性、流动性三方面的要求，就需要在经营管理中统筹兼顾，协调安排，实现三者之间的最佳组合。

阅读专栏

从存钱到理财 银行服务凸显四十年变迁

改革开放近 40 年，我们的祖国发生了翻天覆地的变化，我们身边的银行也发生了翻天覆地的变化。从最早的零存整取，到现在提供的各种贴心服务，银行的“产品创新”层出不穷，在给我们带来方便的同时也使金融服务成为大家生活中不可或缺的一部分。

在中国，真正意义上的商业银行历史也就是 20 年左右的光景。而“存款立行”的理念也就是从那时候开始慢慢成了商业银行铁打不变的“秘籍”，被奉为行长必备的“第一把刷子”。因为从逻辑上讲，银行要赚钱，必须有收入。而银行的收入大多数来源于利息，利息又是通过发放贷款产生的，贷款资金的来源又是银行吸收的存款，所以“存款”就理所当然地成为“立行之本”，“存款立行”也就成为大小行长们看家护院的“宝典”，年年讲、月月讲、天天讲。

其实，“存款立行”从本质上讲是一个“伪命题”，其逻辑关系并没有达到“终极目标”，只推导到“存款”本身，而没有触及“存款”的来源及其所有者意愿的动机。如果我们把上述的推理全部打开，其完整的逻辑关系应该是：银行利润——利息收入——银行贷款——银行存款——银行客户——客户需求。这就不难看出，银行的利润既源于客户，又产生于客户的需求。银行服务的好坏，不仅会影响银行的品牌和信誉，还会影响银行客户的“忠诚度”和市场根基。搞好金融服务，已经成为商业银行提升市场竞争能力的重要手段。

所以，商业银行要在竞争中安身立命、求得发展，就必须以客户为中心，以市场为导向，以服务为手段，为客户提供差异化的产品，满足客户的个性化需求。在满足客户需求的过程中实现价值、创造价值，在价值的转移过程中赚取合理的银行利润。

有人把银行服务的变化归结为 3 个阶段：一是站着，是指在银行窗口排队办理业务的阶段；二是坐着，是指在大厅里拿号坐等的阶段；三是躺着，指在家上网、打电话就一切搞定。这一总结十分精辟。

四、商业银行的主要业务

商业银行的业务大体上可以分为三类，即：负债业务、资产业务和中间业务。

(一)负债业务

商业银行负债业务是指形成商业银行资金来源的业务。主要分为自有资本、存款业务和其他负债业务。

1. 自有资本

银行自有资本包括财政拨给的信贷基金、银行成立时发行股票所筹集的股份资本、公积金以及未分配的利润。财政拨给的信贷基金是指在商业银行成立时，国家财政根据一定的比例拨给的铺底资金，它是我国商业银行最原始的资金来源。西方商业银行一般为股份制银行，成立时发行股票筹集资本，这种股份资本是西方商业银行最原始的资金来源。以后可以通过扩股和股息资本化来增加自有资本。

银行的自有资本一般只占银行负债的小部分(1986 年美国银行法令要求不少于 6%)，但是这部分自有资本是银行吸收外来资金的基础。因为银行拥有的资本越雄厚，越能得到存款人的信任，就可以吸收更多的存款。

2. 存款业务

存款是银行接受客户存入资金，存款人可以随时或按约定时间支取款项的一种信用业务。

这是银行的传统业务，在负债业务中占有最主要的地位，占负债总额的 70%以上。目前我国商业银行存款负债的比重比 70%还要高。

商业银行存款分为活期存款、通知存款、定期存款和储蓄存款。

商业银行的最大特点是可以接受活期存款。

1) 活期存款

活期存款是不规定存款期限，存户可随时提取，银行有义务随时兑付的存款。银行发给存款人支票簿，存款人可用支票从银行提取现款，但更多的是用支票向第三者支付货款或偿还债务。由于活期存款可用支票随时提存，存取数量大，流通速度快，银行需付出大量的人力和物力，因此，绝大多数国家的银行对活期存款不付利息。在有些国家，甚至收取活期存款客户的手续费。我国商业银行目前对活期存款仍付给较低的利息。虽然活期存款客户经常不断提取存款，但同时也经常有新存款在补充，所以银行总是有稳定的活期存款余额，用于发放贷款。

参加活期存款的对象有工商企业、个人、政府以及外国客户等。他们把闲置资金作为活期存款存入银行不是为了获取利息，而是为了通过银行进行各种支付和结算。

2) 通知存款

通知存款是存款人在提取存款时，必须提前一定时间通知银行，以便银行准备资金，保证支付的存款。这项存款的利率一般高于活期存款而低于定期存款。

3) 定期存款

定期存款是有固定期限、到期才能提取的存款。这种存款凭存单提取，存单不能转让。定期存款具有稳定性，是银行吸收外来资金中相对稳定的部分，可用于长期贷款业务，所以银行均给以较高的利息。存款户如因急需，要求提前提取时，须按规定提前通知银行方能提取，并减少利息。对提前支取的定期存款，我国是按活期存款支付利息。

在多数国家，金融当局或银行工会规定存款利率的最高限额，银行通过提高利率来扩大存款的空间十分有限，银行主要以提供有效服务来吸收存款。各国现代化银行，均设有电子信息处理系统，使客户在存款和提款上尽量少花费时间。银行还装置 ATM 机，使客户可在 24 小时之内的任何时间提取一定数量的现金，还提供与存款、提款和付款有关的业务，包括国外兑现支票、本票、旅行支票、国内外汇款、国际存款、信用卡、电话转账等。战后，由于利息率的提高和 CD 的出现，活期存款占银行负债的比重急剧下降，而定期存款的比重却迅速上升。

4) 储蓄存款

储蓄存款一般是个人为了积存货币和取得利息收入在银行开设账户的存款。储蓄存款不使用支票，而是使用存折、存单和银行卡，手续比较简单。

储蓄存款有活期和定期两种。活期储蓄存款存取无一定期限，只凭存折、银行卡即可提取，存折一般不能流通转让，存户不能透支款项。

3. 其他负债业务

其他负债业务主要是指商业银行向同业、向中央银行、向社会公众借款和在办理结算中占用的客户资金。

1) 同业拆借

同业拆借是指商业银行之间及商业银行与其他金融机构之间的短期资金融通。拆入资金的银行主要是用来解决临时资金周转的需要，故一般期限较短，多则七日、少则一日，甚至还有半日拆借，上午借，下午还。我国同业拆借的期限一般则较长。同业拆借的利率水平一般较低。

同业拆借一般是通过各商业银行在中央银行的存款账户上拆出或拆入，也可以采取同业存款以及回购协议等形式。

2) 向中央银行借款

中央银行作为银行的银行，担负着向商业银行贷款的责任。商业银行向中央银行融通资金主要是通过再贴现和再贷款方式进行的。

再贴现：是指商业银行将办理贴现业务所取得的未到期票据，转让给中央银行以获得中央银行贴现款的一种行为。也就是向中央银行办理再贴现。

再贷款是商业银行开出票据或以政府债券做抵押向中央银行取得的贷款。各国中央银行对再贷款限制较严，一般只允许用于商业银行临时调剂资金，而不能用于扩大银行资产规模，我国中央银行则根据不同时期的银行状况以及金融政策实行严控。

3) 发行金融债券

发行债券也是商业银行筹资的一种方式，用于弥补流动资本的不足，形成负债业务，这种筹资方式的好处是不需交纳存款准备金。自 1985 年以来，我国银行经中国人民银行批准也面向社会发行金融债券，为特定用途筹集资金。

4) 占用资金

占用资金是指商业银行在办理中间业务及同业往来过程中，临时占用的资金。

银行在办理汇兑、代收代付、代客买卖、代理投资等中间业务时，可以在收进款项和完成业务之间的这段时间内占用客户的资金；在同业往来过程中，如果出现应付款大于应收款，也会占用他行的资金。虽然从每笔业务看，占用时间很短，金额不大，但从周转总额来看则非常巨大，因而也构成商业银行的一项重要资金来源。

阅读专栏

2016 世界储蓄排名：中国居民储蓄率全世界排名第三

据国际货币基金组织、世界银行和美国中央情报局 2015 年度《世界概况》称：卡塔尔、科威特和中国大陆在收入储蓄排行榜上位居前三甲。另一方面，美国是同期储蓄最低的国家之一，这与其铺张浪费的传统不无关系。

经济学家认为，储蓄对经济发展而言无功无过，不过在判断一个国家是进口国还是出口国的时候，会考虑到这个国家的投资情况和储蓄水平。世界上收入储蓄水平最高的 10 个国家和地区分别是：卡塔尔、科威特、中国大陆、韩国、博茨瓦纳、挪威、尼泊尔、中国台湾、土库曼斯坦和印度尼西亚。

中国长期保持高储蓄率的原因：

第一，储蓄跟文化有关系。亚洲人有节俭的习惯，亚洲国家的储蓄率都明显高于西方国家；

第二，我们的社会保障体系还不是很完善。很多人储蓄的目的是为了应对未来不时之需，比如用来解决失业、医疗等方面的问题；

第三，我国的消费金融不够发达。在当前情况下，我们目前可能要攒二三十年才能买得起一套房子，如果消费金融很发达，可能就不需要储蓄，而是用信贷的方式来完成这个消费，这样就可以降低我们的储蓄率；

第四，国内的消费有一些被低估了。因为目前有很多服务类的消费不在我们统计范围之内，或者很难精确的统计，比如像租房子的开支也是重要消费内容，但目前却很难在税控范围之内。

过度储蓄阻碍经济增长，与储蓄率居高不下相反的是，中国居民的消费意愿却在减弱。2011 年年初，央行公布的储户问卷调查报告显示，高达 85.8%的城镇居民倾向于储蓄，只有 14.2%的居民倾向于更多消费，这是 1999 年进行问卷调查以来的最低值。

国务院发展研究中心研究员吴敬琏认为，长时期存在的过度储蓄和消费不足这种不平衡已成为中国经济增长的阻碍，保持 GDP 的持续平稳增长，缺乏内在动力，就是最终需求不足。“过高的储蓄率对企业的发展是不利的。”曾刚认为，储蓄率过高可能导致消费不足，从某种程度上来讲，短期内任何生产最终是要面对消费的，不管投资再多，在形成生产能力之后，都需要产生效益，也就是说你的产品要卖得出去，要有人买你的东西才能维持生产。所以储蓄率过高肯定是不行的，这样的话消费不够，不足以消化产能，企业的利润恐怕就很难保障。

但是，这也并不表示一个国家的储蓄率越低就越好。曾刚表示，储蓄率过低可能会导致消费过度的膨胀，这种消费也是不可持续的，它会产生一些虚假的繁荣。尤其是像美国，储蓄率很低，但是消费却很高，超过自身借贷能力，资金又没有相应来源，就会形成一些信贷的膨胀。美国次贷危机的产生就和这个有一定关系，所以储蓄过高和过低都是不好的。

(资料来源：网易新闻)

(二)资产业务

商业银行资产业务是指商业银行资金运用的业务，分为放款业务和投资业务。

1. 放款业务

第一，放款根据偿还期限不同可分为活期放款、定期放款和透支。

(1) 活期放款。活期放款是放款期限未定，银行可以随时收回或借款人可以随时偿还的放款。

(2) 定期放款。定期放款是指具有确定期限的放款。又可分为短期放款、中期放款和长期放款。短期放款规定在 1 年之内归还，用于满足企业短期流动资金不足或季节性资金需要。中期放款一般期限为 1～5 年，通常在放款期限内分期偿还本息。长期放款一般指偿还期在 5 年以上的放款。

(3) 透支。透支是银行允许存款户在约定的范围内，超过其存款余额签发支票予以兑现的一种放款，分为信用透支、抵押透支和同业透支 3 种，透支放款有随时偿还的义务，利息按天计算。

第二，根据使用放款的经济内容不同，放款可分为经营性放款，有价证券经纪人放款和消费性放款。

(1) 经营性放款。这种放款是指商业银行对工商企业经营活动过程中的正常资金需要而发放的放款。包括工商业放款、农业放款和不动产抵押放款等。

工商业放款是银行对工商企业的放款。它在银行放款总额中所占比重最大，在我国，也是商业银行最主要的放款种类。工商业放款包括短期流动资金放款、长期流动资本放款和项目放款等。

农业放款是银行对农场或农民个人发放的用于生产的贷款。

不动产抵押放款是以建筑物和土地为抵押品的放款。主要包括住宅放款、工商农不动产放款等，这种放款目前在一些西方发达国家中较为普遍，在美国，其比重已达到放款总额 30%左右。但由于这类放款期限较长、流动性差，因而各国商业银行往往将其控制在一定放款比例内。

(2) 有价证券经纪人放款。它是指银行向专门从事证券交易的经纪人提供的放款。目的是解决证券交易过程中暂时资金短缺的需要。

(3) 消费性放款。它是指银行对消费者个人发放的、用于购买耐用消费品或支付其他费用的放款。目的是解决个人用于购买汽车、家用电器、房屋等方面的资金需要。

消费性放款的发放有直接和间接两种。直接发放是消费者和银行可以直接发生借贷关系。间接发放是银行通过某一商业企业与消费者间接发生借贷关系，即银行可以放款给商店，商店将商品赊销给消费者，消费者根据协议分期付款。消费性放款按用途可分为汽车放款、住宅放款、高档耐用消费品放款、教育与学费放款、旅行放款等。这些款项可以分期偿还，也可以一次偿还。另外，消费性放款也可通过信用卡透支发放。

第三，放款根据信用担保的性质可分为以票据、商品、股票、债券为担保的有担保放款和信用放款。

(1) 以商业票据为担保的放款。它包括票据贴现和票据抵押放款。票据贴现。它是指客户将未到期的票据提交银行，由银行扣除自贴现日起至到期前一日止的利息而取得现款，票据到期时由贴现银行按票面额向票据的债务人收回款项。

银行办理票据贴现，须按一定的利率计算利息。这种利率称为贴现率。

未到期票据贴现付款额的计算公式是

$$贴现付款额=票据面额\times(1-年贴现率\times未到期天数\div365天)$$

贴现业务与普通放款的比较：贴现实际上是一种特殊的放款。它与普通放款相比，不同

之处表现为:

普通放款是到期以后收取利息，贴现则是在贴现业务发生时从票据面额中预扣利息。

放款期限较长，且常有转期情况，而贴现的票据期限一般较短，通常都是三个月到期，最长不会超过一年，到期即收回。

放款的申请人即为银行的直接债务人，而贴现的申请人并非银行的直接债务人，票据的出票人、承兑人和背书人均应对票据款项负责。

放款利率要略高于贴现率。这是因为贴现业务发生时，银行要按票据面额预扣利息将余额付给客户，银行的实际付款额要低于票面额，所以，贴现利率要低于放款利率。

票据抵押放款是以各种票据为担保的放款，放款期限不得超过票据到期的期限。放款到期时，借款人应偿还放款、赎回票据；如不赎回，银行有权处置票据。在票据贴现时，银行付给持票人扣除的只是贴现利息，但在进行票据抵押放款时，银行为了避免借款人不赎回票据而遭受损失，其放款额总是低于票据的面额，一般为60%～80%。票据面额与放款额的差额通常称为“垫头”。

(2) 商品抵押放款。它是以各种商品和商品凭证(如货运提单、仓库栈单)作抵押的放款。放款不能按期归还，银行可以出售抵押的商品，以补偿放款。银行放款时，垫头较大，商品估价大大低于市场价格，一般为商品市价的30%~50%，以防止商品跌价或销售发生困难而遭受损失。

票据业务和商品抵押放款业务的意义：均与产业资本循环过程密切联系，能加速资本的周转，促进生产的扩大。可使商品资本和票据债权转化为货币资本，如当商品暂时未能销售出去时，可以把商品抵押给银行取得放款；当商品还处于运送途中时，也可以把商品运送凭证抵押给银行取得放款。这样使资本从商品形态提前转化为货币形态。当商品以信用形式出售以后，企业可以获得票据，虽然票据可以作为信用货币而流通，但它毕竟有一定的局限性，这时持票人可以把票据提交银行贴现或抵押。这样票据业务也可使资本从票据债权形态转化成货币形态，以保证资本循环的连续进行。

(3) 以股票或债券做担保的放款。这种放款在确定数额时也有垫头。证券投机商以有价证券做质押取得银行放款，运用这笔放款再去购买有价证券，然后再质押再购买，为有价证券的投机提供了大量的货币资本。他们用这些货币资本增加了对证券的需求，提高证券的行市，从中获得投机利润。

(4) 信用放款。它并无实物或有价证券做质押，通常仅由借款人出具签字的书面凭证作为保证。

这种放款不需客户用任何有价物作保证，使企业获得了追加资本，所以这种放款是资本放款。银行一般只对它所熟悉的借款人、并确信具有偿还能力，才提供信用放款，这种放款利息率较高，并且附加一定的条件，例如，要求企业提供资产负债表，报告借款的使用情况，不得向其他银行借款等。银行通过这些措施加强对企业的监督和控制。

第四，按成本定价方法划分，可分为固定利率放款和浮动利率放款。

(1) 固定利率放款。它是客户根据借款时与银行约定的利率还本付息。对固定利率放款的理解就是在合同存续期间利率不做调整的放款。

(2) 浮动利率放款。它分为两种，一种是对资信状况较好又与银行有长久合作关系的客户，一般实行优惠利率，即在银行放款基准利率基础上向下浮动；另一种是在市场利率不稳定的条件下为了使双方单方面承担利率风险，在放款合同有效期内约定利率调整期限，到期放款利率以基准利率为基础上浮或下浮。

2. 投资业务

商业银行的投资业务是指银行购买有价证券的业务活动。

商业银行的投资业务与通常所说的投资不同。普通投资是指以资本从事工商业的经营活动，而银行购买的有价证券包括债券(国库券、公债券、公司债券)和股票。但对于购买股票，一般国家多加以限制或禁止，目前各国商业银行的证券投资主要用于购买政府债券。如美国近年来全国商业银行的投资总额中，联邦政府债券约占60%以上，这主要是由于联邦政府债券比较安全可靠、期限较短、变现能力强。

商业银行购买有价证券，目的是从中谋取投机利润。商业银行在证券交易所中广泛进行投机活动，并对证券交易的经纪人进行贷款资助。据统计，纽约证券交易所内取得商业银行贷款的有价证券周转额超过 50%。证券投资的盈利有可能高于放款的收益。

商业银行投资业务有风险。因此银行必须加强对证券投资的管理，并运用各种投资方式注意回避和分散投资的风险，以确保获取利润。

银行购买有价证券与放款的比较：二者极为相似，但也有不同。其表现为：(1)放款是银行应借款人的请求而发放；而投资则由银行以购买证券方式贷放。(2)放款一般在到期以后才能收回；而投资则可以随时将证券在公开市场出售收回。(3)放款一般用于生产经营活动，与产业资本循环发生联系；而投资一般用于证券投资活动，不和真实资本发生直接联系。

我国《中华人民共和国商业银行法》规定：“商业银行在中华人民共和国境内不得从事信托投资和股票业务，不得投资于非自用不动产。”

知识点提示

不良贷款率指金融机构不良贷款占总贷款余额的比重。不良贷款是指在评估银行贷款质量时，把贷款按风险基础分为正常、关注、次级、可疑和损失五类，其中后三类合称为不良贷款。

金融机构不良贷款率是评价金融机构信贷资产安全状况的重要指标之一。不良贷款率高，可能无法收回的贷款占总贷款的比例越大；不良贷款率低，说明金融机构不能收回贷款占总贷款的比例越小。

不良贷款率计算公式如下：不良贷款率 =(次级类贷款+可疑类贷款+损失类贷款)/各项贷款×100% =贷款拨备率/拨备覆盖率×100%

阅读专栏

2016 年商业银行不良贷款情况

在经济下行的背景下，商业银行的不良贷款的规模和比率都有了一定的上升，银监会公布的《商业银行主要监管指标情况表(季度)》显示，2016 年年末的不良贷款余额从 2015 年末的 12744 亿元上升到 15122 亿元，增长 18.66%，不良贷款率也从 2015 年年末的 1.67%上升到 1.74%。2016 年“次级”“可疑”“损失”贷款分别比 2015 年年底增长 2.84%、25.69%、55.36%。

图 1：2016 年末商业银行不良贷款情况

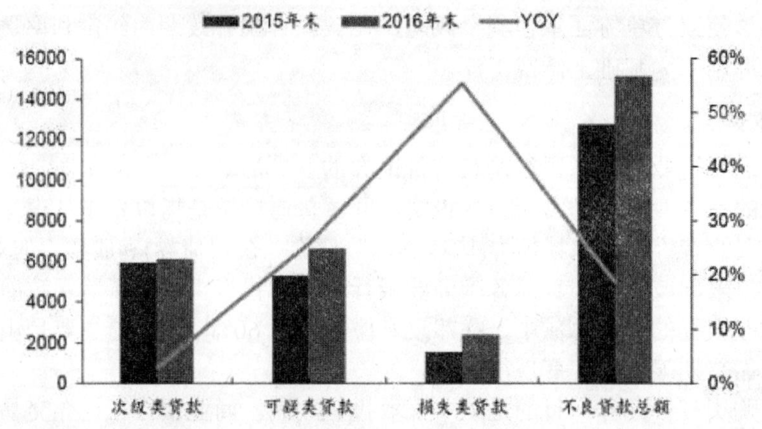

资料来源：Wind，天风证券研究所

我国自 1998 年开始实行贷款五级分类制度，将贷款分为“正常”“关注”“次级”“可疑”“损失”，其中后三类为不良贷款。若考虑到关注类贷款也存在影响还款能力的不利因素，我们可以将不良贷款和关注类贷款一起作为风险贷款进行分析。

表 1：贷款五级分类制度

正常	借款人有能力且愿意还款，经营、财务等各方面状况正常，现金流充足，没有足够理由怀疑其不能正常还本付息
关注	尽管借款人还款能力尚未出现问题，但是存在影响其还款能力的不利因素
次级	借款人还款能力出现问题，靠其正常营业收入和所提供的担保都无法保证银行足额收回贷款本息
可疑	因借款人财务状况恶化或无力还款，经银行对还款条件做出调整之后仍无力还款，即使执行担保后银行仍会遭受较大损失
损失	采取所有的措施和/或法律程序之后，仍无法收回或者仅能收回一小部分贷款

资料来源：Wind，天风证券研究所

根据 2016 年 25 家上市银行发布的年报，截至 2016 年年末，上市银行不良贷款总额 11852.9 亿元，比 2015 年年末增加 1670 亿元，增幅为 16.40%，2016 年末上市银行整体不良贷款率为 1.70%，比 2015 年上升 0.07 个百分点。2016 年年末，上市银行的关注类贷款总额为 23930.56 亿元，比 2015 年年末增加 2618 亿元，增幅为 12.28%。不良贷款加关注类贷款的总计风险贷款规模为 35783.44 亿元，比 2015 年增加 4288 亿元，增幅为 13.61%，包含关注类的风险贷款占全部贷款的比率为 5.12%，比 2015 年上升 0.08 个百分点。不良贷款余额方面，农业银行、工商银行、建设银行、中国银行四大行的不良贷款占上市银行总额的 64.74%。不良贷款率排前三位的上市银行分别为江阴银行(2.41%)、农业银行(2.37%)、张家港农商行(1.96%)，不良贷款率最低的三家上市银行为南京银行(0.87%)、宁波银行(0.91%)、上海银行(1.17%)。考虑关注类贷款的风险贷款比率排前三位的分别吴江银行(17.68%)、张家港农商行(8.91%)、杭州银行(6.44%)，比率最低的三家上市银行为宁波银行(2.25%)、北京银行(601169，股吧)(2.72%)、南京银行(2.80%)。

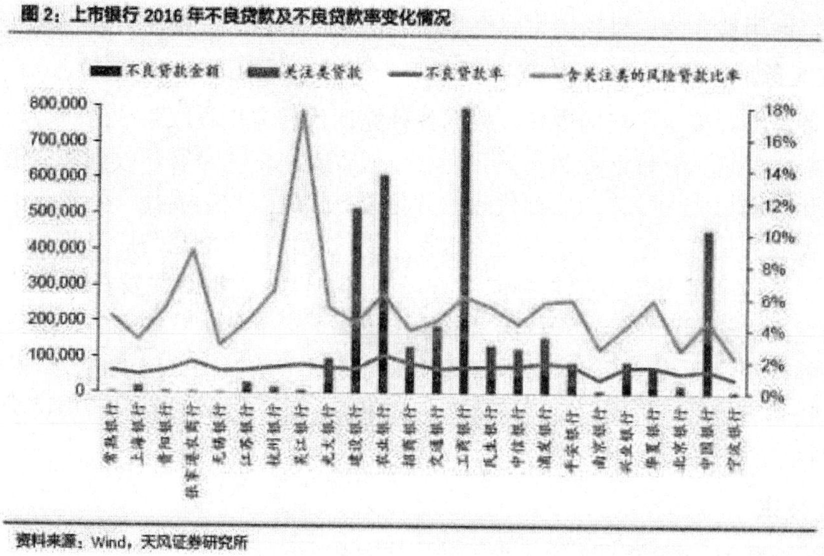

资料来源：天风证券研究所

(三)中间业务

中间业务是银行不需运用自己的资本，代替客户承办支付和其他委托事项而收取手续费的业务。主要包括汇兑业务、信用证业务、代收业务、同业往来、代客买卖业务、信托业务和租赁业务、代理融通业务、咨询和信息服务业务。

1. 汇兑业务

汇兑业务是银行代理客户把现款汇给异地收款人的业务。

这种业务要使用特殊的汇兑凭证——银行汇票或支付委托书。这些凭证是承汇银行向另一银行或分支行发出的命令，命令后者向第三者支付一定数额的货币，银行汇票由银行交给客户，客户再将它寄给收款人，由收款人向汇票指定的银行取款。支付委托书是由承兑银行用邮信或电报直接通知另一银行，再由后者通知第三者取款。

银行经营汇兑业务可以占用客户一部分资金，因为客户把款交给银行，银行再把款汇给异地的收款人，这中间总会有一段时间间隔。在这段时间内银行就可以占用客户的资金。虽然每一笔款项可占用的数额不大，时间也短。但由于银行每天办理大量的汇兑业务，这笔占用的资金为数就颇为可观。

2. 信用证业务

信用证业务是由银行保证付款的业务，可以解决买卖双方互不信任的矛盾。这种业务分为商品信用证和货币信用证两种。

商品信用证是银行应买方的要求，开给卖方的一种保证付款的凭证。在银行应买方的要求开出信用证时，信用证上开列买方购货所规定的条件：如货物的规格、数量、单价等，只要卖方按所列条件发货，就有权凭信用证要求银行付款。这种业务在异地采购，尤其在国际贸易中，使用非常广泛。

货币信用证是银行收取客户的一定款项后，开给客户保证在异地银行兑取相应现款的一种凭证。旅行者常使用这项特殊的汇兑，这样，他们可不必携带现金。

银行经营信用证业务，可以从中收取手续费，并可以占用一部分客户资金。

3. 代收业务

代收业务是银行接受客户的委托，根据各种凭证代替客户收取款项的业务。代收业务的对象包括支票、票据、有价证券和商品凭证等。代收支票款项是客户收到其他银行的支票，委托自己的开户银行代为收款。票据代收业务是银行接受客户的委托，负责收取票据款项。有价证券代收业务是客户把有价证券交给银行，委托银行代收利息与股息等。

商品凭证代收业务是卖方把货物向买方运送出去以后，把有关发货的商品凭证交给银行，委托银行代收款项，在异地和国际贸易中广泛采用商品凭证代收业务，而且这种业务往往与放款业务有密切联系。当客户把凭证提交银行请求代收时，一般就能及时从银行取得贷款；当银行收回货款后，再用货款偿还贷款。如果客户请求代收时并没有申请贷款，银行就可以占用代收过程中的资金。

4. 同业往来

同业往来是银行之间在进行各项业务时建立的往来关系。

银行在办理汇兑，信用证、代收等业务时，需要在不同地区的两家银行进行，而这两家银行如果没有隶属关系，就需要事先订立契约并建立往来账户，通过这种账户办理相互委托的收付事项。在这种业务中，银行之间就要发生债权债务关系。由于这种业务具有相互性质，所以债券债务可以相互抵消。但抵消后总会有一定的差额。如果某银行这种差额表现为负债，就占用对方银行的资金。

5. 代客买卖业务

代客买卖业务是银行接受客户的委托，代为买卖有价证券、贵金属和外汇的业务。

银行在代理国家发行公债或代企业发行股票和债券时，可以从发行总额中获得一定比率的手续费。这种收入往往是非常可观的。银行办理这种业务时，常常与资产业务相结合，即银行先按一定的折扣把有价证券买进，然后再陆续卖出。

在现代经济中，代理买卖证券业务已超出中间业务的范围，成为投资银行资本运营的一种主要形式。

6. 信托业务

信托业务是银行受客户的委托，代为管理、营运、处理有关钱财的业务。

这种业务按对象可划分为对个人和对社团、企业两个方面。

(1) 对个人的信托业务包括：代管财产、办理遗产转让，保管有价证券和贵重物品，代办人寿保险等等。目前因旅游业发达，银行的信托业务还为委托人设计旅游路线，另外还代拟家庭预算，代办个人纳税等。

(2) 对社团企业的信托业务包括：代办投资，代办公司企业的筹资事宜，如股票、公司债券等的注册、发行及股息红利分发、还本等事宜，代办合并或接管其他企业，代管雇员福利账户和退休养老金的发放、业务咨询，代理政府办理国库券、公债券的发行、推销以及还本、付息等。

银行经营信托业务一般只收取有关的手续费，至于在营运中获得的收入则归委托人所有。银行开展这项业务时，可把占用的一部分信托资金用于投资业务。

信托业务一般由专门的信托公司办理，但大的商业银行也设有信托部经营这种业务。

第二次世界大战后，信托业务发展极为迅速，其原因在于银行资产负债业务的联系面广，熟悉行情，信息渠道畅通，而且也和银行营运信贷资金密切相关。

同时由银行承办信托业务，较之个人之间的委托有许多优点，即银行要承担信誉和债务上的责任，集团评估决策，不单方面偏袒，应变能力强等。

银行承办信托业务，不仅可以把一部分信托资金留归自己使用，而且可以掌握大量企业股票，从而取得对一些企业的控制权。

我国《中华人民共和国商业银行法》中规定：商业银行不得办理信托投资业务，但可以代理保险业务。

7. 租赁业务

租赁业务是银行通过所属专业机构将大型设备出租给企业使用的业务。

这种业务一般是由银行所控制的分公司经营。租赁的范围包括飞机、船只、车辆、钻井平台、电子计算机和各种机电设备，目前甚至扩大到成套工厂。租赁的一般程序是，先由租户直接与设备制造厂商就设备的型号、规格、数量以及价格和交货日期等进行谈判，谈判结束后，租赁公司向设备制造厂商购买设备，所需资金由租赁公司负责；然后租户与租赁公司签订租赁合同，与设备制造厂商签订维修、培训人员、更新部件等技术合同。厂商按合同向租户所在地发货，货到验收合格后，租期即开始。租户按合同规定，向租赁公司交纳的租金总额包括设备费，手续费和利息等。租期一般为3～5年，也有达10年的，租期中一般不得中途解约，租期结束后，承租人可续租，议购或终结租赁退回设备。

8. 其他的中间业务

(1) 代理融通业务。代理融通是由商业银行代客收取应收账款，并向顾客提供资金融通的一种业务方式。这种业务产生于工商企业扩大销售与收回货款的需要，既有利于应收账款按时收回，又可解决赊销企业资金周转不灵的困难，因此极受客户的欢迎。

商业银行在办理此项业务时可以收取一定的手续费和融资的利息，因此是一项很有发展潜力的业务。

(2) 咨询和信息服务业务。由于银行同各方面均有联系，对市场情况了解较多，所以企业经常咨询有关业务。因此，一些国家的大商业银行设立专门机构从事此项业务。包括企业资信评估，提供商品市场供需结构变化趋势，协助专业研究会计手续、结账办法、估算流动资金情况，分析成本，选择客户等。

(3) 电子计算机服务业务。一些大的商业银行为了业务上的需要，广泛采用电子计算机。银行拥有的电子计算机除处理本身业务外，还向客户提供服务，包括向企业提供关于市场及投资的分析报告，电子银行、网上银行服务等。

(4) 银行卡。银行卡是由银行发行、供客户办理存取款和转账支付的新型服务工具。包括信用卡、支票卡、记账卡、智能卡等。它是银行业务与高科技相结合的产物，使银行业务有一定突飞猛进的发展。

知识点提示

银行卡

银行卡包括借记卡、贷记卡和储值卡。借记卡是指由商业银行向社会发行的具有消费信用、转账结算、存取现金等全部或部分功能的支付工具，但不能透支。贷记卡是由银行或信用卡公司向资信良好的个人和机构签发的一种信用凭证，持卡人可在指定的特约商户购物或获得服务。信用卡既是发卡机构发放循环信贷和提供相关服务的凭证，也是持卡人信誉的标志，可以透支。按照授信程度的不同，贷记卡分为真正意义上的贷记卡和准贷记卡。贷记卡是指发卡银行给予持卡人一定的信用额度，持卡人可在信用额度内先消费后还款的信用卡。准贷记卡是指持卡人须先按发卡银行要求交存一定金额的备用金，当备用金账户余额不足支付时，可在发卡银行规定的信用额度内透支的信用卡。储值卡是指非金融机构发行的具有电子钱包性质的多用途卡种，不记名、不挂失，适合小额支付领域。

习惯上，人们将银行发行的借记卡和贷记卡统称为银行卡。2004 年 1 月 18 日，中国人民银行批准中国内地银行发行的有“银联”标识的人民币银行卡在香港地区使用，这是我国银行卡业务发展中又一个新的重大突破。中国内地为香港银行开办个人人民币业务提供清算安排的相关工作取得了初步成效。

电子钱包性质的储值卡基本上是由非金融机构发行的。一些城市，如上海和厦门，使用的卡基电子货币可用于公共交通、餐饮连锁店等。预计卡基电子货币将越来越多地用于公共交通、高速公路收费、汽车租赁、旅游集散地、停车场、加油站以及超市，并可能扩大到公用事业收费等。储值卡的资金清算，由发行者为商户提供交易数据处理服务，并借助银行完成发行者与商户之间的资金划转。

实际上，除上述新业务外，银行为了拓展业务和获取利润，还向客户提供多方面的服务，如住宅及不动产管理业务，协助中小企业发展业务，协助开展国际贸易和国际投资业务等。

近年来，美国的商业银行还对住房、交通、公共设施、都市计划等方面，提供金融方面的合作，并对教育及职业训练的发展，给以多方面的支持。

过去银行只是存、放、汇、投资等业务的传统已被打破，现代商业银行可在各方面提供服务，金融服务项目日益增多，成为所谓“充分服务的银行”，使之具有了“金融百货公司”的性质。

阅读专栏

中间业务或成银行利润增长重要途径

当前，商业银行经营形势十分严峻，银行业面临的困难和挑战较多。“不良”持续双升以及利润增长趋缓。今年一季度，随着前期连续降息对净息差影响的逐步显现，商业银行净利息收入将进一步下滑。从上市银行 2015 年度业绩报告看，各家银行的利润虽然都实现了净增长，但是净利增速逐季下滑，增幅明显收窄，在部分表现亮丽的银行业绩中，中间业务收入占了很大比重。

民生银行以 33.91%的增速，实现手续费及佣金净收入达到 512.05 亿元，同比增加 129.66 亿元，占营业收入比率为 33.16%，同比提高 4.93 个百分点。2015 年中信银行以 39.55%的增速实现手续费及佣金收入 376.39 亿元，主要由于银行卡手续费、代理手续费及理财服务手续费等项目增长较快。受益于投行、托管、票据、理财和黄金业务的快速发展，平安银行中收

占比再创新高。2015 年该行实现非利息收入 300.64 亿元，同比增长 47.65%，在营业收入中的占比由 2014 年的 27.74%提升至 31.26%。其中，手续费及佣金净收入 264.45 亿元，同比增长达到 52.18%。

尽管如此，商业银行的存贷业务收入仍然是其收入的主要来源。中间业务经过这些年的发展，比重有所提高，但仍不充分。目前，银行卡刷卡费率有变化的新规或将抑制银行中间业务收入的增长，根据央行计算，银行卡刷卡费率下降，每年让利给商户合计 74 亿元，商户手续费减少意味着银行的中间业务收益受损。

(资料来源：《经济参考报》)

第三节　政策性银行

政策性银行是指那些由政府创立、参股或保证的，不以盈利为目的，专门为贯彻、配合政府的社会经济政策与意图，在特定的业务领域内，从事政策性金融活动，支持政府发展经济，促进社会全面进步，配合宏观经济调控的金融机构。政策性银行主要包括经济开发政策性银行、农业政策性银行、进出口政策性银行和住房政策性银行等。

各国在经济发展过程中，都会有一些重点发展的项目和重点扶持的产业，这些项目或产业对国民经济长远发展、社会稳定具有重要意义，如农业开发项目、商品进出口贸易、基础设施建设等。但这些项目或产业往往投资规模大、周期长、风险高，而经济效益低、资金回收慢，一般商业性金融机构不愿意或没有能力承担融资服务。为了扶持这些项目和产业的建设和发展，政府除了在产业政策上给予扶持外，通常都会成立政策性金融机构，专门为其提供融资服务。

一、政策性银行的经营原则

在市场经济国家中，政策性银行既不同于中央银行，也不同于商业银行，它具有以下的基本经营原则。

(一)有政府的财力支持和信用保证

从世界各国来看，多数国家的政策性银行都是由政府出全资创立，如韩国开发银行、美国进出口银行、中国的三家政策性银行等。也有一些国家的政府只参与部分资本，联合商业银行和其他金融机构共同设立，如法国对外贸易银行，就是由法兰西银行及几家商业银行和其他金融机构共同投资设立。

无论实践中政策性银行采用何种设立方式，但无一不是以政府作为坚强的后盾，同政府有种种密切的联系。

(二)不以追求利润最大化为目标

政策性银行的经营活动不以追求利润最大化为目的，而是为了贯彻和配合政府的社会经济政策或意图，或者说是为实现宏观效益。这是政策性银行与商业银行的根本区别之一。比如一国落后地区的开发，对该国经济平衡发展、社会安定与进步有很大意义，然而，在经济现代化过程中，相对缺乏的资金若以盈利为指向，则不仅不会流向落后地区，而且会出现从落后地区流出，流向资金盈利率较高的经济发达地区，在这种情况下，商业性金融机构的经营宗旨与宏观经济发展目标是相悖的，这样，只有政府创设的追求宏观效益的政策性金融机构才能向落后地区输送资金。当然这并不意味着政策性金融机构完全忽略项目的效益性，运行的结果必然是亏损的，而只是说它主观上不以盈利为目的。

(三)具有特定的业务领域

政策性金融机构不与商业银行进行竞争，以经办政府的中长期项目贷款为主，这些贷款项目一般都是政府经济发展规划及产业政策中重点扶植的项目，投资规模大、周期长、资金回收慢，如基础设施建设贷款、重点发展的产业开发贷款、社会福利建设贷款、改善环境的建设贷款。同时政策性金融机构的贷款利率一般低于同期限的商业银行利率。

(四)遵循特殊的融资原则

政策性银行是政府根据社会和经济发展的特殊需要，依据一定的特殊目的建立起来的政策性金融机构，因此，它应遵循特殊的融资原则。

1. 特殊的融资条件或资格

一般而言，融资对象必须是在从其他金融机构不易得到所需的融通资金的条件下，才有从政策性金融机构获取融资的资格，如日本的各金融公库均有此规定；在美国，小企业管理局甚至要求借款人提供足够的证据来证明它不能从其他金融机构获得资金，才给予资助。

2. 特殊的融资内容和利率

政策性银行主要提供中长期资金，利率明显低于商业银行的同期同类贷款利率，有的甚至低于筹资成本，要求按期偿还本息，若因偿还困难出现亏损，由政府给予补贴。

3. 特殊的融资导向和政策

政策性银行还有一个重要的功能，就是对其他金融机构所从事的符合政策目标的贷款和投融资活动给予偿付保证、利息补贴和再融资，以此给予鼓励和支持、推动更多的金融机构从事政策性融资活动。

(五)有独自的法律依据

政策性银行不受普通银行法的制约，而是以单独的法律条例规定的宗旨、经营目标、业务领域和业务方式等从事业务活动。如《日本输出入银行法》就是日本输出入银行恪守的法律依据。但应当明确，政策性银行依据特定的法律法规经营，不受商业银行法律法规的约束，这是由它的特殊性质和业务范围所决定的，并不意味着它有一种特权。政策性银行更是以一般的金融主体的身份平等地参加金融活动，它并不代表国家权力，更无操纵、干预一般金融机构的权力。

(六)不参与信用创造

不参与信用创造是政策性银行与商业银行的又一根本区别。因为政策性银行的资金来源主要不是吸收存款，而往往由政府提供，或者是在政府保证下从金融市场筹集来的，这些负债都是中央银行和商业银行已经创造出来的货币，而政策性银行的资金运用一般是专款专用，一般也不会增加货币供给，因此，政策性银行通常不具有派生存款和增加货币供给的功能。

阅读专栏

中国农业发展银行大力推进旅游扶贫贷款业务发展

中国农业发展银行充分发挥政策性金融扶贫作用，大力推进旅游扶贫贷款业务，有效带动贫困地区旅游经济发展和贫困人口脱贫致富。自2016年8月开办旅游扶贫贷款业务以来，全行共审批旅游扶贫贷款项目90个，审批贷款203.18亿元，累计发放旅游扶贫贷款76.48亿元。截至今年1月下旬，旅游扶贫贷款余额75.44亿元，解决了5.41万建档立卡贫困人口的脱贫问题。

据介绍，农发行于2017年年初建立旅游扶贫贷款项目库，5月向全系统发出通知，对全国4A级以上旅游风景区旅游扶贫贷款融资需求情况进行摸底，并组织分行积极对接，逐步形成上下联动、总分行结合的营销模式。目前，旅游扶贫业务已覆盖该行的23个省级分行。

同时，农发行还积极搭建政银合作平台。2017年3月，农发行与国家旅游局在京签署合作协议，共同推进支持乡村旅游扶贫工程。2017年5月，农发行联合其他11家金融机构与国家旅游局联合下发通知，推出第三批全国优选旅游项目名录，共同引导对旅游重大项目和新业态项目的投资。2017年9月，参加国家旅游局举办的乡村旅游扶贫重点村村官培训班并授课，宣介该行的旅游扶贫信贷政策。

此外，农发行深入挖掘各地资源禀赋，培育了一批市场前景良好、具备持续“造血”能力、能带动贫困户长期稳定增收的旅游扶贫项目，逐步形成“红色旅游+扶贫”“健康旅游+扶贫”“乡村旅游+扶贫”等支持模式。并在开发专项旅游扶贫信贷产品的基础上，积极发挥贷款产品组合优势，推进一二三产业融合发展。

(资料来源：金融时报-中国金融新闻网整理)

二、政策性银行的负债业务

政策性银行的负债业务，是政策性银行组织和筹集资金来源的业务，是政策性银行经营的基础。由于政策性银行是在市场经济条件下为直接贯彻国家产业政策，促进国民经济结构调整，优化社会资源合理配置而建立的，因此，政策性银行负债业务的经营目标是以最低的成本、最优的服务吸收适量的资金。综观世界各国，政策性银行的资金来源多种多样，因各国的经济金融环境差异而有所不同，经济发展水平、政府对经济金融的干预、金融市场是否完善以及对外开放程度都在不同程度上决定或影响其筹措资金的方式和渠道。

(一)政策性银行资金来源的特点

充足、优惠、稳定的资金来源，是政策性银行赖以发挥其职能作用的前提和基础。由于政策性银行具有特殊的性质、职能和任务，从而决定了政策性银行的资金来源具有低成本、长期性、高效率和统筹性的特点。

1. 资金来源的低成本性

资金来源的低成本性是指政策性银行的筹资成本或费用不能太高，应低于一般商业银行的筹资成本。这个特点是由政策性银行的性质所决定的。政策性银行的资金运用主要是为了弥补市场机制对社会资源配置的不足，以实现国家总体经济发展战略意图。因此，政策性银行的资金多用于市场机制失效的投资领域，如基础设施、基础产业和支柱产业，这些领域尽管具有宏观或长远效益，但微观或近期效益不好，这就决定了政策性银行的资金运用扣除正常的营运费用外，能取得的收入是十分有限的，加上政策性银行必须保本经营或保本微利，所以，政策性银行资金来源的成本和费用不能太高，只能以较低的融资成本来解决自己的资金来源。当然，低成本并不是指每一项资金来源都以较低的成本取得，而是整个政策性银行资金来源的综合成本应当比较低。

2. 资金来源的长期性

资金来源的长期性是指政策性银行需要长期的、稳定的资金来源。从宏观的角度看，我国是一个典型的二元经济结构的国家，表现为发达的现代工业部门与落后的传统农业并存、发达的沿海经济与落后的内地经济并存。为了逐步消除我国地区之间的差异，实现经济的均衡发展，促进我国从二元经济走向一元现代经济，政策性银行肩负重任，如支持基础产业和基础设施建设、消除经济发展中的“瓶颈”制约、扶持中西部经济发展、促进城乡经济一体化、为实施出口替代战略创造条件等，因此，政策性银行需要大量、长期、稳定的资金来源。从微观的角度看，政策性银行的贷款对象多是期限较长的基础产业、基础设施和支柱产业的建设项目，项目建设周期长，资金占用时间长，这就要求政策性银行在资金来源上必须以长期资金为主，否则，政策性银行难以适应长期投资的需要。

3. 资金来源的高效性

资金来源的高效性是指政策性银行要能便捷地、经手环节少的大量集中相对稳定的低成本资金。政策性银行资金来源的高效性，是由政策性银行资金运用的特点决定的，由于政策性银行资金运用的期限一般较长(平均期限 10 年左右，长的可达 20 年)，规模较大，尤其是一些社会公益事业和国家基础产业，政策性银行资金投入规模较大。这就决定了政策性银行资金来源应是大量集中，相对稳定，可用期限长。政策性银行资金来源的低费用，大量集中，相对稳定，可用期限长，要求政策性资金来源具有高效性。

4. 资金来源的统筹性

资金来源的统筹性是指政策性银行资金来源的总量、来源方式和渠道需要统一筹划，不能完全由政策性银行自己决定。各政策性银行虽然所处的领域和经营的业务不同，但都必须服从国家的宏观总目标。这样，为保证各政策性银行履行其职能和完成其任务，就需要相应地统一考虑各政策性银行的资金来源，包括政策性银行资金来源总量需求，单个政策性银行资金来源数量，资金获取方式，是否需要开辟新的融资渠道等。

(二)政策性银行的主要资金来源

由于各国的历史条件及背景、经济、金融环境、经济发展水平、政府对经济金融的干预程度、金融市场的发达程度以及对外开放度都有所不同，因此，各国政策性银行资金来源的主要方式和渠道就有所不同，但总括起来以下渠道是共同的。

1. 政府供给资金

政府供给资金是政策性银行的启动资金和重要的业务资金来源。世界上大多数国家政策性银行的资本金都是由政府全额拨付的，还有一部分国家政府只对政策性银行提供部分资本金，但一般也占全部资本金的相当部分，如，日本的政策性金融机构——“二行九库”(日本开发银行、日本进出口银行、国民金融公库、中小企业金融公库、中小企业信用保险公库、环境卫生金融公库、农业渔业金融公库、住宅金融公库、公营企业金融公库、北海道东北开发金融公库、冲绳振兴开发金融公库)的资本金即由日本政府全额提供；马来西亚开发银行资本额 2000 万美元中政府资金占 92.5%。

政府对政策性银行供给资金量的多少取决于一个国家所处的经济发展阶段和经济、金融环境及制度，更直接取决于一个国家政府对经济金融的干预程度及金融市场的发达程度。政府对经济、金融干预程度强，其资金供给量自然就大，政府供给资金在政策性银行资金来源中所占的比重就高。政府对经济金融干预程度弱，充分发挥市场机制作用的国家，不仅政策性银行少，而且政府对政策性银行资金供给的量也少，政府供给资金在政策性银行资金来源中所占的比重就低。

2. 发行金融债券

在金融市场上发行债券筹资是某些发达国家政策性银行的主要筹资方式，也是发展中国家政策性银行的辅助筹资方式。需要说明的是，一些国家对政策性银行发行债券有限额规定，如美国中期信贷银行发行债券不得超过其资本金及盈余的 10 倍，日本开发银行被允许在资本金和准备金总额的 10 倍限度内向政府借款和发行债券。一些发展中国家国内市场不太发达，规模也不大，所以在本国难以筹集到足够的资金，它们通常面向国外金融市场筹措资金，因此，政策性银行在金融市场上发行金融债券筹集资金包括向国内金融市场发行债券和向国外金融市场发行债券。向金融市场发行债券筹资具有信誉高、风险小的优势，但也具有筹资成本高的不足。

3. 借入资金

从世界各国的情况看，政策性银行借入资金的方式较多，途径较广，包括向财政、中央银行、政府部门借入资金，还有借入公共资金和国外资金等。如美国进出口银行借入资金曾是其主要资金来源，韩国进出口银行借款渠道包括国家投资基金、中央银行和国内外其他金融机构。政策性银行还可以从储蓄机构，尤其是国家兴办的储蓄银行借入中长期资金，以改善其资金结构，承担起中长期资金提供者的职责。如法国国家信贷银行、土地信贷银行和农业信贷银行都从信托信贷银行借入资金。另外，从一些发展中国家的开发性金融机构来看，它们还从世界银行、各洲开发银行等国际金融机构借入资金，如墨西哥全国金融公司就可代表政府与国际金融组织谈判接受其贷款。

4. 吸收存款

政策性银行是否吸收存款和吸收存款的种类各国有较大的差异。有相当一部分政策性银行，特别是一些发达国家的政策性银行不吸收存款，如美国的联邦专业信贷机构、法国的复兴信贷银行和日本的“二行九库”等，都不吸收存款，以避免同其他商业银行开展不合理竞争。但是，也有一些发展中国家的政策性银行吸收存款。这是因为，发达国家金融市场交易活跃，资金规模巨大，政策性银行可以从金融市场上筹措到足够的资金，因而不吸收存款；而处于经济起飞阶段的发展中国家，为了扩大资金来源，缓解财政困难，则要吸收存款。政策性银行吸收存款有两种：一种是只吸收往来对象或会员存款，而不吸收社会公众存款，我国属于此类；另一种是既吸收往来对象或会员的存款，又吸收社会公众的存款，其中主要吸收储蓄存款或定期存款，少数吸收活期存款，如法国农业信贷银行吸收会员储蓄存款、定期存款和活期存款，韩国开发银行吸收储蓄存款和往来对象的活期存款。

5. 通过社会保障体系及邮政储蓄筹资

政策性银行向社会保障体系及邮政储蓄系统借款包括向社会保险体系、养老基金或退休基金、医疗基金、就业基金、住房公积金借款以及向邮政储蓄借款等。因为社会保障体系总有一定的资金沉淀，而且随着时间的推移，沉淀额还会越来越大，邮政部门原则上又不是资金运用部门，因此，社会保障体系及邮政储蓄的资金具有量大集中的特点，如果这部分资金闲置不用，那是社会资源的浪费，所以，应充分对这部分资金加以利用。因此，向社会保障体系及邮政储蓄借款，成为一些国家的政策性银行的主要资金来源，甚至占相当高的比重，如日本“二行九库”的资金来源中，向社会保障体系及邮政储蓄借款要占整个资金来源的70%～80%。

三、政策性银行的资产业务

政策性银行的资产业务，是政策性银行运用其资金的业务，也就是政策性银行对商业银行不愿或不能涉足的产业提供信贷支持，是政府矫正市场失灵的重要举措。在我国，政策性银行的建立，不仅是矫正市场失灵的客观需要，而且具有分离国有商业银行的政策性业务和商业性业务，促进其向真正意义上的商业银行转化的特殊意义。

(一)政策性银行资金运用的目的和方针

政策性银行资金运用的主要目的是实现社会经济效益。政策性银行并非纯粹的金融企业，它代表的主要是政府利益，自身利益则摆在了次要地位，因此它的行为目的和方式都体现政府的意志。政策性银行资金运用的目标在于通过合理地引导资金的流向和流量，通过资金的投入来促进生产力的合理布局和资源的优化配置，调整产业结构，促进区域经济发展，保证社会经济的协调、平稳、持续、健康发展。

政策性银行资金运用的方针是自主经营和保本微利。虽然政策性银行自身的经济利益并不摆在非常重要的位置上，但也要进行经济核算，在经营过程和货币收支核算中应坚持保本微利的方针。

(二)政策性银行资金运用的原则

政策性银行的经营原则不同于商业银行，它要贯彻政府的政策意图，决定它必须坚持政策性原则。它以银行的形式存在，是特殊的金融企业，决定它必须贯彻安全性和效益性原则。

1. 政策性原则

所谓政策性原则是指政策性银行在一切经营活动中，以国家政策为导向，服务和服从于国家的各项方针政策，即产业政策、区域发展政策和外贸政策等，坚持为经济发展服务的方向。政策性原则是政策性银行经营管理的前提，但这并不意味着政策性银行只是被动地为政策项目提供资金，而是要积极参与项目的决策，使国家的信贷政策与产业政策相互衔接。

2. 安全性原则

所谓安全性原则是指政策性银行的资产免遭损失，顺利收回本息的可靠性程度。尽管政策性银行同商业银行在经营目标上大不相同，但二者在注重资产经营安全上是一致的。政策性银行作为承担政策性业务的特殊金融企业，要受政府管理，有时还会受到地方政府的行政干预，政策性银行支持的又是商业银行不愿支持的低盈利业务或弱质产业，因此更要注重风险的防范和控制，确保资产的安全。

3. 效益性原则

所谓效益性原则是指政策性银行在业务经营活动中，既要追求社会效益，又要取得自身效益，实现保本经营。一方面，政策性银行在业务经营过程中，主要应从国家产业政策和区域经济政策的需要来评价和选择贷款及投资项目，不以盈利为主要目的；另一方面，不以盈利为主要目的并不等于不讲经济核算，不求经济效益。政策性银行既然是银行，就应该按照银行“有借有还，有偿使用”的原则来运行，否则政策性银行就失去了生存的基础和发展的条件，所以，这二者是统一的。

(三)政策性银行资金运用的主要内容

政策性银行资金运用的内容主要包括贷款业务、投资业务和担保业务等。

1. 贷款业务

政策性银行的贷款业务是政策性银行的主要业务活动，包括普通贷款和特别贷款、直接贷款和间接贷款及联合贷款等。

普通贷款是指政策性银行承担的、一般性金融机构也可能发放的贷款；特别贷款是指政策性银行发放的、一般性金融机构不能或不愿从事的贷款，其利息低、期限长，体现了政策性银行贯彻国家经济与社会发展政策的特殊职能。对于特别贷款政府通常给予补贴或担保。

直接贷款是指政策性银行直接向贷款对象发放贷款，这是政策性银行贷款的主要方式。直接贷款通常具有明确的贷款对象，一般适合于产业开发和地区经济的开发。间接贷款则是指政策性银行不直接向放款对象贷款，而是通过其他机构转贷款或委托贷款，政策性银行有相当一部分贷款业务采用这种方式来进行。也有许多国家的政策性银行只从事间接贷款活动。间接贷款没有明确的贷款对象，通常适合于规模较小、对象分散的一些项目。政策性银行也可以同时采取直接和间接两种形式发放贷款。

联合贷款是政策性银行联合其他金融机构共同为某一个项目进行的贷款，政策性银行在联合贷款的金融机构中发挥领导和组织者的作用。

政策性银行的贷款以中长期贷款为主，并且多为资本性用途。

2. 投资业务

在政策性金融机构中，从事投资活动的主要是开发性金融机构。一般而言，政策性银行的投资业务主要包括股权投资和证券投资两个方面，股权投资一般是用于为贯彻政府社会经济发展战略意图而有必要进行控制的行业或企业。证券投资是政策性银行对符合政府产业和地区政策的企业所发行的中、长期债券进行认购。当然，政策性银行进行股权投资和证券投资是一种过渡性、诱导性的手段，而不是出于持股或盈利的目的。投资的准则主要是服从宏观经济与政府政策的目标要求，以保证国家产业政策的落实和开发目标的实现。

3. 担保业务

政策性银行的担保业务是指政策性银行对其他银行所发放的符合政策意图的贷款给予偿还性保证，同时还对业务对象的债务进行保证，当借款人到期无力偿还贷款时，由政策性银行负责偿还全部或部分贷款。

政策性银行提供的保障方式主要是一般保证和连带责任保证。一般保证是指当事人在保证合同中约定，债务人不能履行债务时，由保证人承担保证责任。连带责任保证是指当事人在保证合同中约定保证人与债务人对债务承担连带责任。

政策性银行的担保业务很广泛，种类繁多。从各国政策性金融机构的担保业务来看，主要有：筹资担保、租赁担保、预付款担保、付款保证、延期付款担保、透支担保、投标担保、承包工程担保、加工装配进口担保和补偿贸易担保等。

政策性银行开展担保业务，转移了贷款风险，有助于改善借款人的融资地位和条件，并刺激和鼓励商业性金融机构扩大贷款额，从而以较少的资金推动和吸引更多的资金流向政策性融资目标，因此，它是政策性银行的一项重要业务活动。

政策性银行的资金运用，除开展贷款业务、投资业务和担保业务外，还可以较多地采用诸如贴现业务、利息补贴业务、信贷保险业务等方式运用资金和开展业务活动，但这些业务的规模和影响都不大。

知识点提示

政策性银行与商业银行的区别

1. 经营方式不同。政策性银行多由政府出资建立，业务上由政府相应部门领导。商业银行多采取股份制的形式，业务上自主经营、独立核算。

2. 资金来源不同。政策性银行一般不接受存款，也不接受民间借款。而商业银行以存款作为其主要的资金来源。

3. 经营目的不同。政策性银行是为了支持某些部门的发展而专门成立的，不以盈利为目的，与相应的产业部门关系密切。而商业银行则以利润最大化为经营目的，业务范围广泛。

阅读专栏

我国的政策性银行发展历程

新中国成立后，国家对民国时期的银行进行了全面整顿，中国人民银行吸收合并了国内绝大部分银行，集中央银行、商业银行于一身，成为大陆地区唯一的银行。当时的政策性业务，主要由人民银行负责。

1978 年改革开放后，国家采取了多项举措，使国内银行业呈现多元化发展措施，包括下述各项。

1. 恢复了中国建设银行、中国农业银行、中国银行。

2. 新办了中国工商银行、交通银行。

3. 向深圳、广东、福建、上海四地政府发放了银行牌照，由当地政府主持创办深圳发展银行(1987)、广东发展银行(1988)、兴业银行(1988)、上海浦东发展银行(1992)。

4. 向招商局集团、中信集团、光大集团、首钢集团四家国有企业发放了银行牌照，开办了招商银行(1987)、中信实业银行(1987)、中国光大银行(1992)、华夏银行(1992)；打破了银行由政府创办的垄断局面。

1978—1994 年间，国家的政策性业务主要有工商银行、农业银行、中国银行和建设银行承担。

1993 年 12 月 25 日，国务院发布《国务院关于金融体制改革的决定》(以下简称《决定》)及其他文件，提出深化金融改革，将工农中建四大行建设成国有大型商业银行，为此，从四大行中剥离出政策性业务，组建了专门承担政策性业务的专业银行，即政策性银行。该文件成为政策性银行筹建的主要法律文件，从此，工农中建四大行由专业银行转型为国有商业银行，不再承担政策性金融业务。

1994 年 3 月 17 日，国家开发银行在北京成立，注册资本 500 亿元人民币，主要承担国内开发型政策性金融业务。

1994 年 7 月 1 日，中国进出口银行在北京成立，注册资本 33 亿元人民币，主要承担大型机电设备进出口融资业务。

1994 年 11 月 8 日，中国农业发展银行在北京成立，注册资本 200 亿元人民币，主要承担农业政策性扶植业务。

国家开发银行、中国进出口银行、中国农业发展银行，均直属国务院领导。

2007 年，中央汇金公司和国家开发银行于 12 月 31 日在北京签署协议，向国家开发银行注资 200 亿美元。

2008 年 2 月，国务院批准了国家开发银行改革实施总体方案。

2008 年 12 月 16 日，国家开发银行股份有限公司 16 日在京挂牌成立，成第一家由政策性银行转型而来的商业银行，标志着我国政策性银行改革取得重大进展。目前，银监会在统计口径中将中国进出口银行、中国农业发展银行列入政策性银行，将国家开发银行与政策性银行并列统计。

(资料来源：根据百度百科资料整理)

第四节 保险公司

在日常生活和经济活动中，发生意外损失的风险是必然存在的，但这一风险发生在谁身上，在什么地方发生以及什么时候发生却带有很大的偶然性。正是因为风险发生存在的这种必然性和偶然性，人们才有被保险的需求，保险公司也才有经营和发展保险业务的积极性。

一、保险公司的特征

保险是分散风险的一种经济补偿制度，它通过对不确定事件发生的数理预测和收取保险费的方法，集合有同类性质危险的多数人的资金建立保险基金，由大多数人来分担少数人的损失，实现保险购买者风险转移和理财计划的目标。分散风险、补偿损失是保险的基本职能；投资和防灾防损是保险的派生职能。保险在宏观和微观经济活动中的作用有二：一是发挥社会稳定器作用，保障社会经济的安定；二是发挥社会助推器的作用，为资本投资、生产和流通保驾护航。这是保险的自然属性使然，无论是哪一种社会制度下的保险概莫能外。

保险公司是专门经营保险业务的专业性金融机构。保险公司通过合同形式与投保人建立权利义务关系，根据合同约定向投保人收取保险费，保险公司则对合同约定可能发生的灾害事故所造成的财产损失承担赔偿保险金责任，或者当被保险人死亡、伤残、疾病或者达到合同约定的年龄、期限时承担给付保险金责任。

保险公司像银行一样，经营的也是金融中介业务，其业务活动的实质是帮助公众将一种资产转化为另一种资产或保障，保险公司将收取的保险费投资于股票、债券及各类金融资产上，并运用这些金融资产所得的收益来支付保单所规定的权益。实际上，保险公司把诸如债券、股票和贷款之类的资产转换成了提供一系列服务(例如：权益的调整、储蓄计划、支善的保险代理人等)的保险单。如果保险公司在上述资产转换过程中能够有效地以较低的费用向客户提供适当的保险服务，且能在其投资方面获得回报，它就会得到利润；否则，它就要承受损失。在世界各国特别是市场经济发达的国家，保险公司是除银行外最重要的金融机构，在国民经济中发挥着重要作用。

二、保险公司的经营原则

(一)保险经营的一般原则就是商品经营的一般原则

保险经营的一般原则包括经济核算原则、随行就市原则和薄利多销原则。

1. 经济核算原则

经济核算原则是所有以盈利为目的的商业经营都要遵循的原则。保险经营实行经济核算，可以促使保险公司全面加强经营管理，提高经济效益，增强保险偿付能力。同时，经济核算还可以促使保险公司压缩各项费用支出，节约保险成本，提高利润水平。保险企业经济核算的主要内容包括保险成本核算、保险资金核算、保险利润核算。

保险企业的利润核算同其他生产经营企业的利润核算有着较大的差别。一般企业的利润是当年的生产经营收入减去当年的生产支出，而保险企业不能简单地把当年的保费收入减去当年的赔款和费用作为利润。保险公司经营利润的核算，除要从保险费收入中减去保险赔款、经营费用和税金外，还要减去保险公司的各项准备金。这是由各年保险风险发生的不平衡性和未了责任的延续性所决定的。保险公司经营中的各项准备金是保险公司对全体被保险人的负债。因此，在进行保险利润核算时，要特别注意未了责任。

2. 随行就市原则

随行就市原则是市场观念的具体体现。随行就市，是商品经营者根据不断变化的市场行情，采取及时调整商品结构和价格水平的措施，以适应市场需求的主动行为。

保险经营也必须遵循随行就市原则。目前我国保险市场的竞争格局已基本形成，保险企业对市场的依赖越来越强，这就要求保险企业必须从实际出发，善于捕捉市场信息，及时作出灵敏的反应，随行就市，不断调整保险产品的品种和价格水平，做到适销对路，降低风险成本，在竞争中赢得主动权。

3. 薄利多销原则

薄利多销有利于企业的资金周转，提高资金利用率；有利于降低单位产品成本，增加企业盈利；有利于扩大企业的市场占有率。因此，薄利多销原则已成为一般商品经营的重要原则。

保险企业也要遵循薄利多销原则，具体体现在保险价格的确定上。合理的保险价格体现着等价交换的原则，是保险经营的中心问题。保险价格过高，不仅会损害投保人的利益，同时会使保险企业在竞争中处于不利地位，影响业务的拓展。保险价格过低，则会导致保险企业缺乏足够的偿付能力，甚至亏损，最终影响被保险人的利益。

(二)遵循一般商品的经营原则外，还要遵循自己的特殊原则

1. 风险大量原则

风险大量原则是指在可保风险范围内，保险人根据自己的承保能力，努力承保尽可能多的风险单位。风险大量原则是保险经营的基本原则，这是基于以下几方面的原因。

(1) 保险经营必须建立在大数法则基础之上，它是计算保险费率的数理基础。只有承保大量的风险单位，大数法则才能显示其作用，使风险发生的实际情形与预先计算的风险损失概率更加接近，确保保险经营的稳定性。

(2) 风险的发生具有不确定性，只有承保尽可能多的风险单位，才能建立起雄厚的保险基金，才能保证保险经济补偿职能的履行，从而体现保险经营“取之于面，用之于点”的特点。

(3) 扩大承保数量可以降低保险成本，提高经济效益。承保的风险单位越多，保费收入就越多，而营业费用就会随之相对减少。因此，扩大承保数量是保险企业提高经济效益的一个重要途径。

2. 风险分散原则

风险分散原则，是指某一风险责任由众多的人共同分担。保险经营的实践证明，如果保险人承担的风险过于集中，那么一旦发生较大的风险事件，保险人就无法赔付巨额损失。这既威胁着保险企业的生存，也有损于被保险人的利益。因此，保险人为保证经营的稳定性，应使风险分散的范围尽可能扩大。风险分散，包括承保前分散和承保后分散。承保前实行风险分散，主要通过承保控制的方法进行，即保险人对所承保的风险责任加以适当控制。承保前控制的手段主要有：规定一定的免赔额；实行比例承保；规定按实际损失赔偿；控制高额保险；在承保时要合理划分危险单位，并使每个危险单位尽可能独立。例如，在承保火灾保险时，对于市区密集街道地域，可分成若干地段，并估测每一地段的最大损失可能，从而确定保险人对每一地段所能自负的最高限额。这样，就可使火灾风险有效分散，并使保险人所承担的保险责任被控制在可承受的范围之内。承保后的风险分散，主要是采取再保险和共同保险的方法。共同保险，是由多个保险人共同承保风险较大的保险标的。如某企业有150万元财产要保险，由三家保险企业各承保60万元、50万元和40万元，以此分散风险责任。再保险是指保险人为了分散风险，将所接受的保险业务之风险责任的一部分转让给其他保险人承担。例如，某保险人承担了100万元的保险标的，但因自己的条件有限，承保80万元较

为适宜。为了保证财务收支平衡和经营稳定，将超过自己承保能力的 20 万元保险责任转让给其他保险人。共同保险和再保险的区别在于：共同保险是保险风险的第一次分担，属于横向分散；再保险是保险风险的第二次分担，属于纵向分散。

3. 风险选择原则

为了保证保险经营的稳定性，还需对所承保的风险加以选择。风险选择原则是指保险人在承保时，对投保人所投保的风险种类、风险程度、保险金额以及被保险人的情况等要有充分、准确的评价和认识，并作出承保或不承保或有条件承保的选择。

保险经营要兼顾经济效益和社会效益。风险选择可以提高承保质量，降低经营风险，带来良好的经济效益；同时，风险选择可以杜绝投机行为和道德风险，带来良好的社会效益。

保险人对风险的选择表现在以下两方面：第一，对风险性质的选择，风险选择过程首先要在众多风险中判定哪些是可保风险，进而在可保风险中选择可承保的风险。对某一保险人来说，它承担风险的能力和承保技术有局限性，对于保险市场中的各种可保风险不可能全部承保，必须作出选择。可保风险转化为承保风险的条件为：①可保风险必须是保险人的资金力量和技术手段可以接受的。②可保风险必须在保险人的经营范围之内。第二，对保险合同当事人进行选择。投保人、被保险人、受益人的道德水准、风险管理能力以及健康状况等因素都是必须慎重考虑的。风险选择按发生的阶段不同，可分为事前选择、事中选择和事后选择。

事前选择是指保险人在承保前考虑是否接受投保。此种选择包括对人和物的选择。所谓对人的选择(包括自然人和法人)，是指对投保人或被保险人的评价与选择。例如，在人寿保险业务中，应了解被保险人的年龄及其是否患有慢性疾病或重大疾病、是否从事危险职业等，必要时应直接对被保险人进行体检。在财产保险业务中，应了解被保险人的资金来源、经营能力、信誉程度、安全管理状况和道德等因素。所谓对物的选择，是指对保险标的及其利益的评估与选择。例如， 在财产保险中，保险人要对投保标的的风险性质、存放或坐落地点及环境、风险管理状况进行了解；对投保的机动车辆、船舶、飞机等运输工具，应了解是否属于超龄服务的老车、老船、老飞机，它们的用途及运输区域等。通过各方面的调查了解，如若发现被保险人或保险标的已超出可保风险的范围，保险人就应拒绝承保。

事中选择指保险合同生效后至合同到期前这段时间里对风险的变化进行研究和选择，以决定是否变更保险合同，如增加或减少保险费、扩大或缩小保险责任，是否中止或解除保险合同。例如，当保险人发现被保险人有明显误告或欺诈行为，并且对保险人的经营十分不利时，保险人可以向被保险人说明理由，中途终止承保。

事后选择指对已发生的保险业务进行分析和研究，为以后的保险经营提供资料和经验，使保险经营保持动态平衡。事后选择通常与续保相联系，通过对某一到期或已履行保险责任的保险合同的业务总结，为续保提供选择依据。例如，有些超出可保风险的因素事先难以发现，承保后才会逐渐暴露出来，可以待保险合同期满后不再接受续保，或由代理人或经纪人介绍给其他愿意接受此种风险的保险人承保。

保险人对业务进行选择，目的在于使保险人在自身处于有利的条件下来承保风险，以便稳定保险业务经营，提高保险服务质量。在实行风险选择时，不能轻易作出拒绝承保的决定，而是要做周密、细致的工作，通过协商和调整保险条件(如提高保险费率、规定自负额、附加特殊风险责任或赔偿限制性条款、建议改善保险标的的安全管理等)，以尽量满足社会对保险服务的需要。

三、保险公司的种类与业务范围

按照所承担风险的类型不同，可以将保险公司分为财产保险公司与人身保险公司；根据被保险人的不同，可以分为原保险公司与再保险公司。

1. 财产保险公司

财产保险公司是对法人财产和家庭财物提供保险的金融机构。当投保人的财产在保险期内由于灾害及其他原因遭受损失时，保险公司负责赔偿。

财产保险的主要业务险种可分为以下几类：火灾及其他灾害事故保险，货物运输保险，运输工具保险，工程保险，责任保险，保证保险和信用保险等。每一险种中又有不同的险别，每个险别又有各自的适用范围、承保责任和特约内容等。

2. 人身保险公司

人身保险公司是为人们因遭到意外伤害、疾病、死亡而造成经济损失提供保险的金融机构。与财产保险相比，人身保险具有如下一些基本特征：第一，人身保险的保险标的是人的生命或身体；第二，人身保险的保险责任是不幸事故或疾病、衰老等原因造成的生、老、病、死、伤残；第三，人身保险的给付条件是保险期内保险事故发生人的伤残、死亡等，或是保险期满被保险人生存；第四，人身保险金多是定额给付。

人身保险的主要业务险种可以划分为三大类：人寿保险、人身意外伤害保险和健康保险。人寿保险又包括死亡保险、生存保险、两全保险等。死亡保险进一步可分为定期死亡保险、终身死亡保险等。生存保险主要有年金保险形式。两全保险是死亡与生存保险的结合。人身意外伤害保险分为普通意外伤害和特种意外伤害保险。健康保险可进一步分为医疗费用保险、疾病停工收入补偿保险、特种疾病保险等。

3. 再保险公司

再保险公司是经营再保险业务的商业组织机构。再保险是与原保险相对应的概念。原保险是指保险人对所承保的保险事故在其发生时对被保险人或收益人进行赔偿或者给付的行为，它又称直接保险。再保险是指原保险人为避免或减轻其在原保险中所承担的保险责任，将其所承保的风险的一部分再转移给其他保险人的一种行为。

阅读专栏

我国保险业发展概况

中国具有几千年的文明历史，早在先秦时期就已经产生了关于保险的朴素思想和意识。人们在同自然灾害进行斗争的实践过程中，还出现过各种互助共济、储粮备荒、救患分灾的措施和办法。1805 年，英国商人在广州成立“谏当保安行”(也称“广州保险会社”)，标志着近代西方保险制度开始传入中国，1865 年 5 月 25 日，华商德盛号在上海设立“义和公司保险行”，则标志着中国民族保险业的诞生。200 年来，中国保险业历经清朝、民国和新中国三个不同的历史时期，走过了漫长而曲折的发展道路。

在 1911 年辛亥革命爆发之前，一些进步的知识分子在吸取中国古代原始保险思想和外国近现代保险理论的基础上，为创建中国的民族保险业做了思想和舆论上的准备。与此同时，清朝洋务派官员，为了挽救摇摇欲坠的封建统治，提出走“自强”“求富”的道路，主张学习和借鉴西方技术，发展近代军工和民用企业。在各种进步力量的推动下，逐步建立了一批以义和公司保险行、保险招商局为代表的民族保险公司。从总体上看，在当时的政治经济和社会历史条件下，中国民族保险业的发展势头时起时落，外商保险公司长期垄断着中国保险市场。到 1912 年，在全国的保险业务中，外商的份额高达 80%，华商仅占 20%。

从 20 世纪 20 年代开始，包括银行在内的许多金融企业和工商界人士纷纷投资于保险业，促使民族保险业在一段时间内得到了较快发展。到 1937 年，全国已有华商保险公司 40 余家，分支机构 120 多家。在抗日战争胜利之后的两三年内，保险机构迅速增长，到 1948 年，全国保险业的总分支机构一度达到 602 家，仅上海市就从 1946 年的 133 家增加到 1948 年的 241 家，其中华商 178 家、外商 63 家。这一时期，虽然保险公司的数量不断增多，但整个保险业始终带有半封建半殖民地性质，真正具有实力并能稳定经营的保险公司很少。

1949 年 10 月 1 日中华人民共和国成立后，于 10 月 20 日在北京成立了中国人民保险公司，中国保险业进入了新的历史时期。由于受政治因素及其他条件的影响，中国大陆的保险业经历了整顿、调整、停办等阶段，1958 年以后，保险业陷入停顿状态。在 1978 年开始实施的改革开放政策的推动下，大陆保险业于 1980 年正式恢复。40 年来，伴随着国民经济的快速增长，中国保险业以年均 35%左右的速度增长，成为整个国民经济中发展最快的行业之一，取得了巨大的发展成就。2006 年保费收入突破五千亿元，达到 5641 亿元，是 2002 年的 1.8 倍。保险业总资产达到 2 万亿元。2011 年至 2016 年，总资产从 5.98 万亿元增长到 15.12 万亿，年均增速为 20.37%，2017 年 Q1 达到 16.18 万亿元，同比增速为 16.83%，增速下滑近 11%；净资产从 2011 年的 5566 亿元增加到 2016 年 1.73 万亿元，2017Q1 达到 1.72 万亿元，同比增速为 6.90%。

虽然与发达国家和地区相比，我国保险业的发展水平还比较低，总体上仍然处于初级发展阶段，但整个行业在较短的时间内获得了长足的发展，保险在经济补偿、资金融通和社会管理等方面发挥着越来重要的作用。

（资料来源：中国产业信息网）

第五节 证券公司

证券公司是主要从事各种有价证券经营及相关业务的金融机构，它受托办理股票、债券的发行业务，受托代理单位及个人的证券买卖，也可以自己从事有价证券的买卖活动。按照我国《证券法》的规定，国家对证券公司实行分类管理，分为综合类证券公司和经纪类证券公司，同时规定，综合类证券公司经营的业务范围是：证券经纪业务、证券自营业务、证券承销和经国务院证券监督管理委员会规定的其他证券业务、经纪类证券公司只允许专门从事证券经纪业务。

一、证券承销业务

承销业务又称代理证券发行业务，即证券公司代理销售发行人所发行的有价证券(具体内容参见“投资银行的业务”部分)。

我国证券公司从事股票的代理发行，需要以诚信负责的态度进行工作。首次发行股票的上市公司，在向证监会申请前，先要选择一家证券公司作为辅导人，对公司申请上市的运作是否符合《公司法》《证券法》进行监督辅导，辅导期为1年。辅导期满，公司上市已符合法律要求后，方可制作申请文件，经省级以上政府同意后，由券商推荐并向证监会申报。券商对于上市有关申请文件和信息资料的真实性负有一定连带法律责任。如有关信息资料失实，保荐人将受到证监会相应的处罚。证监会批准该公司发行证券以后，还要视市场情况，才能按计划依次进入发行承销阶段的运作。

二、证券经纪业务

代理证券买卖业务是指证券公司作为客户的代理人，或受客户的委托，代为买卖有价证券并收取佣金的业务，它是证券公司最重要的日常业务。

证券公司要办理代理买卖证券，首先必须取得进入交易所从事交易的资格。由于证券公司还有自营证券买卖业务，因而必须遵守既定的规则，首先要优先办理代理买卖业务，其次才能从事自营业务。证券公司在交易所交易，必须承诺负有一定的稳定市场的责任。

三、证券自营业务

证券自营业务指证券公司为了谋取利润，作为投资者自己买卖有价证券，自担风险的业务。作为一种投资活动，证券公司必须对自营买卖从收益风险及流动性两方面作通盘考虑，从中作出最佳选择。

四、证券咨询、顾问业务

证券咨询、顾问业务指证券公司充当客户的投资顾问，并向客户提供各种证券交易的情况、市场信息、其他有关资料等方面的服务业务。

我国证券公司的业务范围一般有：代理证券发行业务；自营、代理证券买卖业务；代理证券还本付息和红利的支付；证券的代保管和签证；接受委托代收证券本息和红利；接受委托办理证券的登记和过户；证券抵押贷款；证券投资咨询业务和中国人民银行批准的其他业务等。另外需要指出的是，由于我国没有专业的投资银行，一些大型证券公司除了从事有价证券的自营和代客买卖这些传统业务外，也从事投资银行业务，包括承销有价证券、参与企业收购与兼并、充当企业财务顾问等。

阅读专栏

我国证券行业的发展现状

中国证券业协会统计，截至2016年12月31日，129家证券公司总资产为5.79万亿元，净资产为1.64万亿元，净资本为1.47万亿元，客户交易结算资金余额(含信用交易资金)1.44万亿元，托管证券市值33.77万亿元，资产管理业务受托资金总额为17.82万亿元。129家证券公司2016年实现营业收入3279.94亿元，各主营业务收入分别为代理买卖证券业务净收入(含席位租赁)1052.95亿元、证券承销与保荐业务净收入519.99亿元、财务顾问业务净收入

164.16 亿元、投资咨询业务净收入 50.54 亿元、资产管理业务净收入 296.46 亿元、证券投资收益(含公允价值变动)568.47 亿元、利息净收入 381.79 亿元，全年实现净利润 1234.45 亿元，124 家公司实现盈利。

长期以来证券行业高度依赖零售经纪及投资银行等传统收入，价格成为主要竞争手段，行业竞争异常激烈。目前证券行业正在酝酿转型与分化，未来可能通过创新改变现有的竞争格局。当前，行业的竞争呈现以下特点。

1. 传统业务竞争加剧，盈利模式逐渐多元化

证券公司分类监管实施以来，监管部门鼓励创新类证券公司在风险可测、可控和可承受的前提下，进行业务创新、经营方式创新和组织创新。但由于创新类业务受限于市场成熟度以及政策环境，各证券公司的创新类业务开展比较有限，业务种类相对单一，不同证券公司之间的盈利模式差异化程度较低，主要收入来源依旧为经纪、自营、投行三大传统业务，同质化竞争现象比较突出。经纪业务方面，证券公司佣金率竞争加剧，经纪业务的竞争正从单纯的通道服务竞争转向专项理财和服务能力的竞争；自营业务方面，其规模受到资本金的限制，业绩与市场走势息息相关，自营业务的波动性较高；投资银行业务方面，大型证券公司业务优势明显，随着中小板和创业板融资总量的不断扩大，各证券公司加大对中小型项目的储备和争夺力度，竞争更加激烈。随着融资融券、国债期货、股指期货等创新业务推出，以及私募投资基金等业务的进一步发展，证券公司盈利模式将逐渐多元化，创新业务在未来盈利增长中的重要性不断显现。

2. 行业集中度提高、逐步分化，客观上有利于现存公司

经过近年来的市场淘汰和综合治理，数十家证券公司被关闭，部分优质证券公司抓住机会通过收购兼并、托管、重组等方式实现了低成本扩张，扩大了市场份额，具有强大综合竞争力的全国性大型证券公司与在某些区域市场、细分市场具有竞争优势的中型证券公司共存的行业格局日益显现。此外，由于证券行业在整个金融业中处于重要地位，客观上要求进行严格监管，设置行业准入管制和资本进入壁垒，结合金融创新对从业人员素质要求的提高等制约因素，导致证券行业集中度和进入门槛不断提高，现有证券公司面临新进入者竞争的压力相对较小。

3. 行业开放加速，国际化和混业竞争迅速加剧

中国共产党第十八届中央委员会第三次全体会议提出，使市场在资源配置中起决定性作用以及扩大金融业对内对外开放，金融业将与实体经济的市场化改革共同推进。一方面，证券行业国际化竞争不断加剧，目前我国已经有多家外资参股证券公司，在机制、资本、技术、人才等多方面具有强大的竞争优势，对内资证券公司构成冲击；另一方面，商业银行、保险公司、信托公司等金融机构向证券业渗透，越来越多地参与证券业务，混业竞争显著加剧。

(资料来源：中国产业信息网)

本章小结

1. 中央银行的职能从其在国民经济中的地位分析，主要有发行的银行、银行的银行、政府的银行三大职能。从中央银行的业务特征分析，则可归纳为调控、管理、服务三大职能。

2. 中央银行的负债是指一定时点上金融机构、政府、个人和其他部门持有的对中央银行的债权。中央银行的资产是中央银行在一定时点上所拥有的各种债权。中央银行的中间业务主要是指中央银行的清算业务。

3. 商业银行是以获取利润为经营目标，以多种金融资产和金融负债为经营对象，具有综合性服务功能的金融企业。其性质为一种特殊的金融企业，具有信用中介、支付中介、信用创造、金融服务四大功能。从世界各国商业银行业务经营的发展过程来看，商业银行大致可分为业务分离型和业务全能型两种。

4. 商业银行的组织形式主要形式有：单一银行制、分支行制、持股公司制和连锁银行制。我国商业银行采用分支行制。

5. 商业银行的业务主要有负债业务、资产业务和中间业务三大类。负债业务是指形成商业银行资金来源的业务，是商业银行资产业务的前提和条件，主要包括资本金、存款负债和借款负债三部分。资产业务是商业银行运用资金获得盈利业务，主要包括现金资产、贷款资产和证券投资资产。中间业务是在负债业务、资产业务基础上延伸出来的业务，它们共同构成现代商业银行业务的三大支柱。

6. 政策性金融是一种特殊的资金融通行为。它是在一国政府的支持和鼓励下，以国家信用为基础，运用各种特殊的融资手段，严格按照国家规定的业务范围、经营对象，以优惠的存贷款利率或条件，直接或间接为贯彻、配合国家特定经济和社会发展政策而进行的一种特殊性资金融通行为，具有政策性、优惠性、融资性、有偿性的特征。

7. 政策性银行是指那些由一国政府或政府机构发起、出资创立、参股、保证或扶植的，不以利润最大化为其经营目标，而是专门为贯彻或配合政府特定的社会经济政策或意图，在法律限定的业务领域内，直接或间接地从事某种特殊政策性融资活动，从而充当政府发展经济、促进社会发展稳定、进行宏观经济调节的管理工具的金融机构，它的产生是市场经济发展的必然。

8. 保险是一种经济补偿制度，可以从法律角度、经济角度和风险管理角度进行解释。保险有保险保障、融通资金及社会管理的三大职能。提供经济保障是保险最基本的功能，是保险区别于其他行业最根本的特征。保险的三项功能是一个相互独立、相互联系、相互作用的有机整体，形成了一个统一、开放的现代保险功能体系。

9. 证券投资，是指个人或法人对有价证券的购买行为，这种行为会使投资者在证券持有期内获得与其所承担的风险相对称的收益。它与实物投资既有联系又有区别。证券投资可以使社会上的闲散货币转化为投资资金，可使储蓄转化为投资，对促进资金合理流动、资源有效配置和经济增长有重要作用。

10. 证券投资工具主要包括股票、债券和投资基金等，不同的投资工具具有不同的投资特性。

（扫一扫，一起来拓展一下视野吧！）

课后习题

一、单项选择题

1. 中央银行的产生(　　)商业银行的产生时间。

A. 早于　　B. 晚于　　C. 同时　　D. 没先后关系

2. 窗口指导属于(　　)货币政策工具。

A. 一般性　　B. 选择性　　C. 直接信用控制的　　D. 间接信用控制的

3. 中央银行是国家的银行，它代理国库，集中(　　)。

A. 国库存款　　B. 企业存款　　C. 团体存款　　D. 个人存款

4. 中央银行在经济衰退时，通常会(　　)法定存款准备率。

A. 调高　　B. 降低　　C. 不改变　　D. 取消

5. 中央银行若提高再贴现率，将(　　)。

A. 迫使商业银行降低贷款利率　　B. 迫使商业银行提高贷款利率

C. 使商业银行没有行动　　D. 使企业得到成本较低的贷款

6. 在下列针对中央银行资产项目的变动中，导致准备金减少的是(　　)

A. 央行给存款机构贷款增加

B. 央行出售证券

C. 向其他国家中央银行购买外国通货

D. 中央银行代表财政部购买黄金，增加黄金储备

7. 下列中央银行的行为和服务中，体现其“银行的银行”职能的是(　　)。

A. 代理国库　　B. 对政府提供信贷

C. 集中保管商业银行现金准备　　D. 发行货币

8. 商业银行最基本的，也最能反映其经营活动特征的功能是(　　)。

A. 信用中介　　B. 支付中介　　C. 信用创造　　D. 金融服务

9. 我国商业银行的组织形式采取(　　)。

A. 单一银行制　　B. 分支行制　　C. 集团银行制　　D. 连锁银行制

10. 目前我国商业银行的全部负债中占比最大的是(　　)。

A. 资本金　　B. 存款　　C. 向中央银行借款　　D. 发行金融债券

11. 按照贷款的安全保障程度不同，可将贷款划分为(　　)。

A. 固定资金贷款和流动资金贷款

B. 委托贷款和自营贷款

C. 信用贷款、担保贷款和票据贴现贷款

D. 正常贷款和不良贷款

12. 商业银行的投资业务是指银行从事(　　)的经营活动。

A. 购买有价证券　　B. 租赁

C. 代理买卖　　D. 存贷款

13. 反映银行资本金与风险资产总额的比例关系的是(　　)。

A. 资本充足率指标　　B. 风险权重资产比例指标
C. 经营收益率比例指标　　D. 资产赢利比例指标

14. 商业银行资本总额与加权风险资产总额的比例不得低于(　　)。
A. 4%　　B. 10%　　C. 8%　　D. 12%

15. 不属于非银行金融机构的是(　　)。
A. 财务公司　　B. 信托投资公司
C. 城市商业银行　　D. 证券公司

16. 信托是随着商品经济的发展而出现的一种财产管理制度，其本质是(　　)。
A. 吸收存款、融通资金　　B. 办理收付、清算结账
C. 规避风险、发放贷款　　D. 受人之托、代人理财

17. 按照保险对象的不同可将保险分为(　　)。
A. 人身保险与财产保险　　B. 自愿保险与强制保险
C. 保险与再保险　　D. 信用保险与人身保险

18. 在各类保险中，产生最早的是(　　)。
A. 人身保险　　B. 财产保险　　C. 海上保险　　D. 火灾保险

19. 保险合同的客体是(　　)。
A. 投保人　　B. 保险利益　　C. 权利义务　　D. 被保险人

20. 金融资产管理公司属于(　　)。
A. 银行机构　　B. 非银行金融机构　　C. 信托机构　　D. 证券机构

21. 下列不属于证券公司业务的是(　　)。
A. 证券承销业务　　B. 证券清算业
C. 证券经纪业务　　D. 资产管理业务

二、多项选择题

1. 中央银行的负债业务主要有(　　)。
A. 货币发行　　B. 商业银行等金融机构的存款
C. 国库等公共机构存款　　D. 外汇和黄金
E. 政府借款

2. 公开市场业务作为货币政策工具的主要缺点是(　　)
A. 干扰其实施效果的因素多　　B. 影响证券市场稳定
C. 时滞较长　　D. 中央银行处于被动地位

3. 商业银行中间业务包括(　　)。
A. 结算业务　　B. 代理业务　　C. 存款业务
D. 投资银行业务　　E. 证券业务

4. 下列属于商业银行附属资本组成部分的有(　　)。
A. 重估储备　　B. 普通准备金
C. 公开储备　　D. 未公开储备

5. 商业银行的借款有(　　)。
A. 向中央银行借款　　B. 同业借款
C. 发行金融债券　　D. 回购协议

6. 商业银行的现金资产有(　　)。
A. 库存现金　B. 在中央银行存款
C. 存放同业款项　D. 托收中现金

7. 在贷款五级分类法下，不良贷款包括(　　)。
A. 关注贷款　B. 次级贷款　C. 可疑贷款　D. 损失贷款

8. 银行的资产业务包括(　　)。
A. 贷款业务　B. 借款业务　C. 证券业务　D. 承兑业务

9. 根据保险公司的业务范围不同，保险公司可分为(　　)。
A. 人寿保险公司　B. 商业性保险公司　C. 财产保险公司
D. 再保险公司　E. 政策性保险公司

10. 证券经营机构的三类主要业务包括(　　)。
A. 代理发行证券　B. 代理证券交易　C. 证券自营业务
D. 财务顾问业务　E. 受理并购重组业务

11. 信托机构的职能包括(　　)。
A. 财产管理职能　B. 金融职能　C. 社会中介与咨询职能
D. 倡导性职能　E. 选择性职能

12. 在现代社会中，保险的职能包括(　　)。
A. 专业理财　B. 分散风险　C. 组织经济补偿
D. 融通资金　E. 集合投资

13. 下列关于信托的表述正确的有(　　)。
A. 信托机构对信托资产拥有最终处置权　B. 信托是受人之托、代人管理的行为
C. 信托财产具有独立性　D. 信托财产本质上属于委托人和受益人
E. 信托财产的管理运用受信托目的的约束

14. 证券公司在证券市场上发挥的主要职能有(　　)。
A. 融资中介　B. 吸收存款　C. 分散证券市场的风险
D. 促进证券市场平衡发展　E. 稳定市场利率

15. 被称为现代金融业支柱的金融机构包括(　　)。
A. 商业银行　B. 专业银行　C. 保险公司
D. 证券公司　E. 信托投资公司

三、辨析题(正确打“√”，错误打“×”)

1. 中央银行在公开市场上卖出证券，可导致基础货币减少。(　　)
2. 因为任何国家都会存在多种原因失业，所以充分就业是不可能的。(　　)
3. 制定货币政策是中央银行“银行的银行”的职能体现。(　　)
4. 法定存款准备金政策具有较强的告示效应。(　　)
5. 中央银行的贷款以盈利为目的。(　　)
6. 中央银行一般不直接对工商企业和个人发放贷款。(　　)
7. 商业银行与其他专业银行及金融机构的基本区别在于商业银行是唯一能够吸收和创造活期存款的金融中介机构。(　　)
8. 商业银行业务经营的三原则既有联系又有矛盾。(　　)

9. 商业银行办理中间业务可能获得的收益是暂时占用客户资金。 ( )

10. 银行代客户买卖外汇和有价证券的业务属于证券业务。 ( )

11. 商业银行的信用中介职能并不改变货币资金的所有权，而只是把货币资金的使用权在资金盈余单位和资金短缺单位之间融通。 ( )

12. 非银行金融机构，如保险公司、证券公司等，其性质都是商业性的。 ( )

13. 人身保险中的保险利益是人的生命和身体。 ( )

14. 证券公司是从事各种有价证券的经营和相关业务的金融机构。 ( )

15. 证券公司的资金来源主要是发行股票和吸收存款。 ( )

四、简答题

1. 简述中央银行的性质与职能。
2. 为什么说中央银行是政府的银行？
3. 为什么说中央银行是银行的银行？
4. 商业银行的性质是什么？
5. 商业银行具有哪些职能？
6. 什么是商业银行的负债业务？具体内容有哪些？
7. 商业银行的资金运用方式有哪些？
8. 什么是商业银行的中间业务？有哪些种类？
9. 简述政策性银行的经营原则。
10. 简述政策性银行的负债业务。
11. 什么是保险，保险公司有哪些经营原则？
12. 简述证券公司的基本业务。

五、论述题

1. 探讨中央银行与政府的关系，谈谈你对中央银行独立性的看法。
2. 试述商业银行资产负债管理理论的发展脉络。
3. 论述我国成立政策性银行的原因。

六、案例分析题

1. 美联储介绍

20 世纪以前，美国政治的一个主要特征，是对中央集权的恐惧。这不仅仅体现在宪法的制约与平衡上也体现在各州权力的保固上，对中央集权的恐惧是造成美国人对建立中央银行抱有敌视态度的原因之一。除此之外，传统的美国人对于金融业一向持怀疑态度，而中央银行又正好是金融业的最突出代表美国公众对中央银行的公开敌视，使早先旨在建立一个中央银行体系的尝试，先后两次失败：1811 年美国第一银行被解散，1832 年美国第二银行延长经营许可证期限的要求遭到否决，随后，许可证期满在 1836 年停业。

1836 年美国第二银行停业后，由于不存在能够向银行体系提供准备金并使之避免银行业恐慌的最后贷款人。这给美国金融市场带来了麻烦。19 世纪和 20 世纪早期全国性的银行恐慌已成为有规律的事情。1837 年、1857 年、1873 年、1884 年、1893 年和 1907 年都曾造成银行恐慌，1907 年银行恐慌，造成广泛的银行倒闭和存款人的大量损失，终于使美国公众相信需要有一个中央银行来防止将来再度发生恐慌了。

不过，美国公众基于对银行和中央银行的敌视态度，对建立类似英格兰银行的单一制中央银行还是大力反对。他们一方面担心华尔街的金融也包括最大的公司和银行可能操控这样一个机构，从而对整个经济加以控制，另一方面也担心联邦政府利用中央银行过多干预私人银行的业务，所以在中央银行应该是一家私人银行，还是一个政府机构的问题上存在着严重的分歧。由于争论激烈只能妥协。依据美国传统，国会把一整套精心设计的带有制约和平衡特点的制度，写入了 1913 年的联邦储备法，从而创立了拥有 12 家地区联邦储备银行的联邦储备体系。

当初建立联邦储备系统首先是为了防止银行恐慌，并促进商业繁荣，其次才是充当政府的银行，但是第一次世界大战结束后，美国取代英国成为世界金融的中心，联邦储备系统已成为一个能够影响世界货币结构的独立的巨大力量，20 世纪 20 年代是联邦储备系统取得重大成就的时代，当经济出现摇摆的迹象时就提高货币增长率，当经济开始以较快速度扩张时就降低货币增长率，它并没有避免经济波动但的确缓和了波动。不仅如此，它是不偏不倚的，因而避免了通货膨胀。货币增长率和经济形势的稳定，使经济得到迅速发展。

问题：

(1) 结合美联储出现的历史事件，分析中央银行产生的历史原因？

(2) 中央银行的职能如何？

2. 中国工商银行成为全球最盈利银行

2008 年 8 月 21 日中国工商银行发布 2008 年中期业绩，截至 6 月 30 日，工行上半年实现税后利润 648.79 亿元，较 2007 年同期增长 56.75%，每股盈利为人民币 0.19 元。从已经发布的中期报告来看，2008 年上半年工行成为全球最盈利银行。

除了今年全球银行业在次贷危机影响下风雨飘摇、实力锐减给工行让道之外，时任中国工商银行行长的姜建清表示，工行实现净利润全球同业最高主要得益于三点因素，第一保证贷款资产平稳增加，第二提高债券投资收益，第三中间业务强劲增长。

贷款资产平稳增加

相比于其他银行，工行的贷款增速明显较稳重，2008 年 6 月末，工行境内分行人民币贷款余额达 39968 亿元，比上年末增加 2550 亿元，增长 6.8%，贷款增幅比较合理，抵御经济周期能力较强。

当前银行业密切关注的贷款为房地产开发商以及购房者个人按揭贷款，在这两个方面，姜建清表示，工行控制住了房地产类贷款风险，今年上半年，地产开发商贷款不良率由去年年底的 2.12%下降到 1.84%；个人按揭贷款不良率下降 0.04 个百分点达到 0.74%，不良率均低于同业水平；地产开发商贷款占贷款比重为 7.65%，低于同业 8.73%的平均水平。

提高债券投资收益

在海外投资方面，工行收购海外银行也带来较高收益率。2008 年上半年，工行完成收购南非标准银行 20%股权，姜建清说，这项投资目前已经给工行带来相当于 5 亿多元人民币的分红，合计年化收益率达到 8.74%。上半年工行还完成收购澳门诚兴银行 79.93%的股权，收购约半年给工行带来的年化收益率约为 6.6%。姜建清说，工行外币债券的收益率只有 3.8%，这两项收购带来的收益要高于外币债券投资收益。

在风险控制方面，姜建清说，工行年初就对美国房利美(FannieMae)和房地美(FreddieMac)债券进行减持，从年初到现在减持了 80 多亿美元，减持后，工行又做了美国政府债券的一些波段操作，覆盖了一部分减持带来的损失。截至 2008 年 6 月 30 日，工行持有的美国次级房贷支持债券面值为 12.14 亿美元，占总资产的 0.09%；持有的“两房”债券面值总计为 21.71 亿美元，占该行总资产的 0.15%。

中间业务强劲增长

半年报显示，工行上半年的优异表现首先归功于中间业务强劲增长。提到中间业务，行长杨凯生显然有很多想说的。从工行发布 2007 年年度报告时，不少人就提出过质疑，去年工行理财业务大涨，如果遇到资本市场大幅调整，工行是否还能保持增长？

在业绩发布会上，杨凯生说“今年上半年正好出现大家预计的资本市场大幅调整，但是今年上半年，工行的中间业务继续保持良好的增长势头，中间业务成为工行盈利的重要组成部分，对营业收入的贡献占到 15.8%。”

杨凯生分析原因主要有两点：第一，工行自身业务创新，今年上半年由工行自主研发和推出的银行类理财产品的发行总量达 8304 亿元，同比增长 442%，今年上半年个人理财产品销售额已经超过去年全年水平。第二，源于工行营销渠道强大，结算、代理个人理财业务、对公理财等各方面都保持市场同业占比第一的位子。

问题：

根据商业银行经营管理的一般原则和资产负债管理方法，分析中国工商银行成为全球盈利第一的银行的原因。

七、综合训练

训练任务：对本地区保险公司、证券公司分组进行调研。

训练活动：撰写一份关于本地区保险公司、证券公司的发展现状的报告。

训练目的：锻炼学生的调研能力，培养学生分析问题和处理问题的能力。

课后阅读

扫一扫，看看课后还有什么值得阅读的吧！

第八章 货币供求与均衡

学习目标

- 了解货币需求理论和货币供给的有关理论
- 了解货币的创造过程及影响因素、影响货币需求的因素
- 了解产生通货膨胀和通货紧缩定义以及类型

技能目标

能运用所学知识合理安排货币资金。

案例导读

从前有一个与世隔绝的小岛，岛上有一部分聪明人开始琢磨怎么才能把岛外的钱弄到自己手上，他在海边捡了一颗石子，说这个石子值100万元，把它卖给了一个人，这个人觉得整个岛上的钱加一起也没有100万啊，怎么办，于是向钱庄借，钱庄也没有这么多钱，于是把印钞机打开，印了这100万，借给了他买了这个石子。

然后这个人开始卖这个石子，100万卖给了第二个人，由于第一个卖石子的人把钱花了，所以岛上的钱多了，所以这一百万可以筹集到，多买些产品就有了。但当把这个石子以200万转让的时候，钱庄只能又印了100万钞票，就这样钞票越印越多，可是当这个石子不停的流动转让时，大家并不觉得岛上的钱多，产品价格还是原来的那样。可是当这个石子不流通或流通得慢时，大家觉得钱多了，可是如果当持有石子的人把它扔到大海里，那就等于岛上凭空多出N多个100万来，怎么办，央行最害怕的就是这颗石子没了。它没了岛上产品的价格就会飞涨，就会通货膨胀。那么持有石子的人就绑架了岛上的经济。

第一节 货币均衡

一、货币需求

经济学家们从两个不同的角度来说明货币需求。一种是从宏观的角度出发，把货币需求定义为：为完成一定的交易量，需要有多少货币来支撑。或者说流通中的商品需要多少货币

来与它交换，马克思的货币必要量公式和费雪方程式就是这种类型。另一种是从微观角度出发，把货币看作个人持有的一种资产，把货币理解为在收入一定的前提下人们愿意用货币保留的财富量。从剑桥学派提出现金余额学说后，经济学家主要是从后一种角度来理解货币需求的。

(一)货币需求理论的演变

1. 马克思的货币必要量公式

$$执行流通手段职能的货币必要量=\frac{商品价格总额}{同名货币的流通次数}$$

公式表明，货币量取决于价格水平、进入流通的商品数量和货币的流通速度这三个因素，与商品价格和进入流通的商品数量成正比，与货币流通速度成反比。

2. 传统的货币数量论。

基本观点是：货币数量决定货币价值和物价水平，货币价值和货币数量成反比，物价水平和货币数量成正比。

1) 费雪方程式

费雪认为，从货币的交易媒介职能出发，有货币的流通就有商品的转移，有商品的交换就有货币的支付，所以商品交换总额与货币流通总额总是相等的。用 M 表示一定时期内流通中货币的平均数量；V 表示货币流通速度；P 表示各类商品价格的加权平均数；T 表示各类商品的交易数量，则恒等式可以写成：$MV=PT$ 或 $P=MV/T$

从交易方程式中看出货币需求的表达式：$M=PT/V$，这说明，仅从货币的交易媒介职能考查，全社会一定时期一定价格水平下的交易量与所需的名义货币量具有一定的比例关系，这个比例就是 $1/V$。

2) 剑桥方程式

剑桥的经济学家马歇尔和庇古等人认为，人们的财富要在三种用途上进行分配：一是用于投资取得收益；二是用于消费取得享受；三是用于手持现金以获得便利。第三种选择，即把货币保持在手中，便形成货币余额。人们需要货币只是为了保有现金，所以货币需求就是收入中用现金形式保有的部分。用 Y 表示人们的全部财富，P 表示物价水平，M 表示现金余额，即货币需求量，k 表示现金余额占全部财富的比例，又称作剑桥系数，则 PY 代表了货币形式的财富收入的总额。

剑桥方程式，即：$M=kPY$

它说明，人们保持在手中准备用于购买商品的货币数量，是真正的货币需求量。决定货币需求量的因素是，手持现金占总财富的比例、物价水平 P、总财富 Y。

3) 费雪方程式和剑桥方程式的比较

如果就费雪方程式的 $MV=PY$ 来看，因为 $V=1/k$，所以与剑桥方程式在表达形式上是完全一样的，但实际上这两种理论又有极大的不同。

(1) 对货币需求分析的侧重点不同。

(2) 费雪方程式把货币需求作为流量进行研究，剑桥方程式把货币需求作为存量研究。

(3) 两个方程式强调的货币需求决定因素不同。

3. 凯恩斯的流动偏好理论

凯恩斯认为人们持有货币的主要目的是为了交易，这称为交易动机；还为了应付可能遇到的意外支出，这称为预防动机。由交易动机和预防动机引起的货币需求和收入有关，收入增加，货币需求增加，反之，货币需求减少。另外，人们持有货币的目的可能是为了储存价值或财富，这称为投机动机。由投机动机形成的投机性货币需求主要受到市场利率变化的影响，而且是负相关的关系，即市场利率越高，人们的投机性货币需求越小，市场利率越低，投机性货币需求越高。

如果用 L_1 表示由交易动机和预防动机引起的货币需求，用 L_2 表示投机性货币需求，凯恩斯的货币需求函数可以写成：

$$M=L_1(Y)+L_2(r)$$

$L_1(Y)$表示由交易动机和预防动机引起的货币需求是收入的函数；$L_2(r)$表示投机性货币需求是利率的函数。

4. 凯恩斯货币需求理论的发展

1) 对交易性货币需求和预防性货币需求的研究

鲍莫尔和托宾从收入和利率两个方面，对交易性货币需求进行了细致的研究，证明了交易性货币需求不但是收入的函数也是利率的函数。他们的模型合称为鲍莫尔—托宾模型。

2) 对投机性货币需求的研究

托宾和马克维茨等人提出了资产组合理论。他们认为，人们可以选择货币和债券的不同组合来持有财富，在选择不同比例的组合时，不仅要考虑各种资产组合带来的预期报酬率，还要考虑到风险。人们进行资产组合的基本原则是在风险相同时选择预期报酬高的组合，在预期报酬相同时选择风险低的组合。

5. 弗里德曼的货币需求函数

弗里德曼认为货币作为一种资产，最终财富拥有者对它的需求，会受到以下五个因素的影响。

1) 财富总量

财富总量用实际持久性收入来代表。持久性收入是指消费者在较长时间内所能获得的平均收入。

2) 财富在人力和非人力上的分配

当一个人的人力财富在其总财富中占的比例较大时，它必须通过持有货币来增加它的流动性。

3) 持有货币的预期报酬率

当考虑存款也是货币时，显然持有货币也能带来收益。

4) 持有货币的机会成本

即其他资产的预期收益。

5) 其他因素

如财富所有者的偏好等。

在上述影响因素中，实际持久性收入和货币的预期报酬率与货币需求是成正向关系的，除了其他因素外都与货币需求成负向关系。

6. 麦金农提出的发展中国家的货币需求函数

发展经济学家麦金农在充分认识发展中国家特点的基础上，对发展中国家的货币需求行为进行了考察。基于发展中国家的经济单位主要靠内源融资，因此总支出中投资所占比例越大，即对实物资产要求越高的经济单位，其货币需求也越大。因为发展中国家证券市场不发达，甚至没有，所以债券、股票不构成人们资产选择的途径。利率对货币需求的影响只体现在货币收益率上，根据发展中国家普遍存在高通货膨胀的现实，麦金农认为名义利率减去通货膨胀率后的实际利率才是影响发展中国家货币需求的主要因素。

发展中国家的实际货币需求、实际收入、实际利率水平这三个因素和货币需求都是正相关的关系。而且在内源融资前提下，实际利率和投资也是正相关的关系，这是发展中国家特有的现象。

(二)货币需求的调节

上述各种理论提出了货币需求的不同公式，找出了不同的影响因素。在这个问题上经济学家都同意收入是影响货币需求最重要的因素，对货币需求的增加或减少起决定作用。但对以下几个问题则存在着激烈的争论。

1. 货币需求和利率

货币需求变化对利率变化的敏感性是大还是小，是凯恩斯学派和货币学派争论的一个问题。凯恩斯学派认为货币需求对利率是敏感的，连货币学派的经济学家也得到了同样的结果。货币学派的经济学家虽然同意货币需求对利率有敏感性，但却认为持久性收入、非人力财富是影响货币需求的更重要的因素。

2. 货币需求是否是稳定的

货币需求的稳定性关系到货币需求与其相关解释变量之间的对应关系是否会随环境的变化而发生较大的波动。如果货币需求的函数关系是稳定的，我们才可以用它来预测未来的货币需求量，如果不稳定，货币需求函数就只能是对以前发生的货币需求的解释，而没有任何实际意义。

3. 货币流通速度的稳定性

大致有这样一个规律，在经济繁荣时，货币流通速度加快；经济萧条时，货币流通速度则放慢，也就是说货币流通速度是顺周期波动的。在一个较长的时期内，货币流通速度并不是稳定的。

(三)中国货币需求函数的构造

现阶段影响我国货币需求的主要因素有以下七个。

(1) 收入。收入是各种货币需求理论中都认为最重要的一个因素，与货币需求成正相关关系。

(2) 价格。价格越高，在商品和劳务总量一定的前提下，货币需求，尤其是交易性货币需求和预防性货币需求越大。

(3) 存款利率。货币收益率是和货币需求成正相关的关系。

(4) 金融资产的收益率。债券、股票等这些金融资产是作为货币的替代物出现的，金融资产的收益率越高，人们的货币需求越小。

(5) 企业预期利润率。当企业对经营利润预期很高时，往往有很高的交易性货币需求，为了扩大生产，保留更多的货币。

(6) 财政收支状况。当财政收入大于支出时，意味着货币需求的减少。反之，当财政收入小于支出时，则表现为对货币需求的增加。

(7) 其他因素。包括信用发展情况；金融机构的服务手段、服务质量；国家政治形势；人们的生活习惯、文化传统，等等。

二、货币供给

(一)货币供给概念

对货币供给可以从动态理解也可从静态理解。从动态来看：货币供给是指中央银行和商业银行向流通中投入、扩张或收缩货币量的行为和过程。现金与存款共同构成社会的货币供应量。其中，现金由中央银行供给，存款由商业银行供给。从静态来看：货币供应量指一国各经济主体所持有的现金(通货)与存款的总和。它是一个存量概念。

(二)货币供给形成的机制

1. 银行是现代经济中货币供给的主体

大部分存款货币是由商业银行创造出来的，存款货币是基础货币的重要构成之一。

商业银行一方面要吸收存款，另一方面又要把这些存款贷出去，放出去的贷款经过市场活动又成为另一家银行的存款，这些存款又会被这家银行贷出，等等。资金这样反复进出银行体系，使银行存款不断扩张。这就是商业银行创造存款货币的过程。

1) 基本概念

原始存款是客户以现金存入银行形成的存款。银行在经营活动中，只需保留一小部分现金作为付现准备，可以将大部分现金用于放款。客户在取得银行贷款后，一般并不立即提取现金，而是转入其在银行的活期存款账户，这时银行一方面增加了放款，一方面增加了活期存款。银行用转账方式发放贷款、贴现和投资时创造的存款，即为派生存款。在信用制度发达的国家，银行的大部分存款都是通过这种营业活动创造出来的。可见。原始存款是派生存款创造的基础，而派生存款是信用扩张的条件。

商业银行的存款准备金由它的现金库存和它在中央银行的存款两部分构成。现代各国的银行制度，一般均采用部分准备金制，因为如果是全额准备金制，则银行根本不可能利用所吸收的存款去发放贷款。但是也不能无限制地运用存款，否则存款货币创造过多，会导致通货膨胀。因此，目前各国一般都以法律形式规定商业银行必须保留最低数额的准备金即法定存款准备金。准备金超过法定存款准备金的部分为超额准备金。

法定存款准备金 Rd 是银行按照法定存款准备率(rd)，对活期存款总额(D)应保留的准备金，用公式表示：$Rd=D \cdot rd$

超额准备金(E)，则是银行实有准备金(R)与法定存款准备金之差。其正值表示 R 的有余部分，负值则表示不足部分，用公式表示：$E=R-D \cdot rd$

法定存款准备率的高低，直接影响银行创造存款货币的能力，法定存款准备率愈高，银行吸收的存款中可用于放款的资金愈少，创造存款货币的数量则愈小，反之，法定存款准备率越低，创造存款货币的数额越大。可见，法定存款准备率决定着银行创造存款的能力，与信贷规模的变化有密切关系，因此，许多国家的中央银行都把调高或降低法定存款准备率作为紧缩或扩张信用的一个重要手段。

2) 存款的创造过程与原理

为了搞清存款创造的原理，先分析一种简单的情况——商业银行最大的信用创造。必须的假定：每家银行只保留法定存款准备金。其余部分全部贷出，超额准备金等于零；客户收入的一切款项均存入银行，而不提取现金；法定准备率为20%。

现假设A企业将10000美元存入第一家银行，该行增加原始存款10000美元，按20%提留2000美元法定存款准备金后，将超额准备金8000美元全部贷给B企业，B企业用来支付C企业货款，C企业将款项存入第二家银行，使其准备金和存款均同额增加8000美元，该行提留1600美元法定存款准备金后，又将超额准备金6400美元贷给D企业，D企业又用来向E企业支付货款，E企业将款项存入第三家银行，该行又继续贷款，如此循环下去，如表8-1所示。

表8-1 派生存款的创造过程

银行名称	存款增加数	法定准备金(20%)	放款增加数
第一家银行	10000.00	2000.00	8000.00
第二家银行	8000.00	1600.00	6400.00
第三家银行	6400.00	1280.00	5120.00
第四家银行	5120.00	1024.00	4096.00
第五家银行	4096.00	819.20	3276.80
第六家银行	3276.00	655.36	2621.44
第七家银行	2621.44	524.20	2097.15
第八家银行	2097.15	419.43	1677.72
第九家银行	1677.72	335.54	1342.18
第十家银行	1342.18	268.44	1073.74
十家银行合计	5368.71	1073.74	4294.97
总计	50000.00	10000.00	40000.00

由上表可知，在部分准备金制度下，10000美元的原始存款，可使银行共发放贷款40000美元，并可使活期存款总额增至50000美元，活期存款总额超过原始存款的数额，便是该笔原始存款所派生的存款总额，银行的这种扩张信用的能力决定于两大因素，即原始存款数额的大小和法定存款准备率的高低，用公式表示：$\Delta D=\Delta P \cdot 1/rd$①

ΔD：表示经过派生的活期存款总额的变动；

ΔP：表示原始存款的变动。

$\Delta D-\Delta P$：派生存款总额。

同时，从分析上式可知，活期存款的变动与原始存款的变动显然存在着一种倍数关系(K)，

用公式关系：$\Delta D=P\cdot K$②

由①式$\Delta P=\Delta D\cdot rd$

所以$K=\Delta D/\Delta P=1/rd$③

3) 存款货币的最大派生倍数K为 rd的倒数

假定公式中ΔP为已知，则银行的贷款机制所决定的存款货币的最大扩张倍数为K，称为派生倍数。该倍数即是rd的倒数。派生倍数的涵义：法定存款准备率越高，存款扩张的倍数值越小；法定存款准备率越低，扩张的倍数值则越大。

商业银行如果出现超额准备金，可用于发放贷款，同时创造出派生存款来。但是如果法定存款准备金不足，商业银行或者紧缩贷款和紧缩投资，使其在中央银行的存款达到rd的水平；或者向中央银行借款，向同业拆借、扩大原始存款等以增加R的数额，导致货币供应量减少。

2. 中央银行在货币供给中的作用

1) 创造银行券(现金供给的形成)

发行银行券是中央银行的重要职能，流通中的现金都是通过中央银行的货币发行业务流出的。中央银行发行的银行券——现金，是基础货币的又一构成部分商业银行创造存款货币的能力，取决于取得原始存款和中央银行的法定存款准备率高低。

原始存款来自吸收现金存款和从中央银行取得的贷款。我们假定整个社会的现金均已存入银行系统，而商业银行均以最大限度地将其运用出去，那么决定商业银行增加放款从而增加存款创造的决定性因素就是中央银行提供给商业银行的贷款。

中央银行向商业银行提供货币资金的方式主要有：再贴现、再贷款、降低法定存款准备率和在公开市场上购买有价证券。这些方式均会导致商业银行在中央银行的超额准备金发生变化，从而增加或收缩商业银行的放款能力。但是除法定存款准备率具有绝对的强制力外，再贴现、再贷款和公开市场业务都是非强制性的调整，商业银行可以选择决定。

2) 中央银行对基础货币的决定

基础货币是指流通于银行体系之外的现金(通货)和银行体系的储备之和，或者说基础货币是现金与商业银行在中央银行的准备金存款之和，用公式表示为：$B=C+R$

其中，B：基础货币；C：现金；R：存款准备金。

基础货币有一定的稳定性，不论存款被提现还是现金存入银行，基础货币的数量都不会改变。中央银行对基础货币的控制也就是中央银行对银行券和商业银行存款准备金的影响和控制。

在上述过程中看出，中央银行在货币供给过程中是初级的，并不直接改变流通中的货币供应量，商业银行是最终改变流通中货币量的角色，处在终极的位置。

(三)决定货币供给的其他因素

以上分析给我们留下一个印象：银行主宰货币的供应，货币供应量取决于银行的业务操作。事实上这只是一个简单的推论，实践证明银行通过业务操作实现的货币供应及其调整，归根结底取决于社会各部门对货币的需求。货币需求对货币供给决定作用具体表现为以下三个方面。

1. 中央银行控制基础货币的直接程度受制于货币需求

1) 中央银行对现金的控制是相对的

中央银行发行现金的数量最终取决于社会和公众对现金的需求。

2) 中央银行对商业银行的准备金存款的控制是相对的

商业银行的准备金存款由法定和超额准备金存款两部分构成。中央银行通过制订法定存款准备率，可以控制法定存款准备金，但中央银行再贴现率的变化、再贷款规模的改变、公开市场业务的操作其影响都要取决于商业银行对中央银行适时调节手段的反应。而这种反应既与中央银行政策手段本身的诱惑有关，也与银行可贷规模、物价稳定程度和对市场的预期有关。

2. 商业银行扩大信贷规模受制于社会的信贷资金需求

商业银行贷款的形成取决于借贷双方的共同意愿。即使中央银行实行了一系列扩张政策手段后，商业银行最终增加了存款准备金，货币供应量就一定扩大吗？答案是否定的。例如商业银行愿意提供贷款而且也有能力贷款，但客户不愿借(如在经济萧条时期)，也不能扩大货币供给；同样客户愿借，但银行愿意保存较多的超额准备金而不贷，结果也不能扩大货币供给。

3. 社会公众持有现金的愿望影响货币供给总量

流通中现金存入银行，可以成倍派生存款，扩大货币供给量。但现金被存款户从银行中取出则会大幅度地减少存款货币量，大大降低商业银行的存款创造能力。因此非银行部门持有现金数量的大小，直接影响到货币供应总量。

社会持有现金的数量受经济运行的影响。如经济繁荣期，利率上升，人们愿意放弃不生息的现金，将其转换为存款及各种有价证券，减少持币量；经济萧条期，对金融资产的不安全感可促使人们纷纷从银行提取现金以求安全。

三、货币均衡

(一)货币均衡的判断

货币均衡就是指货币供给和货币需求相等的状态，$M_s=M_d$；货币的非均衡就是 $M_s \neq M_d$。从实质上说货币均衡是一个动态的概念，是一个由均衡到失衡，再由失衡到均衡的不断运动的过程。货币的均衡和非均衡表现为货币的“值”的变化，一个表现为货币购买力的变化，即物价的变化；一个表现为利率的变化。所以货币均衡和非均衡的判别标志就是物价和利率。

1. 物价

如果价格水平提高，则名义收入增加，名义货币需求增加；价格水平下降，名义收入减少，名义货币需求减少。如果名义货币供应不能随之调整，必然带来货币供求的非均衡。当货币供给大于货币需求时，货币购买力下降，物价水平提高，物价水平提高后，名义货币需求增加，货币供求实现均衡。货币供给小于货币需求时，货币购买力提高，物价水平下降，名义货币需求减少，货币供求实现均衡。由此可以看出，货币的非均衡表现为物价的变化，物价变化又会使其在新的水平上达到均衡。

2. 利率

在市场经济条件下，货币的均衡和非均衡更重要地表现为利率的变化。利率与社会公众的货币需求成负相关关系。而对货币供给来说，利率越高，商业银行持有超额储备的机会成本越高，超额储备越少，货币乘数越大，所以，利率和货币供给成正相关的关系。

(二)货币供求均衡与社会总供求

从形式上看，货币均衡不过是货币领域内货币供给和货币需求相等而导致的一种货币流通状态，但从实质上看，是社会总供求均衡的一种反映。在商品经济条件下，社会总供给和总需求的矛盾是客观存在的。如果总需求大于总供给，会引起物价上涨和社会不稳；如果总需求小于总供给，则会出现经济增长速度下降，失业增加的现象。但不管发生哪种矛盾，人们好像都喜欢从货币供求上寻找解决矛盾的突破口，增加或减少货币供给量似乎是一个快捷的途径，这说明货币供求和社会总供求之间存在紧密的联系。

1. 货币供给与社会总需求的关系

货币供给是社会总需求的载体。社会总需求是人们在一定收入水平约束下，对商品的需求，收入水平决定了人们的总需求，而货币供给又决定了人们的收入水平。所以货币供给和社会总需求的关系是，货币供给决定社会总需求。货币供给增加时，名义国民收入增加，各部门的名义收入也增加，社会总需求增加。

2. 社会总供给与货币需求

从宏观角度来看，货币需求是流通中的商品和劳务需要多少货币媒介它的交换，显然，流通中的商品和劳务的数量越多，需要的货币越多，商品和劳务的数量越少，需要的货币越少。而流通中的商品和劳务就是社会总供给。所以社会总供给和货币需求之间的关系应该是社会总供给决定货币需求。

3. 货币供给与总供给

货币供给的变动能否引起总供给的变动，这是货币经济学中存在很大争议的一个重要问题。对这一问题，现在被人们广泛认同的是联系潜在未利用资源或可利用资源的状况进行分析的方法，这种分析把货币供给对总供给的作用分为三个阶段。

(1) 当经济体系中存在着现实可用于扩大再生产的资源，且数量又很充分时，在一定时期内增加货币供给，会把这些未利用资源利用起来，由于新增货币供给被这些潜在资源所吸收，所以只有实际产出水平的提高而不会引起价格水平的上涨。

(2) 当潜在未利用资源被逐渐利用而不断减少，货币供给却在继续增加时，由于货币供给的增加已经超过了潜在可利用资源所需的数量，经济中可能出现实际产出水平同价格水平都提高的现象。

(3) 当潜在未利用资源已被充分利用，货币供给仍然继续增加时，由于已经没有新的实际资源被投入生产过程中，会出现只有物价上涨，实际产出并不增加的现象。

货币供给对总供给还有紧缩作用。当货币供给减少时，总供给也会减少。其分析原理和上面的扩张过程相同，只不过方向相反而已。

按照前面的分析，由于货币供给决定总需求，所以当经济体系中出现总需求大于总供给的矛盾时，似乎可以采用减少货币供给，压缩总需求的政策使总供求趋于平衡，消除通货膨胀。但根据货币供给对总供给的紧缩作用，货币供给减少后，总供给水平也会下降，总供给小于总需求的缺口仍然存在。所以依靠紧缩货币供给的政策，并不能从根本上解决总供求失衡的矛盾。但紧缩货币供给却是可以在短时间内使提高的物价压低，因为任何的物价上涨肯定都是由过多的货币做支撑。

4. 货币供求和社会总供求的关系

通过以上分析可以形成这样的认识：

(1) 总供给决定货币需求，但同等的总供给可有偏大或偏小的货币需求。

(2) 货币需求引出货币供给，货币供给量应于货币需求量相适应，但也绝非是等量的，货币供求的非均衡是常态。

(3) 货币供给成为总需求的载体，同等的货币供给可有偏大或偏小的总需求。

(4) 总需求的偏大和偏小，对总供给产生巨大的影响。不足，总供给不能充分实现；过多，虽然在一定条件下有可能推动总供给的增加，但不可能由此消除差额。

(5) 总需求的偏大或偏小，也可以通过紧缩或扩张货币供给的政策来调节，但单纯控制总需求难以真正实现均衡目标。

知识点提示

货币失衡

在实际货币流通过程中，往往存在货币失衡现象，即 $M_d \neq M_s$。在这样的情形下一般会出现如下两种状况。

1. 货币需求大于货币供给，即 $M_d>M_s$。此种现象的出现，主要基于以下几方面原因：一是由于经济的发展，商品生产和交换规模扩大，货币供给量并没有及时地增加，从而导致经济运行中货币供给小于货币需求，这种情况在纸币流通的条件下出现的概率较小；二是在经济运行中货币供给量与货币需求量大体一致的情况下，由于中央银行实施紧缩性的货币政策操作，减少货币供给量，从而导致流通中货币紧缺，国民经济的正常运行受到抑制，使原本供求均衡的货币运行走向供给小于需求的货币失衡状态；三是由于在经济危机阶段，经济运行中的信用链条断裂，正常的信用关系遭到破坏，社会经济主体对货币的需求急剧增加，中央银行的货币供给量却相对地滞后于货币需求的增加，进而导致了货币供求的失衡。

2. 货币需求小于货币供给，即 $M_d<M_s$。形成此类现象的原因主要有：一是财政透支，当中央政府为弥补政府财政赤字向中央银行透支时，将有可能迫使中央银行增加货币发行，导致货币供给量增加过量，造成货币失衡；二是信贷失当，这主要是指银行信贷规模的不适当扩张，使货币供给量的增长速度大大超过经济发展的客观需要，从而形成货币供大于求的局面。

另外，即使当货币需求(M_d)等于货币供给(M_s)时，也可能出现结构性的货币失衡。也就是说，在货币供给与需求总量大体一致的总量均衡条件下，发生货币的供给结构与货币需求结构不相适应的状况。结构性货币失衡往往表现为短缺与过剩并存，经济运行中的部分产品和生产要素供过于求，而另一部分商品和生产要素又供不应求。造成这种货币失衡的原因在于经济结构的不合理以及由此导致的结构刚性。

(三)中央银行对货币供求的调节

在完全的市场经济中，货币均衡和非均衡是由市场通过物价和利率自动调节的。但市场会失灵，所以需要对经济进行宏观调控，对货币供求的调控由中央银行完成。中央银行的任务只是把货币供给和货币需求的对比维持在一个可以接受的差额幅度内，尽可能地追求较小差额。

既然价格和利率的变动可以使货币趋于均衡，而物价水平又是中央银行无法掌控的，中央银行可以用来调控货币供求的最重要的手段就是利率手段。中央银行可以通过调整基准利率影响市场利率的变化，如果使利率提高，货币供给就会扩大，货币需求下降，货币供小于求的缺口就会缩小；如果使利率降低，货币供给会收缩，货币需求扩大，货币供大于求的缺口会缩小。中央银行对货币供给的控制能力较强，而货币需求更多的取决于企业、个人的行为，中央银行的影响很小。所以中央银行对货币供求均衡的调节一般通过货币政策工具调节货币供给量来实现。

第二节　通货膨胀与通货紧缩

一、通货膨胀

(一)通货膨胀的定义

1. 马克思主义的货币理论

所谓通货膨胀，是指在纸币流通条件下，因纸币发行过多，超过了流通中所需要的货币量，从而引起纸币贬值、一般物价水平持续上涨的现象。通货膨胀的产生必须具备两个条件：首先是纸币流通；其次是一般物价水平的持续上涨。

2. 西方经济学家对通货膨胀的定义

现代货币主义者弗里德曼认为“通货膨胀是一种货币现象，起因于货币量的急剧增加超过了生产的需要……”新自由主义者哈耶克认为，通货膨胀是指货币数量的过度增长，这种增长合乎规律地导致物价上涨。萨缪尔森认为，通货膨胀的意思是：物品和生产要素的价格普遍上升的时期。

3. 现实经济生活中通货膨胀的定义

因流通中注入货币过多而造成货币贬值以及总的物价水平不同形式的(公开的或隐蔽的)持续上升的过程。

阅读专栏

德国在20世纪20年代早期的恶性通货膨胀

德国在第一次世界大战战败后，一场革命推翻了威廉二世的统治，成立了魏玛共和国。在1919年的和谈时，协约国(美国、英国、法国和意大利)迫使新的德国政府签订赔款条约。所谓的赔款，就是要求德国就战争中导致的对协约国的损害进行赔偿。对于德国政府而言，要想用税收收入来偿付正常的政府开支和赔款是十分艰难的。

德国政府决定向德国国家银行——德国的中央银行出售债券来弥补开支和税收收入之间的差额。几年之后，德国的赔款远未能按照协议进行。德国政府向国家银行出售债券，因此增加了货币供给。货币供给增加导致的通货膨胀率十分惊人：流通中的马可从 1922 年 1 月的 1.15 亿元增加到 1923 年 1 月的 13 亿元，而在 1923 年 12 月，这一数字达到了惊人的 497000000000000000000 元。过量的货币供给，其结果必然是极高的通货膨胀率。德国物价指数在1914年为100，1922年1月为1440，而在1923年12月已经上升到了126160000000000，德国马克变得一文不值。德国政府以此结束了这场超级的恶性通货膨胀：①与协约国重新谈判，削减战争赔款；②减少其他政府支出，增加税收来平衡预算；③发行新币替代旧币，新的 1 马克相当于 1 万亿旧马克。德国中央银行也将新的马克发行量控制在 32 亿元。

这些措施足以结束这场超级的恶性通货膨胀，但使用旧马克的人的积蓄没有了。大多数德国中产阶级对这一结果极度厌恶。很多历史学家相信这次超级的恶性通货膨胀极大地削弱了德国人对魏玛共和国政府的信任，而为希特勒和纳粹分子 10 年后的上台打下了基础。

（资料来源：Thomas Sargent，The Endof Four Big Hpyerinflations，In Rational Expectationsand Inflation，NewYork：a Harperand Row，1986.）

(二)通货膨胀的类型

按照不同的标准，通货膨胀可分为不同的类型。

1. 按通货膨胀的程度不同划分

按通货膨胀的程度不同可以分为以下几类。

(1) 温和的通货膨胀，又称爬行的通货膨胀或不知不觉的通货膨胀。

(2) 恶性通货膨胀，又称极度通货膨胀或无法控制的通货膨胀。

(3) 跑马式的通货膨胀，也称快步小跑式通货膨胀。

2. 按表现形式不同划分

按表现形式不同可以分为以下几类。

(1) 隐蔽的通货膨胀，又称压制型通货膨胀或被遏制的通货膨胀。

(2) 公开的通货膨胀，又称开放式的通货膨胀。

3. 按通货膨胀产生的原因不同划分

按通货膨胀产生的原因可以分为需求拉上型、成本推进型、结构型、混合型、财政赤字型、国际传播型。

(1) 需求拉上型，即需求拉上说。当经济中总需求扩张超出总供给增长时所出现的过度需求，是拉动价格总水平上升、产生通货膨胀的主要原因。通俗的说法就是“太多的货币追逐太少的商品”，致使对商品和劳务的需求超出了在现行价格下可得到的供给，从而导致一般物价水平的上涨。

需求拉上的通货膨胀分为三种类型：自发性需求拉上型，其总需求的增加是自发性的而不是由于预期的成本增加；诱发性需求拉上型，主要是由于成本增加而诱发了总需求的增加；被动性需求拉上型，由于政府增加支出或采用扩张性货币政策增加了总需求，从而导致通货膨胀。

(2) 成本推进型，即成本推进说。成本推进说认为通货膨胀的根源不在于总需求的过度增加，而在于总供给方面由于产品成本的上升而减少。因为在通常情况下，商品的价格是以生产成本为基础，加上一定的利润而构成。因此生产成本的上升必然导致物价水平的上升。

促使产品成本上升的原因有如下几方面：第一，工资成本推进型通货膨胀；第二，利润推进型通货膨胀；第三，汇率变动引起进出口产品和原材料成本上升以及石油危机、资源枯竭、环境保护政策不当等造成原材料、能源生产成本的提高也会引起成本推进型通货膨胀。

(3) 结构型，即部门结构说。结构型通货膨胀的基本观点是：由于各国经济部门结构的特点不同，当一些产业或部门在需求方面和成本方面发生变动时，往往通过部门之间相互看齐的过程而影响到其他部门，从而导致一般物价水平的上升。

这种结构型通货膨胀可分为三种情况：需求转移型、外部输入型、部门差异型。

(三)通货膨胀的衡量指标

通货膨胀的严重程度是通过通货膨胀率这一指标来衡量的。通货膨胀率通常以零售物价指数、消费物价指数、批发物价指数和国民生产总值的平减指数来确定。

1. 零售物价指数

零售物价指数是根据商品的零售价格编制的指数，反映商品零售价格水平变动的趋势和程度。

2. 消费物价指数

消费物价指数又称生活费用价格指数，是反映不同时期居民生活费水平变动情况的指数，反映不同时期生活消费的商品和劳务项目价格变动的趋势和程度。通常是以零售物价指数和服务项目价格指数为基础编制的。

3. 批发物价指数

批发物价指数是根据批发价格编制的指数。它能准确反映商品流通的物价变化情况。

4. 国民生产总值平减指数

国民生产总值平减指数是按当年价格计算的国民生产总值与按不变价格计算的国民生产总值的比率。

(四)通货膨胀的成因及其治理

1. 通货膨胀的成因

通货膨胀一般表现为物价总体水平的上升，它以货币的超量供应为前提条件，而货币的超量供应是经济运行存在问题的综合反映。通货膨胀的具体原因一般表现在如下几方面：

(1) 财政赤字。解决财政赤字的方法一是向中央银行贷款；二是发行公债。如果向中央银行贷款，就会造成中央银行增加货币供给，引起市场货币供给量增加，进而导致通货膨胀；发行公债，如果向中央银行推销，或以公债为抵押向中央银行贷款，也会引起通货膨胀。

(2) 信用膨胀。商业信用是以商业票据为工具的，商业票据经过背书可以流通转让，代替货币起交换媒介作用，相当于增加了货币供给量，减少了货币需求量。

商业信用和一部分消费信用是由企业提供的，但企业之所以能提供商业信用和消费信用，是因为得到了银行提供的信用。

银行信用向工商业提供的贷款必然要转为存款，而且转换的存款数量会成倍扩张，这就直接扩大了货币供应量。

商业信用、消费信用、银行信用的膨胀，一方面减少了流通中对货币的需要量，另一方面增加了流通中的货币供给量，因此信用膨胀即信贷规模的扩大，如果超过了流通、生产的需要，必然出现通货膨胀。

(3) 外债规模过大。大量举借外债的国家，背负着沉重的还本付息包袱，有可能导致财政赤字，并有可能因此导致通货膨胀。如墨西哥在 20 世纪 80 年代，由于大量举借外债，导致通货膨胀。

(4) 通货膨胀的国际传导。国际通货膨胀一般有四个传导途径。第一，价格途径。第二，需求途径。当汇率不变的情况下，一国发生通货膨胀，会诱导其他国家向该国出口商品。如果商品出口国，由于出口需求增加，而资源已达到充分利用，生产量不能增加时，会导致社会总需求大于社会总供给，货币供给大于货币需求，产生通货膨胀。第三，国际收支途径，一国出现通货膨胀，在汇率不变的情况下，由于刺激本国商品进口，导致该国国际收支逆差，商品出口国由于出口增加，导致该国国际收支顺差。顺差国由于外汇收入增加，为收兑外汇，导致向流通领域注入大量的本国货币，使货币供给超过货币需求，产生通货膨胀。第四，示范作用途径，国际性的物价上涨，使一些尚不存在通货膨胀的国家的企业预期本国物价也会上涨，为避免损失，提前将物价上涨的因素计入成本，抬高物价，或囤积居奇，引起本国物价总水平上涨。

2. 通货膨胀的治理措施

1) 宏观紧缩政策

(1) 紧缩性货币政策。紧缩性货币政策又称为“抽紧银根”，即中央银行通过减少流通中货币量的办法，提高货币的购买力，减轻通货膨胀压力。具体政策工具和措施包括：①通过公开市场业务出售政府债券；②提高贴现率和再贴现率；③提高商业银行的法定准备金。

(2) 紧缩性财政政策。紧缩性财政政策主要是通过削减财政支出和增加税收的办法来治理通货膨胀。削减财政支出的内容主要包括生产性支出和非生产性支出。紧缩性货币政策和财政政策都是为了从需求方面加强管理，通过控制社会的货币供应总量和总需求，实现抑制通货膨胀的目标。

2) 收入指数化政策

收入指数化政策又称指数联动政策，是指对货币性契约制订物价指数条款，使工资、利息、各种债券收益以及其他货币收入按物价水平的变动进行调整。

阅读专栏

我国台湾 20 世纪 70 年代的两次通货膨胀及其对策

台湾经济在 60 年代的特征是高速成长和价格稳定。1961—1971 年间，GNP 年均增长 10.2%，而消费物价指数只上升了 2.9%。但这种形势被 1973 年以来发生的几次石油危机打断。在 1973 年，尽管台湾经济的增长率仍然高于上一年，但物价也突然上升了 22.9%。1974 年进一步上涨为 40.6%，同年的经济增长率却比上年回落了 1.1%。当时台湾经济面临着严峻的考验，台湾当局采取了许多严厉的措施。1975 年通货膨胀大幅下降，消费物价指数为负的 5.1%，经济增长率为 4.2%。尽管 1976—1978 年又发生了石油危机，但台湾经济的增长率仍高达 12.4%，通货膨胀率只有 3%。

1979—1980 年石油价格上升又一次形成对台湾经济的巨大冲击。1979 年台湾经济年均通货膨胀率上升了 13.8%，1980 年又上升了 21.5%，经济增长率 1979 年下降为 8.1%，1980 年更降为 6.6%。因此，虽然这次通货膨胀率只有上次的一半左右，但经济增长速度却比上一次更低。

造成 1973—1974 年和 1979—1980 年两次通货膨胀的原因，既有成本推动型的因素，又有需求拉上型的因素。从成本推动来说，台湾商品的成本主要由四部分组成：工资、利润、中间投入成本和间接税。其中，由于台湾的工资由竞争激烈的劳动力市场的供求关系决定，所以，它不是成本推动的主要因素。成本推动也不能归之于利润的最大化，因为台湾的行业垄断权并不强大。由于台湾的中间投入严重地依赖进口，因此国际市场上产品价格的暴涨和汇率的变化就成为成本推动的主要原因。台湾是一个小而开放的市场经济体系，在 1973 年，他所面临的国际市场条件有其特殊性。首先，1972 年台湾存在大量的贸易顺差，以至于占了当年 GNP 的 8.2%，仅此一项就增加货币供给 37.9%。其次，始于 1972 年的世界性食品短缺严重影响了世界市场价格。美国 1973 年第一季度通货膨胀率达到了破纪录的水平，同年日本的通货膨胀率也达到了 22.8%，通货膨胀几乎席卷了整个资本主义世界。第三，旧的国际金融体系于 1971 年 8 月崩溃以后，美元在 1971 年 12 月的斯密森会议后分别对日元和马克贬值 16.88%和 13.56%，1973 年 2 月 12 日对特别提款权也贬值 10%，整个西方世界开始实行浮动汇率制。

针对 1973—1974 年的严重通货膨胀，台湾当局采取了十分严厉的措施。

(1) 高利率政策。随着 1973 年价格开始上升，利率也于同年 4 月和 7 月开始提高。其中担保贷款利率提高了 13.25%，3 至 9 个月的贴现率也提高了 11.75%。由于 1973 年下半年价格指数仍以每月 4%的速度上升，到 10 月存款的时间和数量也开始下降，1974 年 1 月通货膨胀率已达到每月上升 12.9%的水平。1974 年 1 月 27 日台湾当局采取了“稳定经济措施”，第一，一次性提高储蓄存款利率 33.4%，贷款利率 25.8%。第二，短期存款利率提高快于长期存款利率。第三，储蓄存款利率提高快于贷款利率。第四，新的存款利率和债券利息适用于所有以前的存款和公共债券。这样，从 1974 年 1 月以后，这一政策极大地刺激了储蓄存款的增加。

(2) 一次性油价调整。当 1973 年国际市场上石油价格提高，由台湾当局经营的中国石油公司曾利用其利润努力吸收油价的提高部分。但是，油价的上涨很快就超过了中国石油公司的吸收能力。为了避免油价逐步上升造成的通货膨胀预期，1974 年 1 月 27 日，台湾当局决定一次性提高石油及其产品的价格。不同种类的石油产品价格提高了 88.4%，电力价格也上升了 78.7%。虽然 1974 年 2 月份价格水平仍上升了 12.9%，但高利率和调整有加两项措施时 3 月份价格水平有所下降，以后就逐月降低，到 1975 年通货膨胀率已变为负 5.1%。

(3) 税负减免。为了减少生产成本，刺激经济复苏，台湾当局对收入税、消费税、商品税和关税实行了减免。减免税收总额达 111.1 新台币，分别占当年税收总数的 12.9%和 GNP 的 2.1%。

(4) 投资 10 项公共支出的工程项目。其中包括 6 项交通运输工程，三项重工业工程和一项原子能发电工程。十大工程的投资约占 1973—1974 年投资总额的 4.5%，1975—1976 年的 20%。这些项目极大地刺激了 1975 年的经济复苏和后来台湾经济的繁荣和增长。

由于台湾经济 1979—1980 年发生的通货膨胀和经济增长下降较为温和，因此台湾当局未采取严厉的措施，而是用较温和和渐进的方法来引导石油及其产品的价格更为合理化，汇率更加由市场力量决定，利率更加自由化。调整的时间也比上一次更长。

(1) 石油及其产品的价格。允许台湾的石油价格在某种程度上更直接地反映进口成本的水平。1979—1981 年，石油和电力价格平均每年上升 49.4%和 30.7%。这对提高能源的使用效率和进一步节约能源起了巨大作用。

(2) 汇率。从 1979 年起，汇率体制由原来的固定汇率改为浮动汇率，避免了新泰币币值的高估和低估现象。

(3) 利率。根据台湾的银行法，存款的最高利率由中央银行规定，贷款利率则由银行家协会提出，由中央银行审议并实施。为了使利率更加自由化，中央银行于 1980 年 11 月颁布了“利率调整纲要”，允许在最高和最低利率之间有更大的浮动空间，实行更具有弹性的利率。从 1980 年 11 月至 1982 年 12 月，先后对利率调整了 10 次。

总结：台湾通货膨胀的发生与国际市场有着非常密切的联系。与此同时，反通货膨胀的政策措施也越来越向市场化、自由化方向发展，我国台湾经济参与国际分工和交换的适应能力不断提高。

2007 年以来，中国内地经济又出现了新一轮的通货膨胀，这次通货膨胀的原因相当程度上与我国台湾 20 世纪 70 年代的两次通货膨胀的原因相类似。在我国经济国际化和市场化的过程中，台湾省治理通货膨胀的措施，今天仍具有重要的借鉴意义。

(资料来源：安佳肖遥：《走出通货膨胀的战略选择——台湾经济学界大论战》第 251-257 页，群众出版社，1989 年 3 月)

二、通货紧缩

(一)通货紧缩的定义

通货紧缩一般是指商品和劳务的货币价格总水平持续下降的经济现象。有些学者还把货币供应量的持续下降和经济增长的持续下降或经济衰退与物价水平的持续下跌并列在一起，用两个或三个因素来定义通货紧缩。如加拿大一家投资公司的首席经济学家 G.莱斯根的观点很有代表性，他认为，通货紧缩不只是价格下降，还包括货币数量减少和货币流通速度下降以及经济萧条(莱斯根 1992)。不过，西方国家大多数普及版的经济学教科书和一些权威的经济学大辞典中，都把通货紧缩定义为物价水平的持续下降，是与通货膨胀相对应的一个概念。而将货币供应量的下降和经济萧条作为通货紧缩的原因和后果。

(二)通货紧缩的类型

1. 需求不足型通货紧缩

需求不足型通货紧缩主要是由于总需求小于充分就业的总供给。从宏观经济分析来看，总需求(或有效需求)不足，既可能源于错误的理论(如“萨伊定律”)和观念(如美国胡佛总统任期内片面追求预算平衡和政府不干预政策)，也可能源于中央银行未能有效地履行最后贷款人的职责，致使货币供应量的锐减(如“大萧条”期间美联储的一些做法)；既可能是由于政府在运用需求调节政策时对经济形势的判断有误，使总需求受到过分抑制(如美联储在 1935—1937 年连续 3 次调高法定准备率，致使经济复苏中断，重又陷入萧条)，也可能是政府在治理通货膨胀的过程中，实行紧缩性需求调节政策，由于“时滞”效应，而引起需求不足。

对“需求不足型通货紧缩”成因的理论分析，凯恩斯从三大心理定律深入分析了有效需求不足的原因，弗里德曼和舒瓦茨等人则从信用关系的破坏引起货币供给量的减少等方面分析了需求不足引起的通货紧缩。

20 世纪 90 年代日本持续的通货紧缩吸引了许多有才华的经济学家的关注。美国知名的国际经济学教授保罗·克鲁格曼的分析独树一帜。克鲁格曼认为，需求不足在不同的国家和不同的时期有着不同的社会、制度根源。日本经济所面临的普遍的需求不足完全可以从人口学的角度来解释。一方面，由于日本人口出生率逐渐降低，而日本人又保持了世界上最长的平均寿命。因此，老龄化问题日趋严重，加之缺乏完备的社会保障制度，促使日本的社会公众都倾向于更多地储蓄以备将来退休之后使用。另一方面，缓慢的人口增长率加上日本大量的向外移民，造成适合工作年龄的人口迅速减少，使企业预期利润降低，不愿扩大投资。克鲁格曼断言，人口老龄化问题将在未来长期制约日本乃至整个欧洲的社会总需求，只不过 90 年代初日本泡沫经济的破灭，使企业投资机会减少，公众预期收入降低，从而提前和加剧了社会总需求不足的矛盾，酿成了今天通货紧缩的局面。

为了描述更为一般的情况，克鲁格曼用跨期分析的方法分析了消费需求与物价水平的关系。根据经济学基本原理，经济主体在消费与储蓄之间的选择实际上就是在当前消费与未来消费之间进行抉择。这一抉择在持久性收入没有重大变化的情况下，取决于当期物价水平 P 与按市场利率 i 贴现后的预期未来物价水平 $Pe/(1+i)$间的对比，如果 $P=Pe/(1+i)$，则经济主体在当前和未来消费之间无差异；若 $P>Pe/(1+i)$，则理性的经济主体会减少当前的消费支出，而尽可能地多储蓄满足未来的消费需要，从而实现效用最大化。而这一行为本身，又会迫使当期物价水平 P 的下降，使经济恢复跨期均衡($P=Pe/(1+i)$)。据此，克鲁格曼认为，在低通货膨胀的环境中，当期物价水平的下跌，并非当期物价水平过高，而是因为预期物价水平太低或高名义利率所致，要阻止通货紧缩，要么提高预期通货膨胀率，要么降低名义利率，如果预期通货膨胀率和名义利率存在某种刚性，则传统的经济政策就难以生效。

克鲁格曼还从凯恩斯提出的“流动性陷阱”的分析出发，论述了流动性陷阱是通货紧缩的必要前提。

克鲁格曼认为，弹性货币供给条件下的通货紧缩与金本位下的通货紧缩有着本质的不同。在信用货币条件下，之所以发生通货紧缩而传统的货币政策又无能为力必然是因为经济已经处于流动性陷阱状态。此时，使得储蓄与投资达到充分就业均衡的真实利率为负，即相对于现在而言，社会公众更加偏好未来，即使短期名义利率降至很低的程度甚至为零，意愿的储蓄仍然超过意愿的投资，经济处于非均衡状态。克鲁格曼认为，要消除储蓄与投资之间的缺口，有两条途径：要么当前物价水平下降，使得消费增加，储蓄减少，要么降低名义利率，使投资支出增加。前者只能使经济在低水平上获得均衡，因而是政策当局所不愿看到的。但是，由于名义利率不能低于零，使现行的真实利率高于经济均衡所需要的负的真实利率而难以下降，利率对经济活动的调节作用完全丧失，因此，企图通过第二条途径刺激也不能生效。此时，经济实现均衡的唯一途径是物价水平的下跌。由此可知，在克鲁格曼看来，通货紧缩一方面是市场力量的必然，是市场通过价格机制强制性地为建立新的均衡而开辟的道路，另一方面，通货紧缩也是流动性陷阱的结果。

克鲁格曼还进一步指出，不完全资本市场的存在，会有助于负的真实利率的形成。假定一些人预期他们的未来收入会高于现在的收入，而另一些人预期未来收入会降低，在完全的资本市场上，预期收入增加的人倾向于多消费从而抵消预期收入降低的人新增的储蓄。但是在不完全的资本市场上，预期收入增加的人由于受流动性约束，往往得不到足够的贷款进行消费，这一抵消作用便难以正常发挥，因而会使储蓄过多，均衡的真实利率比在完全的资本市场下还要低。因此，流动性陷阱的存在，与资本市场和金融中介的机能有着密不可分的联系。

传统的开放经济宏观经济学认为，只要存在资本流动和国际贸易，流动性陷阱便不可能出现，因为社会公众不会在低利率面前无动于衷，而是会将其储蓄向境外投资，以获取较高的回报。但克鲁格曼却认为情况并非如此，因为即使资本可以完全流动，但商品与劳务市场有限的一体化也会阻碍国内储蓄能在国外找到较佳的投资机会。同时，许多对就业有较大影响的产业是非贸易性的，因此，过多的储蓄很难通过向境外投资彻底消除，资本输出是不能完全解决流动性陷阱的。

对需求不足型通货紧缩成因的分析，还可以遵循以下的思路：①假定初始的物价下降源于政府紧缩的财政、货币政策，即推动物价下降是一种外生变量的作用。②物价的短期下降，即便是普遍下降并不视为通货紧缩，物价的普遍下降必须持续一定时期(如一年以上)才视为通货紧缩。③物价持续下降提供的市场信息会使有关经济主体——消费者、投资者和商业银行三方面的预期发生变化，从而对其资产选择行为进行调整；消费者预期物价会进一步降低，持有货币资产可以使财富增加，实现跨时期效用的最大化。投资者预期伴随物价下跌，实际利率水平提高，因而其债务负担会加重，另一方面在物价持续下跌的市场环境中，其投资的不确定性和风险增大，预期投资收益严重降低。投资者的理性选择是减少投资，清偿债务。商业银行预期物价持续下降，负债经营的企业和投资者的债务负担加重，金融市场风险加大，为避免信息不对称条件下借款者的逆向选择和道德风险，商业银行“惜贷”是一种理性的选择，如大多数商业银行都选择“惜贷”，商业银行的超额准备金增加，货币乘数降低，货币供应量减少。上述三类经济主体在预期的作用下作出的理性选择，就单个的行为本身都是理性的，但作为一个整体的选择，其结果必然是非理性的——消费需求和投资需求下降，货币供应量减少，总需求的减少又促使物价水平进一步下降，最终酿成通货紧缩。通货紧缩若不及时有效治理，就有可能引起经济衰退。

2. 供给过剩型通货紧缩

这往往是在开放经济的背景下，由于全球性或区域性的技术创新和进步，全球经济一体化进程加快，高投资率等原因，使全球生产能力有了巨大的增长，造成了全球性生产能力的过剩，从而引起部分国家乃至全球性的通货紧缩。对于转型国家来说，转型初期的通货膨胀和国有经济的软预算结束，导致盲目投资，重复建设，特别是传统产业过分扩张，形成大量过剩生产能力。

3. 结构型通货紧缩

结构型通货紧缩在发展中国家最为典型，发展中国家(特别是大国)具有明显的二元经济的特征，这不仅表现为发达的现代城市经济和落后的传统农业并存，还表现为现代经济聚集的发达地区和传统产业集中的欠发达地区的并存。在工业化和市场化过程中，发展中国家收入分配差距扩大的趋势，呈现“倒 U 形”变化，结果使城乡、地区差距以及不同社会阶层间的收入差距扩大。按照凯恩斯的消费理论，低收入阶层往往具有更高的消费倾向，而高收入阶层大都具有较高的储蓄倾向。这种收入分配结构的差异会导致全社会的消费倾向下降，使需求饱和与需求不足并存，生产能力大量闲置、过剩，从而引起通货紧缩。

4. 体制型通货紧缩

体制型通货紧缩主要指实行渐进式转型的国家，国有经济在整个经济还占有相当的比重，在高负债经营的条件下，国有企业效率低下，许多国有企业不仅资本金难以按期偿还，支付利息也常常发生困难，因此形成国有商业银行的大量呆账、坏账。在宏观紧缩、物价水平回落的条件下，国有企业亏损面持续扩大，银行为避免呆、坏账比率过高，加强贷款风险管理，对国有企业贷款趋于减少。另一方面，由于金融体制改革滞后，对非国有经济贷款的担保体系未建立起来，非国有企业对贷款的正常需求难以满足。两种力量综合作用的结果是供给过剩和需求不足，物价持续下降，最终形成通货紧缩。

(三)通货紧缩的原因

1) 通货紧缩与货币政策有关

当通货膨胀问题得到解决以后，如果中央银行继续采取紧缩的货币政策，使大量商品流向货币，就可能产生物价的持续下跌，导致通货紧缩。

2) 通货紧缩与财政政策有关

政府为了预防通货膨胀或为了降低财政赤字，而采取了紧缩性的财政政策，大量削减公共开支，减小转移支付，从而减小了社会总需求，加剧商品和劳务市场的供求失衡。这样就可能促进通货紧缩的形成。

3) 通货紧缩与科技创新有关

科技进步与创新提高了生产力水平，放松管制使生产成本下降，造成了生产能力过剩。在供给大于需求的情况下物价下跌不可避免。如果这种供大于求的情况不能得到及时调整而持续存在，则物价下跌的趋势也会相应持续下去，这样就会出现通货紧缩。

4) 通货紧缩与汇率制度有关

如果采取钉住强币的汇率制度时，货币币值高估，则会导致出口下降，加剧国内企业经营困难，促使消费需求趋减，出现物价的持续下跌。同时其他国家货币的大幅贬值，也会造成货币国家的商品的大量流入，进一步加大国内物价的持续下跌态势。

5) 通货紧缩与金融体系的低效率有关

如果金融机构不能对贷款项目进行风险识别，那么就可能造成滥放贷款，不良贷款比重增加，也可能不愿意贷款或片面提高贷款利率以作为承担风险的补偿，从而形成信贷萎缩。

(四)通货紧缩对国民经济的影响

1) 对储蓄和消费的影响

通货紧缩意味着在名义利率不变的条件下、实际利率会上升，从而会刺激储蓄的增长；同时，通货紧缩意味着货币购买力的上升，货币购买力上升对储蓄增长会形成刺激。因此，通货紧缩仍会促进储蓄的增长。

通货紧缩对消费的影响具有双重性，一方面在出现了通货紧缩的条件下，货币购买力会上升，刺激消费者消费；另一方面，由于货币购买力上升，会形成储蓄对消费的挤压，并且，消费者会形成价格下降预期，从而消费增长下降。

2) 对投资的影响

投资乃指实质性投资。通货紧缩促进投资增长的主要途径是：①投资品价格下降，投资成本下降；②工资率增长下降，劳动成本下降。

通货紧缩促使投资下降的主要途径是：①产品销售价格下降，利润率下降；②产品销售困难，影响企业资金周转；③资金供应紧张，筹集投资资金困难；④贷款实际利率上升，投资成本上升；⑤市场前景预期悲观，投资意愿下降。

通货紧缩对投资增长的影响其性质取决于上述两方面影响的净影响。

3) 对经济增长的影响

在出现通货紧缩的条件下，企业所面临的是产品销售困难和产品销售价格的下降，这会使企业削减生产，必然导致产量下降，因而导致经济增长下降。

4) 对生产能力利用状况的影响

由于通货紧缩导致企业削减生产，就会使已有的物质生产能力的利用率下降，导致生产能力的闲置和浪费增加。

5) 对财富分配和收入分配结构的影响

在通货紧缩过程中，不同种类的财富的市场价值的下降和不同的人的收入的下降幅度并不相等，这样通货紧缩便要改变财富分配结构和收入分配结构。

6) 对金融业(指商业银行)的影响

(1) 对银行负债的影响。在通货紧缩的情况下，名义利率不变，实际利率上升，银行的利息负担因此而加重，因此通货紧缩会增加银行的实际债务负担。

(2) 对银行资产的影响。在通货紧缩的情况下，名义利率不变，实际利率会上升，这是有利于银行的。但问题在于，由于银行的主要资产是贷款，通货紧缩对银行资产的安全性会造成很大的影响。因为通货紧缩会增加违约风险，导致银行资产质量下降，资产的风险性增加，从而会降低银行资产的流动性。由此导致银行收缩资产业务，对银行收益增长不利。并且，在出现通货紧缩的条件下，居民收入减少，居民的存款支取会增加，银行面临的支付压力就会相应增加，出现支付危机的可能性增加。

由此，可以得出结论：通货紧缩会使金融业风险(信用风险、流动性风险)增加，会增加金融体系的不稳定性，不利于金融业的稳定发展。

(五)通货紧缩的治理

治理通货紧缩的政策是综合性的，可归结为五个方面。

1) 实行积极的货币政策

实行积极的货币政策，就要求中央银行及时做好货币政策的微调，适时增加货币供应量，降低实际利率，密切关注金融机构的信贷行为，通过灵活的货币政策促使金融机构增加有效贷款投放量，以增加货币供给。

2) 实行积极的财政政策

实行积极的财政政策不仅意味着扩大财政支出，而且还要优化财政支出的结构，以增大财政支出的“乘数效应”。扩大财政支出，可以发挥财政支出在社会总支出中的作用，弥补个人消费需求不足造成的需求减缓，起到“稳定器”的作用。优化财政支出的结构，使财政支出能最大限度地带动企业和私人部门的投资，以增加社会总需求。新的需求，带动需求增加，从而实现刺激需求的目的，调节需求的不足。

3) 优化供给

导致通货紧缩的一个主要因素在于总需求严重不足，解决总需求不足除了刺激总需求外，一个更为重要的措施是优化供给，优化供给可以引发新的需求，带动需求增加，从而实现刺激需求的目的，调节需求的不足。

4) 增加汇率制度的灵活性

增强汇率制度的灵活性，可以减轻人民币升值的压力，促使国内价格回升，降低实际利率预期摆脱通货紧缩的陷阱，因此，要努力通过汇率调整，使我国经济摆脱通货紧缩的困境。

5) 建立存款保险制度

在通货紧缩的情况下，金融机构稳健性已经受到严峻挑战，迫切需要提高金融机构的信用，尤其是中小金融机构的信用，为此，应尽快建立存款保险制度，从保护存款人的利益出发，提高金融机构抵抗风险的能力，增强金融机构的稳健性，为金融机构实现安全性、流动性和盈利性的高度统一提供条件。

最后，为了有效治理通货紧缩，还要配合使用微观经济政策，如调整经济结构，刺激居民消费等，确保物价回升到一个合理水平。

阅读专栏

通货紧缩困扰日本

早在20世纪90年代初经济泡沫破灭后不久，在日本经济运行与发展中就开始出现了一系列通货紧缩性征象。对此，日本政府虽也一再告诫“日本经济正面临着陷入通货紧缩恶性循环的危险”，但始终都未承认日本经济已经处于通货紧缩状态。直到2001年3月16日讨论2001年3月《月例经济报告》的阁僚会议上，前森喜朗政府才公开认定“现在的日本经济正处在缓慢的通货紧缩之中”。

根据日本官方观点，目前日本经济出现的通货紧缩状态在战后还是第一次。以往物价下跌大多具有局部性和短暂性的特点，而目前日本的物价下跌却具有全面性和持续性的特点。即一方面表现为几乎全部或绝大部分商品的价格都同时呈现下跌态势，如在1999和2000年，不仅综合批发物价指数分别比上年下跌了3.3个和0.1个百分点，而且综合消费者物价指数也分别比上年下跌了0.3个和0.7个百分点；另一方面还表现为物价下跌已成为日本经济运行与发展中的一种长期态势。如在1991年至2000年的10年间，日本综合批发物价指数有8年呈下跌态势。尤其是综合消费者物价指数在1999和2000年也出现了战后从未有过的连续两年下降的情况。进入2001年，日本物价总水平的下降趋势更加强烈，前6个月无论是批发物价还是消费者物价，月月都是负增长，其中消费者物价在5月份还创了单月下跌的最高纪录。

当前日本通货紧缩的一个突出特点：它是在日本政府长期推行扩张性财政金融政策的背景下形成的；物价总水平的持续下降与巨额财政赤字和超低利率水平等正常情况下不应同时出现的现象目前却纠缠在一起。20世纪90年代初，日本政府为刺激经济回升，连续推出了力度强大、规模空前的扩张性财政货币政策。一方面，从 1992 年 8 月起连续 10 次推出以减税和增加公共事业投资为主要内容的扩张性财政政策，涉及财政收支规模达 130 万亿日元之巨。其后果是财政赤字和政府债务规模急剧扩大，财政危机空前恶化。到 1999 年度，其国债发行额已猛增至 37.5 万亿日元，比 1989 年度增加了 4.7 倍，其中赤字国债也增至 24.3 万亿日元，比 90 年代前的最高水平还高 2.4 倍；其国债依存率(国债发行收入占全部财政收入的比率)更高达 42.1%，比战后至 90 年代前的最高水平还高出 7.4 个百分点；其国债余额按 2001 年度预算将增至 388.7 亿日元，相当于 1990 年度的 2.3 倍，若加上地方政府债务，日本的公共债务余额将达 666 万亿日元，相当于其全年 GDP 的 1.3 倍！成为西方发达国家中财政赤字与公共债务危机最严重的国家。

另一方面，日本银行也不断推出以降低官定利率为中心的扩张性货币政策。从 1991 年 7 月起连续下调官定利率，到 1995 年 9 月第 9 次下调后已降至 0.5%，并将这一超低利率水平一直维持了 5 年之久。此间日本银行还曾于 1999 年 2 月至 2000 年 8 月实行了“零利率”政策，且到 2001 年 2 月又连续两次下调官定利率，分别下调至 0.35%和 0.25%。与 1991 年 7 月下调前相比，日本银行的官定利率已经连续下调了 5.75 个百分点。这意味着目前日本的官定利率不仅处于历史上从未有过的超低水平，而且也创出了连续下调幅度的历史最高纪录。

愈演愈烈的通货紧缩，已经并仍将对日本经济的运行与发展造成多层面的消极影响。一是恶化了企业经营环境，二是加剧消费需求低迷，三是加重财政赤字危机。从 1997 到 2000 年度，日本的国税收入由 539415 亿日元减少为 456780 亿日元，3 年间减少了 15.2%。在导致税收减少的因素中，除政府为刺激经济回升而主动采取的减税政策外，物价下跌导致企业利润和个人收入的减少也是其重要原因。

本章小结

1. 任何理论的发展和完善都有一定的历史继承性。货币供给理论的基础是信用创造学说。乔顿模型是货币供给决定的一般模型。此外，还有弗里德曼-施瓦茨模型、卡甘模型及可用准备金分析等著名的模型。

2. 马克思的货币必要量公式表明：货币量取决于价格的水平、进入流通的商品数量和货币的流通速度这三个因素；费雪的现金交易说和剑桥学派的现金余额说是传统货币数量说的两种代表性学说；凯恩斯的流动性偏好理论分析了人们持有货币的三大动机；弗里德曼的新货币数量说以恒久性收入作为总财富的代表，以债券的预期收益率、股票的预期收益率及实物资产的预期收益率作为机会成本变量，同时还以人力财富与非人力财富之比以及其他综合变量作为影响货币需求的其他因素。

3. 了解货币需求的含义要区别以下几对概念：微观货币需求与宏观货币需求、名义货币需求与实际货币需求、主观货币需求与客观货币需求。

4. 货币供给有着多重口径，各国对货币进行了不同的层次划分：美联储公报公布 M1、M2、M3 的数字，并同时公布大于货币范围的流动性资产 L 和债务量的数字；英格兰银行公布 M0、M2、M4、M4c 和 M5 的数字。各国所采用的符号中，只有通货和 M1 两项包含的内容大致相同，其他的则各有差异。

5. 社会总供求之间的平衡是指社会总供给与总需求的相互适应，它是宏观经济的最终平衡，而要实现这一平衡，就必须实现商品市场和货币市场的统一均衡。其中货币市场的均衡又处于主导地位，现代经济运行总体均衡的重要特征是货币形态的均衡。

6. 经济学界迄今还不存在一个可以被普遍接受的有关通货膨胀的定义。中国目前有两种比较流行的观点，一是认为通货膨胀是在纸币流通条件下，流通中的货币量超过实际需要所引起的货币贬值、物价上涨的经济现象；二是认为，由于流通中货币需要量难以确定，货币量过多引起物价上涨和调价引起的物价上涨，两者之间难以区分，并且有些问题也说不清楚，于是将通货膨胀视同为价格水平上涨。

7. 通货膨胀的各种测度方法都是围绕“价格变动”这一核心来设计的。主要有：物价指数、货币购买力指数和国民生产总值缩减指数。

8. 按通货膨胀产生的原因来划分，通货膨胀可以分为需求拉上型通货膨胀、成本推进型通货膨胀、预期型通货膨胀和结构型通货膨胀等。通货膨胀对经济的影响主要体现为通货膨胀的强制储蓄效应、收入再分配效应、资产结构调整效应；其治理措施主要有紧缩性货币政策、紧缩性财政政策、货币改革、收入紧缩政策和供应政策。

9. 通货紧缩在本质上是一种货币现象，其特征表现在于物价水平的持续与普遍地下跌，通货紧缩同时也是一种实体经济现象。通货紧缩按紧缩程度划分，分为相对通货紧缩和绝对通货紧缩；按产生机理划分，分为需求不足型通货紧缩和供给过剩型通货紧缩。通货紧缩的成因往往是多方面因素合力形成的，主要包括货币因素、有效需求不足和生产能力过剩。

(扫一扫，一起来拓展一下视野吧！)

课后习题

一、单项选择题

1. 在特定的时间和空间的范围内社会各部门对货币的需求的总量为(　　)。

A. 货币的需求量　　B. 货币的供给量

C. 货币均衡　　D. 货币发行量

2. MV=PT 是(　　)。

A. 剑桥现金余额方程　　B. 凯恩斯货币需求公式

C. 马克思的货币需求公式　　D. 费雪的现金交易方程

3. 费雪的货币流通速度在短期内相当稳定的观点，将交易方程式转换为货币数量论，该理论认为名义收入仅决定于(　　)的变动。

A. 价格水平　　B. 实际收入　　C. 利率　　D. 货币数量

4. 在凯恩斯的货币需求理论中，为了满足投机动机而需求的货币是取决于(　　)的高低。

A. 利率水平　　B. 生活水平　　C. 物价水平　　D. 国民收入水平

5. 凯恩斯认为，(　　)的货币需求随利率水平的高低呈反方向变动。

A. 交易动机　B. 谨慎动机　C. 预防动机　D. 投机动机

6. 按国际通用的原则，将货币划分为四个层次，狭义货币供给量是由现金和(　　)构成。

A. 非银行金融机构存款　B. 商业银行定期存款

C. 商业银行储蓄存款　D. 商业银行活期存款

7. 简单的乘数模型中，货币供应量是由公众持有通货于金融中介机构的(　　)构成。

A. 定期存款　B. 活期存款　C. 储蓄存款　D. 贷款

8. 货币乘数也称货币扩张乘数，是用于说明货币供给变化量与(　　)变化量关系的系数。

A. 基础货币　B. 国民收入　C. 外汇储备　D. 总产出

9. 商业银行的准备金与流通中的现金之和称为(　　)。

A. 货币供应量　B. 派生存款　C. 原始存款　D. 基础货币

10. 实际货币供应量是指剔除了(　　)影响之后的一定时点上的货币存量。

A. 利率　B. 汇率　C. 物价　D. 收入

11. 能够比较准确地反映最终产品和劳务的一般物价水平变动情况，但容易受到物价结构影响的通货膨胀测定指标是(　　)。

A. 消费物价指数　B. 批发物价指数

C. 国民生产总值平减指数　D. 居民生活费用指数

12. 导致通货膨胀的直接原因是(　　)。

A. 货币贬值　B. 纸币流通　C. 物价上涨　D. 货币供应过多

13. 人们愿意持有货币，不愿意持有实物是(　　)的表现。

A. 通货膨胀　B. 信用膨胀　C. 信用收缩　D. 通货紧缩

14. “债务—通货紧缩”理论认为，通货紧缩中起关键作用的是(　　)。

A. 企业行为　B. 政府行为　C. 银行行为　D. 中央银行行为

二、多项选择题

1. 英国剑桥学派的代表马歇尔和庇古所阐述的货币需求理论名称有(　　)。

A. 现金余额说　B. 现金交易说　C. 现金余额方程

D. 现金交易方程　E. 剑桥方程式

2. 凯恩斯阐述的货币需求动机有(　　)。

A. 所得动机　B. 营业动机　C. 谨慎动机

D. 投机动机　E. 消费动机

3. 按照凯恩斯的消费需求理论，国民收入水平高低可以影响货币需求的(　　)。

A. 谨慎动机　B. 投机动机　C. 消费动机

D. 交易动机　E. 投资动机

4. 弗里德曼认为，货币需求取决于以下因素(　　)。

A. 总财富　B. 持有货币的机会成本

C. 利率　D. 非人力财富在总财富中所占比例

5. 我国基础货币的投放渠道主要有(　　)。

A. 中央银行向金融机构贷款　B. 中央银行向财政透支

C. 通过外汇占款渠道投放基础货币　D. 中央银行购买黄金来投放货币

6. 中央银行在货币供给中的作用，主要在于它调控商业银行的可用资金量，从而扩大和缩小商业银行的派生能力。中央银行的调控方式主要有(　　)。

A. 变动法定准备率　　B. 变动再贴现率

C. 变动对商业银行的贷款额　　D. 买进或卖出有价证券

E. 变动货币发行额

7. 影响商业银行超额准备率的因素主要有(　　)。

A. 出现流动性不足的可能性

B. 存款负债比率

C. 中央银行公开市场操作

D. 出现流动性不足时，从其他渠道获得资金的难易程度

8. 通货膨胀是在纸币流通条件下，货币流通量过多并超过货币必要量所引起的(　　)一种现象。

A. 生产过剩　　B. 需求不足　　C. 货币贬值

D. 物价上涨　　E. 生产周期性波动

9. 成本推动型通货膨胀又可分为(　　)。

A. 工资推动　　B. 预期推动　　C. 价格推动　　D. 利润推动

10. 成本推动型通货膨胀又可细分为(　　)引起的通货膨胀。

A. 工资推动　　B. 预期推动　　C. 价格推动

D. 利润推动　　E. 财政赤字推动

11. 度量通货膨胀的程度，各国主要采用的指标是(　　)。

A. 消费物价指数　　B. 综合物价指数　　C. 零售物价指数

D. 物价指数　　E. GDP 平减指数

12. 通货紧缩的成因在于(　　)。

A. 货币失衡　　B. 结构失调　　C. 国际市场冲击

D. 国内市场冲击　　E. 金融政策不当

13. 治理通货紧缩的政策有(　　)。

A. 扩张性财政政策　　B. 紧缩性财政政策　　C. 扩张性货币政策

D. 紧缩性货币政策　　E. 扩张的货币政策和紧缩的财政政策

三、辨析题(正确打“√”，错误打“×”)

1. 现金交易数量说与货币数量说统称为现金余额数量说。(　　)

2. 费雪认为，名义收入仅取决于货币数量的变动。(　　)

3. 一般而言，市场利率上升，意味着人们持有货币的机会成本下降。(　　)

4. 凯恩斯认为，为满足投机动机的货币需求量是市场利率的递减函数。(　　)

5. 弗里德曼的货币需求函数表明，利率变动对货币需求的影响很小。(　　)

6. 在马克思的金属货币流通规律中，流通中的货币必要量与商品的价格总额成正比。

7. 货币供给是与货币需求相对应的经济变量，它通常是指一定时点上经济活动中货币的流量。(　　)

8. 在进行货币供给的调控时，中央银行买入政府债券会使整个商业银行体系的准备金增加。(　　)

9. 基础货币的供应是通过中央银行的信用活动来实现的，中央银行的负债运用形成基础货币的来源。 (   )

10. 中央银行在外汇市场上购买外汇时，便向流通中投放了等额本币，扩大了基础货币的供应量。

11. 通货膨胀使政府和社会各阶层人人都蒙受损失，无人受惠。 (   )

12. 物价上涨就是通货膨胀。 (   )

13. 通货紧缩是通货膨胀的一种表现形式。 (   )

14. 扩张性的货币政策较扩张性的财政政策更有利于治理通货紧缩。 (   )

四、简答题

1. 简述凯恩斯流动性偏好理论所述的货币需求的构成。
2. 简述市场利率对货币需求的影响及其原因。
3. 基础货币是通过哪些渠道供应的，基础货币与货币供给量的关系是怎样的？
4. 请列出货币乘数的影响因素并说明原因。
5. 如何理解通货膨胀的经济含义？
6. 简述通货膨胀的分类。

五、论述题

1. 什么是派生存款，它是如何从商业银行体系中创造出来的，派生存款受哪些因素的影响和制约？
2. 论述形成通货膨胀的原因有哪些？
3. 论述通货紧缩对经济的影响。

六、案例分析题

1. 2017 年第二季度中国货币政策执行概况

2017 年上半年，中国经济保持平稳较快增长，经济增长的稳定性、协调性和包容性增强，投资增长总体稳定，进出口较快增长，就业稳中向好，主要指标好于预期。上半年，国内生产总值(GDP)同比增长 6.9%，居民消费价格(CPI)同比上涨 1.4%。6 月末，广义货币供应量 M2 余额为 163.1 万亿元，同比增长 9.4%，增速比 3 月末低 1.2 个百分点。狭义货币供应量 M1 余额为 51.0 万亿元，同比增长 15.0%，增速比 3 月末低 3.8 个百分点。流通中货币 M0 余额为 6.7 万亿元，同比增长 6.6%。上半年现金净回笼 1326 亿元，同比多回笼 928 亿元。M1 与 M2 剪刀差缩窄至 5.6 个百分点，延续上年 8 月份以来差幅缩小的趋势。

当前 M2 增速比过去低一些，需要全面客观认识。一是过去 M2 增速高于名义 GDP 增速较多与住房等货币化密切相关，而目前住房商品化率已经很高，货币需求增长相应降低。二是近些年 M2 增长较快还与金融深化有关，主要体现为同业、理财等业务发展较快，但金融深化进程并非是线性的，为了兴利除弊也会有一定起伏，近期 M2 增速有所降低正是加强金融监管、缩短资金链条、减少多层嵌套的合理反映。预计随着去杠杆的深化和金融进一步回归为实体经济服务，比过去低一些的 M2 增速可能成为新的常态。同时，随着市场深化和金融创新，影响货币供给的因素更加复杂，M2 的可测性、可控性以及与经济的相关性亦在下降，对其变化可不必过度关注。6 月末，基础货币为 30.4 万亿元，较年初减少 3048 亿元。

货币乘数为5.37，比3月末高0.08。金融机构超额准备金率为1.4%。其中，农村信用社为8.1%。

超额存款准备金是金融机构存放在中央银行、超出法定存款准备金的资金，主要用于支付清算、头寸调拨或作为资产运用的备用资金。金融机构保有的超额存款准备金占一般存款的比例称为超额存款准备金率。超额存款准备金是基础货币的重要组成部分，也是金融机构流动性最强的资产，其数额和比率一定程度上可以反映金融机构流动性状况，对金融机构至关重要：一是在有法定存款准备金率的要求下，随着存款增加，银行需要把更多的流动性(超额准备金)转缴为法定准备金，若流动性不足则无法再进行资产扩张；二是从个体看，银行都有资金跨行流动、支付清算的需要，也需要保留必要的流动性。若货币市场扰动因素较多，支付技术发展不足，银行的预防性流动性需求就会更高。

问题：

(1) 什么是货币供给量？什么是基础货币？

(2) M2代表的含义是什么？超额准备金率的含义是什么？

2. 津巴布韦通货膨胀钱不如纸：1千亿曾只能买1个面包

在20世纪80年代津巴布韦独立之初，这个南部非洲国家一度被誉为“非洲面包篮”——来自这片土地的粮食养活了不少非洲饥民。作为南部非洲第二大经济体，GDP增长曾连续两年达到21%，是撒哈拉以南非洲国家GDP增长率的3倍。良好的工农业基础和较高的受教育水平使津巴布韦曾经被认为是最有希望率先进入发达国家行列的非洲国家。

变化从2000年开始。这一年，总统穆加贝开始大力推行“土地改革”政策——强行收回白人农场主的土地，将之分配给无地或少地的黑人。此举大大破坏了津巴布韦原有的经济体系，引发了粮食危机，该国的农业、旅游业和采矿业随之一落千丈。

不仅如此，津巴布韦政府对国内白人的打压还使之与部分西方国家迅速交恶，后者对其实施了严厉的制裁，津巴布韦经济进一步濒临崩溃。到2006年，津巴布韦的年通胀率为1042.9%，2007年则冲到10000%以上。到了2008年6月末，津巴布韦货币的汇率已跌至1美元兑1000亿津巴布韦元，而厚厚一沓纸币凑够的1000亿却只能买到一个面包。

这一年，津巴布韦政府多次推出大面值纸币，从年初的1000万元面额到5000万元、2.5亿元。到了8月，政府开始发行第三代津元，新货币的1元相等于上一代的100亿津元。但这一举措并未见效，2008年12月4日，政府推出了新版面额为1000万元、5000万元和1亿津元三种新钞；12月12日，推出面额5亿元的钞票；12月19日，面额100亿元的钞票正式问世。

次年，在推出了“1”后面紧跟着14个“0”的100万亿元面额钞票后，津巴布韦政府选择发行第四代新钞，划掉了前一代纸币上的12个“0”，即1万亿元第三代钞票=1元新钞。但由于恶性通货膨胀，这些“0”又迅速地涨了回来。最终，在该国通胀率达到1000000000%后，政府宣布停止发行本国货币，开始使用稳定经济体的一篮子货币组合。

问题：

查找相关资料分析该国产生通货膨胀的原因是什么？

七、综合训练

训练任务：查询近五年的货币供应量数据和GDP(国内生产总值)数据，并进行比较分析。

训练活动：查询数据，进行统计分析。

训练目的：通过比较货币供应量增长率和GDP增长率，发现通货膨胀的原因。

课后阅读

扫一扫，看看课后还有什么值得阅读的吧！

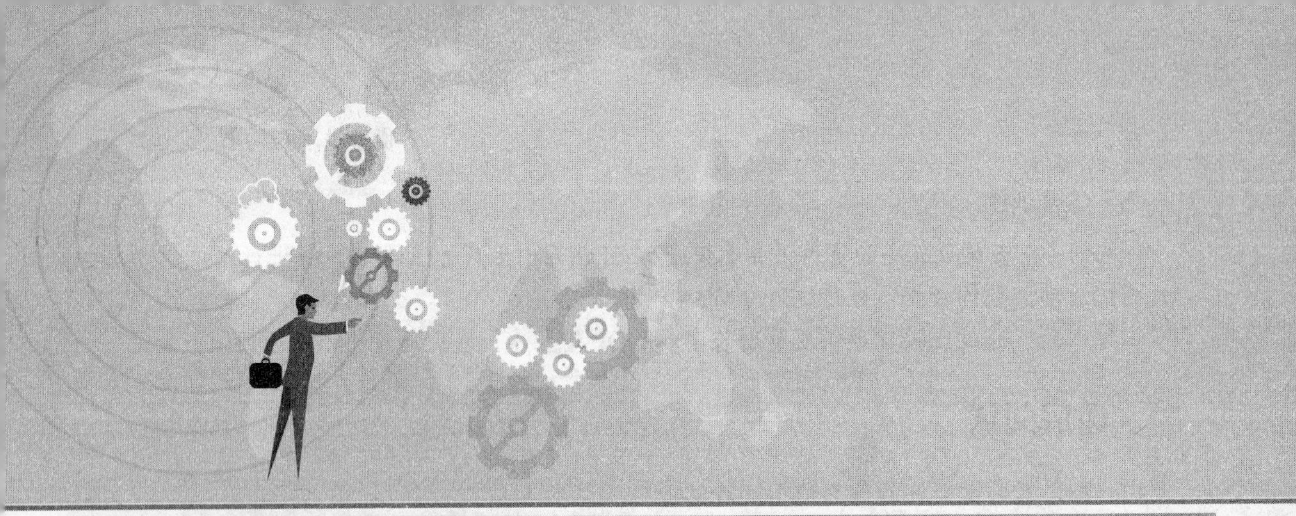

第九章　货币政策

学习目标

- 了解货币政策及其目标。
- 了解货币政策工具的运用。
- 了解货币政策传导机制。

技能目标

能够运用所学的知识去分析经济金融热点问题。

案例导读

格林斯潘与20世纪90年代美国的经济繁荣

在美国，前美联储主席格林斯潘被称作仅次于总统的实权人物。从1987年8月11日格林斯潘宣誓就任美联储的主席，到2001年1月4日克林顿再次任命格林斯潘为美联储主席，格氏已连续四任这一要职。格林斯潘之所以能在美联储主席的位置上稳坐十几年，是因为他领导的美联储的货币政策创造了美国经济连续增长时间最长的新纪录。20世纪90年代美国经济的繁荣格林斯潘功不可没。

克林顿政府上台时美国经济处于衰退中。为了刺激经济，格林斯潘采用了扩张性货币政策，降低利率，增加货币量。这种政策产生了两个显著的作用：一是增加了投资。降息减少了企业投资的成本，促进了美国的电子、信息、生物工程等高科技产业的迅速发展，带动了整个美国经济的发展；二是提高了股票价格。降息引起了股价上升，道琼斯工业平均指数突破了一万点大关。股市的活跃进一步鼓励了投资。同时，股价上升使许多美国人的资产增加。这就加强了消费者的信心，刺激了消费的增加。长期以来，美国的边际消费倾向(增加的1单位的收入中用于增加的消费部分的比率)为0.676左右。在20世纪90年代，边际消费倾向上升为0.68。而这仅仅0.004的增长，对经济的影响是相当重要的。当90年代末，美国经济有过热迹象时，格林斯潘又提高利率，以防止可能出现的通货膨胀加剧。进入21世纪后，美国经济有衰退迹向，格氏又降低利率。特别是2001年，美国的销售与生产疲软，消费者及企业信心下降，为了制止预期的经济疲软，也为了应付“9•11”恐怖事件对美国经济的冲击，美联储连续 11 次降低利率，一年里将联邦基金利率从 6.5%降到 1.75%，降幅达 4.75 个百分点，最终使美国经济触底回升出现好转迹象。多年来，格林斯潘操纵着美国经济持续发展的把舵，通过交替运用扩张性和紧缩性的货币政策调节经济，实现了美国历史上最长时间的低通货膨胀的持续增长。在谈论美国经济在整个 20 世纪 90 年代的连续增长时，人们称格林斯潘为“一言九鼎的人”“最令人尊敬的大管家”和“金融教父”。这是人们对格林斯潘对美国经济命脉的准确把握和市场宏观调控能力的赞誉。

思考：什么是货币政策，它是如何调节美国经济的？

第一节　货币政策概述

货币政策是由货币当局即中央银行通过调节一系列政策工具影响货币供应规模和利率，促进特定经济目标实现的方针和措施的总称。货币政策问题一般主要涉及四个方面的内容：①货币政策目标；②货币政策中间目标和货币政策工具；③货币政策传导机制；④货币政策效应。

一、货币政策特征与分类

(一)货币政策的基本特征

1. 货币政策是宏观经济政策

货币政策一般涉及的是整个国民经济运行中的货币供应量、信用量、利率、汇率等宏观经济总量问题，而不是银行或厂商等经济单位经济行为中的微观经济个量问题。

2. 货币政策是调节社会总需求的政策

在市场经济条件下，社会总需求是指有货币支付能力的总需求。货币政策正是通过货币的供给来调节社会总需求中的投资需求、消费需求、出口需求，并间接地影响社会总供给的变动，从而促进社会总供给与总需求的平衡。

3. 货币政策主要是间接调控政策

货币政策一般不采用或少采用直接的行政手段来调控经济，而主要运用经济手段来调节。

4. 货币政策是长期连续的经济政策

货币政策的目标一般在短期内是难以实现的。尽管各种具体的货币政策措施可能是短期的，但也需要连续的操作才能接近或实现长期的目标。

(二)货币政策的类型

1. 扩张性货币政策

在社会有效需求不足、生产要素大量闲置、产品严重积压、市场明显疲软、国民经济处于停滞或低速增长情况下，中央银行应采取扩张性货币政策。扩张性货币政策主要表现为扩大信贷规模、降低利率、降低存款准备金率和再贴现率在公开市场上回购有价证券。这样做的目的是为了让企业和居民更容易获得生产资金和消费资金，意在通过投资需求和消费需求规模的扩大来增加社会总需求，刺激经济恢复增长，直至达到复苏、繁荣局面。同时还可适度调高汇率，使本币与外币相比有所贬值，以利出口，通过出口需求的扩大来弥补国内需求的不足。采用扩张性货币政策要适度、适时，以避免信贷的过度、过久的扩张，引发通货膨胀，还要注意与财政政策及其他宏观调控政策相配合。

2. 紧缩性货币政策

在社会总需求过高、通货膨胀压力趋强、投资和消费明显过热时，中央银行应采取紧缩性的货币政策。紧缩性货币政策的主要措施是紧缩名义货币供应量适当提高再贷款利率、再贴现率以及商业银行的存款利率，适当压缩再贷款及再贴现限额。在公开市场上应大量出售有价证券，以便回笼资金。这样做的目的是减少货币流通量，将过高的社会总需求降下来，以缓解通货膨胀的压力。同时在对外经济关系上，可调低汇率，使外币与本币相比有所贬值，以利扩大进口增加国内有效供给。

3. 中性货币政策

当社会总供求基本平衡、物价稳定、经济增长以正常速度递增时，中央银行应采取中性货币政策。中性货币政策表现为货币投放量适度，基本上能够满足经济发展和消费需要，利率、汇率基本不变，存款准备金率和再贴现率维持正常水平，既不调高也不降低。

货币政策类型的选择一般有三个依据：①宏观经济运行状况，主要看社会总供给与社会总需求是否平衡。如果社会总需求小于社会总供给，产品大量积压，应采用扩张性货币政策；反之则采用紧缩性货币政策。如果社会总供求基本平衡，则应当采用中性货币政策。②看货币供给量与货币实际需要量之间的关系。货币供应量过分小于货币实际需要量，则当放松银根，即采用扩张性货币政策；反之，则应紧缩银根，采用紧缩性货币政策。如果货币供应量与货币需要量大体相等，则应采用中性货币政策。③看经济发展处在何种阶段。比如经济处在起飞阶段，国内尚有大量的闲置资源，为了刺激经济发展，顺利实现经济起飞，则应较多地投入资金，可采用适度的扩张性货币政策。如果经济进入稳定发展阶段，资源得到较充分的运用，则应采用中性货币政策或适度较紧的货币政策。

二、货币政策目标

货币政策目标是指中央银行制定和实施某项货币政策所要达到的特定的经济目标，这种目标就是货币政策所要达到的最终目标。货币政策目标包括终极目标和中间目标：①终极目标。指中央银行实行一定货币政策在未来时期要达到的最终目的。货币政策的实质是正确处理经济发展与稳定货币的关系，各国中央银行货币政策的终极目标主要是稳定物价，促进经济增长，实现充分就业和国际收支平衡。②中间目标。指中央银行为了实现其货币政策的终极目标而设置的可供观测和调控的指标。

(一)货币政策最终目标的内容

一般地说，货币政策最终目标有四个，即稳定物价、充分就业、经济增长和国际收支平衡。

1) 稳定物价

鉴于目前通货膨胀和物价上涨是世界各国经济生活中最严重的问题，稳定物价已成为中央银行货币政策的首要目标。所谓稳定物价即保持物价总水平的基本稳定，在短期内没有显著的或急剧的波动。当然，稳定物价并不是冻结物价，不是使其长期停滞在一个水平上，而是有一个限度。一般认为，如果一年之内物价上涨率低于 3%即实现了物价稳定的目标，也有人认为物价上涨率在 5%左右即算基本稳定。

2) 充分就业

所谓充分就业即指凡有能力并自愿参加工作的劳动者都能找到较适当的工作。就业的标准一般是用失业率来衡量的，失业率高低代表着社会充分就业程度的高低。当然，充分就业并不意味着消除失业。因为任何国家在任何时候即使就业机会与愿意就业人数相等，也会由于工作的转换、职业的挑选等因素使一部分人暂时失业。因此，一般用失业率低于某一数值表示充分就业，其数值的高低取决于各国的具体经济情况。许多国家以 3%～4%为界，也有人认为必须将失业率控制在 3%以内才算充分就业。

3) 经济增长

经济增长是指使一国国民生产总值的年增长率保持在一定的水平上。各国经济增长的具体目标各不相同，发达国家多把经济年增长率定在 4%左右为理想目标，但对于不发达国家和发展中国家，这个目标值显然偏低。

4) 国际收支平衡

国际收支平衡一般是指在一定的经济时期内，一国对其他国家或地区，因政治、经济、文化往来所引起的全部货币收支大体平衡。为避免国际收支失衡给国内经济造成不良影响，各国都把国际收支平衡作为货币政策的主要目标。

货币政策各项目标之间的关系是比较复杂的。充分就业与经济增长这两者是正相关的关系：经济增长，就业增加；经济下降，则失业增加。除此之外，各目标之间都存在着一定的矛盾。

首先，稳定物价与充分就业之间存在矛盾。因为要减少失业或实现充分就业，就必须增加货币供应量刺激社会总需求的增长，而这又会引起物价水平的上涨；如果要降低物价上涨率，则要求减少货币供应量以抑制社会总需求的增加，而总需求的减少又会导致失业率的上升。稳定物价与充分就业，两者通常不能兼顾，可能的选择是：失业率较高的物价稳定；通货膨胀率较高的充分就业；在物价上涨率和失业率之间权衡，相机抉择。作为中央银行的货币政策目标只能根据当时的社会经济条件，寻求物价上涨率和失业率之间的某种适当组合。

其次，稳定物价与经济增长的矛盾。就现代市场经济实践而言，经济增长大多伴随着物价的上涨，其原因即为以上分析物价上涨与充分就业关系所说明的道理。但是，也有不同的看法。一种见解是，适度的物价上涨能够刺激投资和产出的增加，从而促进经济增长；经济增长又取决于新生产要素的投入和劳动生产率的提高，而在劳动生产率提高的情况下，产出的增加伴随着单位产品生产成本的降低。因此随着经济的增长，价格可能趋于下降或稳定。这就是说，稳定物价目标与经济增长目标并不矛盾。更进一步的见解是，物价稳定也完全能够维持经济增长。理由是，由于生产力是随着时间前进的进程而不断提高的，生产率的提高自然伴随着经济的增长，而且也只有物价的稳定才能使整个经济正常运转并维持其长期增长的势头。

再次，经济增长与国际收支平衡之间也是矛盾的。经济增长通常会增加对进口商品的需要，同时由于国民收入增加带来的支付能力的增强，又可能引发对一部分本来用于出口的商品的需求。两方面作用的结果是出口的增长慢于进口的增长，这就可能导致贸易收支的恶化。就资本项目而言，要促进经济的增长，就要增加投资，在国内资金来源不足的情况下，必须借助于外资的流入。外资的流入可能使国际收支中的资本项目出现顺差，一定程度上可弥补贸易逆差造成的国际收支平衡，但并不一定能使经济增长与国际收支平衡共存。

最后，物价稳定与国际收支平衡也有矛盾。例如，一国国际收支产生逆差时，中央银行通常通过货币贬值来调节。虽然可以通过刺激出口，抑制进口平衡国际收支，但却放弃了稳定币值的目标。

由此可见，货币政策的四大目标中大都具有矛盾性，不能同时实现。中央银行只能根据特定的时期、特定的经济条件，选择一个或两个目标作为主要的目标来制定货币政策。

我国的货币政策目标，在高度集中的计划经济时代，我国是没有严格意义上的货币政策最终目标的，经济计划目标就是货币政策目标。自 1984 年中国人民银行单独行使中央银行职能以后，才有了货币政策目标的概念和选择。

1986 年，国务院发布的《中华人民共和国银行管理暂行条例》规定，中央银行、专业银行和其他金融机构的金融业务活动，都应当以发展经济、稳定货币、提高社会经济效益为目标。《中国人民银行法》明确规定："货币政策目标是保持货币币值的稳定，并以此促进经济增长。"实践证明，保持货币币值的稳定，是促进增长的基本条件，这无疑是我国货币政策目标选择实践的一大进步。

知识点提示

货币政策目标之间的关系

1. 稳定物价与充分就业的矛盾，可能是失业率较高的物价稳定或通货膨胀率较高的充分就业。

2. 稳定物价与经济增长的矛盾，可能会出现经济增长缓慢的物价稳定或通货膨胀率较高的经济繁荣。

3. 稳定物价与国际收支平衡的矛盾，可能会出现本国通货膨胀(别国相对物价稳定)下的国际收支逆差或本国物价稳定(别国相对通货膨胀)下的国际收支顺差。

阅读专栏

"十三五"规划纲要：推动货币政策向价格型为主转变

中华人民共和国国民经济和社会发展第十三个五年(2016—2020 年)规划纲要，根据《中共中央关于制定国民经济和社会发展第十三个五年规划的建议》编制，主要阐明国家战略意图，明确经济社会发展宏伟目标、主要任务和重大举措，是市场主体的行为导向，是政府履行职责的重要依据，是全国各族人民的共同愿景。

规划纲要提出，创新和完善宏观调控。健全宏观调控体系，创新宏观调控方式，增强宏观政策协同性，更加注重扩大就业、稳定物价、调整结构、提高效益、防控风险、保护环境，更加注重引导市场行为和社会预期，为结构性改革营造稳定的宏观经济环境。强化规划战略导向作用。依据国家中长期发展规划目标和总供求格局实施宏观调控。发挥国家发展战略和规划的引导约束作用，各类宏观调控政策要服从服务于发展全局需要。完善以财政政策、货币政策为主，产业政策、区域政策、投资政策、消费政策、价格政策协调配合的政策体系，增强财政货币政策协调性。

改进调控方式和丰富政策工具。坚持总量平衡、优化结构，把保持经济运行在合理区间、提高质量效益作为宏观调控的基本要求和政策取向，在区间调控的基础上加强定向调控、相机调控，采取精准调控措施，适时预调微调。稳定政策基调，改善与市场的沟通，增强可预期性和透明度。更好发挥财政政策对定向调控的支持作用。完善货币政策操作目标、调控框架和传导机制，构建目标利率和利率走廊机制，推动货币政策由数量型为主向价格型为主转变。

完善政策制定和决策机制。加强经济监测预测预警，提高国际国内形势分析研判水平。强化重大问题研究和政策储备，完善政策分析评估及调整机制。建立健全重大调控政策统筹协调机制，有效形成调控合力。建立现代统计调查体系，推进统计调查制度、机制、方法创新，注重运用互联网、统计云、大数据技术，提高经济运行信息及时性、全面性和准确性。加快推进宏观调控立法工作。

深化投融资体制改革。建立企业投资项目管理权力清单、责任清单制度，更好落实企业投资自主权。进一步精简投资审批，减少、整合和规范报建审批事项，完善在线审批监管平台，建立企业投资项目并联核准制度。进一步放宽基础设施、公用事业等领域的市场准入限制，采取特许经营、政府购买服务等政府和社会合作模式，鼓励社会资本参与投资建设运营。完善财政资金投资模式，更好发挥产业投资引导基金撬动作用。

(资料来源：《证券时报网》)

(二)货币政策中介目标

1. 选择货币政策中介目标的标准

货币政策的中介指标又称中间指标，它是实现货币政策最终目标的中间性或传导性金融变量。中央银行不能直接控制和实现货币政策的最终目标。因为，一方面中央银行作为国民经济中的一个部分，它所能控制的只是货币供应量，不是宏观经济目标本身；另一方面货币政策最终目标是一个长期的非数量化的指标，它只能为中央银行制定货币政策提供指导思想，不能为中央银行提供现实操作的依据。所以中央银行必须借助于短期的、数量性的、用于日常操作的中介目标来实现最终目标。

中央银行选择中介指标一般有五个标准。

(1) 可行性。即能为中央银行所控制和调节。

(2) 可测性。即中央银行能迅速准确地得到有关中介指标的数据以便观察分析和监测。

(3) 相关性。即中介指标与最终目标之间要有密切的、稳定的、统计上的数量关系。只有这样，中央银行才能通过对中介目标的控制和调节，实现最终目标。

(4) 抗干扰性。中介指标的选择必须是那些受外来因素和非政策因素干扰程度较低的经济变量。

(5) 与经济、金融体制有较好的适应性。

2. 西方国家中介目标的选择

根据以上条件，目前各国选择的中介指标一般有利率、货币供应量、超额储备和基础货币等。

1) 利率

将利率作为中介指标的主要理由是：第一，利率与经济活动水平高度相关。当经济繁荣时，信贷需求增加，利率会随之上升；反之，当经济衰退时，信贷需求也会随之缩减，利率则下降。因而利率是经济周期波动的指示器；第二，利率还是把货币供应量的变动传导到生产和投资领域的重要渠道。货币当局可通过利率影响投资需求和消费需求，以调节总供求；第三，利率水平可以由中央银行加以控制。中央银行通过变动贴现利率和在公开市场买卖有价证券就可以影响整个金融市场的利率水平，因而具有较强的可控性。

但是在实际的操作工作中，利率容易受到非政策性因素的影响，抗干扰性较弱。一是容易受心理预期、金融市场投机活动等影响从而降低其真实性；二是在经济活动过程中，其高低的变动是外生性的还是内生性的难以区分。比如，为了抑制需求，想通过货币政策工具的操作使市场利率提高到一个预定的水平，可是，经济活动本身却内生性地把市场利率提高到这个水平。两者方向相同，很难判断这个利率水平是不是货币政策作用的结果。

2) 货币供应量

根据传统的定义，货币供应量包括现金和商业银行活期存款。从现代的意义上讲，货币供应量就是一个国家在某一时点上中央银行和金融机构所持有的货币和执行货币职能的金融资产的总和。

以货币供应量作为货币政策的中介目标的理由是：第一，可测性强，根据货币流动性和货币功能强弱划分的各层次的货币供应量，都可以从中央银行和商业银行及其他金融机构的资产负债表中整理，测算出来；第二，具有可控性，中央银行可以通过各种货币政策工具调控基础货币，进而调控货币供应量；第三，与货币政策最终目标的相关性强，根据其提供的信号来调整可靠性强；第四，抗干扰性强，容易判断货币政策作用效果。例如，在需求过大的通货膨胀的情况下，货币供应量增长率为12%，中央银行为抑制总需求，决定将货币供应量增长率降为10%，但由于通货膨胀的心理因素的影响和非政策性因素的影响，货币供应量增长率非但没有降，反而上升到15%，这种情况不但不会使中央银行作出错误的分析，反而会继续强化紧缩银根的措施。

但是，以货币供应量作为中介指标，也有其弱点。例如，公众持有现金比例的变化就会对货币供应量发生影响，从而使中央银行难以精确地控制货币供应量。

3) 基础货币

基础货币又称高能货币，简单地说就是指流通中的现金与商业银行的存款准备金之和。

将基础货币作为货币政策的中介指标的理由是：第一，对中央银行来说，基础货币比货币供应量更容易控制，因为流通中现金是由中央银行发行的；而存款准备金的控制，通过中央银行变动存款准备金率就可以实现；第二，基础货币的变化在一定程度上反映货币政策目标的变化。例如，当实行扩张性货币政策的时候，就要放松银根，增加货币供应，通过乘数作用，整个货币供应量就会成倍地增长，从而实现经济增长的目标；反之，当实行紧缩性货币政策时，就会抽紧银根，收缩基础货币的供应，通过乘数的作用，整个货币供应量就会成倍地缩减，从而达到抑制需求，降低经济增长速度、稳定物价的目的。

但是，以基础货币作为货币政策的中介指标，也有其难以克服的弱点。例如，当货币乘数变化时，他与货币供应量的关系就不稳定，货币乘数的较小变化会引起货币供应量的较大的变动，中央银行不容易掌握。另外，基础货币中的流通中的现金，中央银行也不容易控制。

4) 超额准备金

超额准备金又称剩余储备，这是指商业银行超过中央银行规定交存的法定存款准备金的超额部分。

超额准备金对商业银行的资产业务规模有着直接的决定性作用。存款准备金、公开市场业务和再贴现率等货币政策工具，都是通过影响超额准备金的水平而发挥作用的。当提高法定存款准备金或在公开市场出售有价证券时，就会使商业银行的超额准备金减少，反之，就会使商业银行的超额准备金增加。此外，通过超额准备金这个指标也可以观察经济活动的变化情况，当经济繁荣时，商业银行利用超额准备金以扩张信用；当经济衰退，贷款需求减少，商业银行的超额准备金就会增加。

当然，作为货币政策的中介指标，超额准备金往往因其取决于商业银行的意愿和财务状况而不易为货币当局测度、控制。

阅读专栏

专家：警惕美联储货币政策紧缩的外溢效应

在全球经济企稳向好的背景下，2018 年主要发达国家货币正常化前景如何？全球是否会很快迎来货币紧缩周期？货币政策调整将带来哪些影响？中国国际经济交流中心主办的 2018 年第 1 期“国经论坛”1 月 29 日在京举行，专家们就上述问题发表了各自的见解。

中国国际经济交流中心副总经济师张永军表示，自 2014 年美国经济逐步趋稳，美联储就开始探讨和制定平稳退出非常规货币政策的计划，此后，随着欧元区、英国、日本等经济体先后走出经济衰退并呈现向好态势，平稳退出非常规货币政策逐渐成为全球主要央行的政策选择。他认为，货币政策收紧是一个逐步调适的过程，目的是实现经济平稳运行，并预防风险。美联储缩减资产负债表不会一蹴而就，整个进程预计超过五年。主要发达国家政策调整将直接带动相关国家中长期国债收益率趋势性上行，加快部分国家和地区央行政策正常化步伐，可能加剧全球资本大规模跨境流动。对我国而言，将影响境外资产安全，对国内价格水平和进出口产生影响，增加我国实现跨境资本双向流动基本平衡的难度。

中国银行首席研究员宗良表示，全球经济正在加速增长，周期性上升势头加强，国际贸易复苏成为全球经济提速换挡的重要动力，但不平衡情况仍然严重。目前全球主要经济体货币政策将回归正常化，利率上升周期迎来拐点。未来，拐点的持续时间取决于经济复苏情况。在这一背景之下，全球货币政策呈现新的特征，主要表现为紧缩中存灵活、汇率与政策出现偏离、资本流向出现分化。他预计，国内货币政策也将呈现偏紧趋势，宏观管理将面临挑战。中国需要保持经济高质量发展，稳步推进金融市场开放和资本项目可兑换，注意防范资产市场泡沫，完善汇率形成机制和资金流动机制，稳步推进人民币国际化，推动中国成为“一带一路”沿线全球资金汇聚地。

中央财经大学金融学院副院长谭小芬表示，美国货币正常化受制于巨额政府债务给美国金融市场带来的风险以及货币政策工具的制约。美国货币政策正常化将给全球金融稳定带来挑战，抑制国际大宗商品价格，其中新兴经济体可能受到较大影响。对中国而言，需注意资本流出风险上升、人民币汇率波动幅度加大、外汇储备管理难度加大、中性货币政策或难以维系、金融风险趋于加大以及债券市场利率进一步上升的压力。

国金证券首席宏观分析师边泉水表示，近期美元快速贬值基本面因素较弱，随着市场关注点逐步回归基本面，美元指数仍将可能温和上升。这一趋势将扭转资金流向，对新兴市场形成压力。

(资料来源：《经济参考报》)

3. 我国货币政策的中介指标

根据目前我国的实际情况和中介指标的选择标准，我国中介指标主要有信贷规模、货币供应量、现金发行量、信用总量、同业拆借利率和银行备付金等。

1) 信贷规模

1998 年以前我国将信贷规模作为中介指标，不仅因为它具有可测性，可控性等优点，还由于我国中央银行对宏观经济的间接调控机制还很不成熟，完全放弃信贷规模容易失控；同时，由于银行贷款仍是我国信用的主要形式，其总量构成能反映国民经济总体及其构成；此外，我国中央银行贷款约占国有银行贷款规模的三分之一，故中央银行对贷款规模还具有相当的控制力；并且中央银行贷款和国有商业银行贷款规模两者关系稳定，所以信贷规模变动信号能较准确地反映中央银行操作的政策效果，不容易误导货币政策。

2) 货币供应量

货币供应量作为货币政策的中介目标，是经济体制改革以后才逐步实施的。我国从 1994 年第三季度开始按季向社会公布货币供应量，1996 年正式确立其为中介指标。我国将货币供应量作为中介指标与西方国家比较，除有相似的优缺点外，可测性、可控性可能还更强。因为我国金融市场发育程度低，金融资产形式不丰富，货币供应量的形成不如西方国家复杂。同时现金支付、银行超额储备都实行监控，故现金漏损率、银行超额准备金比率变化不大，因而基础货币与货币供应量之间的乘数关系更稳定。从长远发展趋势看，货币供应量应是我国的主要货币政策中介指标。

3) 现金发行量

将现金发行量作为货币政策的中介指标是我国所特有的，是与我国社会金融化程度不高相适应的。第一，我国的消费需求主要由现金体现，现金收入与支出的形式、现金发行量的多少对消费品价格、消费品生产的刺激作用都很大；第二，在货币供应量的构成中，我国现金发行占货币供应量的比重较高，是发达国家的 3 倍左右；第三，从可测性来看，现金量指标在中央银行信贷计划中有专门统计；第四，从相关性来看，现金发行与货币政策最终目标——稳定币值高度相关。

4) 信用总量

随着我国非银行金融机构信用、国家信用、商业信用、消费信用及其他信用形式的产生与发展，这些信用实际上都起到了供应货币的作用。所以信用总量实质上是更大口径的货币供应量。但其可测性差，资料获取不容易，因而限制了它的运用。

5) 同业拆借利率

它是金融机构之间为弥补头寸不足，相互借贷的短期资金利率，在中央银行规定的最高幅度内由借贷双方协商确定。从实际情况看，同业拆借利率一般围绕中央银行贷款利率上下波动，它的波动能反映银根的松紧和预期货币供求动向。

6) 银行备付金

备付金存款与法定存款准备金虽同为商业银行在中央银行的存款，但前者是基础货币中最活跃的部分，具有现实扩张能力。规定调整备付金率可进一步约束或放松商业银行的贷款能力。1998 年 3 月，我国根据国际通行做法和需求不足的现状，将商业银行在中央银行的法定准备金账户与备付金账户合并，产生了明显的货币扩张效应。

第二节　货币政策工具

货币政策目标需要中央银行采取有效的措施和手段去实现，这些措施和手段又称为货币政策工具。中央银行通过对政策工具的操作，改变基础货币的供应，控制货币供应量，或者影响利率，进而影响投资和消费；或者影响商业银行的行为，影响其创造存款货币的能力；或者影响社会公众的预期心理，改变他们的经济行为。货币政策工具是多种多样的，按照工具影响范围来划分，对经济体系中有普遍影响的政策工具可成为一般性货币政策工具，影响部分地区和部分业务对象的政策工具可称为选择性货币政策工具。

一、一般性货币政策工具

一般性政策工具是从总量的角度对货币和信用进行调节和控制，从而对整个经济体系发生普遍性影响的工具。这类工具主要有三个：法定存款准备金率、再贴现率、公开市场业务。人们习惯上称之为中央银行货币政策的“三大法宝”。

(一)法定存款准备金率

法定存款准备率，就是以法律形式规定商业银行等金融机构将其吸收存款的一部分上缴中央银行作为准备金的比率。规定这一比率最初只是为了建立集中的准备金制度，用以增强商业银行的清偿能力。从 20 世纪 30 年代初起，一些国家相继把调整存款准备率作为中央银行调节信用、调节货币供应量的手段之一。当经济处于需求过度和通货膨胀状态时，中央银行可以提高法定存款准备金率，借以收缩信用和货币量；而当经济处于衰退状态时，中央银行就可以降低存款准备金金率，使银行及整个金融体系的信用和货币量得以扩张，达到刺激经济增长的目的。

法定存款准备金率是威力巨大的货币政策工具，法定存款准备金率的调整使商业银行持有的超额准备金直接受到影响，这样，商业银行存款货币创造能力会发生变化，即货币乘数的变化，其结果使货币供应量大大改变。中央银行调高法定存款准备金率，就是向金融体系和社会公众发出了紧缩信息，金融机构和公众立刻会根据市场变化作出判断或预期，调整各自的行为，如：商业银行可能会调整准备金头寸、调整资产负债结构，企业可能会改变融资计划，家庭可能会改变支出计划，等等。所有这些都会影响到货币供应量的变化。所以，法定准备金率调整具有很强的告示效应。

法定存款准备金率作为货币政策工具具有明显的优点：作用速度快、效果明显，对于信用制度不很发达的发展中国家而言，政策工具操作简便。但这一工具存在明显的缺陷：作用效果过于猛烈。由于乘数效应，法定存款准备金比率的微小变动，就会造成法定准备金的较大波动，对经济造成强烈影响；同时也给商业银行带来许多的不确定性，增加了商业银行资金流动性管理的难度。

(二)再贴现率

再贴现是随着中央银行的产生而发展起来的。中央银行通过再贴现业务发挥其最后贷款人功能并维持银行体系储备供给的弹性制度。再贴现是相对于贴现而言的，企业将未到期商业票据卖给商业银行，得到短期贷款，称为贴现；商业银行在票据未到期以前将票据卖给中央银行，得到中央银行的贷款，称为再贴现。中央银行在对商业银行办理贴现贷款中所收取的利息率，称为再贴现率。作为中央银行货币政策工具的再贴现率，在实际中的运用原则一般是：当经济出现需求过度、通货膨胀时，就调高再贴现率；而当经济出现需求乏弱、生产下降时，就降低再贴现率。

调整再贴现率能起到调节信用和货币量的改变。中央银行提高了再贴现率，商业银行或者减少向中央银行融资，或者相应地提高向工商企业贷款的利率。商业银行贷款利率上升，直接增加了企业的生产经营成本，降低了投资的边际效益，贷款需求受到抑制，信贷总规模必然缩小。同时再贴现率的调整可以起到很好的告示效应，提高再贴现率是中央银行紧缩经济的信息，金融机构和社会公众的经济行为都会发生相应变化，导致信用的收缩和货币供应量的减少。

再贴现率作为中央银行货币政策工具，其变化直接反映了中央银行的政策取向，告示效应明显。但再贴现率调整政策效果取得其主动权不在中央银行，而在商业银行。另外，发挥再贴现率调整的政策工具需要有一个相当规模的完善的票据市场，如果政策工具操作的市场弹性很小的话，政策工具的操作意义就不会理想。

(三)公开市场业务

公开市场业务是中央银行在金融市场上公开买进或卖出有价证券的活动。20 世纪 20 年代美国联邦储备体系首先选用公开市场业务工具。此后，公开市场业务逐渐成为各国中央银行最重要的货币政策工具。中央银行买卖有价证券并非以营利为目的，而是借此活动达到调节信用和货币供应的目的。中央银行买卖的有价证券主要是政府短期债券，交易对象的主体主要是商业银行。公开市场业务作为中央银行货币政策工具，运用原则一般是：当经济中出现需求过大、物价上涨趋势，有必要收缩货币时，中央银行就卖出有价证券；而当经济中出现需求不足、生产下降趋势，有必要扩张货币时，中央银行就买进有价证券。

中央银行通过买卖有价证券产生的影响表现在：一是引起基础货币供应的变化，中央银行将一笔证券卖给某家商业银行时，这家银行或者减少库存现金，或者减少准备金存款，表现为基础货币收缩，反之，会引起基础货币扩张。二是引起利率的变化，当中央银行要买进或卖出政府债券时，会直接导致市场对政府债券的需求增加或减少，这种需求的变化会推动政府债券价格的上升或下降，从而促使其利率水平反方向变动，市场其他利率也相应受到影响。

在中央银行的一般性货币政策工具中，公开市场业务通常被认为是最重要、最常用和效果最理想的工具。其明显的优势是：①中央银行在操作中始终处于主动地位。在证券买卖的操作中，中央银行可以主动决定买卖时机和买卖数量，变动商业银行的准备金，从而调节信用和货币量为目的。②中央银行可以进行反向操作，具有纠错功能。公开市场业务是一种经常性、连续性的操作，调节的方向和力度随时可以根据变化了的经济金融形势而改变，如果出现操作过头可以及时纠正。③操作时对经济的震动很小。公开市场操作以经常性和连续性的交易活动的形式出现，减少对市场状况突发性地改变，间接调控优势明显。

但是，公开市场业务这一工具的启用和作用的发挥，必须要有发达的金融市场，尤其是国债市场要有相当规模。中央银行必须持有相当数量的证券，主要是国债，否则就没有足够的调节力量

阅读专栏

周小川：未来要实施差别准备金动态调整措施

中国人民银行行长周小川在《中国金融》杂志 2011 年第一期刊发的专访文章中指出，未来要实施差别准备金动态调整措施。

周小川表示，中国经济回升向好态势进一步巩固，经济增长动能较为充足，但同时也出现通胀预期加大、通胀压力上升等问题。未来几年，金融改革要建立和完善逆周期的货币信贷动态调控机制，把货币信贷和流动性管理的总量调节与构建宏观审慎政策框架结合起来，实施差别准备金动态调整措施，丰富和补充政策工具，引导货币信贷适度增长。

周小川还表示，下一阶段将进一步深化资本项目外汇管理改革，在有效防范跨境资金异常流动风险的前提下稳步推进资本项目可兑换。将率先实现直接投资基本可兑换，并加快改革对外债权债务外汇管理；进一步放松个人其他资本项目跨境交易。

所谓差别准备金率制度，是指对金融机构存款准备金率与其资本充足率、资产质量状况等指标挂钩。实行差别存款准备金率制度可以制约资本充足率不足且资产质量不高的金融机构的贷款扩张。中国人民银行于 1984 年开始专门行使中央银行职能时，即建立了存款准备金制度。近年来，对资本充足率低于一定水平的金融机构，央行对其存款准备金率曾多次差别调整。

分析人士指出，实施差别准备金动态调整措施，是流动性总量调节与宏观审慎政策框架相结合的体现，通过总量调控和个体风险差异的结合，将起到加强流动性管理、引导信贷合理投放的效果。

(资料来源：新华网)

二、选择性货币政策工具

选择性货币政策工具是中央银行针对个别部门、企业和特殊用途的信贷而采用的政策工具。选择性政策工具主要分成下面三类。

1. 间接信用控制工具

这类工具的作用过程是通过市场供求关系或资产组合的调整途径才能实现。主要工具有优惠利率、消费信用控制、预缴进口保证金制度、房地产信贷控制、证券保证金比率等；优惠利率是指中央银行对优先发展或重点发展的部门或产业制定较低的贴现率，鼓励这些部门和产业的发展。消费信用控制是指中央银行通过一系列手段调整特定商品消费信用的规模，

以期达到消费市场的稳定有序。这些手段诸如最低首付比率、最高偿付期限和信贷利率等。预缴进口保证金制度是指中央银行根据进出口状况，主动调整进口商预缴按进口商品总价值一定比率的资金作为保证金，改变进口成本，影响进出口交易。房地产信用控制是指中央银行运用信贷政策调整来影响房地产开发和经营企业的成本，引导房地产市场的平稳发展。

2. 直接信用管制工具

这类工具是中央银行用行政命令的方式，直接对商业银行放款或接受存款的数量进行限制。最普遍的工具是银行贷款最高限额和银行存款利率的最高限额。中央银行对商业银行贷款最高限额的控制主要有直接控制贷款总量的最高限额和控制贷款增长幅度的限额两种。中央银行对商业银行存款利率进行限制是指中央银行规定商业银行吸收存款的最高利率。主要为了防止商业银行之间的恶性竞争，规避银行系统性风险。在市场经济条件下，这类工具的使用大为减少，只有在出现战争、经济危机和金融秩序混乱时中央银行才会采取直接的信用管制手段。

3. 道义劝告、窗口指导等

道义劝告是指中央银行利用其地位和权威，对商业银行和其他金融机构发出书面通知或口头通知，向商业银行通报经济形势，劝其采取相应措施，配合中央银行货币政策的实施。窗口指导是指中央银行根据产业行情、物价趋势和金融市场动向，给商业银行贷款提供风险提示，并提出贷款要求。在中央银行的权威性和公信力较强的情况下，这类工具的使用将更为有效。

三、其他货币政策工具

(一)直接信用控制

直接信用控制是中央银行以行政命令或其他方式直接对商业银行及其他金融机构的信用活动进行控制。它的特点是依靠行政干预，而不是借助于市场机制。其形式有信用分配、直接干预、流动性比率、利率最高限额和特种存款等。

1. 信用分配

它是指中央银行根据金融市场状况和客观经济需要，对金融机构的贷款进行分配和限制的各项措施。当资金严重短缺，资金供给无法满足资金需求，同时又要抑制商业银行的信用扩张，而中央银行利用市场机制的作用已无法达到目的时，就会采用该形式。在多数发展中国家，由于资金供给相对于需求来说极为不足，这种方法相当广泛地被采用。

2. 直接干预

它是指中央银行直接对商业银行的信贷业务进行合理干预。如限制放款的额度和范围，干涉吸收活期存款，对经营管理不当者拒绝再贴现或采取较高的惩罚性利率等。

3. 流动性比率

流动性比率是指流动资产对存款的比重。一般说来，流动性比率与收益率成反比。由于流动性资产流动性高，变现能力强，这样，规定流动性比率就会增加商业银行的短期资产运用，保证其流动性和安全性，限制其长期放款和投资，限制其信用扩张能力。

4. 利率最高限额

利率最高限额即中央银行规定存款利率的上限，规定贷款利率的上下限，以限制商业银行恶性竞争，造成金融混乱、经营不善而破产倒闭，或牟取暴利。但利率最高限额的实施，同时也干扰了存款的自由流动，破坏了金融市场的运行机制，损害了金融市场的效率，并会造成存款流出金融机构的“脱媒”现象。因此，将利率最高限额控制作为货币政策工具来使用，必须看到它的正面影响和负面效应。

5. 特种存款

它是指中央银行为了控制银行体系利用过剩的超额准备金扩张信用，采用行政手段要求商业银行将超额准备金缴存中央银行的措施。

(二)间接信用控制

间接信用控制，是指中央银行采用直接控制以及一般信用控制以外的各种控制措施，以间接地对商业银行的信用创造施以影响。其主要措施有道义劝告、窗口指导等。

1. 道义劝告

道义劝告指的是中央银行利用其声望和地位，对商业银行和其他金融机构经常发出通告、指示或与各金融机构的负责人举行面谈，劝告其遵守政府金融政策并自动采取贯彻政策的相应措施。例如，在国际收支出现逆差时劝告各金融机构减少海外贷款；在房地产与证券市场投机盛行时，中央银行要求商业银行缩减对这两个市场的信贷等。鉴于中央银行在金融体系中所拥有的特殊地位，商业银行和金融机构一般都会遵从道义劝告，从而实现货币政策的总量调节或者结构调节的目标。

2. 窗口指导

“窗口指导”一词来自日本银行。它的内容是：中央银行根据产业行情、物价趋势和金融市场动向，规定商业银行每季度贷款的增减额，并要求其执行。如果商业银行不按规定的增减额对产业部门贷款，中央银行可削减向该银行贷款的额度，甚至采取停止提供信用等制裁措施。虽然窗口指导没有法律约束力，但其作用有时也很大。第二次世界大战后，“窗口指导”曾一度是日本货币政策的主要工具。

间接信用控制的优点是较为灵活，但要发挥作用，必须是中央银行在金融体系中有较强的地位、较高的威望和拥有控制信用的足够的法律权力和手段。

第三节 货币政策传导机制与效果评价

中央银行运用一定的货币政策工具，监测和评价货币政策中间指标的变化，实现货币政策最终目标。这一货币政策的实施和作用过程，需要通过经济内在机制内的各种经济变量的传导，以影响整个社会经济生活和宏观经济变量。这个传导机制是一个非常复杂的过程，一些经济变量之间是否存在稳定关系，可以直接影响货币政策的实施效果。

一、货币政策传导机制

(一)货币传导机制的含义

货币政策传导机制，是指运用货币政策工具到实现货币政策目标的作用过程，即如何通过货币政策各种措施的实施，经济体制内的各种经济变量影响整个社会经济活动。货币政策传导机制具有间接调控性，调控主客体有较规范的法律意识和经营行为，各项政策措施遵循市场经济的内在规律间接的发挥作用。

(二)货币传导机制的途径

中央银行货币政策的传导可通过两条基本途径。

一条是商业银行，也就是信贷渠道。货币政策工具实施后可改变商业银行向中央银行的融资成本，可改变商业银行的准备金头寸，然后，商业银行通过调整信贷规模、利率、贷款期限等，影响企业和居民等的消费、储蓄和投资活动，实现货币政策最终目标。但是有一些经济学家认为，信贷市场主要力量来自信贷需求，如果信贷需求者有较强的内部融资能力，或信贷需求者有更方便的外部融资渠道，或信贷需求者对经济发展的预期与政策制定者不一致，货币政策的传导机制就会出现偏差。对于金融市场欠发达的国家和地区而言，采用商业银行信贷渠道来运行货币政策的传导机制较为有效。

另一条基本途径是金融市场，也就是利率。货币政策工具实施后，如：进行公开市场操作后，金融市场的货币供给和货币需求发生改变，引起各种金融资产收益和价格的变化，这种变化在一定程度上可以影响企业、居民等经济主体的行为，并影响货币政策最终目标的实现。中央银行在公开市场上的操作，会影响直接货币市场利率，在通货膨胀预期不变的情况下，短期利率变化必然会影响到长期利率，对企业的投资决策和消费者的储蓄行为真正产生影响的是长期利率。所以通过市场利率来实现货币政策目标，主要取决于对未来通货膨胀的预期。如果一个国家的对外开放度较大的话，汇率及国际市场的影响将会使货币政策的传导更为复杂。

所以通过金融市场运行货币政策传导机制必须具备下面三方面的经济环境条件。

其一，建立未来通货膨胀稳定的目标预期，有利于中央银行货币政策的传导。

其二，较为完善的金融市场。在市场经济条件下，从货币政策工具的启动到最终对企业和居民行为的影响都是借助于形形色色的金融市场来完成的，一个完善的金融市场是建立有效货币政策传导机制的重要条件。

其三，企业与银行行为市场化程度强。只有企业与商业银行真正以市场作为资源配置的有效手段，才能对中央银行的货币政策调控反应灵敏、准确，货币政策传导效果才会成效显现。

二、货币政策效果评价

(一)货币政策有效性含义

货币政策有效性是指中央银行通过操作货币政策工具，通过良好的传导机制，较好地实现中央银行预期最终政策目标。现在几乎所有国家的中央银行都相信：货币政策对实际经济是有影响的。中央银行通过控制货币规模来实现货币政策目标，但由于存在制度和技术等方面的制约，货币政策操作往往难以真正有效实现货币政策目标，导致货币政策有效性的欠缺或不足。许多经济学家通过大量的实证分析，试图寻找货币政策中间目标与各种实际经济变量之间的相关关系，但实证结果发现这些关系并不稳定。在这种情况下，货币政策的有效性就取决于对这些相关关系的认识和把握。在承认货币政策中间目标与实际经济变量紧密相关的基础上，对货币政策调控效应的评价，就转移到对货币政策传导机制的评价上来。货币政策传导机制是否有效，主要看中央银行基础货币的创造及其结构是否合理；货币政策工具和货币政策中间指标的选择是否恰当；货币政策工具作用于货币政策中间指标进而作用于实际经济变量的过程是否顺畅。当然，也包括货币政策传导机制是否规范，与外部经济环境是否适应等。

(二)影响货币政策有效性的因素

一般认为，影响货币政策效果的主要因素有三个，它们分别是：货币政策时滞、货币流通速度的变动和人们对货币政策的合理预期。

1. 货币政策时滞

货币政策时滞是指货币政策从研究、制定到实施后发挥实际效果全过程所经历的时间。如果货币政策时滞较短或者中央银行对货币政策时滞能准确预测，货币政策效果就容易确定，货币政策工具在实施和传导的选择中就容易把握方向和力度，如果货币政策时滞较长且不稳定，政策效果就难以观察和预测，那么，政策工具在实施和传导过程中就可能变得无所适从，政策的取向和力度不能根据对政策生效程度的判断而随时确定和灵活调整，就难以实现理想的政策目标。货币政策时滞太长，其间的经济形势已发生很大变化，还可能导致最初采取的政策工具和选取的传导中介变得无效，导致政策的彻底失败。

为了准确地预测和把握货币政策时滞，人们通常将时滞进行分段分析。简单的分段法，是将时滞分为内部时滞和外部时滞两部分。

内部时滞是指从政策开始制定到实施政策工具为止这段时间。其中又细分为两个阶段，第一阶段叫认识时滞，它是指经济生活发生变化时，中央银行要获得反映这种变化的各种资料并进行分析和研究，以确定货币的政策意向所需要的时间。第二阶段叫决策时滞，它是指货币政策意向确定后，中央银行要根据对经济活动变化规律及其后果等的分析，决定实施具体的政策工具所需要的时间。内部时滞的长短，取决于中央银行收集资料、判断形势、制定决策等项工作的效率，也取决于经济形势的复杂程度。

外部时滞又称为效应时滞，是指从中央银行操作货币政策工具开始到对政策目标产生影响所经过的时间。决定和影响外部时滞的因素要比内部时滞复杂得多。要首先作用于商业银行等金融机构、作用于金融市场，然后又进一步作用于企业、个人家庭等经济主体，通过经济主体投资、消费活动的变化使政策目标得以实现。在政策工具与政策目标之间，须经过由利率、货币供应量、基础货币、超额准备金等作为中间指标的复杂的传导过程。传导过程中的任何一个环节、一个指标发生预料不到的变化，都将影响对时滞的准确预测和把握。

时滞客观存在，其中认识时滞和决策时滞可以通过各种措施缩短，但不可能完全消失；效应时滞则涉及更复杂的因素，一般说来也是难以控制的。时滞的存在可能使政策决策时的意图与实际效果脱节，从而不可避免地导致货币政策的局限性。

2. 货币流通速度变动

货币流动速度变动是货币政策有效性的一种主要限制因素。货币学派认为，货币流通速度对货币政策效应的重要性表现在，货币流通速度中的一个相当小的变动，有可能使货币政策效果受到严重影响，甚至有可能使本来正确的政策走向反面。

3. 人们对货币政策的合理预期

合理预期对货币政策效果影响很大。合理预期的含义是：人们对未来经济变量的变动能够作出合乎理性的，从而也是正确的预期。

合理预期对货币政策效果的影响表现为：当中央银行货币政策推出后，各经济主体立刻会根据所获取的各种信息来预测政策的后果，并很快制订对策。货币政策的作用可能被这种对策所冲销。如：扩张性货币政策推出后，人们通过所掌握的各种信息预期社会总需求要拉上，物价水平会上升。在这种情况下，企业预期原材料要涨价，工人的工资会由于工会的力量强大而提高，生产成本会由此而上升，投资利润率会由此而下降，于是，投资需求必然减少，其结果是，物价上涨了，产出却没有增长甚至会减少，货币政策最终无效。这就是说，货币政策只有在人们不存在正确合理的预期，而盲目跟从的时候才会有效，但事实上，经济生活中的主体都是“理性人”，他们都会在效用最大化和利润最大化原则的驱使下，对任何一条有用的信息作出理性反应，中央银行的货币政策信息更不例外，合理预期是一定存在的，货币政策的作用就难免被抵消。

当然，合理预期对货币政策效果的这种影响不能过分夸大，因为公众预期的普遍形成要有一个过程，不可能没有“时滞”，而且这种预期不一定始终完全正确，即使是有了完全正确的预期，要采取一定的对策以及这些对策发生作用，也得有一个过程。如果再考虑到中央银行同样会对经济主体的行为作出正确预期这一因素，那么，就可以说，只有未被中央银行预期到的行为才会抵消货币政策的作用。所有这些都决定了合理预期对货币政策效果的影响是有限的。

阅读专栏

日本刺激消费的政策和措施

在长达 10 多年的经济衰退期，日本历届内阁都把降低个人所得税、减少国家税收作为刺激国民消费从而带动经济增长的重要手段。1998 年日本政府实施了总额为 4 万亿日元的个人所得税临时减税政策；1999 年又公布了税制改革纲要，取代此前的临时减税政策，把个人所得税的最高税率降低 15%，即从 65%降到 50%。另外，税制改革纲要还加大了对住房消费税等相关税收的减税力度，把土地贷款和住房交易损失等也纳入减税范围。这些措施在一定程度上减轻了国民负担，起到了鼓励消费的作用。

日本政府刺激国内消费的另一个重要手段就是采取宽松的金融政策。日本央行从上世纪初开始逐步调低贴现率并长期实行几乎接近于零的超低短期利率。这一措施有助于鼓励发展消费信贷业务，刺激国民的信贷消费。一些中小金融机构因向工薪阶层提供信用贷款而得到快速发展，在这些金融机构贷款手续非常简便，也无需担保，因而很受年轻人欢迎。与此同时，日本住宅金融金库加大对住房贷款的放贷力度，对日本房地产业的复苏起到了积极作用。

日本政府还通过制定相关政策刺激和引导国民消费，比如根据节能法制订严格的产业和产品的节能技术标准，促进各行业不断研发新技术、新产品，引发新产品消费高潮。自20世纪末开始，以平板电视等为代表的新产品在日本乃至全球热销，至今方兴未艾，其拉动经济增长的效果不言而喻，被经济界誉为“数码景气”。

经过10多年的不懈努力，日本经济终于走出低谷，从2002年开始增长，到2007年已持续5年，成为日本战后最长的经济增长期。

日本促进地方经济发展和刺激消费的做法也值得借鉴。如制定优惠政策开展“一村一品”运动，中央、地方、民间团体共同开发旅游景点、土特产品或示范工程等，推进地方经济的发展，缩小城乡差距。另外，日本政府还通过修改节日法，尽可能将国家法定假日与双休日连在一起，从而形成“三连休”(连续三天休息)、“五连休”和“黄金周”等长假期，方便国民外出旅游休闲，形成一个又一个的假日消费潮。据统计，旅馆业和餐饮业在有连休的周末的营业收入，要比没有连休的双休日高出一两成左右。

本章小结

1. 货币政策是中央银行为实现既定的经济目标，运用各种工具调节货币供应量和利率，进而影响宏观经济运行状况的方针和措施的总和。货币政策包括货币政策目标、货币政策工具、货币政策传导机制三方面的内容。

2. 货币政策目标是中央银行在一定时期内通过执行货币政策最终要达到的宏观经济目标。一般包括稳定物价(币值)、充分就业、经济增长和国际收支平衡四大目标。货币政策目标之间存在一定的矛盾和冲突，应注意协调。

3. 货币政策工具是指中央银行为实现货币政策目标，进行金融控制和调节所运用的策略与手段。它包括一般性货币政策工具、选择性货币政策工具和其他货币政策工具。

4. 货币政策传导机制是指中央银行通过货币政策工具的操作，引起社会经济生活发生某些变化，最终实现预定的货币政策目标所经过的全过程。凯恩斯学派的货币政策传导机制理论非常重视利率的作用，货币学派的货币政策传导机制理论则强调货币供应量对社会总支出和总收入的直接影响。

5. 货币政策中介目标是中央银行为了实现货币政策最终目标而设置的可供观察和调整的中间性或传导性金融变量。中介目标选择的标准是：可测性、可控性和相关性。一般的中介目标主要有：利率、货币供应量、基础货币、超额准备金。

6. 货币政策效应是指货币政策的实施对社会经济生活产生的影响，它包括货币政策的数量效应和货币政策的时间效应。货币政策的数量效应是指货币政策效应的强度，即货币政策发挥效力的大小，用实施的货币政策所取得的效果与预期所要实现的目标之间的差距来判断。货币政策的时间效应又称时滞，是指中央银行制定货币政策到货币政策取得预期效果的时差，包括内部时滞、中间时滞、外部时滞三个部分。

7. 由于各国宏观经济政策体系中的各项宏观经济政策在调节重点、调节功能和调节效应等方面都有自己的特点，既有优点也有不足，所以，货币政策必须与财政政策、收入政策、产业政策等进行协调配合，只有这样，才能有效地实现宏观经济的调节目标。

(扫一扫，一起来拓展一下视野吧！)

课后习题

一、单项选择题

1. 属于货币政策的操作目标的是(　　)。
   A. 准备金　　B. 利率　　C. 汇率　　D. 货币供给量
2. 不属于货币政策的中介目标的是(　　)。
   A. 利率　　B. 汇率　　C. 价格　　D. 货币供给量
3. 下列不属于货币政策的最终目标的是(　　)。
   A. 货币供给　　B. 物价稳定　　C. 经济增长　　D. 充分就业
4. 我国采用的是(　　)目标的货币政策。
   A. 双重　　B. 单一　　C. 多重　　D. 三重
5. 属于选择性货币政策工具的是(　　)。
   A. 法定存款准备金政策　　B. 再贴现政策
   C. 公开市场业务　　D. 直接信用控制
6. 需要以较为发达的有价证券是市场为前提的货币政策是(　　)。
   A. 法定存款准备金政策　　B. 再贴现政策
   C. 公开市场业务　　D. 直接信用控制
7. 中央银行处于被动地位的货币政策是(　　)。
   A. 法定存款准备金政策　　B. 再贴现政策
   C. 公开市场业务　　D. 直接信用控制
8. 虽效果明显但各国银行一般不轻易变更的货币政策是(　　)。
   A. 法定存款准备金政策　　B. 再贴现政策
   C. 公开市场业务　　D. 直接信用控制
9. 公开市场操作这一货币政策工具最早在(　　)国家使用。
   A. 英国　　B. 美国　　C. 法国　　D. 德国
10. 最早实施的一般性货币政策工具是(　　)。
   A. 法定存款准备金政策　　B. 再贴现政策
   C. 公开市场业务　　D. 直接信用控制
11. 下列排列符合可控性由弱到强的是(　　)。
   A. 最终目标，操作目标，中介目标　　B. 最终目标，中介目标，操作目标
   C. 中介目标，操作目标，最终目标　　D. 操作目标，中介目标，最终目标

12. 最早出现的货币政策目标是(　　)。

A. 币值稳定　　B. 经济增长　　C. 充分就业　　D. 国际收支平衡

13. 通常我们用(　　)来衡量经济增长的情况。

A. 就业率　　B. 通货膨胀率　　C. 实际国民收入增长率　　D. 贸易差额

二、多项选择题

1. 货币政策的最终目标是(　　)。

A. 币值稳定　　B. 经济增长　　C. 基础货币
D. 充分就业　　E. 国际收支平衡

2. 货币政策的中介目标选择标准是(　　)。

A. 预期性　　B. 相关性　　C. 可控性
D. 可测性　　E. 逆向性

3. 一般性货币政策工具包括(　　)。

A. 法定存款准备金政策　　B. 再贴现政策　　C. 公开市场业务
D. 直接信用控制　　E. 优惠利率

4. 公开市场业务的优点有(　　)。

A. 规模可控　　B. 到达目标准确　　C. 可微幅调整
D. 可逆转性　　E. 可迅速进行

5. 属于选择性货币政策工具的是(　　)。

A. 公开市场操作　　B. 优惠利率　　C. 直接信用控制
D. 间接信用控制　　E. 再贴现率

6. 货币政策目标体系由(　　)几个层次组成。

A. 最终目标　　B. 中介目标　　C. 操作目标
D. 整体目标　　E. 初级目标

7. 货币政策传导机制理包括(　　)。

A. 利率传导机制　　B. 非货币资产价格传导机制
C. 货币资产价格传导机制　　D. 信贷配给传导机制
E. 汇率传导机制

8. 一般性货币政策中告示作用较强的两种是(　　)。

A. 法定存款准备金政策　　B. 再贴现政策　　C. 公开市场业务
D. 直接信用控制　　E. 优惠利率

9. 下列属于间接信用控制的货币政策工具是(　　)。

A. 信用配额管理　　B. 利率最高限额　　C. 消费者信用控制
D. 道义劝告　　E. 窗口指导

三、辨析题(正确打“√”，错误打“×”)

1. 货币政策最终目标中，四个目标完全可以兼顾。(　　)
2. 货币政策的最终目标和中介目标实际并没有必然联系。(　　)
3. 币值稳定与物价稳定是对同一现象的表述。(　　)
4. 法定存款准备金政策可以防止金融恐慌。(　　)

5. 再贴现政策对调整信贷结构有一定效果。 ( )

6. 公开市场业务告示作用较弱。 ( )

7. 选择性货币政策工具又称“三大法宝”。 ( )

8. 货币政策传导机制理论是货币政策理论的核心内容。 ( )

四、简答题

1. 简述货币政策调节经济秩序。
2. 简述法定存款准备金政策的优缺点。
3. 简述再贴现政策的作用。
4. 简述公开市场操作的优缺点。

五、论述题

论述货币政策的传导机制。

六、案例分析题

货币政策传导机制的发展

一般认为中央银行货币政策影响社会总产出的方式即货币政策的传导机制可归为三类：第一类通过投资支出起作用，第二类通过消费支出起作用，第三类通过国际贸易起作用。形成的货币政策传导机制理论主要有货币渠道理论、托宾的 q 理论以及所谓“信贷观点”等理论。中国人民银行近年来采取一系列改革措施来改善货币政策的传导渠道，主要有以下措施。

1. 取消贷款限额控制。1998 年 1 月 1 日，人民银行正式取消国有商业银行贷款限额控制，这是金融宏观调控的重大变革，是货币政策调控机制的决定性革命。这项改革在制度上为货币政策中介目标真正转向货币供应量，实施数量型为主的间接调控奠定了基础。

2. 改革存款准备金制度。1984 年我国建立准备金制度。中国人民银行 1998 年 3 月份改革了存款准备金制度，将备付金存款账户与准备金存款账户合并。这是存款准备金制度建立以来的第一次重大改革，2004 年我国开始实行差别存款准备金率制度。

3. 积极扩大公开市场操作。1998 年 5 月 26 日，人民银行恢复了公开市场业务债券交易，加大了操作力度，扩大了交易对象，增加了交易工具，把国债、中央银行融资券和政策性金融债券均纳入交易工具之列。

4. 稳步推进利率市场化改革。中国人民银行行长助理兼上海总部副主任马德伦表示，中国利率市场化改革取得了根本性的突破，利率管制已基本取消。房地产市场的利率政策管理模式的调整，标志着目前银行除存款利率的上限和贷款利率的下限之外，中国基本取消了利率管制。

5. 改革再贴现机制。一是改变了贴现和再贴现利率的生成机制，使再贴现利率与再贷款利率脱钩，首次成为独立的基准利率种类，有利于中央银行基准利率的形成，有利于商业票据市场和贴现、再贴现业务的发展，有利于中央银行货币政策的执行。

6. 改革人民币汇率形成机制，减少外汇占款对货币供应量的影响，提高货币政策的有效性，发挥外汇市场对货币政策的传导作用。

问题：

结合发达国家的经验，说明为了提高货币政策传导机制的有效性，还应该采取哪些措施？

七、综合训练

训练任务：查找近 10 年中国的存款准备金率，并进行整理汇总。

训练活动：汇总数据并分析调整存款准备金率央行采取了哪种货币政策。

训练目的：培养学生获取数据和分析宏观政策的能力。

课后阅读

扫一扫，看看课后还有什么值得阅读的吧！

第十章 外汇与国际收支

学习目标

- 了解掌握外汇、汇率的含义，汇率的标价方法。
- 了解影响汇率变化的因素以及汇率对经济的影响。
- 了解国际收支与国际收支平衡表的概念以及国际收支失衡的原因。
- 了解国际储备的来源渠道。

技能目标

能够熟练计算外汇交易的收益。

案例导读

在中国的金融体系改革中，外汇体制改革应该说进展最为顺利。1994 年人民币官方汇率与市场汇率并轨；实行银行结售汇制，实现了人民币经常账户有条件可兑换。在此改革的基础上，从 1996 年 12 月 1 日起接受《国际货币基金组织协定》第 8 条第 2、3、4 款的义务，实现了经常项目下的完全可兑换，这是人民币实现完全可兑换的第一步。本来在此基础上，计划在 5 年后实现人民币资本账户下完全可兑换，但是，1997 年亚洲金融危机爆发，这个计划戛然中止，1999 年 6 月 10 日，正式施行全面停办非贸易项目的境外人民币结算业务。

1997 年亚洲金融风暴爆发之后，不少知名学者认为危机爆发的原因在于这些国家资本账户开放过早，并由此判断，在目前的情况下，中国还不具备资本账户开放的条件，对资本账户开放要持更谨慎的态度。2005 年随着人民币是否升值讨论的深入，资本账户开放问题也引起了广泛关注。

思考：人民币资本账户开放难以进行所面临的困难与问题在哪里？可以找到化解之路吗？

第一节 外汇与汇率

一、外汇

(一)外汇的含义

外汇(Foreign Exchange)，即国际汇兑，是国际经济活动得以进行的基本手段，是国际金融最基本的概念之一。我们可以从动态(Dynamic)和静态(Static)两个不同的角度理解外汇的含义。

动态的外汇，是指把一国货币兑换为另一国货币以清偿国际间债权债务关系的实践活动或过程。从这个意义上说，外汇等同于国际结算。

静态的外汇，是指国际间为清偿债权债务关系而进行的汇兑活动所凭借的手段和工具。静态的外汇概念是从动态的汇兑行为中衍生出来并广为运用的，它又有广义与狭义之分。各国外汇管理法令所称的外汇就是广义的外汇。

按照 2017 年修订《中华人民共和国外汇管理条例》第三条规定，外汇是指以外币表示的可以用作国际清偿的支付手段和资产，包括下列各点。

(1) 外国货币，包括纸币、铸币。

(2) 外币支付凭证，包括票据、银行存款凭证、邮政储蓄凭证等。

(3) 外币有价证券，包括政府债券、公司债券、股票等。

(4) 特别提款权、欧洲货币单位。

(5) 其他外汇资产。

而狭义的外汇，也就是我们通常所说的外汇，它是指外国货币或以外国货币表示的能用于国际结算的支付手段。

但是，不是所有的外国货币都能成为外汇。一种外币成为外汇有三个前提条件：第一，自由兑换性，即这种外币能自由地兑换成本币；第二，可接受性，即这种外币在国际经济交往中被各国普遍地接受和使用；第三，可偿性，即这种外币资产是能得到补偿的债权；这三个前提条件暨外汇的三大特征，只有满足这三个条件或符合这三个特征的外币及其所表示的资产才是外汇。

以外币表示的有价证券由于不能直接用于国际间的支付，故不属于外汇；同样，外国钞票也不能算作外汇。外钞只有携带回发行国并贷记在银行账户上后，才能称作外汇。在这个意义上，只有存放在国外银行的外币资金以及将对银行存款的索取权具体化了的外币票据，才构成外汇。具体来看，外汇主要指以外币表示的银行汇票、支票、银行存款等。其中银行存款是狭义外汇概念的主体，这不仅是因为各种外币支付凭证都是对外币存款索取权具体化了的票据，而且还因为外汇交易主要是运用国外银行的外币存款来进行的。人们通常就是在这一狭义意义上使用外汇的概念。世界主要货币标志与货币符号如表 10-1 所示。

表 10-1 世界主要货币标志与货币符号

货　币	标准代码及货币符号	货币英文名称
美元	USD	U.S. Dollar
欧元	EUR	Euro
英镑	GBP	Pound
日元	JPY	Japanese Yen
瑞郎	CHF	Swiss Franc
澳大利亚元	AUD	Australian Dollar
加拿大元	CAD	Canadian Dollar
人民币	CNY	Renminbi Yuan

续表

货 币	标准代码及货币符号	货币英文名称
港元	HKD	Hong Kong Dollar
新西兰元	NZD	New Zealand Dollar
新加坡元	SGD	Singapore Dollar

(二)外汇的特征

(1) 外汇是以外汇表示的可用于对外支付的金融资产。

(2) 外汇必须具有充分的可兑换性。

(3) 外汇必须在国际经济交易中被各国普遍接受和使用。

(三)外汇的分类

1. 按受限程度

外汇根据受限程度可分为自由兑换外汇、有限自由兑换外汇和记账外汇。

(1) 自由兑换外汇，就是在国际结算中用得最多、在国际金融市场上可以自由买卖、在国际金融中可以用于偿清债权债务并可以自由兑换其他国家货币的外汇。例如美元、港币、加拿大元等。

(2) 有限自由兑换外汇，则是指未经货币发行国批准，不能自由兑换成其他货币或对第三国进行支付的外汇。国际货币基金组织规定凡对国际性经常往来的付款和资金转移有一定限制的货币均属于有限自由兑换货币。世界上大部分国家的货币属于有限自由兑换货币，包括人民币。

(3) 记账外汇，又称清算外汇或双边外汇，是指记账在双方指定银行账户上的外汇，不能兑换成其他货币，也不能对第三国进行支付。

2. 按来源用途

外汇按来源用途可分为贸易外汇、非贸易外汇和金融外汇。

(1) 贸易外汇，也称实物贸易外汇，是指来源于或用于进出口贸易的外汇，即由于国际间的商品流通所形成的一种国际支付手段。

(2) 非贸易外汇是指贸易外汇以外的一切外汇，即一切非来源于或用于进出口贸易的外汇，如劳务外汇、侨汇和捐赠外汇等。

(3) 金融外汇与贸易外汇、非贸易外汇不同，是属于一种金融资产外汇，例如银行同业间买卖的外汇，既非来源于有形贸易或无形贸易，也非用于有形贸易，而是为了各种货币头寸的管理和摆布。

3. 按市场走势

外汇按市场走势可分为硬外汇和软外汇，或叫强势货币和弱势货币。

二、外汇汇率

(一)外汇汇率的含义

外汇汇率(Foreign Exchange Rate)又称外汇汇价，是一个国家的货币折算成另一个国家货币的比率，即两种不同货币之间的折算比率。也就是，在两国货币之间，用一国货币所表示的另一国货币的相对价格。

(二)外汇汇率的标价方法

当一种商品参与国际交换时，就需将该种商品以本国货币所表示的价格折算成以外国货币所表示的价格，这样就产生了两种货币之间的折算。外汇作为可以在国际上自由兑换、自由买卖的资产，也是一种特殊的商品。在国际汇兑中两种货币之间是可以相互表示对方价格的，这种用一种货币所表示的另一种货币的价格就是汇率，或者说汇率就是外汇这种特殊商品的“特殊价格”。这里，本币和外币都具有同样的表示对方货币价格的功能，也就是说，外汇汇率具有双向特征：既可用本币表示外币的价格，也可以用外币表示本币的价格。确定两种不同货币之间的比价，应先确定用哪个国家的货币作为标准，由于确定的标准不同，于是便产生了不同的外汇汇率标价法。

1. 直接标价法(Direct Quotation)

直接标价法是以一定单位(1 个外币单位或 100 个、10 000 个、100000 个外币单位)的外国货币作为标准，折算为一定数额的本国货币来表示其汇率。例如：我国 2017 年 12 月 31 日公布的外汇牌价中，每 1 美元价值人民币 6.2969 元，这一标价方法就是直接标价法。

国际上绝大多数国家(除英国和美国以外)都采取直接标价法。美国长期以来也一直采用直接标价法，但在第二次世界大战后，美元在国际支付和国际储备中逐渐取得统治地位，为了与国际外汇市场上对美元的标价一致，美国从 1978 年 9 月 1 日起，除对英镑继续使用直接标价法以外，对其他货币一律改用间接标价法公布汇价。

2. 间接标价法(Indirect Quotation)

间接标价法，是以一定单位的本国货币为标准，折算为数额的外国货币来表示其汇率。英国一直使用间接标价法。

在直接标价法下，外国货币的数额固定不变，汇率的高低或涨跌都以相对的本国货币数额的变化来表示。一定单位以外币折算的本国货币越多，说明本国货币的币值越低，而外国货币的币值越高。反之则木国货币币值越高，而外国货币币值越低。同理，一定单位以外币折算的本国货币增多，说明外币汇率上涨，即外国货币币值上升，或本国货币币值下降。反之则外国货币币值下降，或本国货币币值上升。在间接标价法下，本国货币的数额固定不变，汇率的高低或涨跌都以相对的外国货币数额的变化来表示。此种关系正好与直接标价法下之情形相反。

由于直接标价法下汇率涨跌的含义和间接标价法下汇率涨跌的含义正好相反，所以，在引用某种货币的汇率，说明其汇率涨跌时，必须明确来源于哪个外汇市场，即采用哪种标价法，以免混淆。

3. 美元标价法(U.S.Dollar Quotation)

直接标价法和间接标价法都是针对本国货币和外国货币之间的关系而言的。相对于某个国家或某个外汇市场而言，本币以外其他各种货币之间的比价则无法用直接或间接标价法来表示。事实上，第二次世界大战以后，特别是欧洲货币市场兴起以来，国际金融市场之间外汇交易量迅速增长，为便于在国际间外汇业务交易，银行间的报价，都以美元为标准来表示各国货币的价格，至今已成习惯。例如，从瑞士苏黎世向德国银行询问德国马克的汇率，法兰克福经营外汇银行的报价，不是直接报瑞士法郎对德国马克的汇率，而是报美元对德国马克的汇率。这种非本币之间以一种国际上的主要货币或关键货币(key currency)来作为汇价标准的标价方法被称为“美元标价法”。世界各金融中心的国际银行所公布的外汇牌价，都是以美元对其他主要货币的汇率。非美元货币之间的汇率则通过各自对美元的汇率套算，作为报价的基础。

阅读专栏

货币局制度——香港的联系汇率制度

联系汇率是与港币的发行机制高度一致的。香港没有中央银行，是世界上由商业银行发行钞票的少数地区之一。港币是以外汇基金为发行机制的，外汇基金是香港外汇储备的唯一场所，因此是港币发行的准备金。发钞银行在发行钞票时，必须以百分之百的外汇资产向外汇基金交纳保证，换取无息的“负债证明书”，以作为发行钞票的依据。换取负债证明书的资产，先后是白银、银元、英镑、美元和港币，实行联系汇率制度后，则再次规定必须以美元换取。在香港历史上，无论以何种资产换取负债证明书，都必须是十足的，这是港币发行机制的一大特点。

联系汇率制度规定，汇丰、渣打和中银三家发钞银行增发港币时，须按 7.8 港元等于 1 美元的汇价以百分之百的美元向外汇基金换取发钞负债证明书，而回笼港币时，发钞银行可将港币的负债证明书交回外汇基金换取等值的美元。这一机制又被引入了同业现钞市场，即当其他持牌银行向发钞银行取得港币现钞时，也要以百分之百的美元向发钞银行进行兑换，而其他持牌银行把港元现钞存入发钞银行时，发钞银行也要以等值的美元付给它们。这两个联系方式对港币的币值和汇率起到了重要的稳定作用，这是联系汇率制的另一特点。

但是，在香港的公开外汇市场上，港币的汇率却是自由浮动的，即无论在银行同业之间的港币存款交易(批发市场)，还是在银行与公众间的现钞或存款往来(零售市场)，港币汇率都是由市场的供求状况来决定的，实行市场汇率。联系汇率与市场汇率、固定汇率与浮动汇率并存，是香港联系汇率制度最重要的机理。一方面，政府通过对发钞银行的汇率控制，维持着整个港币体系对美元汇率的稳定联系；另一方面，通过银行与公众的市场行为和套利活动，使市场汇率在一定程度上反映现实资金供求状况。联系汇率令市场汇率在 1∶7.8 的水平上作上下窄幅波动，并自动趋近之，不需要人为去直接干预；市场汇率则充分利用市场套利活动，通过短期利率的波动，反映同业市场情况，为港币供应量的收缩与放大提供真实依据。

联系汇率真正成为香港金融管理制度的基础，是在经历了一些金融危机和 1987 年股灾之后的事情。主要是香港金融管理当局为完善这一汇率机制，采取了一系列措施来营造有效的管理环境，如与汇丰银行的新会计安排，发展香港式的贴现窗，建立流动资金调节机制，开辟政府债券市场，推出即时结算措施等；此外，还通过货币政策工具的创新，使短期利率受控于美息的变动范围，以保障港元兑美元的稳定。而对于联系汇率制最有力的一种调节机制，还在于由历史形成的，约束范围广泛的和具有垄断性质的“利率协议”，其中还包括了举世罕见的“负利率”规则，它通过调整银行的存、贷利率，达到收紧或放松银根，控制货币供应量的目的，因此至今仍然是维护联系汇率制度的一项政策手段。

(资料来源：百度百科整理所得)

三、汇率的影响因素

作为一国货币对外价格的表现形式，汇率受到国内和国际等诸多因素的影响。同时，由于货币是国家主权的一种象征，因此除经济因素外它常常还会受到政治、社会等因素的影响。下面我们仅就影响汇率变动的主要因素进行分析。

(一)国际收支

通俗地说，国际收支即一国对外经济活动中所发生的收入与支出。从短期看，一国国际收支是影响该国货币对外比价的直接因素。当一国的国际收入大于支出时，即一国国际收支出现顺差时，在外汇市场上则表现为外汇(币)的供应大于需求，因而本国货币汇率上升，外国货币汇率下降。相反，当一国国际收入大于支出时，该国即出现国际收支逆差，在外汇市场上则表示为外汇(币)的供应大于需求，因而本国货币汇率下降，外国货币汇率上升。

必须指出，国际收支状况并非一定会影响到汇率变动，这主要要看国际收支顺(逆)差的性质。短期的、临时的、小规模的国际收支差额，可以轻易地被国际资本的流动、相对利率和通货膨胀率、政府在外汇市场上的干预和其他等因素所抵消。但是，长期的巨额的国际收支逆差，一般必定会导致本国货币汇率的下降。

(二)相对通货膨胀率

货币的对内价值是决定其对外价值(即汇率)的基础，货币对内价值的变化必然引起其对外价值的变化。对内价值具体体现于货币在国内的购买力高低，而通货膨胀正是纸币发行量超过商品流通所需货币量所引致的货币贬值、物价上涨现象。一国出现通货膨胀意味着该国货币代表的价值量下降。因此，国内外通货膨胀率差异就是决定汇率长期趋势的主导因素。当一国出现通货膨胀时，其商品成本加大，出口商品以外币表示的价格必然上涨，该商品在国际市场上的竞争力就会削弱，引起出口减少，同时提高外国商品在本国市场上的竞争力，造成进口增加，从而改变经常账户收支。此外，通货膨胀率差异还会通过影响人们对汇率的预期，作用于资本与金融账户收支。当一国通货膨胀率较高时，人们就会预期该国货币的汇率将趋于疲软，由此将手中的该国货币转化为其他货币，造成该国货币的汇率下跌。一般而言，相对通货膨胀率持续较高国家，其货币在外汇市场上将会趋于贬值；反之，相对通货膨胀率较低的国家其货币汇率则会趋于升值。

(三)相对利率水平

利率作为货币资产的一种“特殊价格”，是借贷资本的成本或收益，它与各种金融资产的价格、成本和利润紧密相关。一国利率水平高低反映借贷资本的供求状况。利率水平变化对汇率的影响主要是通过资本，尤其是短期资本在国际间的流动起作用的。当一国的利率水平高于其他国家时，表示使用本国货币资金的成本上升，由此外汇市场上本国货币的供应相对减少；另一方面也表示放弃使用资金的收益上升，国际短期资本由此趋利而入，外汇市场上外汇供应相对增加。本、外币资金供求的变化导致本国货币汇率的上升。反之，当一国利率水平低于其他国家时，外汇市场上本、外币资金供求的变化则会降低本国货币的汇率。

值得注意的有两点：第一，这里所说的利率对汇率的影响是指相对利率水平。如果本国利率上升，但上升的幅度不如外国利率上升的幅度，或不如本国通货膨胀率的上升，则不会导致本国货币汇率的上升。第二，与国际收支、通货膨胀、总需求等因素不同，利率变动对汇率的影响更多的是对短期的汇率影响，利率对长期汇率的影响是十分有限的，因为利率在很大程度上属于政策工具范畴。

(四)财政、货币政策

一国政府的财政、货币政策对汇率变化的影响虽然是较为间接的，但也是非常重要的。一般来说，扩张性的财政、货币政策造成的巨额财政收支逆差和通货膨胀，会使本国货币对外贬值；紧缩性的财政、货币政策会减少财政支出，稳定通货，而使本国货币对外升值。但与国际收支等其他因素一样，财政、货币政策对汇率的影响也不是绝对的。它们在相对短的时期内可能能起到立竿见影的政策作用，但对汇率的长期影响则要看这些政策对经济实力和长期国际收支状况的影响。因为扩张的政策可能最终增强了本国经济实力，促使国际收支顺差，本币对外价值的长期走势必然得到提高，即本币升值；同时紧缩政策可能导致本国经济停滞不前，国际收支逆差扩大，从而本币对外价值必将逐渐削弱，即本币贬值。

(五)市场预期

市场预期有时能对汇率产生重大的影响。在国际金融市场上，短期性资金达到了十分庞大的数字。这些巨额资金对世界各国的政治、经济、军事等因素都具有高度的敏感性，受着预期因素的支配，一旦出现风吹草动，就到处流动，或为保值，或为获取高额投机利润。这就常常给外汇市场带来巨大冲击，成为各国货币汇率频繁起伏的重要根源。就经济方面而言，市场预期包括对国际收支状况、相对物价水平、相对利率水平或相对资产收益率以及对汇率本身等的预期，它常常以市场信号的变化、甚至是蛛丝马迹的变化为表现。只要市场上预期某国货币不久会下跌，那么市场上立即就可能出现抛售该国货币的活动，造成该国货币的市场价格立即下降。

(六)政府的市场干预

尽管第二次世界大战后西方各国政府纷纷放松了对本国的外汇管制，但政府的市场干预仍是影响市场供求关系和汇率水平的重要因素。各国中央银行为维护经济稳定、避免汇率变动对国内经济造成不利影响，往往对外汇市场进行干预，其主要通过在外汇市场买卖外汇，改变外汇的供求，从而改变汇率走势来达到其政策目的。例如当一国货币汇率处于较高水平而影响该国国际收支改善和经济发展时，该国中央银行就会向外汇市场抛出本币而收购外汇，从而使本币汇率下跌，以达到扩大出口和推动国内经济发展的目的。相反，当一国货币汇率水平过低而影响该国货币的国际信誉时，中央银行则向市场抛出外汇而收购本币，从而使本币汇率上升。政府干预汇率往往是在特殊情况下(如市场汇率剧烈波动、本币大幅度升值或贬值等)，或者为了特定的目标(如促进出口、改善贸易状况等)而进行的，因而它对汇率变化的作用一般是短期的，无法从根本上改变汇率的长期走势。

(七)经济增长率

经济增长率对汇率的影响是多方面的。当一国实际经济增长率提高时，一方面反映该国经济实力增强，其货币在外汇市场上易被依赖，货币地位提高，使该国货币汇率有上升趋势；另一方面，经济高速增长，其国民收入提高，可能加大该国对进口原料、设备等生产资料及消费品的需求，在该国出口不变的条件下，将使该国进口大量增加，导致国际收支项目逆差，造成该国货币汇率下降。但如果该国经济以出口导向为主，经济高增长则意味着出口的增加，从而使经常项目产生顺差，导致该国货币汇率上升。同时，一国经济增长势头好，一国的利润率也往往较高，由此吸引外国资金流入本国，进行直接投资，从而改善资本账户收支。一般来讲，高经济增长率在短期内不利于本国货币在外汇市场上的行市，但从长期看，却有力支持着本币的强劲势头。

综上所述，影响汇率变动的因素有很多，它们之间相互联系，相互制约，甚至相互抵消，关系相当复杂。因此，我们在分析汇率变动时，不能只从某一角度和某一因素进行，而要从不同角度全面综合剖析。同时，在众多因素中，由于国家不同，时间不同，各影响因素所占的重要程度不同，因此考虑分析汇率变动还要与一定的社会经济条件和特定的时间相联系，以保证分析的客观性和全面性。

四、汇率变动对经济的主要影响

作为一国宏观经济中的一个重要变量，汇率与多种经济因素有着密切的关系。这种关系即表现为汇率的变动受到诸多经济因素的影响，也相反地表现为汇率的变化对其他经济因素产生不同程度、不同形式的作用或影响，甚至影响整个经济的运行。汇率的变化表现为货币的升值与贬值。作为两种货币之比价，汇率的上升或下降必然是一种货币的升值，同时也是另一种货币的贬值。由于贬值与升值的方向相反，作用也正好相反，下面我们以贬值为例，分析汇率变动对经济的影响。

(一)汇率变动对进出口贸易收支的影响

汇率变化一个最为直接也是最为重要的影响就是对贸易的影响。一国货币汇率变动，会使该国进出口商品价格相应涨落，抑制或刺激国内外居民对进出口商品的需求，从而影响进出口规模和贸易收支。当一国货币汇率下降、外汇汇率上升时，其出口商品在国际市场上以外币表示的价格降低，从而刺激国外对该国商品的需求，有利于扩大出口。与此同时，一国货币汇率下跌，以本币表示的进口商品价格上涨，从而会抑制本国居民对进口商品的需求，减少进口。如果一国货币汇率上涨，其结果则与上述情况相反。但是，本币贬值起到扩大出口、限制进口的作用不是在任何条件下都能实现的。一国货币贬值最终能否改善其贸易收支状况，要看其进出口弹性是否符合“马歇尔—勒纳条件”。此外，即使满足了这一条件，贬值对贸易差额的影响往往还有一个先恶化、后改善的过程，即“J—曲线效应”。

汇率变动对非贸易收支的影响如同其对贸易收支的影响。当一国货币汇率下跌，外国货币兑换的本国货币数量增多，外币的购买力相对提高，本国的商品和劳务相对低廉，增加了对外国游客的吸引力。与此同时，由于本国货币兑换外币数量减少，意味着本币购买力相对降低，国外商品和劳务价格也变得昂贵了。这有利于该国旅游与其他劳务收支状况的改善。如果本国货币汇率上升，则其作用与此相反。

(二)汇率变动对物价水平的影响

货币贬值的一个直接后果就是对物价的影响水平。汇率变化对物价水平的影响可以体现在两方面：一是对贸易品价格的影响；二是对非贸易品价格的影响。前者即指进出口商品，后者包括那些由于成本等原因不能进入国际市场的商品。以贸易品为例，当本国货币汇率下降时，以本国货币表示的进口商品价格提高，进而带动国内同类商品价格的上升。如果进口商品作为生产资料投入生产，引起生产成本提高，还会促使其他商品价格的普遍上涨。此外，在国内商品供应既定的条件下，由于本国货币汇率下降将降低出口产品的国外价格，由此刺激商品的出口，必然加剧国内商品市场的供求矛盾，从而致使物价上涨。但是，需要注意的是，传统的理论是以商品需求弹性较高为分析前提的。实际上，贬值不一定能真正产生如此理想的效果。因为，贬值还可能通过货币工资机制、生产成本机制、货币供应机制和收入机制导致国内工资和物价水平循环上升，到最后则可能抵消它所能带来的全部好处。

(三)汇率变动对资本流动的影响

资本从一国流向他国，主要是追求利润和避免受损，资本流动不仅是影响汇率变化的重要因素，同时也受汇率变动的直接影响。汇率变化对资本流动的影响表现为两个方面：一是本币对外贬值后，单位外币能折合更多的本币，这样就会促使外国资本流入增加，国内资本流出减少；二是如果出现本币对外价值将贬未贬、外汇汇价将升未升的情况，则会通过影响人们对汇率的预期，进而引起本国资本外逃。当一国外汇市场上出现本国货币贬值的预期时，会造成大量抛售本币、抢购外汇的现象，资本加速外流(或外逃)。当然，货币贬值对资本流动的影响程度还取决于货币贬值如何影响人们对该国货币今后变动趋势的预期。如果货币贬值后人们认为贬值的幅度还不够，汇率的进一步贬值将不可避免，即贬值引起汇率进一步贬值的预期，那么人们就会将资金从该国转移到其他国家，以避免再遭损失。但如果人们认为贬值已使本国汇率处于均衡水平，那些原先因本币定值过高而抽逃的资金就会抽回到国内。如果人们认为贬值已经过头，使本币价格已低于正常的均衡水平，其后必然出现向上反弹，就会将资金从其他国家调拨到本国，以牟取收益。

(四)汇率变化对外汇储备的影响

外汇储备是一国国际储备的主要内容，由本国对外贸易及结算中的主要货币组成。汇率变动对外汇储备的影响主要体现在三个方面。

1. 货币贬值对一国外汇储备规模的影响

本国货币汇率变动，通过资本流出入和对外贸易收支影响本国外汇储备的增减。本币贬值，引起国内短期资本外流，从而导致本国国际储备的减少；但贬值同时有利于出口、抑制进口，可使经常项目收入增加，增加本国外汇储备。

2. 储备货币的汇率变动会影响一国外汇储备的实际价值

储备实际上也是一种价值符号，其所代表的实际价值会随该种货币汇率的下降或贬值而减少，从而使持有该种储备货币的国家遭受损失，而该种储备货币发行国则因该种货币贬值而减少了债务负担。

3. 汇率的频繁波动将影响储备货币的地位

20 世纪 70 年代以后，各国外汇储备逐渐走向多元化，尽管储备货币的选择受多种因素的影响，但储备货币汇率的稳定性是各国选择时首先要考虑的，因为汇率的频繁波动，可能使储备资产遭受损失。

由于储备货币的多元化，汇率变化对外汇储备的影响也多样化了。有时外汇市场汇率波动较大，但因储备货币中升贬值货币的力量均等，外汇储备就不会受到影响；有时虽然多种货币汇率下跌，但占比重较大的储备货币汇率上升，外汇储备总价值也能保持稳定或略有上升。

(五)汇率变动对一国国内就业、国民收入及资源配置的影响

当一国本币汇率下降，外汇汇率上升，有利于促进该国出口增加而抑制进口，这就可使其出口工业和进口替代工业得以大力发展，在现代社会大生产条件下，就会带动国内其他行业的发展，从而使整个国民经济发展速度加快，国内就业机会因此增加，国民收入也随之增加。如果一国经济已处于充分就业，贬值只会带来物价的上升，而不会有产量的扩大，除非贬值能通过纠正原先的资源配置扭曲来提高生产效率。

当一国货币汇率下浮后，出口商品本币价格由于出口数量的扩大而上升，进口替代品价格由进口商品本币价格上升带动而上升，从而整个贸易品部门的价格相对于非贸易品部门的价格就会上升，由此会诱发生产资源从非贸易品部门转移到贸易品部门，这样，一国的产业结构就导向贸易部门，整个经济体系中贸易部门所占的比重就会扩大，从而提高本国的对外开放程度，即更多的产品同外国产品竞争。反之，如果一国货币汇率上升，该国出口受阻；进口因汇率刺激而大量增加，造成该国出口工业和进口替代业萎缩，则资源就会从出口工业和进口替代业部门转移到其他部门。

(六)汇率变动对国际经济关系的影响

由于主要工业国的货币起储备和计价支付手段的作用，因此，在当今浮动汇率制度下，外汇市场上各主要货币频繁的、不规则的波动，不仅会对其发行国对外贸易、国内经济等造成了深刻影响，而且也影响着各国之间的经济关系。如果一国实行以促进出口、改善贸易逆差为主要目的的货币贬值，会使对方国家货币相对升值，出口竞争力下降，尤其是以外汇倾销为目的的本币贬值必然引起对方国家和其他利益相关国家的反抗甚至报复，这些国家会采取针锋相对的措施，直接地或隐蔽地抵制贬值国商品的侵入，“汇率战”“贸易战”由此而生。“汇率战”“贸易战”所造成的不同利益国家之间的分歧和矛盾则会层出不穷，这将加深国际经济关系的复杂化，引发国际金融领域的动荡，甚至影响世界经济的景气。

阅读专栏

走出人民币汇率惯性思维

对人民币汇率的信心反映出市场对宏观经济稳中向好的预期，但要警惕陷入人民币汇率

单边走势的惯性思维。作为一个崛起中的发展中大国，中国的汇率制度也需要与时俱进。当前，我国面临的跨境资本流动越来越多，需要一个更为灵活、更有弹性的汇率安排。今后我国对人民币汇率双向波动的容忍度将增强，人民币汇率将会越来越充分地反映市场供求并将与国际市场接轨。

2018 年以来，人民币对美元汇率涨势强劲。2 月 7 日，人民币对美元中间价调升 190 个基点，创下两年多以来新高，从年初至今已累计升值超过 2000 个基点。在人民币汇率走高之时，市场乐观情绪格外高涨。不少分析人士认为，人民币汇率年内将继续大涨，他们对人民币汇率的预期更是在数日内“创下新高”，上个月还预测人民币对美元可涨至 6.2，这个月已经调升至 6.1。

对人民币汇率的信心反映出市场对宏观经济稳中向好的预期，但要警惕陷入人民币汇率单边走势的惯性思维：汇率一上涨，不少人认为汇率接下来就会只涨不跌；汇率一下跌，人们又容易陷入“跌跌不休”的预期之中。2016 年，人民币汇率走低，恐慌情绪一度充斥市场，不少人预测 2017 年人民币汇率会跌至 7 或更低，甚至有人预计年底会跌至 7.4 左右，谁料此后人民币汇率走出了“反转行情”，2017 年最后一个交易日，12 月 29 日，人民币对美元中间价已经升至 6.5。

人民币汇率在 2014 年以前长期单边升值，使人们习惯了汇率的单边走势。但这种情况早已发生了变化，作为一个崛起中的发展中大国，中国的汇率制度也需要与时俱进。“8 • 11”汇改优化人民币中间价报价机制以来，人民币汇率形成机制改革已迈出市场化关键一步，人民币汇率弹性在逐步增强，尤其在 2017 年，汇率有涨有跌的双向波动特征尤为明显。中国人民银行副行长易纲曾评价说，中国 2017 年以来汇率真正实现了双向浮动。

继续深化人民币汇率形成机制改革，已是大势所趋。2017 年 7 月份召开的全国金融工作会议提出，深化人民币汇率形成机制改革，稳步推进人民币国际化，稳步实现资本项目可兑换。人民币汇率从有管理的浮动过渡至清洁浮动、对外汇市场的干预减少直至基本退出，是汇改的既定方向。这意味着我国对人民币汇率双向波动的容忍度将增强，人民币汇率将越来越充分地反映市场供求并将与国际市场接轨。

认清上述趋势，人们就会对人民币汇率有更加理性的判断。我国经济稳中向好，内生增长动力增强，这些因素将继续支持人民币在全球货币体系中保持稳定地位，也会支撑人民币汇率继续走强。但是，外汇市场波谲云诡，从来不乏“黑天鹅”。2018 年，在世界经济复苏和主要经济体货币政策正常化仍有不确定性的形势下，人民币汇率更大的可能性是呈现双向波动而非单边上涨。

无论是政府还是市场，无论是企业还是个人，都应逐步适应人民币汇率的双向波动，不能以市场一时的判断来指导实际操作。可喜的是，近年来人民币汇率双向波动以后，不少企业已逐步在改变对人民币汇率的固定思维，赌单边升值或单边贬值的企业有所减少，此前非理性或恐慌性的行为明显减少。但目前，仍有遭遇汇兑损失的企业急于弥补损失，跟风买涨，用主观的市场判断替代风险管理。外汇局新闻发言人多次提醒，企业对于汇率风险的管理必须树立“风险中性”意识，改变对人民币汇率的固定思维。如果对正常的汇率波动不适应，进而产生非理性的恐慌行为，不仅有损企业自身经营，反过来还会束缚相关改革。

改革路径已经清晰，克服汇率“浮动恐惧”的确还需要进一步深化我国外汇市场改革，包括丰富市场产品、扩大参与主体、拓展交易范围、完善交易基础设施建设等，以便为市场主体提供更多工具，更好地控制风险。

(资料来源：符仲明，中国经济网—《经济日报》，2018 年 2 月 8 日)

五、外汇交易

(一)外汇交易的含义

所谓外汇交易是指不同的货币之间按照一定的汇率所进行的交换。它是商品经济和国际贸易发展的必然结果，也是现代国际经济得以顺利进行的必要条件。

在各国实行浮动汇率制时期，外汇交易具有满足贸易和投资者避免汇率波动风险的作用。同时，由于对未来某一时期汇率变动趋势及幅度的预测不同，许多外汇交易又具有投机性质。

(二)外汇交易的类型

外汇交易的类型有许多种，其交易技术也纷繁复杂。最常见的有即期交易、远期交易、换汇交易、套汇交易、套利交易和外汇期货、期权等交易方式。

1. 即期外汇交易

1) 即期外汇交易与即期外汇市场

即期外汇交易(Spot Exchange Transaction)，又称现汇交易，是指买卖双方约定于成交后的两个营业日内交割的外汇交易。其期交易是外汇市场上最常见、最普遍的交易形式，其基本作用在于：满足临时性的付款需求、实现货币购买力的转移、调整货币头寸、进行外汇投机等。即期交易的汇率构成整个外汇市场汇率的基础。一般而言，在国际外汇市场上进行外汇交易时，除非特殊指定日期，一般都视为即期交易。

进行即期外汇交易的市场即为即期外汇市场。即期外汇市场实际上又可以根据交易中所使用的金融工具或金融资产不同分为外汇零售市场和外汇批发市场。外汇零售市场(Retail Market)又称外币现钞市场(Cash Market)，是外汇银行与顾客之间的外汇交易市场，在这个市场上交易的主要是外币现钞和外币旅行支票。外汇批发市场(Wholesale Market)，是银行与银行之间的外汇交易市场，它是在外汇零售市场上形成的，在这个市场上交易的主要是银行所持有的多余的外汇现钞。在国际外汇交易中所指的即期外汇市场一般是指后者，即银行间的外汇批发市场。

2) 即期交易的交割日

交割日又称结算日，也称有效起息日(Value Date)，是指买卖双方将资金交与对方的日期。即期外汇交易的交割日(Spot Date)，包括三种情况。

(1) 标准交割日(Value Spotor VALSP)。指在成交后第二个营业日交割。目前大部分即期外汇交易都采用这种方式。

(2) 隔日交割(Value Tomorrowor VALTOM)。指在成交后第一个营业日交割。某些国家，如加拿大由于时差的原因采用这种方式。

(3) 当日交割(Value Todayor VALTOD)。指在成交当日进行交割。如以前在香港外汇市场用美元兑换钢笔的交易(T/T)可在成交当日进行交割。

在外汇市场上，由于涉及两种不同的货币，交割日必须是两种货币共同的营业日，因为只有这样才能将货币交付对方。即期交割日的规则为：①此交割日必须是两种货币共同的营业日，至少应该是付款地市场的营业日。交易必须遵循“价值抵偿原则”，即一项外汇交易合同的双方必须在同一时间进行交割，以免任何一方因交割不同时而蒙受损失。②第一、二若不是营业日，则即期交割日必须向后顺延。

3) 即期交易的汇价

即期汇率是外汇市场最基本的汇率，它决定着市场上其他交易的汇率。即期外汇市场上汇价通常采用双向报价方式，即报价者(Quoting Party)同时报出买入价格(Bid Rate)和卖出价格(Offer Rate)。同时，全球各外汇市场一般采用美元标价法，在路透社、美联社等主要系统报出的即期行情中，除了英镑等少数货币对美元汇率是完整报出基准货币、报价货币名称之外，其他汇率均只报出报价货币名称。

2. 远期外汇交易

1) 远期外汇交易的概念

远期交易(Forward Transaction)，又称期汇交易，是指外汇买卖成交后并不立即办理交割，而是根据合同的规定，在约定的日期按约定的汇率办理交割的外汇交易。最常见的远期外汇交易交割期限一般有 1 个月、2 个月、3 个月、6 个月，长的可达 12 个月，如果期限再长，则称为超远期交易。远期外汇交易的基本动机主要是：①避险保值。在国际商品交易中，进出口商为清偿或了结与客户之间的债权债务关系，预计在未来的某一个特定日期中，将需支付或收入一定金额的外汇。为了避免这一过程中因汇率波动而带来的损失或不确定性，进出口商需要进行远期外汇交易，以实现避险保值。在预计本国货币贬值时，对于未来支付外国货币的进口商而言，因为本币的贬值使其必须用较多的本国货币才能换得固定数量的外国货币以便支付，这样就会增加进口商的进口成本。然而，预先购买外币的远期外汇则可以使进口商在现在即决定未来所欲购买外国货币的汇率。不论未来汇率如何波动，进口商均可根据远期外汇交易所订定的汇率、金额进行交割。②投机获利。在外汇市场上，投机者根据自己的专业知识和各方面的信息判断，若预计某种货币的汇率将要下降，则预先卖出该种货币，称作抛出或做空头，待将来价格下降，再行买入以抵补空头。反之，如果预计某种货币汇率将上升，则预先买进该种货币，称作购进或做多头，待将来价格上升再行卖出。如此贱买贵卖，投机者从中便可能赢得利润。

2) 远期交易的交割日

期汇交易与即期交易的主要区别在于交割日的不同。凡交割日在两个营业日以后的外汇交易均属期汇交易。确定期汇交易的交割日或有效起息日(Value Date)，一般惯例有：①任何外汇交易都以即期交易为基础，所以远期交割日是以机器交割日加上月数或星期数。若远期合约是以天数计算的，其天数以即期交割日后的日历日的天数为基准，而非营业日。例如，星期三做的远期合约，合约天数为 3 天，则即期交割日为星期五，远期交割日是星期一(即从星期五算起，到星期一正好 3 天)。②远期交割日若不是营业日，则顺延至下一个营业日。若顺延之后，跨月到了下一个月份，则必须提前至当月的作后一个营业日为交割日。③远期交割日的“双底”惯例，即假定即期交割日为当月的最后一个营业日，则所有的远期交割日是相应各月的最后一个营业日。

3) 远期交易的汇价

远期交易的出现，使具有未来已知数额的外币收付的公司得到了一种绝佳的避险渠道，他们可以通过与银行承做远期外汇交易，锁定汇率、规避风险。当然，在规避风险的同时也可使公司丧失获得市场汇率有利变动可能带来的收益的可能性。实际上，远期外汇交易的这种作用也体现了远期汇率与即期汇率的不同。由于远期外汇交易与即期外汇交易的交割日不同，远期汇率必须反映两种货币在一定期间的利率差。或者说，通常远期外汇价格有三个因素：①两种货币的即期汇率；②买入卖出货币间的利率差；③远期期限的长短。

下面以实例说明远期交易汇价的决定。

美国 A 公司从瑞士进口一批价值 1000 万瑞士法郎的商品。货款用瑞士法郎在三个月后支付。该进口商计划用其销售的美元收入来完成该支付。如果在三个月当中，美元走弱，A 公司则将发现其需要支付的美元比其从销售中所得的美元还要多。A 公司通常可以采用以下两种方法来锁定进口成本。

第一种方法：通过承做远期外汇交易实现成本锁定。向银行询问买三个月后用于支付的瑞士法郎的远期汇率并承做远期外汇交易，在交割日，它可将销售所得的美元付给银行，银行则以约定的汇率向其提供瑞士法郎。在这里，A 公司虽然可以通过远期外汇交易锁定进口成本，但是也存在着一定的难度和风险，一是对市场汇率需要有准确的预测，二是约定汇率的远期外汇交易成本是可承受的。

第二种方法：通过货币市场操作实现成本锁定。以固定利率借入三个月期的美元，在用借到的美元在即期市场上买入瑞士法郎，并将瑞士法郎进行三个月的存款；三个月后美元借款到期时，其本息则用在美国销售商品所得支付。

此进口商将如何利用货币市场和即期外汇市场进行如下远期外汇风险规避呢？我们假定一些数据来计算一下(p.a.为每年)：

即期汇率(中间价)USD/CHF 为 1.800

3 个月美元利率为 8%p.a.

3 个月瑞士法郎利率为 6%p.a.

美元和瑞士法郎的利率差异是 2%p.a.，对三个月而言就是 1/2%。对 A 公司来说就是其以高利率借入美元和以低利率存入瑞士法郎的成本。

所以，买入 1.8 瑞士法郎的实际成本则将从 1 美元上升至：

USD1+1/2%×USD1=USD1.005

因为以美元作为被报价币，所以美元兑瑞士法郎的实际汇率将是：

USD1.005：CHF1.800

USD1：CHF1.800/1.005

USD1：CHF1.7910

上述运算说明，A 公司三个月后实际上是付出 1 美元换得 1.7910 瑞士法郎，而非即期可以换得的 1.800 瑞士法郎，其中 0.009 瑞士法郎即为即远期汇率的差额，即远期汇水。

从上述运算理念，可以得出远期外汇汇水及汇率的计算公式：

远期汇水=即期汇率×(报价币利率－被报价币利率)×天数/360

远期汇率=即期汇率+即期汇率×(报价币利率－被报价币利率)×天数/360

远期汇水即即期汇率与远期汇率之间的差额。如上例，按公式可求得远期汇水为

$$(6\%-8\%)\times 1.800\times 90/360=-0.009$$

如果两种货币的利率均按每年365天计算，则分母将为365而非360。

在上述公式中，若：

(1) 报价币利率大于被报价币利率，其利率差为正数，此时远期汇率减即期汇率大于零，称为升水。

(2) 报价币利率小于被报价币利率，其利率差为负数，此时远期汇率减即期汇率小于零，称为贴水。

但是，上述公式只是对远期外汇的一种粗略计算，并没有将交易期间被报价币所得利息部分的风险考虑，因此需要进一步分析。

由此，该进口商为规避此汇率风险，可采取的步骤如下所述。

(1) 进口商先行在货币市场上以年利率 8%借入三个月期美元，并在即期外汇市场上将美元兑换成瑞士法郎，同时将因借入美元所获之瑞士法郎进行为期三个月、年利率 6%的存款。待三个月后一方面以瑞士法郎存款所得支付货款，另一方面以货物销售所得美元还贷。

(2) 由于三个月后该进口商需要支付 1000 万瑞士法郎的货款，我们可以先计算出在三个月后正好获得1000万瑞士法郎而在现在需要存入的瑞士法郎数额。

用一般利息计算公式可知，三个月后所需获得的 1000 万瑞士法郎即由以下数据的瑞士法郎存入三个月、按年利6%计息所获得的本利和。

CHF10000000/［1+(6.00/100)×(90/360)］=CHF9852216.75

亦即，A公司只需在即期市场上买入9852216.75瑞士法郎就可以了。

(3) 在即期汇率为USD/CHF为1.800时，为换得上述数额的瑞士法郎的美元数额为：

USD9852216.75/1.800=USD5473453.75

(4) 这些美元将以8%的利率借入，三个月后要偿还的借款本息为

5473453.75+[5473453.75×(8.00/100)×(90/360)]=USD5582922.83

(5) 因为三个月后要支付的5582922.83美元会在三个月后产生1000万瑞士法郎，所以实际的远期汇率为：

CHF10000000/5582922.83=1.7912

由此，得出远期汇水为：

$$1.7912-1.8000=-0.0088$$

从上述运算理念，可以得出远期汇率的一般(精确)公式：

$$远期汇率=即期汇率\times\frac{1+(天数/360\times 报价币利率)}{1+(天数/360\times 被报价币利率)}$$

在公式中，如果报价币或被报价币是以每年 365 天标价的，则应将分子或分母中的 360换成365。

货币市场的利率是双向利率，外汇市场的远期汇率也是双向报价。例如上例：

① USD/CHF的即期汇率为1.8000/10；

② 三个月美元双向利率为8.125%–8.25%(第一个数为借入利率，第二个数为贷出利率)；

③ 三个月瑞士法郎双向利率为6.125%–6.25%。

则该美国进口商借入美元的利率为8.25%，而存入瑞士法郎的利率为6.125%，美元与瑞士法郎的利差为2.125%。其远期汇率的计算公式如下：

远期外汇买入汇率=即期买入汇率+即期买入汇率×(报价货币借入利率－被报价货币贷出利率)×天数/360

远期外汇卖出汇率=即期卖出汇率+即期卖出汇率×(报价货币贷出利率－被报价货币借入利率)×天数/360

由以上计算公式可以计算出上例中三个月的银行远期汇率。

买入汇率=1.8000+1.8000×(6.125%−8.25%)×90/360

=1.8000−0.00956

=1.7904

卖出汇率=1.8010+1.8010×(6.25%−8.125%)×90/360

=1.8010−0.00844

=1.7926

银行报出的三个月远期汇率为1.7904/1.7926，或者在报送即期汇率的同时只报出三个月美元的贴水总数：96/74。

4) 远期交易的分类

根据交割日的不同，期汇交易可分为固定交割日的期汇交易和选择交割日的期汇交易。①固定交割日的期汇交易。固定交割日的期汇交易(Fixed Forward Transaction)是指交易的交割日期是确定的，交易双方必须在约定的交割日期办理外汇的实际交割，此交割日既不能提前也不能推后。在国际贸易交往中，进出口商为了防范从贸易合同签署日到货款实际收付日的外汇风险，通常都会进行外汇的套期保值活动，即为远期收付一笔货币，就在期汇市场上卖或买一笔期汇，以求安全。这种套期保值一般都是固定交割日的期汇买卖。②选择交割日的期汇交易。选择交割日的期汇交易(Optional Forward Transaction)，又称择期交易，是指交易没有固定的交割日，交易一方可在约定期限内的任何一个营业日要求交易对方按约定的远期汇率进行交割的期汇交易。这类交易在交割日期上具有较大的灵活性，通常适应于难以确定收付款日期的对外贸易。在择期交易中，询价方有权选择交割日，而且询价方也可以根据对市场的预测，选择对自身最有利的择期日期，如六个月的择期，就意味着该客户在该笔期汇交易中可能选择的最早交割日是第六个月的第一天，最迟是第六个月的最后一天。由于报价银行必须承担汇率波动风险和资金调度的成本，因此报价银行必须报出对自己有利的价格。即报价银行在买入被报价货币时报出较低的汇率；在卖出被报价货币时，报出较高的汇率。基本上，报价银行对于任选交割日的远期汇率的报价遵循以下两条原则：第一，报价银行买入被报价货币，若被报价货币升水，按选择期内第一天的汇率报价；若被报价货币贴水，则按选择期内最后一天的汇率报价。第二，报价银行卖出被报价货币，若被报价货币升水，按选择期内最后一天的汇率报价；若被报价货币贴水，则按选择期内第一天的汇率报价。

以范例加以说明。

在苏黎世市场上

某日USD/CHF

即期汇率 1.5920/30

1个月远期差价 42/50

3个月远期差价 138/164

客户根据业务需要：

(1) 买入美元，择期从即期到1个月。

(2) 卖出美元，择期从1个月到3个月；

分析过程：①从已知即期汇率和远期差价可知，1个月美元远期亦为升水。客户买入美元，就是报价银行卖出美元。对报价银行而言，若所加的远期差价愈大，则卖出被报价货币的价格就越高，对报价银行则越有利。因此由定价原则可确定此择期远期汇率为：USD1=CHF1.5980×(1.5930+0.0050)。②从已知即期汇率和远期差价可知，美元为被报价货币且2个月远期升水。客户卖出美元，也就是报价银行买入美元。对报价银行而言，若所加的远期差价越小，则买入被报价货币的价格就越低，对报价银行越有利。因此按照报价银行定价原则，可确定此择期远期汇率为：USD1=CHF1.5962×(1.5920+0.0042)。

3. 套汇交易

套汇交易(Arbitrage)是套汇者利用同一货币在不同外汇中心或不同交割期上出现的汇率差异，为赚取利润而进行的外汇交易。利用同一货币在不同市场的汇率差异进行的套汇叫地点套汇。利用同一种货币在不同交割期上的汇率差异进行的套汇，叫时间套汇。前面所讨论的利用远期外汇市场与即期外汇市场的差价进行的“买空”和“卖空”都属于时间套汇的范畴。我们现在只讨论地点套汇。地点套汇可分为直接套汇和间接套汇两种方式。

1) 直接套汇(Direct Arbitrage)

直接套汇是指利用两个外汇市场之间的汇率差异，在某一外汇市场低价买进某种货币，而在另一市场以高价出售的外汇交易方式。

例如，纽约市场和苏黎世市场在某一时间内的汇率分别如下。

纽约市场：USD1=CHF1.8010/25

苏黎世市场：USD1=CHF1.8030/45

从上述汇率可以看出，纽约的美元比苏黎世便宜，套汇者选择在纽约买入美元，同时在苏黎世卖出美元。具体操作如下：在纽约市场套汇者买进1美元，支付1.8025瑞士法郎；同时在苏黎世市场卖出1美元，收进1.8030瑞士法郎。做1美元的套汇业务可以赚取0.0005瑞士法郎。

套汇可促使不同市场汇率差异缩小。在上例中，套汇过程一方面会扩大纽约市场美元(汇率较低)的要求，使其汇率上涨；另一方面会增加苏黎世市场美元(汇率较高)的供应，使其汇率下跌。加上先进的通信与支付系统，各市场存在的价格偏差很快会被纠正，这说明当今国际外汇市场上地点套汇的机会很小。尽管如此，由于不同市场的汇率调整存在时滞，精明的套汇者仍可抓住短暂的机会获利。

2) 间接套汇(Indirect Arbitrage)

间接套汇是指利用三个或三个以上外汇市场之间出现的汇率差异，同时在这些市场贱买贵卖有关货币，从中赚取汇差的一种外汇交易方式。

例如：在某日的同一时间，纽约、苏黎世、伦敦三地外汇市场的现汇行情如下。

纽约　USD1=CHF1.6150/60

苏黎世　GBP1=CHF2.4050/60

伦敦　GBP1=USD1.5310/20

第一步：判断三个市场是否存在套汇的机会，原理是：在其中某一个市场投入一个单位货币，经过中介市场，收入的货币不等于 1 个单位，说明三个市场汇率存在差异。判断方法为了方便起见，先求出三个市场的中介价格。

纽约 USD1=CHF1.6155

苏黎世 GBP1=CHF2.4055

伦敦 GBP1=USD1.5315

将上述三个标价改成同一标价法且基准货币的单位为 1，然后相乘。

1.6155×1/2.4055×1.5315=1.0285≠1 这说明，以 1 美元套汇后，可获得 1.0285 美元，故有套汇机会。

综上所述，判断多个市场有没有套汇机会可按三个步骤进行。

(1) 求出各市场的中间汇率。

(2) 将汇率的不同标价方法变成同一标价法，且基准货币的单位为 1。

(3) 将各汇率相乘，只要乘积不等于 1，就有套汇机会。

寻找套汇的路线。如果套汇者要套取美元可选择在纽约投入，以苏黎世作为中介市场。如果套汇者在纽约投入美元，因为：1.6155×1/2.4055×1.5315=1.0285>1，则表明套汇的路线为：纽约→苏黎世→伦敦。

注意：如果判别式小于 1，则说明市场路线是相反的。假设套汇者动用 100 万美元套汇。在纽约按 USD1=CHF1.6160 换成 161.6 万瑞士法郎，在中介市场苏黎世将 161.6 万瑞士法郎按 GBP1=CHF2.4060 换成英镑 67.1654 万，在伦敦按 GBP1=USD1.5320 换成美元。套汇结果 102.8974 万美元，套汇利润 2.8974 万美元。

4. 掉期交易

1) 掉期交易的含义

掉期交易(Swap Transaction)又称外汇换汇交易或调期交易，是指将币种相同，但交易方向相反、交割日不同的两笔或两笔以上的外汇交易结合起来进行的交易。简而言之，就是以 A 货币兑换成 B 货币，并于未来某一特定时间，再以 B 货币换回 A 货币的交易。掉期交易的主要目的是轧平各货币因到期日不同所造成的资金缺口(Cashflow Gap)。在掉期交易中，一种货币在被买入的同时即被卖出，并且所买入的货币与所卖出的货币，在数额上总是相等，因此，掉期交易并不改变交易者的外汇净头寸，而只是由于所买卖的货币在期限上有所不同，交易的结果是导致交易者所持有的货币期限发生变化，从而达到规避汇率风险的目的。但是，掉期交易又与一般套期保值或抵补有所不同：①掉期交易改变的只是交易者手中持有外币的期限，而非其数额，因而外汇净头寸不变，不存在汇率波动风险；②掉期交易强调买入和卖出的同时性；③掉期交易绝大部分是针对同一交易对手进行的。可见，掉期交易的主要功能是保值，适应于有返回性的外汇交易。例如，在国际金融市场借款或投资时，都属于有返回性的外汇交易，通过掉期交易可避免因汇率变动导致借款成本增加或投资收益减少。

掉期交易按交割日期的不同，可划分为三种类型。①即期对远期的掉期交易(Spot Against Forward)。这种掉期交易是最常见的形态。即指买进(或卖出)一种货币的现汇时，卖出(或买进)该种货币的期汇，这种形态可分为：买入即期外汇/卖出远期外汇，卖出即期外汇/买入远期外汇。②即期对即期的掉期交易(Spot Against Spot)。这是一种即期交割日以前的掉期交易。在即期交易中，标准交割日之前有交易日(cash)和第一营业日(Tom)。在外汇交易中，有的交易者要求将交割日提前，例如，客户要求在交易日的当日交割或次日交割。③远期对远期的掉期交易。所谓远期对远期的掉期交易，是指在即期交割日后某一较近日期作买入(或卖出)交割，在另一较远的日期作相反交割的外汇交易。这类交易可以理解为两笔即期对远期的掉期交易。

2) 掉期成本

掉期交易作为资金调度的工具，或作为套期保值的手段，交易者在交易过程中将承受损益，即掉期成本。在抵补套利的实例中，当远期英镑升水时，套利者买入远期英镑(或卖出远期美元)所支出的美元增加(或所收进的英镑减少)。美元支出额的增加(或英镑收进额的减少)就是套利者保值的成本，也就是掉期成本，站在银行的角度，则是利率差的收益。

在套利日，如果掉期成本年利率大于或等于两货币市场的利率差，说明抵补套利者的保值成本太高，无利可图；如果掉期成本小于两货币市场之利率差，说明利差没有完全被掉期成本抵消，尚有套利利润。

第二节 国际收支

一、国际收支的概念

(一)狭义的含义

“二战”前国际收支等同于贸易收支。“一战”后，国际收支被解释为一国在一定时期内的外汇收支，即，凡是在这一时期内涉及外汇收支的国际经济交易(International Economics Transaction)，都属于国际收支的范畴。这也是我们常说的狭义的国际收支概念，它是以外汇收支为基础的一个概念。

(二)广义的含义

据 IMF 的解释，国际收支(Balance of Payments)是指一国(或地区)的居民在一定时期内(一年、一季、一月)与非居民之间的经济交易的系统记录。以交易为基础，而非支付基础。经济交易的类型包括五类：①金融资产与商品和劳务之间的交换；②商品和劳务与商品和劳务之间的交换；③金融资产与金融资产之间的交换；④无偿的、单向的商品和劳务转移；⑤无偿的、单向的金融资产转移。

需要注意以下四个方面。

(1) 居民包括自然人，无论其国籍如何，只要在所在国从事一年或以上的经济活动，被认为是该国的居民；企业，只要在一国注册成立并在该国长期从事经济活动，则被认为是该国的居民；政府机构，无论在国外年限多长，都是原所在国的居民。

(2) 公民与居民并不是同一个概念。公民是一个法律概念；而居民则以居住地为标准，包括个人、政府、非营利团体和企业四类。即使外国人，只要他在本国长时期(一年以上)从事生产、消费行为，也属于本国居民。

(3) 移民属于其工作所在国家的居民；逗留时期在一年以上的留学生、旅游者也属所在国的居民。

(4) 特殊情况：①一个国家的外交使节，驻外军事人员，不论在国外时间长短，都是派出国的居民；②国际性机构是所有国家的非居民；③一个企业的国外子公司是所在国(注册地)的居民，是母公司所在国的非居民。

(三)国际收支的内涵：

(1) 它是一个流量概念，“一定时期”，区别：“国际收支”与“国际借贷”(“一定时点”上一国居民对外资产和负债的汇总，存量概念)

(2) 它反映的是经济交易，它不是以外汇收支为基础，而是以国际经济交易为基础。国际经济交易的五种类型：①商品、劳务——商品、劳务；②金融资产——商品劳务；③金融资产——金融资产；④商品劳务——(无偿地)商品劳务；⑤金融资产——(无偿地)金融资产。

(3) 它记录的是一国居民与非居民之间的交易。

二、国际收支平衡表

国际收支平衡表是一国对其一定时期(一年、一季度、一月)内的国际经济交易，根据交易的特征和经济分析的需要，分类设置科目和账户，并按照复式簿记的原理进行系统记录的报表。

对国际收支平衡表的理解必须注意以下四点。

(1) 国际收支平衡表所表示的是一国在一定时期从国外所得到的资金和对国外所支付的资金，因而，它只能是一个流量而不是一个存量，是一定时期内的发生额而不是某个时点的持有额。

(2) 由于国际收支平衡表所表示的是一国在一定时期内对外资产和负债的流量而非存量，因此，国际收支平衡表不是一个国家的资产负债表。

(3) 国际收支平衡表是采用复式记账法进行记录编制的。所有项目都可以归纳为两类：资金占用类科目(或借方科目)和资金来源类科目(或贷方科目)。凡是属于对外国人支付的项目，都属于借方科目，其增加记借方，前面加“-”号，其减少记贷方，前面加“+”号；凡是属于从外国人那里收入的项目，都属于贷方科目，其增加记贷方，前面加“+”号，其减少记借方，前面加“-”号。从国际收支平衡表的编制方法上讲，由于设置了储备资产变动和错误与遗漏两个项目，一国的国际收支平衡表永远是平衡的，但并不等于说该国的国际收支就是平衡的。

(4) 从理论上讲，一国的对外支出，就是其他相关国家得自该国的收入，反之亦然。因此，从整个世界而言，所有国家国际收支的总和应该是平衡的，但事实并非如此。

(一)经常账户

经常账户是指涉及经济价值以及居民和非居民之间的所有交易(不包括金融项目的交易)以及未得到任何回报而提供或得到的经常性经济价值的抵消项目。因为该账户所包括的交易属一国经常性的经济活动，所以我们把它叫作经常账户，或称往来账户。它在一国的国际收支中占最基本、最重要的地位。具体而言，该账户主要包括货物和服务、收入以及经常转移。

1. 货物和服务

1) 货物

货物包括一般商品，用于加工的货物、货物的修缮、各种运输工具在港口购买的所有货物以及非货币黄金。

(1) 一般商品，包括居民向非居民出口或从非居民那里进口的大多数可转移货物，除个别情况外，可移动货物的所有权(实际的或推算的)都已发生了变更。

(2) 用于加工的货物，包括跨越边境运到国外加工的货物的出口(或者是编表经济体的进口)以及随之而来的再进口(或者是编表经济体的出口)。

(3) 货物修理，包括向非居民提供或从非居民那里得到的船舶和飞机上的货物修理活动。

(4) 各种运输工具在港口采购的货物，包括居民/非居民从岸上(在编表经济体内)采购的所有货物(比如燃料、给养、储备和物资)。

(5) 非货币黄金，包括不作为货币当局储备资产(货币黄金)的所有黄金的进出口。非货币黄金等同于其他商品，如果可能，可细分为作为贮藏手段的黄金和其他用途(工业用途)的黄金。

2) 服务

服务也称无形贸易，包括：①运输，包括一经济体居民向另一经济体居民所提供的，涉及客运、货运、备有机组人员的运输工具的租金(包括费用)和其他辅助性服务(如货物装卸、保管、包装和再包装，为运输工具提供的牵引、领航、导航等)。有些相关的活动没有包括在内，如包括在保险项目下面的货物保险等。货物保险现在包括在保险服务内而不是包括在运输内。②旅游，包括非居民旅游者(包括短期旅游者)因公或因私在另一经济体内逗留期间(不超过一年)所获得的货物和服务(包括与保健和教育联系在一起的货物和服务)。旅游不包括国际客运服务，该项服务归在运输项目下面。学生和病人不论在外时间多长都仍被视为旅游者。其他人员，如军事人员、使馆工作人员和非居民工人都不是旅游者。但是，非居民工人的支出包括在旅游项目下，然而军事人员和使馆工作人员的开支包括在政府服务项目下。③其他各项服务，包括运输和旅游项目下没有包括的国际服务交易，如通信服务、保险服务、金融服务、建筑服务、计算机和信息服务、个人服务、文化和娱乐服务、专有权利使用费和特许费等。

以上各项服务均应发生在居民与非居民之间。

2. 收入

收入是指生产要素(包括劳动力和资本)在国家间流动所引起的报酬的收支，收入分为职工报酬和投资收入两部分。

(1) 职工报酬，指以现金或实物形式支付给非居民工人的工资和薪金等。

(2) 投资收入，指居民与非居民之间有关金融资产与负债的收入和支出，包括有关直接投资、证券投资和其他投资所得的收入和支出。

3. 经常转移

经常转移包括政府的无偿转移和私人的无偿转移。

(1) 政府的无偿转移，如战争赔款，政府间的经援、军援和军赠，政府向国际组织定期交纳的费用以及国际组织作为一项政策向各国政府定期提供的转移。

(2) 私人的无偿转移，如侨汇、捐赠、继承、赡养费、资助性汇款、退休金等。

(二)资本和金融账户

1. 资本账户

资本账户主要包括资本转移和非生产、非金融资产的收买或放弃。

1) 资本转移

资本转移既可以用实物形式，也可以用现金形式。采用实物形式的资本转移包括固定资产所有权发生了变更，但没有得到任何回报，或根据债权人和债务人双方的协定全部或部分减免债务人的财务负债，但不从债务减免中得到任何回报。采用现金形式的资本转移大多表现为投资捐赠的形式，即交易一方向非居民提供购置某项固定资产的全部或部分资金。

2) 非生产、非金融资产的收买或放弃

非生产资产的交易是指货物和服务的生产所需要的，但本身并不是被生产创造出来的有形资产(如土地和地下资产)的交易。非金融资产的交易是指无形资产(如专利、版权、商标、经销权以及租赁或其他可转让合同等)的国际间交易。

2. 金融账户

金融账户是一经济体的国外资产和负债，它包括直接投资、证券投资、其他投资和储备资产。与经常账户不同，金融账户的各个项目不是按借贷方总额来记录，而是按净额记入相应的借方或贷方。

1) 直接投资

直接投资的主要特征是，投资者对另一经济体的企业拥有永久利益。这一永久利益意味着直接投资者和企业之间存在着长期的关系，并且投资者对企业经营管理施加着相当大的影响。直接投资可以采取在国外直接建立分支企业的形式，也可以采取购买国外企业一定比例以上股票的形式。

2) 证券投资

证券投资的主要对象是跨越国界的股本证券和债务证券以及货币市场工具和其他派生金融工具的交易。

3) 其他投资

其他投资是指直接投资、证券投资和储备资产以外的交易。主要包括长中短期贸易信贷、贷款(包括直接放款而产生的各种金融资产、利用基金组织的信贷和贷款、金融租赁、回购协议)、货币(包括流通中的用于支付手段的纸币和硬币)和存款(包括可转让存款和其他各项存款)以及应收应付款。

4) 储备资产

储备资产也称官方储备。它是一经济体货币当局直接用来平衡国际收支，进行市场干预以影响汇率或其他目的的对外资产。它包括货币性黄金、国际货币基金组织所分配而未使用的特别提款权、在基金组织的储备头寸、外汇储备资产以及对非居民拥有的其他债权。

(三)错误和遗漏账户

错误和遗漏账户是一个人为的平衡项目，它并不是《国际收支手册》(第 5 版)中国际收支的标准组成部分，这是因为根据复式记账的原则，国际收支平衡表所有项目的借方总额与贷方总额是相等的，余额应为零。但实际上，由于编制国际收支平衡表的资料来源复杂、资料不够全面、记录时间不同、人为因素造成的资料难以全面统计(如商品走私、逃汇及虚报进出口数据)等各种原因，都会造成结账时出现净的借方余额或贷方余额。因此，基于会计上的需要，就有必要人为地设立这个抵消统计偏差的账户，从而使借贷双方最终达到平衡。2016年中国第四季度及全年国际收支平衡表如表 10-2 所示。

表 10-2　2016 年中国第四季度及全年国际收支平衡表(概览表，以人民币计值)

单位：亿元人民币

项　目	行　次	2016 年四季度	2016 年
1.经常账户	1	808	12 961
贷方	2	44 595	163 214
借方	3	−43 787	−150 253
1.A 货物和服务	4	3 626	16 585
贷方	5	40 932	146 177
借方	6	−37 305	−129 592
1.A.a 货物	7	8 300	32 832
贷方	8	37 111	132 324
借方	9	−28 811	−99 492
1.A.b 服务	10	−4 674	−16 247
贷方	11	3 820	13 853
借方	12	−8 494	−30 100
1.B 初次收入	13	−2 555	−2 987
贷方	14	3 188	14 987
借方	15	−5 743	−17 974
1.C 二次收入	16	−263	−637
贷方	17	475	2 050
借方	18	−738	−2 687
2.资本和金融账户	19	3 175	1 865
2.1 资本账户	20	−1	−23
贷方	21	5	21
借方	22	−5	−44
2.2 金融账户	23	3 176	1 888
资产	24	−3 413	−14 467
负债	25	6 589	16 355
2.2.1 非储备性质的金融账户	26	−7 056	−27 733
2.2.1.1 直接投资	27	2 271	−2 984
资产	28	−2 490	−14 374
负债	29	4 761	11 390
2.2.1.2 证券投资	30	−1 267	−4 132
资产	31	−2 299	−6 900
负债	32	1 032	2 768

续表

项　目	行　次	2016 年四季度	2016 年
2.2.1.3 金融衍生工具	33	−103	−310
资产	34	−99	−456
负债	35	−4	146
2.2.1.4 其他投资	36	−7 957	−20 307
资产	37	−8 756	−22 359
负债	38	800	2 052
2.2.2 储备资产	39	10 232	29 621
3.净误差与遗漏	40	−3 983	−14 826

注：

1. 根据《国际收支和国际投资头寸手册》(第六版)编制，资本和金融账户中包含储备资产。
2. “贷方”按正值列示，“借方”按负值列示，差额等于“贷方”加上“借方”。本表除标注“贷方”和“借方”的项目外，其他项目均指差额。
3. 季度人民币计值的国际收支平衡表数据，由当季以美元计值的国际收支平衡表，通过当季人民币对美元季平均汇率中间价折算得到，年度人民币计值的国际收支平衡表由单季人民币计值数据累加得到。
4. 本表计数采用四舍五入原则。
5. 细项数据请参见国家外汇管理局国际互联网站“统计数据”栏目。

三、国际收支的调节

(一)国际收支不平衡的原因

国际收支平衡是指仅以自主性交易就能维持国际收支平衡的状态。国际收支失衡是指一国的国际自主性交易不能实现平衡，而只能靠调节性交易达到平衡。国际收支的平衡是相对的、偶然的，而不平衡是绝对的、经常的，导致一国国际收支失衡的因素很多，一般来说，主要有以下几个方面。

1. 经济周期性因素

在经济周期的不同阶段，经济发展状况和国民收入的不同变化，对国际收支会产生不同的影响。一般而言，在经济繁荣时期，国内投资与消费需求旺盛，对进口的需求也相应增加，国际收支便会出现逆差；在经济衰退时期，社会总需求下降，进口需求也相应下降，国际收支便会出现顺差。由于生产和资本国际化的发展，发达国家因经济周期更替而出现的国家收支不平衡会传递到发展中国家。如 20 世纪 80 年代初拉美重债务国陷入债务危机就是一例。

2. 收入性因素

一国国民收入的变化，会使该国进出口贸易发生变动，从而影响国际收支。除了在经济周期的不同阶段，国民收入的变化会影响国际收支外，各国经济增长率的高低也会影响国民收入，造成国际收支逆差或顺差。当经济增长率较高时，国民收入增加，总需求上升，进口增长，从而可能造成国际收支逆差。反之，当经济增长率较低时，则可能造成国际收支顺差。

3. 货币性因素

在汇率不变的前提下，当一国货币价值和物价水平相对于其他国家发生变动时，会导致国际收支失衡。例如，当一国发生通货膨胀时，必然抑制该国的出口，刺激进口，从而使国际收支出现逆差。相反，当通货紧缩时，则能鼓励出口，抑制进口，从而使国际收支出现顺差。同时，由于利率变化将影响资本的流入和流出，也会影响该国的资本账户，以致资本账户出现顺差或逆差。

4. 偶然性因素

偶然性因素是指国际政治、经济突发事件、恶劣的气候等非正常因素。例如 1990 年 8 月伊拉克侵占科威特，引起世界各国对伊拉克的全面经济制裁，伊拉克因石油出口受阻，外汇收入剧减，国际收支严重恶化。而在当时世界石油市场价格剧升情况下，其他石油出口国趁机扩大石油出口、石油美元收入增加了 42%，达 492 亿美元。这些国家的国际收支因此得到改善。

5. 结构性因素

结构性因素是指因国内经济、产业结构不能适应世界市场的变化而发生的国际收支失衡，这种失衡通常反映在贸易项目或经常项目上。例如，一国或地区的国际贸易在一定的生产条件和消费需求下处于均衡状态。当国际市场发生变化，新款式、高质量产品不断淘汰旧款式、低质量产品，新的替代品不断出现的时候，该国或地区的生产结构不能及时加以调整，其原有的贸易平衡必然遭到破坏，贸易逆差就会出现。

(二)国际收支失衡的调节

国际收支失衡对一国的经济会产生诸多不良影响，由于市场本身对国际收支失衡的调节是一个缓慢的过程。因此，政府有必要采取政策措施，对国际收支失衡进行调节，使之趋于或达到均衡状态。政府调节国际收支的政策措施主要有五个。

1. 外汇缓冲政策

外汇缓冲政策是指一国通过动用外汇储备或临时向外借款抵消超额外汇需求或供给以调节国际收支。当国际收支出现逆差时，货币当局应减少外汇，弥补超额外汇需求；反之，当国际收支出现顺差时，货币当局在外汇市场上应购进外汇，增加外汇储备，消除超额外汇供给。

2. 经济政策

经济政策具体包括财政政策与货币政策。财政政策主要是通过改变税收和政府支出来调节总需求。当国际收支出现逆差时，政府可以采取紧缩性的财政政策，如减少政府公共支出、提高税率或增加税收。反之，当国际收支出现顺差时，宜采取扩张性的财政政策。货币政策在于调节货币供应量。当国际收支出现逆差时，可采取紧缩性的货币政策，如在公开市场上卖出政府债券、提高再贴现率和提高法定存款准备金率。反之，当国际收支出现顺差时，宜采取扩张性的货币政策。

但需说明的是，财政政策与货币政策在调节国际收支的不平衡时有一定的局限性，为此要进行正确的政策搭配，以降低经济政策调节对国内经济的不利影响

3. 汇率政策

汇率政策是指政府运用汇率的变动来调节国际收支。当国际收支出现逆差时，货币当局可以采取使本币贬值的措施。本币贬值，一方面，本国出口品的外币价格下跌，从而提高其

在国际市场上的竞争力，刺激出口，增加国际收入；另一方面，进口品的本币价格上升，从而削弱其在本国市场上的竞争能力，抑制进口，减少国际支出。在两方面因素的综合作用下，国际收支逆差必会逐步缩小，乃至消除。反之，当国际收支出现顺差时，货币当局可以采取使本币升值的措施。其效应及机理，可以由上述逆推。

4. 直接管制措施

运用财政货币政策和汇率政策调节国际收支是通过市场机制发挥作用，政策效应时滞较长，难以立竿见影，特别是对结构性国际收支失衡难以收到良好效果。因此，在国际收支出现结构性逆差时，许多国家往往采取直接管制措施。直接管制措施是指一国政府通过发布行政命令等手段对本国的对外经济交易进行干预，以期达到解决国际收支不平衡的目的，具体包括外贸管制、外汇管制、数量管制和价格管制等。

5. 国际经济合作措施

由于国与国之间经济的相互性，解决一国国际收支的不平衡不单纯是当事国自身的问题，需要寻求广泛的国际合作，才能更有利于不平衡问题的解决。国际经济合作的形式主要有：①建立和加强国际金融机构；②建立国际清算制度，使国际间的债权债务通过清算机构得以顺利清算；③恢复国际贸易自由，使生产要素能在国际间自由流动，消除人为障碍，促进国际贸易顺利进行。

由于发达国家之间，发达国家与发展中国家之间的严重利益冲突和矛盾，真正意义上的国际经济合作很难实现。要实现真正的国际经济合作关键在于能否建立公平的国际经济新秩序。

第三节　国 际 储 备

一、国际储备的概念

(一)国际储备的含义

国际储备(International Reserves)是一国货币当局为弥补国际收支逆差、维持本国货币汇率稳定以及应付各种紧急支付而持有的、能为世界各国所普遍接受的资产。

当前，经济全球化浪潮正以不可阻挡之势席卷全球的每一个角落，各国的生产、贸易、金融、服务等越来越紧密地联系在一起，成为一个不可分割的整体。在这一背景下，各国国际收支规模不断扩大，国际收支均衡对一国经济发展的影响也越来越大。

然而，一个国家的国际收支并不总是能获得自动均衡，而是有多种因素的结果，国际收支往往出现不平衡。虽然各国的国际收支大多数情况下是处于非均衡状态下的，只要这种非均衡不超出一定程度，它对经济的影响也将在经济体系的承受范围之内。但当一国国际收支超出某种限度时，它就会对该国的汇率、货币供求、物价水平、国际贸易乃至经济发展产生严重后果，甚至酿成金融危机。正是为了避免此类情形的发生，各国都储备有一定数量的资产作为国际储备，用于调节国际收支，干预外汇市场，以便把国际收支失衡与汇率波动的幅度控制在某一可接受的范围之内，使其不至于对国家经济的正常运行产生不利影响。

(二)国际储备资产的特征

一个国家用于国际储备的资产，通常被称为国际储备资产。一种资产须具备三个特征，方能成为国际储备。

(1) 可得性。国际储备资产必须能随时、方便地被政府所得到。

(2) 流动性。国际储备资产须具有充分的流动性，能在其各种形式资产之间自由兑换，而且，各国政府或货币当局必须能无条件地获得并在必要时候运用这些资产。

(3) 普遍接受性。国际储备资产能在外汇市场上或在政府间清算国际收支差额时被普遍接受。

当然，国际储备资产还有一些其他特征，如国际储备资产内在价值必须相对稳定，但上述三条是最基本的特征。

(三)国际储备与国际清偿力

与国际储备相近而又有所区别的概念是国际清偿力(International Liquidity)。根据国际储备的定义和特征，国际储备有广义和狭义之分。通常所讲的国际储备是狭义的国际储备，即自有储备，主要包括将在后面介绍的一国的货币用黄金储备、外汇储备、在IMF的储备头寸和特别提款权(SDR)，其数量多少反映了一国在涉外货币金融领域中的地位。广义的国际储备即国际清偿力，是一国的自有储备和借入储备之和，反映了一国货币当局干预外汇市场、弥补国际收支赤字的总体融资能力。它不仅包括货币当局已持有的四种资产，还包括该国从国际金融机构和国际资本市场融通资金的能力，该国商业银行所持有的外汇，其他国家希望持有这个国家资产的愿望以及该国提高利率时可以引起资金流入的程度等。实际上，它是一国弥补国际收支赤字而无须采取调整措施的能力。比较而言，狭义的国际储备只限于无条件的国际清偿力(即自有国际储备)，而不包括有条件的国际清偿力(即一国潜在的借款能力)。国际清偿能力的构成如表10-3所示。

表10-3 国际清偿能力的构成

自有储备(国际储备)	借入储备	诱导储备(借入储备的广义范畴)
1. 黄金储备 2. 外汇储备 3. 在基金组织中的储备地位 4. 在基金组织的特别提款权余额	1. 备用信贷 2. 互惠信贷 3. 支付协议 4. 其他类似的安排	商业银行的对外短期可兑换货币资产

二、国际储备的内容

(一)国际储备的来源

从一国来看，国际储备的来源有以下五个条渠道。

1) 经常项目顺差

经常项目顺差是一国国际储备最主要的来源。在经常项目支出较稳定的情况下，一国通过商品出口、服务输出、要素流动、经常转移获得的外汇收入越多，积累的顺差就越多，国际储备就越充足；反之，如经常项目入不敷出，就会导致国际储备减少。

2) 中央银行在国内收购黄金

黄金储备是国际储备的一部分。一国中央银行增加黄金储备可以从国内市场购入，也可以从国际市场购入，两者都可增加其黄金的持有量。用本币从国内市场收购黄金，可以增加该国的国际储备总量；如果用原有的外汇储备从国际市场上收购黄金，只能改变该国国际储备的构成，并不会增大其国际储备总量。

3) 中央银行实施外汇干预政策时购进的可兑换货币

在本币受到升值压力的情况下，一国货币当局可在外汇市场抛售本币，购进外汇，以稳定汇率。因此购进的可兑换货币便成为该国国际储备的一部分。比如日本，在面临日元升值的压力之下，日本中央银行抛出日元，买进美元，以延缓日元的升值趋势。这种干预活动，使日本的外汇储备大幅度增加。

4) 一国政府或中央银行对外借款净额

一国政府或中央银行运用其自身的信誉及经济实力，以国际信贷方式吸收的外汇资金，也是一国国际储备的来源之一。

5) 国际货币基金组织分配的特别提款权

特别提款权是基金组织无偿分配给会员国的记账单位，作为补充会员国国际储备资产的一个额外资金来源。由于特别提款权分配总额占世界储备资产总额的比重过低，而且在发达国家和发展中国家之间的分配额不平衡，因此，它不可能成为国际储备的主要来源。

此外，尚有储备资产收益和储备资产由于汇率变动而形成的溢价，也可成为国际储备的来源。

从世界角度看，国际储备主要来源于：①黄金的产量减去非货币用黄金；②基金组织创设的特别提款权；③储备货币发行国的货币输出。

长期以来，黄金产量一直跟不上世界经济的增长，而非货币用金量的增长快于黄金产量的增长，致使黄金已经不再是当今国际储备的主要来源。以绝对数量计，基金组织成员国的黄金储备，在 1970 年为 10.6 亿盎司，到 1992 年 11 月底下降到 9.3 亿盎司。22 年内基金组织成员国数量增加了，黄金储备反而减少了 1.3 亿盎司。至于特别提款权，虽说基金组织迄今为止已分配了两期，总额达 214 亿特别提款权单位(按 1992 年年底汇率计算，约合 297 亿美元)，但其在世界储备总额中所占的百分比很小，而且在 20 世纪 80 年代以后呈明显下降趋势。

综观战后国际货币关系的发展可见，世界储备的主要来源是储备货币发行国通过国际收支逆差输出的货币。它们中的一部分进入各国官方手中成为它们的外汇储备，另一部分进入国外银行业成为它们对储备货币发行国的债权。如果各国官方和银行机构未将储备货币发行国输出的货币直接存入发行国的银行，而是将它们存入国际金融市场，则通过国际银行业的辗转存贷和信用扩张，又可创造出部分派生储备。

(二)国际储备的结构

按照国际储备的定义和特征，广义的国际储备可以划分为自有储备和借入储备。

1. 自有储备

自有储备，即狭义的国际储备，对于 IMF 的成员国而言，主要包括一国的货币性黄金储备、外汇储备、在 IMF 中的储备头寸和特别提款权(SDR)余额。

1) 货币性黄金(Monetary Gold)

货币性黄金即一国货币当局作为金融资产持有的黄金，非货币用黄金不在此列。黄金作为国际储备资产已有很长的历史。从 19 世纪初到第一次世界大战爆发，在国际金本位制下，资本主义国家一直把黄金作为官方储备和平衡国际收支的最后手段。直至 1944 年的布雷顿森林体系，黄金作为国际货币体系和国际储备资产的基础再一次得到肯定。黄金作为储备资产，它的供应不仅取决于黄金的产量，而且取决于世界黄金市场的供应数量和非货币用的吸收情况。第二次世界大战后，由于受自然条件的限制以及私人储藏和工业用金需求的不断增长，作为国际储备资产的黄金数量已日益不能满足世界贸易和国际投资对国际流通手段的需要。20 世纪 50 年代以来，世界黄金储备的实物量一直徘徊在 10 亿盎司左右，1950 年为 9.56 亿盎司，1987 年为 9.44 亿盎司。从所占比重看，黄金在国际储备中的比重则呈不断下降的趋势，1950 年为 69.03%，1987 年下降到 6.13%。

IMF 所有成员国的黄金储备量，1990 年为 9.39 亿盎司，1993 年以来有所下降，1996 年一度下降到 8.90 亿盎司，但亚洲金融危机后又迅速攀升，到 1999 年年底，IMF 所有成员国的黄金储备大约有 9.41 亿盎司，其中，83.5%的黄金储备为工业国家所拥有，中国约 1210 万盎司。

自 1976 年起，根据 IMF 的《牙买加协议》，黄金非货币化，黄金同国际货币制度和各国的货币脱钩，黄金既不准作为货币制度的基础，也不准用于政府间的国际收支差额。美国为了维护美元的霸权地位，也曾鼓吹“黄金非货币化”。但是，IMF 在统计和公布各成员国的国际储备时，依然把黄金储备列入其中。1979 年成立的欧洲货币体系，规定每个成员国应将黄金储备的 20%，缴存欧洲货币体系的欧洲货币合作基金，作为共同储备资产的一部分，也肯定了黄金作为储备资产的作用。因为黄金长期以来一直被人们认为是一种最后的支付手段，它的贵金属特性易于被人们所接受，加之世界上还有发达的黄金市场，各国货币当局可以方便地通过向市场出售黄金来获得所需的外汇，以平衡国际收支差额。当然，黄金实际上已不是真正的国际储备，而只是潜在的国际储备。

2) 外汇储备(Foreign Exchange Reserve)

外汇储备是一国货币当局持有的对外流动性资产，主要是银行存款和国库券等。充当国际储备资产的国际货币必须具备下列条件：一是能自由兑换成其他储备货币；二是在国际货币体系中占据重要地位；三是其购买力必须具有稳定性。而这些条件是以该货币发行国的经济实力为基础的。因此，不是所有以可兑换货币表示的资产都可以成为国际储备。

20 世纪 30 年代之前，英镑是全球的主要储备货币。30 年代，美元崛起，与英镑共同作为储备货币。“二战”后，美元成为唯一直接与黄金挂钩的主要货币，等同于黄金，成为各国外汇储备的主体。20 世纪 60 年代，随着美元危机的不断爆发，美元作为储备货币的功能相对削弱。到 70 年代布雷顿森林体系崩溃后，国际储备货币出现了多元化局面。美元仍作为最主要的国际储备货币，处于多元化储备体系的中心，但其比重在不断下降，由 1973 年的 84.6%下降到 2000 年的 68.2%。IMF 成员国官方持有各种主要货币在外汇储备总额中所占比重如表 10-4 所示。

由于外汇储备是国际储备中的主体，因此就全球而言，外汇储备供给状况直接影响着世界贸易和国际经济往来能否顺利进行。供给太少，则国际清偿力不足，很多国家将被迫实行外汇管制或采取不利于国际经贸活动顺利开展的措施；反之，若供给太多，又会增加世界性通胀压力。因此，外汇储备的供应如何在总体上保持适度，是国际金融研究的重要课题之一。

表 10-4 IMF 成员国官方持有各种主要货币在外汇储备总额中所占比重(%)

	1973	1980	1985	1987	1990	1994	1997	1999	2000
美元	84.6	66.8	55.3	67.1	49.4	55.7	57.1	68.4	68.2
英镑	7.0	3.0	2.7	2.6	2.8	3.3	3.4	4	3.9
马克	5.8	15.0	13.9	14.7	17.0	14.4	12.8	—	—
法国法郎	1.0	1.7	0.8	1.2	2.3	2.4	1.2	—	—
日元	--	4.4	7.3	7.0	7.9	7.9	4.9	5.5	5.3
欧元								12.5	12.7
其他	--	--	--	--	--	--	--	--	--

资料来源：1973－1991 数据来自《国际货币基金组织年报》和《国际清算银行第 62 届年报(1992)》；1993－1997 年数据来自《国际货币基金组织 1998 年年报》，1998 年之后数据根据网络资料整理。

3) 在 IMF 中的储备头寸(Reserve Positionin IMF)

储备头寸也称为普通提款权(GeneralDrawingRights)，指在 IMF 普通账户中成员国可自由提取使用的资产，具体包括成员国向 IMF 认缴份额(Quota)中的外汇部分和 IMF 用去的本国货币持有量部分。

IMF 相当于一个股份制性质的储蓄互助会。当一国加入 IMF 时，须按一定的份额向 IMF 缴纳一笔钱，我们称之为份额。按照 IMF 的规定，认缴份额中的 25%须以可兑换货币(国际储备货币或黄金)缴纳，其余 75%用本国货币缴纳。前者在使用时条件最为宽松，在实践中只要成员国提出申请便可提用。储备头寸的后者(75%)部分再增加份额的 25%部分，为四档信用提款权，均为有条件的提款权，档次越高，条件越高。各成员国都把它们在 IMF 的净储备头寸列为它们的官方储备资产。

4) 特别提款权(Special Drawing Rights，SDR)

特别提款权是 IMF 为了解决成员国国际清偿力不足问题而于 1969 年 9 月在 IMF 第 24 届年会上创设的一种新的国际储备资产，其实质是用以补充原有储备资产的一种流通手段。

它根据参加国在 IMF 中的份额按比例进行分配，成员国可运用分配的特别提款权换成外汇用于弥补国际收支逆差，也可以直接用其偿还 IMF 的贷款。与其他储备资产相比，SDR 有着显著的区别：第一，它不具有内在价值，是 IMF 人为创造的、纯粹账面上的资产。但它的价值相对来说是比较稳定的。特别提款权 1970 年首次发行，美国获得了 23%左右，主要工业发达国家获得 61%，其余则归发展中国家所有。在创始之初，特别提款权的定价方法为：1 美元等于 1 特别提款权，或 35 特别提款权等于一盎司黄金。其后由于黄金非货币化及美元币值剧烈波动，IMF 采用一种加权平均方法来确定特别提款权的价值。从 1981 年起，IMF 选择了当时世界贸易中的 5 个主要国家(美、德、日、英、法)，以 5 国各自对外贸易在 5 国总贸易中的百分比作为权数，分别乘以 5 国货币计算当日(或前一日)在外汇市场上对美元的比价，来确定特别提款权当天的美元价值，然后再通过市场汇率，套算出特别提款权同其他货币的比价。第二，它不像黄金和外汇那样通过贸易或非贸易交往取得，也不像储备头寸那样以所缴纳的份额作为基础，而是由 IMF 按份额比例无偿分配给各成员国。关于 SDR 的分配有两点值得注意：一是分配总额占西方世界储备资产总额比重过低，从1970年的3.4%下降到1998年的1.4%；二是分配极不均匀，根据IMF的份额成正比例分配，工业发达国家分到的SDR占绝对比重，达81.2%，其中又以美国所占比重最大，达到25%，而发展中国家分到的SDR较少。三是它严格限定用途，即只能在IMF及各国政府之间发挥作用，任何私人企业不得持有和运用，不能直接用于贸易或非贸易的支付。

2. 借入储备

IMF把已具有国际储备资产三大特性的借入储备统计在国际清偿力范围之内。借入储备资产主要包括：备用信贷、借款总安排、互惠信贷协议、本国商业银行的对外短期可兑换货币资产等几种资产。

1) 备用信贷(Stand-bycredits)

备用信贷，是一成员国在国际收支发生困难或预计要发生困难时，同IMF签订的一种备用借款协议。协议通常包括可借用款项的额度、使用期限、利率、分阶段使用的规定、币种等。协议一经签订，成员国在需要时便可按协议规定的方法提用，无需再办理新的手续。备用信贷协议签订后，成员国可全部使用，也可部分使用，甚至完全不使用。对于未使用部分的款项，只需缴纳1%的年管理费。凡按规定可随时使用但未使用的部分，计入借入储备。

备用信贷协议的签订，对外汇市场上的交易者和投机者具有一种心理上的积极作用，它一方面表明了政府干预外汇市场的决心，一方面又表明政府干预外汇市场的能力得到了提高。

2) 借款总安排(General Arrangementsto Borrow，GAB)

借款总安排是另一种短期信贷来源。目前，借款总安排已成为IMF增加对成员国贷款所需资金的一个重要来源。IMF提供贷款中介角色，但这种贷款设施并不能成为成员国扩大国际清偿力的永久源泉，一旦会员国归还贷款，国际储备仍回复到原来水平。

借款总安排最先于1962年由IMF同10个工业发达国家(十国集团，G10)设立一笔折合60亿美元的资金，由十国集团管理。基于成员国大量借款有可能耗尽IMF的资金，借款国可向IMF和十国集团同时申请，经十国集团的2/3多数和IMF同意，由IMF向有关国家借入，再转贷给借款国，借款期限为3～5年。1983年2月，十国集团决定将该项借款总安排协定的资金增加到170亿SDR(约190亿美元)，并于1984年吸收瑞士作为集团的正式会员，同意沙特阿拉伯作为联系国，联系的信贷为15亿SDR。

1997年1月IMF决定再建立借款新安排的融资(New Arrangementsto Borrow，NAB)方式，作为另一种短中期信贷资金来源，由25个参加国和机构(包括G10、奥、丹、芬、卢、挪、西、瑞士、澳、韩、马、新加坡、沙特、科威特、泰国、中国香港)向IMF提供340亿SDR，以辅助正规的份额资金，稳定国际货币体系。NAB的借款程序与GAB相似，该两项借款安排的最高贷款额不能超过340亿SDR。会员国申请借款，如NAB不能接受，则可转向GAB安排申请借款，凡参加国同意缴纳资金额占资金总额的85%，即开始启动生效。

3) 互惠信贷协定(Swap Arrangements)

互惠信贷协定又称互换货币的安排，也是借入储备的一种形式。它是国与国中央银行之间进行双边互借备用信贷的一种安排。具体是由两国中央银行相互开立对方货币的账户，并规定相互运用对方货币，在需要资金的情况下，可用本币换取对方货币，用以干预外汇市场，稳定货币汇率。这种互换货币的协定最初是20世纪60年代初期西方工业国家为缓和美元危机而进行的国际货币协作的一个内容，后来就成为扩大借入的一种形式。一般在三个月后按原议定的汇率换回本币，归还借入货币。当借入对方货币时，借款国的国际储备增加，在归还对方货币，换回本币时，借款国的国际储备又恢复原状。

4) 本国商业银行的对外短期可兑换货币资产

本国商业银行的对外短期可兑换货币资产，尤其是在离岸金融市场或欧洲货币市场上的资产，其所有权虽不属于政府，也未被政府所借入，但因为这些资金流动性强，对政策的反应十分灵敏，故政府可以通过政策的、新闻的、道义的手段来诱导其流向，从而间接达到调节国际收支的目的。

(三)国际储备的作用

1. 从世界范围来考察国际储备的作用

随着经济全球化的深入发展，国际贸易迅速发展，国际储备也相应增加，它发挥着国际商品和金融资产流动的媒介作用。

2. 从单一国家角度考察国际储备的作用

1) 调节国际收支差额。这是持有国际储备的首要作用

当一国国际收支出现短期的、暂时性的困难时，通过运用外汇储备，减少在基金组织的储备头寸和特别提款权持有额，或在国际市场上变卖黄金来弥补赤字所造成的外汇供求缺口，能使国内经济免受调整政策产生的不利影响，有助于国内经济目标的实现。如果国际收支困难是长期的、巨额的、根本性的，国际储备也可以起到一定的缓冲作用，使政府有时间渐进地推进其财政货币调节政策，避免因过激的调节措施而引起国内社会震荡。

2) 干预外汇市场，调节本国货币汇率

当本国货币汇率在外汇市场上发生变动或波动时，尤其是因非稳定性投机因素引起本国货币汇率波动时，政府可运用储备来缓和汇率波动，甚至改变其变动方向，使汇率波动朝着有利于自己的方向浮动。如通过出售储备购入本币，可促使本币汇率上升；反之，通过购入储备抛出本币，可增加市场上本币的供应，从而使本国货币汇率下浮。这种干预的另一个作用是向市场发出政府希望汇率波动方向的信号，从而影响市场预期心理。由于各国货币金融当局持有的国际储备总是有限的，而国际游资巨大，因而政府在外汇市场的干预活动只能对汇率产生短期的影响。但是，汇率波动在很多情况下是由短期因素引起的，因此外汇市场干预能对稳定汇率乃至稳定整个宏观金融和经济秩序起到积极作用。事实上，掌握丰厚的国际储备也能在心理上和客观上稳定本国货币在国际上的信誉。

3) 充当对外举债保证

储备资产丰厚是吸引外资流入的一个重要条件，而且一国拥有的国际储备资产状况是国际金融机构和国际银团提供贷款时评估其国家风险的指标之一。当一国对外贸易状况恶化而储备又不足时，其外部筹资就会受到影响。同时，一国的国际储备状况还可以表明一国的还本付息能力，国际储备是债务国到期还本付息最可靠的保证。如果一国要争取外国政府贷款、国际金融机构信贷或在国际资本市场上进行融资，其良好的债信和稳定的偿债能力是十分重要的前提条件，而一国能支配的储备资产的数量便是其一项重要的保证。

亚洲金融危机后，美国和欧洲地区已逐步减少了外汇储备，原因是他们的货币在国际经

济活动中居于“关键货币”地位，客观上不需要持有太多的外汇储备；实行浮动汇率制帮他们大大“节约”了对储备的需求。

而广大发展中国家，甚至是新兴工业化国家乃至日本，却都普遍增加了外汇储备。原因在于在美元、欧元两大货币区的挤压下，这些国家普遍感到了有提高对本国货币信心的需要。所以，外汇储备的职能已不在于实实在在地用真金白银去满足进口和支付债务的需要。在IMF对外汇储备功能的新表述中，“增强对本币的信心”被放在核心地位上。

三、国际储备的管理

国际储备的管理是指一国政府及货币当局根据一定时期内本国的国际收支状况和经济发展的要求，对国际储备的规模、结构及储备资产的运用等进行计划、调整、控制，以实现储备资产规模适度化、结构最优化、使用高效化的整个过程，是国民经济管理的重要组成部分。国际储备的管理包括量的管理和质的管理两个方面。量的管理是指对储备规模的选择和调整，即通常所说的国际储备的规模管理或总量管理；质的管理是指对国际储备运营的管理，主要是其结构的确定和调整，也被称作国际储备的结构管理。其中规模管理又包括国际储备需求和适度水平的确定和国际储备供给如何适应需求变化而增减两个方面。

(一)国际储备的需求和适度规模

1. 国际储备的需求

国际储备需求是指提供某些有价值的物以交换所需储备的意愿，这一定义可进一步引申为持有储备和不持有储备的边际成本二者之间的平衡。持有储备的净成本越高，实际的储备额就会降得越低。反之，实际的储备额就会增加。

2. 影响一国国际储备需求的因素

影响一国国际储备需求的因素很多且很复杂，这里概括为以下几点：第一，国际储备需求同国际收支调节密切相关。一方面国际储备需求受国际收支自动调节机制的影响，如收入机制、货币——价格机制、利率机制等，在调节机制不能得到充分运用时，国际储备的需求量就大。所以，调节机制越能顺利运行，国际收支失衡情况越轻缓，所需要提供的国际储备就越少。另一方面，国际收支逆差的规模与国际收支调节政策的效力与速度也是影响国际储备需求量的重要因素。一般情况下，国际储备需求同国际收支调节的规模和影响呈正相关，这决定于国际收支逆差的规模和逆差产生的频繁性。当一国国际收支不易失衡，且逆差数目较小，在不需调节经济的情况下，持有少量国际储备进行缓冲即可；而当一国国际收支长期处于较大规模的逆差状态时，采用融资政策进行调节(即动用储备和使用国际信贷)，与采用支出政策调节总需求间具有一定的互补性和替代性。在逆差额既定的情况下，较多使用资金融通，便可较少使用需求调节，从而对国际储备的需求就会多些，反之，实行政策调节力度大，见效快，可较少动用储备，储备持有量可少些。

第二，持有国际储备的成本。我们知道，国际储备实际是对国外实际资源的购买力。它们若得到利用，就可以增加国内投资和加快经济的发展。因此，一国持有国际储备实际是将这些实际资源储备起来，牺牲和放弃利用它们来加快本国经济发展的机会。这是一种经济效益的损失，是持有国际储备的机会成本，亦即使用国外实际资源的投资收益率的损失。它表明一国持有国际储备所付出的代价。同时，由于储备资产中在国外的银行存款和外国政府债券有一定的利息收益，因而，一国持有国际储备的成本便等于投资收益率与利息率之差。这一差额越大，表明持有国际储备的成本越高；差额越小，则表明持有国际储备的成本越低。受经济利益的制约，一国需求国际储备的数量会同其持有国际储备的成本呈相反方向变化。

第三，汇率制度。储备需求同汇率制度有密切的关系。如前所述，国际储备的一大作用就是干预汇率。如果一国采取的是固定汇率制，并且政府不愿意经常性地改变汇率水平，就需要持有较多的储备以应付国际收支可能产生的突发性巨额逆差或外汇市场上突然爆发的大规模投机。反之，实行浮动汇率制的国家其储备的持有量就可相对较低。

与这一概念相关的是外汇管制情况。实行严格外汇管制的国家，储备保有量可相对较低；反之，则较多。

第四，金融市场的发育程度。发达的金融市场能提供较多的诱导性储备，这些储备对利率和汇率等调节政策的反应比较灵敏。因此，一国金融市场越发达，政府保有的国际储备便可相应越少；反之。金融市场越落后，调节国际收支对政府自有储备的依赖就越大。

第五，货币的国际地位。一国货币如果处于储备货币地位，它可以通过增加本国货币的对外负债来弥补国际收支逆差，而不需要较多的储备；相反，则需要较多的储备。

第六，国际资金流动情况。传统的衡量国际储备数量的主要分析手段是针对经常账户制订的，它们将国际储备的功能主要视为弥补进出口之间的差额。而在国际资金流动非常突出的今天，国际储备对国际收支平衡的维持作用更主要地体现在抵消国际资金流动的冲击上。一国对外开放程度越高，外汇管制越松，用于抵消国际资金流动冲击所需的储备就越多，特别是在不能有效、及时利用国际金融市场借入储备的情况下，自有储备的数量需求就会大大增加；相反，一国所需的储备就可少些。

第七，国际货币合作状况。如果一国政府同外国货币当局和国际货币金融机构有良好的合作关系，签订有较多的互惠信贷备用信贷协议，或当国际收支发生逆差时，其他货币当局能协同干预外汇市场，则该国政府对自有储备的需求就少。反之，该国政府对自有储备的需求就大。

最后，一国承受国际收支政策调节的能力以及与之相关的政府采用政策调节的意愿，也会影响对储备需求的估计。如前所述，国际收支逆差的政策调节，往往会改变货币供应量、收入水平、就业水平等，带来调节负担。猛烈的调节还可能导致经济萎缩、失业猛增。因此，承受调节负担的能力，有时会严重影响一国对储备需求的判断。

综上所述，影响一国最佳储备需求量的因素很多，它们交织在一起，使最佳储备需求的确定复杂化。为了使各国能掌握储备需求的适度水平，不少学者提出了具体的测算方法。

3. 国际储备的适度规模及其测算方法

1) 国际储备适度规模的含义

关于国际储备适度规模的探讨，一些西方经济学家有过不少论述，但至今储备适度规模的含义并不统一。弗莱明(J.M. Fleming)对国际储备适度性的定义是：如果储备库存量和增长率使储备的“缓解”(Reserve Ease)程度最大化，则该储备存量和增长率就是最适度的。这种储备“缓解”程度是指一国金融当局相信运用储备融通国际收支逆差而无须采用支出转换政策、支出变更政策和向外借款融资的能力。海勒(H.R.Heller)则认为能使解决国际收支逆差所采取的支出转换、支出变更和向外借款融资政策的成本最小的国际储备量就是适度的国际储备需求水平。巴洛(T.Balogh)针对发展中国家所下的定义是：在现有资源存量和储备水平既定的条件下，如果储备增长能促进经济增长率的最大化，则该储备的增长率就是适度的。阿格沃尔(J.P. Agarwal)认为，发展中国家适度国际储备是，如果储备持有额能使发展中国家在既定的固定汇率上融通其在计划期内发生的预料之外的国际收支逆差，同时使该国持有储备的成本与收益相等。由于国际储备作为一种资产，在调节国际收支和稳定汇率时，一方面具有持有储备的收益，另一方面又带来持有储备的机会成本。因此，弗莱明和海勒的定义偏重持有储备的收益最大化，即为应付国际收支逆差所必需的支出转移、支出削减和国外融资等政策的成本最小化。巴洛的定义则偏重持有储备的成本最小化(将储备资产用于国内的生产性投资，带来经济的充分增长)，所以这些观点都失之偏颇。相比之下，阿格沃尔将持有储备的成本与收益相等作为一个标准，比较全面。

2) 有关适度国际储备需求水平测算的理论与方法

20 世纪 60 年代以来，随着国际经济的发展，国际储备在平衡国际收支、稳定汇率、提高国际借贷信誉等方面的作用日趋重要。1973 年，布雷顿森林体系崩溃，各国普遍实行“浮动汇率制”。由于浮动汇率受外汇市场供求关系影响，波动频繁，各国不得不进一步提高对国际储备规模的重视程度，从而促进了储备规模理论的发展。当前关于国际储备需求规模界定的方法和理论主要有以下四种。

(1) 比例分析法。西方经济学家在测算储备需求适度水平的问题上，曾倡导采用比例分析法。这种分析法是采用国际储备与其他一些变量的比例水平和变化情况，用以测算储备需求的最适度水平。

(2) 机会成本理论，阿洛沃尔(J. Agaraual)等一些经济学家于 1968 年提出。他们认为：持有外汇储备的机会成本就是国内的投资收益率。一国持有的外汇储备超过国家的需要，就意味着一部分投资和消费的牺牲。因此，一国的储备需求由其持有储备的边际成本和边际收益来决定。适度的储备规模应该是持有储备的边际成本和边际收益达到均衡时的数量。后来在这一理论基础上建立的海勒模型综合考察了以下诸因素：外汇储备变动平均数、持有外汇储备的机会成本、进口倾向、国际收支差额、逆差出现概率等。应用这一模型对中国外汇储备的估计量约为 700 亿美元。

(3) 货币供给决定论，这是货币主义学派约翰逊(Herry Johnson)等经济学家提出的。该理论从货币供应角度来界定适度的外汇储备规模。这种理论认为：国际收支不平衡本质上是一种货币现象，当国内货币供应量超过国内需求量时，多余的货币就会流向国外，从而引起现金余额的减少。所以，外汇储备需求主要由国内货币供应量的增减来决定。

(4) 定性分析法，卡包尔(R. J. Carbaugh)和范(C. D. Fan)等经济学家于 1976 年提出。他们认为，影响一国外汇储备需求量的因素有 6 个方面：①储备资产质量；②各国经济政策的合作态度；③国际收支调节机制的效力；④政府采取调节措施的谨慎态度；⑤所依赖的清偿力的来源及稳定程度；⑥国际收支的动向及其经济状况等。尽管卡包尔和范未提出精确的定量模型，这种理论依然为各国界定其合理的外汇储备规模提供了有益的思考框架。

(二)国际储备的供给及总量管理

一国对国际储备总量的管理，从根本上说，就是使国际储备的供应保持在最适度国际储备需求量的水平上。IMF 会员国的国际储备是由货币性黄金、外汇储备、特别提款权和 IMF

的储备头寸所组成的，其中，特别提款权、储备头寸是 IMF 根据各国份额予以分配的，一国无法主动增加其持有额。因此，一国国际储备供应的变动主要来自黄金和外汇储备两方面。

1. 黄金储备

黄金作为一种重要的金融资产，在国际间仍存在着活跃的市场。对于储备货币发行国来说，通过用本国货币在国际黄金市场上购买黄金，可以增加其国际储备量，但对于占绝大多数的非储备货币发行国，由于本国货币在国际支付中不为人们所接受，在国际市场购买黄金只能使用国际间可接受的货币，即储备货币。这样国际储备总量并不会因此而改变，改变的只是外汇储备与黄金储备间的比例。一国只有用本国货币在国内收购黄金时，才会增加其黄金储备。这一做法称为“黄金的货币化”(Monetization of Gold)，即将黄金从非货币用途转引至货币用途。黄金的非货币化(Demonetization of Gold)则正好与此相反。然而，通过黄金的货币化来增加国际储备量毕竟是有限的，因为一国私人持有的黄金量是有限的，而且黄金产量也受到自然条件的限制。事实上，世界各国的黄金储备基本上是保持稳定不变的。

2. 外汇储备

外汇干预是一国增加国际储备的主要渠道。当一国当局在外汇市场抛售本国货币，购入外国货币时，这部分新增的外汇就被列入外汇储备；反之，当一国当局向外汇市场提供外汇时，本国的外汇储备就会下降。除了外汇干预外，一国货币当局还可以直接从国际金融市场或国际金融机构借入贷款来补充外汇储备。从根本上看，外汇储备增加的来源是国际收支盈余，其中经常账户盈余是更为可靠、稳定的来源，而来自资本账户盈余的新增外汇储备则具有借入储备的性质。值得注意的一个问题是，在国际收支差额与外汇储备之间，盈余国通过国际收支长期盈余既缓解了对外汇储备的需求，又积累了外汇储备形成了新的供给；而赤字国一方面增加了对国际储备的需求，另一方面使外汇储备流失。国际收支差额对外汇储备供给和需求两方面的反悖制约是现行国际储备体制所面临的一个重大困境，是今后国际货币制度改革的一个重大问题。

对于主要的发达国家来说，它们大多是储备货币的发行国，现行的国际储备体制是十分符合它们的利益的。在外汇储备的需求方面，它们在国际商品市场上更易于成为盈余国，即使出现赤字，也可向发展中国家提供储备货币来“支付”其国际收支赤字而减少对储备的需求。在增加外汇储备的供给方面，它们也处于较为主动的地位，除了积累的国际收支盈余外，还有以下四种途径。

(1) 它们可主动通过互换货币相互提供外汇储备。

(2) 特别提款权是按照会员国份额来进行分配的，而份额的确定方法是有利于主要发达国家的。少数发达国家所占份额的比重一直高于 60%，而 100 多个发展中国家所占份额比重却只有 37.6%。

(3) 除了储备份额资金外，构成一国净储备头寸的还有 IMF 用去的该国货币持有量。事实上，IMF 用来向其他会员国贷款的会员国货币都是发达国家货币，至于发展中国家货币一般不会被 IMF 使用。

(4) 发达国家很容易从国际金融市场筹借到资金补充国际储备。

对于发展中国家来说，它们均为非储备货币发行国，增加国际储备的主要途径是争取国际收支盈余。凡能够奖出限入的调整政策不仅能节省国际储备的使用，而且还可能会增加国际储备规模。但不同国家争取盈余的能力是有差别的。相对于发达国家而言，大多数发展中国家的调整余地十分有限。一方面它们的出口结构以初级产品为主，出口的供给与需求均缺乏弹性，贸易条件持续恶化，导致出口收入下降；另一方面，它们的进口又集中在生活必需品，或保证现在生产能力得以充分利用所必需的中间产品和原材料以及提高生产能力，促进经济发展所不可或缺的资本品上，其结果是存在进口刚性。这样，发展中国家面对其改变国际储备力量微弱的状况往往就显得力不从心。总体来说，由于发展中国家存在结构性的巨额经常账户赤字，从国际金融市场筹借资金的途径有限，其国际储备需求面临强烈的下限制约。在国际收支调整能力又十分薄弱的情形下，发展中国家就普遍面临储备不足的窘况。

可见，在国际储备总量管理中，发展中国家与发达国家的处境形成了强烈的反差，这进一步说明了迫切需要国际储备的国家面临储备短缺，而不那么迫切需要国际储备的国家反而感觉储备过剩这种分布不均的情况。这正是现行国际储备体系的重大弊端。一些有识之士认为，要消除国际储备总量管理上的这种不对称现象，以保证世界经济体系正常顺利地运行，必须改变目前这种国际储备体制。一个根本的出路在于将特别提款权作为主要的国际储备资产，并改变现行的特别提款权分配办法。为此有三种具体做法可供选择比较。

(1) 调整份额以改变特别提款权的分配基础。

(2) 脱离份额，将特别提款权的分配与对发展中国家的援助直接挂钩。

(3) 近期较可行的是普遍增加特别提款权的分配总额。

然而，主要发达国家却以储备过多为借口多次否决了发展中国家提出的这类合理要求。20 世纪 70 年代以来，世界国际储备确实以较快的速度增长着，但同时伴随的储备分配严重不均也是一个不可争辩的事实。“特别提款权联系”与其说是对发展中国家的“援助”，倒毋宁说是对现行储备体制下不合理状况的一种矫治，是对发展中国家在现行储备体制下所蒙受损失的一种补偿。何况在南北关系互相依赖加深的今天，解决发展中国家在国际储备总量管理中存在的困难，也有助于世界经济的顺利发展，符合发达国家的长期利益。

(三)国际储备的结构管理

1. 国际储备结构管理的必要性

一国对国际储备的管理，除了在量上将国际储备保持在最适度水平外，还需要在质上拥有一个适当的国际储备结构。这是因为：①20 世纪 70 年代以来，浮动汇率制与储备货币多元化局面已经形成，各种储备货币的汇率经常变动，有时变动幅度还很大，硬货币与软货币经常易位。②国际金融市场利率动荡不定，各种储备货币的利率时高时低。③黄金市场价格波动频繁。这就要求一国货币当局要不断调整其国际储备的结构。

2. 国际储备结构管理的基本原则

一国货币当局调整其国际储备结构的基本原则，是统筹兼顾各种资产的安全性、流动性与营利性。安全性是指储备资产有效、可靠，价值稳定。流动性是指储备资产能随时转化为直接用于国际支付的支付手段，亦即随时变现，灵活调拨。营利性是指储备资产的增值、创利。储备资产的安全性、流动性与营利性往往互相排斥，具有负相关关系：储备资产的安全性与流动性越高，其营利性往往越低，例如外币票据(支票、本票、汇票)；相反，亦然。例如外国政府债券。一国货币当局持有国际储备资产，要在安全性与流动性得到充分保证的前提下，求得足够高的营利性。

3. 国际储备结构管理的内涵

由于普通提款权和特别提款权一国不能主动增减和进行调整，因而国际储备资产的结构管理主要是指黄金储备与外汇储备的结构管理、外汇储备的币种管理与外汇储备资产形式的管理三个部分。

1) 黄金储备与外汇储备的结构管理

在当代，黄金由于不能直接用于国际支付，且金价波动较大，而使其流动性和安全性较低。此外，持有黄金既不能生息又需较高的仓储费，因而盈利性也较低。故此，许多国家对黄金储备采取了保守的、数量控制的政策。外汇储备在国际储备中居于绝对优势地位，其本身又有流动性和安全性的优势，盈利性一般也高于黄金储备。这使许多国家货币当局采取了减少或基本稳定黄金储备而增加外汇储备的政策。

2) 外汇储备的币种结构管理

外汇储备的币种管理包括储备货币币种的选择和安排，调整各种储备货币在外汇储备中的比重两个方面。

一国外汇储备中储备货币币种的构成及其结构主要取决于下列因素：①该国贸易与金融性对外支付所需币种；②该国外债的币种构成；③该国货币当局在外汇市场干预本国货币汇率所需币种；④各种储备货币的收益率。一种储备货币的收益率=汇率变化率+名义利率。要在对汇率走势进行研究的基础上，选择收益率较高的储备货币；⑤一国经济政策的要求。

在布雷顿森林体系于 20 世纪 70 年代瓦解后，美元的储备地位虽然削弱了，但仍是最主要的储备货币，多数国家都将美元作为其外汇储备的主体。这是因为一方面，美元仍是国际结算中使用最多的货币；另一方面，美国的货币市场与证券市场最为发达，特别是美国政府每年发行巨额政府债券，为其他国家外汇储备的投资提供了便利和条件，因而美元是多数国家外汇储备中最主要的储备货币。除美元外，欧元、日元、英镑在各国的国际储备中均占有一定的比重。为分散风险，维持预期的收益率，各国货币当局都实行了储备货币的多元化管理。

3) 外汇储备资产形式的结构管理

外汇储备资产形式结构管理的目标，是确保流动性与盈利性的恰当结合。由于国际储备的主要作用是弥补国际收支逆差，因而在流动性与盈利性中，各国货币当局更重视流动性。按照流动性的高低，外汇储备资产可分成三个部分。

(1) 一级储备，流动性最高，但盈利性最低，包括在国外银行的活期存款，外币商业票据和外国短期政府债券。其中，在国外银行活期存款，可随时开出支票对外进行支付，流动性最高。由于储备货币发行国一般都有发达的二级市场，短期政府债券和商业票据容易变现。但是，这些流动性很高的资产其盈利性却是比较低的。鉴于此，货币当局需根据季节或特定时期短期对外支付的需要安排一定数量的一级储备，但要控制其在储备资产中的比重。

(2) 二级储备，盈利性高于一级储备，但流动性低于一级储备，如 2～5 年期的中期外国政府债券。二级储备是在必要时弥补一级储备不足以应付对外支付需要的储备资产。准确预测短期对外支付的金额是难以做到的。任何一国货币当局必须持有一定数量的二级储备。

(3) 三级储备，盈利性高于二级储备，但流动性低于二级储备，如外国政府长期债券。此类储备资产到期时可转化为一级储备。如提前动用，将会蒙受较大损失。一国货币当局可根据对外债务的结构持有一定数量的三级储备，并可提高持有外汇储备资产的盈利性。

国情不同，各国货币当局持有上述三级储备的结构也就互不相同。一般说来，国际收支逆差国须在其储备资产中保留较大比重的一级储备，而顺差国则保留较小比重的一级储备和较大比重的三级储备。

阅读专栏

东南亚货币危机中国际储备的重要性与警示

1997 年 7 月 2 日，在历经数月泰铢汇率动荡后，泰国中央银行终于放弃了实行 13 年的泰铢国与“一篮子”货币挂钩的汇率制度，而改行管理式浮动。消息公布后，泰铢兑美元汇价应声下跌 16%，泰国金融危机表面化。紧随其后，菲律宾中央银行也无法经受投机力量的打击，于 7 月 11 日宣布容许比索兑美元的汇价在不指明的“更广阔”的范围内波动，比索兑美元的汇率也即时贬值一成。马来西亚、印度尼西亚甚至新加坡等国的货币亦受此影响发生“多米诺骨牌效应”，汇率纷纷应势而下。东南亚货币危机由此爆发。东南亚各国之所以发生货币危机，原因是多重的。每个重要原因，就是国家外汇储备相当有限和货币危机爆发后动用储备政策的失误。泰国在 1996 年 2 月外汇储备为 387 亿美元，这些外汇储备还是泰国通过高利率政策(1996 年泰国的优惠利率处于 13.25%的高水平，是亚太地区利率最高的国家之一)吸引外资流入形成的。1997 年 2 月至 5 月，为稳定泰铢，泰国曾动用了不多的外汇储备中的 60 亿美元，外汇储备总额进一步减少。货币危机发生时，面对投机攻势，这些国家因外汇储备不足导致干预效果低微，不仅没有达到打击投机活动的目的，反而使储备资产遭受损失。

(资料来源：王建芹. 东南亚金融危机的来龙去脉. 北京：中国方正出版社，1998：56)

本章小结

1. 外汇是国际市场上被普遍接受的金融资产。其概念有动态和静态之分。外汇市场是进行外汇交易的场所，其交易的主体是外汇银行，而从事的主要外汇业务有即期外汇交易和远期外汇交易。

2. 汇率是指两种货币之间的比价，也可以说是用一种货币表示的另一种货币的价格，其标价方法可分为三种：直接标价法、间接标价法和美元标价法。

3. 汇率制度是一国货币当局对本国货币汇率变动的基本方式所作的一系列安排或规定。主要分为固定汇率制和浮动汇率制。固定汇率制是指汇率受平价制约，只能围绕平价在较小范围内上下波动的一种汇率制度。金本位条件下和布雷顿森林体系下的固定汇率制在汇率决定和汇率波动界限有明显的区别。浮动汇率制是指汇率不受平价制约，主要随外汇市场供求状况而变动的汇率制度。

4. 汇率变动对一国经济会产生多方面的影响，其中对进出口贸易的影响最明显。一般来讲，本币对外贬值可以刺激出口、抑制进口，从而改善一国贸易差额。

广义的国际收支是指一国居民在一定时期内的全部国际经济交易总额，国际收支平衡表就是指一个国家在一年中全部对外经济交易的系统记录，它是按照复式簿记的原理，对各笔经济交易进行分类、汇总而编制出的分析性报表。国际收支平衡表包括经常项目、资本与金融项目、平衡项目。

5. 一国国际收支失衡的原因及类型各不相同，对国际收支失衡的调节方式主要有市场经济自动调节方式和一国当局有意识的自觉调节方式两种。政府调节国际收支的政策措施包括财政政策、货币政策、汇率政策、直接管制以及国际协调等。

6. 内外均衡是指国内经济均衡与国际收支均衡即全面均衡的实现。但内外均衡目标往往不能同时达成，因此需要进行政策搭配。

7. 国际储备是指各国政府为了弥补国际收支赤字，保持汇率稳定以及应付其他紧急支付的需要而持有的国际间普遍接受的所有资产的总称。国际储备由黄金、外汇储备、普通提款权(储备头寸)和特别提款权四个部分组成，其中外汇储备占比最大。

8. 一国对外汇储备的管理包括两个方面：一是储备总量管理，二是储备结构管理。外汇储备管理的实质是处理好储备资产的流动性、安全性、收益性三者之间的关系。

(扫一扫，一起来拓展一下视野吧！)

课后习题

一、单项选择题

1. 以下(　　)是错误的。
   A. 外汇是一种金融资产
   B. 外汇必须以外币表示
   C. 用作外汇的货币不一定具有充分的可兑性
   D. 用作外汇的货币必须具有充分的可兑性
2. 在金本位制下，汇率波动的界限是(　　)。
   A. 黄金输出点　　B. 黄金输入点
   C. 铸币平价　　D. 黄金输入点和输出点
3. 浮动汇率制度下，汇率是由(　　)决定。
   A. 货币含金量　　B. 波动不能超过规定幅度
   C. 中央银行　　D. 市场供求
4. 购买力平价理论表明，决定两国货币汇率的因素是(　　)。
   A. 含金量　　B. 价值量　　C. 购买力　　D. 物价水平
5. 远期汇率高于即期汇率称为(　　)。
   A. 贴水　　B. 升水　　C. 平价　　D. 议价
6. 动态外汇是指(　　)。

A. 外汇的产生　　B. 外汇的转移

C. 国际清算活动和行为　　D. 外汇的储备

7. 通常情况下，一国的利率水平较高，则会导致(　　)。

A. 本币汇率上升，外币汇率上升　　B. 本币汇率上升，外币汇率下降

C. 本币汇率下降，外币汇率上升　　D. 本币汇率下降，外币汇率下降

8. 通常情况下，一国国际收支发生逆差时，外汇汇率就会(　　)。

A. 上升　　B. 下降　　C. 不变　　D. 不确定

9. 在直接标价法下，一定单位的外币折算的本国货币增多，说明本币汇率(　　)。

A. 上升　　B. 下降　　C. 不变　　D. 不确定

10. 在间接标价法下，汇率数值的上下波动与相应外币的价值变动在方向上(　　)，而与本币的价值变动在方向上(　　)。

A. 一致　相反　　B. 相反　一致　　C. 无关系　　D. 不确定

11. 下列关于国际收支平衡表记账法则正确的说法为(　　)。

A. 凡是引起外汇流入的项目，记入借方

B. 凡是引起外汇流出的项目，记入贷方

C. 凡是引起本国负债增加的项目，记入借方

D. 凡是引起本国负债增加的项目，记入贷方

12. 一国国际收支平衡表中最重要的项目为(　　)。

A. 资本项目　　B. 经常项目　　C. 差错与遗漏　　D. 资本账户

13. 国际收支平衡表中人为设立的一个项目为(　　)。

A. 差错与遗漏　　B. 官方储备

C. 特别提款权　　D. 短期资本

14. 国际储备的最基本作用为(　　)。

A. 充当支付手段　　B. 干预外汇市场

C. 作为偿还外债的保证　　D. 弥补国际收支逆差

15. 下列关于国际清偿力的各种说法中正确的有(　　)。

A. 国际清偿力就是一国拥有的国际储备

B. 国际清偿力就是一国可能的对外清偿能力

C. 国际清偿力就是一国实现的和可能的对外清偿能力

D. 国际清偿力就是一国实现的对外清偿能力

二、多项选择题

1. 外国货币作为外汇的前提是(　　)。

A. 可偿性　　B. 可接受性　　C. 可转让性

D. 可兑换性　　E. 一致性

2. 我国规定外汇包括(　　)。

A. 外国钞票　　B. 外国铸币　　C. 外币有价证券

D. 外币支付凭证　　E. 特别提款权

3. 在直接标价法下，本币数额增加表示(　　)。

A. 外币币值不变　　B. 本币升值　　C. 外汇汇率下降

D. 本币汇率下降　　E. 外汇汇率上涨

4. 在间接标价法下，外币数额减少，表示(　　)。

A. 本币币值不变　　B. 本币贬值　　C. 外汇汇率上涨

D. 本币汇率上涨　　E. 外汇汇率下降

5. 在外汇市场上，汇率是经常变动的。影响汇率变动的主要因素有(　　)。

A. 利率差异和经济增长差异　　B. 国际收支和市场预期

C. 各国国内物价上涨率的差异　　D. 各国的宏观经济政策

E. 经营主体不同

6. 记账外汇实际就是协定外汇或双边外汇。这种外汇未经货币发行国批准(　　)。

A. 不能自由兑换成其他货币　　B. 可以自由兑换

C. 能充当国际支付手段作用　　D. 并不能转给第三国使用

E.不能充当国际支付手段作用

7. 一国价格水平上涨，将会导致国际收支(　　)，该国的货币汇率(　　)。

A. 顺差　　B. 逆差　　C. 上升

D. 下降　　E. 不变

8. 根据 IMF 的定义，成员国的国际储备具体构成为(　　)。

A. 货币性黄金　　B. 外汇储备

C. 在 IM 的储备头寸　　D. SDRS

9. 各国政府可以选择的国际收支调节手段包括(　　)等措施。

A. 外汇缓冲政策　　B. 财政政策　　C. 货币政策

D. 汇率政策　　E. 直接管制

三、辨析题(正确打“√”，错误打“×”)

1. 固定汇率制是指汇率在某一点上固定不变、绝对稳定的一种汇率制度。　(　　)
2. 在浮动汇率制度下，汇率受黄金输送点的限制。　(　　)
3. 两种货币对内价值是形成汇率的基本依据。　(　　)
4. 在直接标价法下，一定单位外币折算的本国货币增多，说明本币汇率上升。　(　　)
5. 在间接标价法下，一定单位本国货币折算的外币数量增多，说明本币升值。　(　　)
6. 国际收支是反映一定时期内的国际间经济交易，因而是一个流量概念。　(　　)
7. 国际收支平衡表一般都采用复式簿记法记录经济交易。　(　　)
8. 特别提款权也是国际储备的一种形式。　(　　)
9. 国际储备的多寡是衡量一国对外资信的重要标志之一。　(　　)

四、简答题

1. 什么是外汇？其基本特征有哪些？
2. 金币本位制下，黄金输送点是如何影响汇率波动的？
3. 影响汇率变动的主要因素有哪些？
4. 简述国际收支平衡表的主要内容。
5. 简述国际储备的来源渠道。

五、论述题

1. 论述汇率对经济的主要影响。
2. 导致国际收支失衡的原因有哪些，如何进行调节？

六、案例分析题

人民币汇率升值为何贸易顺差额不断增大

据最新统计显示，2007 年 2 月份我国外贸进出口总值 1404.4 亿美元，贸易顺差达到 237.6 亿美元，逼近月度贸易顺差新高。同时，1 至 2 月，出口增长 41.5%，进口增长 20.6%，前两个月的贸易顺差已相当于上年度全年贸易顺差的 22%。在人民币汇率不断升值的情况下，为何我国的贸易顺差额见增不见减呢？专家认为，一是由于国际市场对中国商品有着强劲需求，从而使出口增速居高不下；二是由于出口退税率调整预期、人民币升值压力等短期因素的存在，使一些企业加大出口力度；三是由于多年来国家实行鼓励发展加工贸易的政策，发达国家的跨国公司将其国内中低端制造业转移到中国，并将成品采购回国，这种国际产业转移扩大了中国的贸易顺差；四是由于来华投资的国际企业 70%集中在制造业，不仅大量出口，而且逐步取代了部分进口。

（资料来源：《金融时报》2007 年 3 月 17 日）

问题：

本币汇率升值对进出口贸易的一般影响是什么？

七、综合训练

训练任务：利用外汇模拟软件进行外汇交易。

训练活动：根据分析外汇变动情况买入/卖出外汇，在恰当时机平仓以获得盈利。

训练目的：掌握外汇交易的方法。

课后阅读

扫一扫，看看课后还有什么值得阅读的吧！

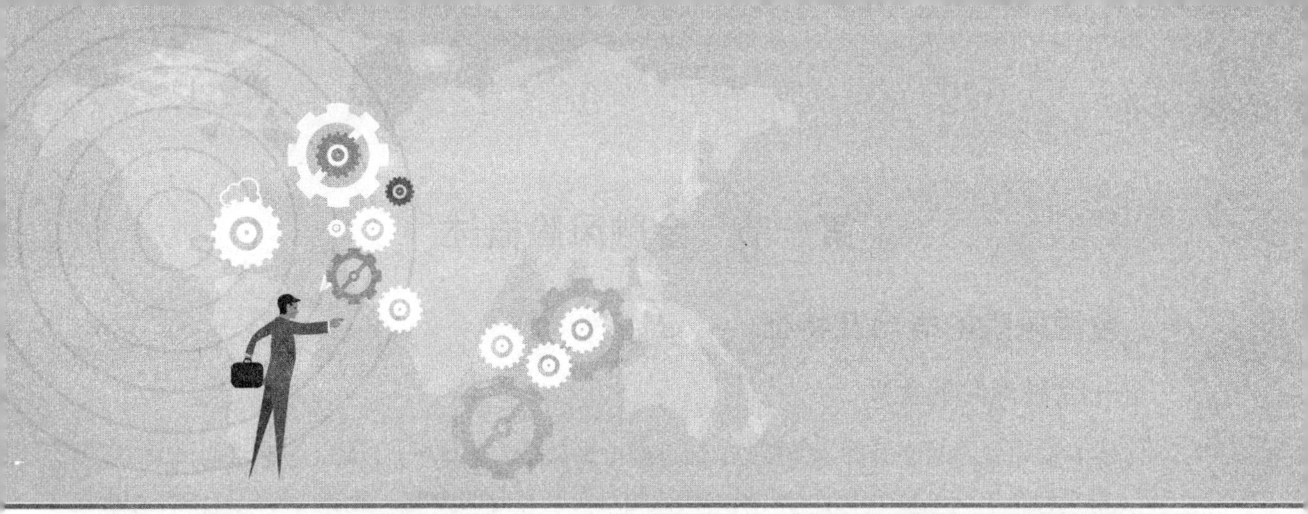

第十一章　金融风险与金融监管

学习目标

- 了解金融风险的基本特征与类型。
- 了解金融风险对经济的影响。
- 了解金融监管目标与原则及监管模式。

技能目标

能够通过阅读新闻材料进行一定程度的理解和判断，了解相关资产类别的风险。

案例导读

狂热的悲剧——荷兰郁金香泡沫

荷兰的郁金香泡沫是历史上最有名的泡沫事件之一。17世纪早期，在以商为重的富裕荷兰，中产阶级很快便染上了郁金香热病，最后，这种惜花热潮演变成了一场对郁金香球茎的竞价战争。

在郁金香泡沫鼎盛的1635年，有个人愿出12公顷的闹市地产，以换取一只特种郁金香球，因为整个荷兰只有两颗这样的郁金香球。另一位商人愿出4头肥牛、8头猪、2箱红酒、4箱啤酒、1000磅奶酪，以换取一种名叫“总督”的郁金香球。一些木匠、农夫和扫烟囱的，也开始带着一种民族自豪感来投资了。不仅荷兰本国人，一些外国人也赶来投资了。在郁金香狂热中，人们成天做着发财的美梦！

但好景不长，郁金香热并没有持续多久。1636年，一位荷兰人最终清醒过来了，他拒绝以原先约定的价格支付购买的郁金香，由此引发了人们的信心动摇，郁金香价格便一发不可收拾地崩溃了。结果，相当多的人因已经倾其所有家当换回了几颗郁金香球，使殷实之家一夜之间成了乞丐。一些富家子弟祖祖辈辈积累下来的巨额财富，一夜之间因偿债郁金香投资而化为了泡影。

狂热是悲剧的种子！

(资料来源：理查德·扎克斯《西方文明的另类历史》，海南出版社，2002年版)

第一节　金融风险概述

一、金融风险的概念及特征

(一)金融风险的含义

金融风险指的是与金融有关的风险，如金融市场风险、金融产品风险、金融机构风险等。一家金融机构发生的风险所带来的后果，往往超过对其自身的影响。金融机构在具体的金融交易活动中出现的风险，有可能对该金融机构的生存构成威胁；具体的一家金融机构因经营不善而出现危机，有可能对整个金融体系的稳健运行构成威胁；一旦发生系统风险，金融体系运转失灵，必然会导致全社会经济秩序的混乱，甚至引发严重的政治危机。

(二)金融风险的基本特征

1)　客观性

金融活动实质上是一种信用过程，信用是包含着时间长度在内的一种预期。因此，不确定性事实上包含在每一种金融活动之中。金融风险可以说是金融活动的必然存在，它的实质根源在于金融活动所必有的时空差。一方面，金融活动通常与未来某一时期的经济变量相联系(如未来的利率、汇率、价格、收益等)，由于人在知识上的有限性，掌握信息的不对称性使其在这种时间差面前必然产生与预期结果偏离的不确定性，从而导致金融风险；另一方面，由于金融活动渗透到国民经济的每个层面，是经济的核心，同时，由于通信业的发达使各种金融活动交织成一个整体。因此，金融活动通常是在一较广的空间进行的，一项活动可能同时牵涉到几个方面，由于信息的不完全同样会产生一种不确定性，从而导致金融风险。从这种意义上看，金融风险具有普遍性特征，是一种在金融活动中不可完全避免的现象，它无时不在、无处不有，只要有银行就会有风险，没有无风险的银行。认识金融风险的普遍性特征，在于公正客观地对待风险，不要谈险色变，消极避险，因为风险是一种客观存在。

2)　不确定性

金融经营活动、金融决策活动是在一种不确定的环境中进行的，即金融经营活动是在不断发展变化着的经济环境中运行的，正是由于行为主体不能准确预期未来，才有可能产生金融风险。

3)　隐藏性

如信用循环性、金融机构创造信用功能、利益诱导机制和非经济因素，又使金融风险的显露和释放更为复杂，往往不易发觉或被匿藏而被推迟和掩盖。

4)　或然性

金融风险的存在及发生服从某种概率规律，并非毫无规律，但亦非确定不移的因果律，而是以一种或然规律存在和发生着，因此，许多学者常用统计学上的方差概念来代表并计算风险。

5)　损益性

由于预期结果与目标结果的偏离，金融活动可能给经济带来某种形式的损失或收益，在多数情况下讨论风险只考虑其所带来的损失。

6) 扩散性

由于金融是现代经济的核心，因此，金融风险不是某种孤立的系统内风险，而必然扩散、辐射到经济运行的各个方面。金融机构之间存在着密切而复杂的信用联系，一旦某一金融机构的金融资产价格发生贬损，而使其正常的流动性头寸难以保持，则会由单一或局部的金融风险演变为系统性和全局性金融动荡。

7) 可识可控性

金融风险的客观存在很复杂，甚至抽象化，但它可以通过衡量和预测金融体系(或单个银行)的稳健态势及趋势而可认知。资产负债表上资产价值、结构、质量、盈利状况以及表外科目、附属机构、相关部门量化及非量化的信息因素，可提供重要的判断依据。风险可以识别、认知，为防范化解提供了可靠的依据。金融风险的严重后果尤其外在负效应，迫使人们研究利用现代科技管理手段和方法来规避和防范。建立现代金融制度，构造稳健银行框架，通过内外约束和有效监管，可实现对金融风险的有效控制。

(三)金融风险的一般成因

1. 金融机构自身的原因

金融机构风险产生的原因来自几个方面，首先就在于金融机构自身的原因。金融机构在借贷过程中的行为和规范以及金融机构人员的专业素质等会导致机构陷入严重的金融信贷风险以及其他风险。

2. 企业单位的原因

如果企业单位的信誉度不够，无法按期偿还贷款，势必会制约金融机构的进一步发展，从而导致金融资产质量的下降。

3. 金融资产结构的原因

金融机构的资产包括固定资产和业务资产。固定资产出现风险的可能较小，但是业务资产产生风险的可能性则较大，业务发展形势不良、资产无法回收会给企业造成严重的发展负荷，从而产生金融经济风险。

二、金融风险的类型

金融风险的种类很多，按照不同的标准，金融风险可以划分为以下几类。

(一)按金融风险的内容分类

1. 市场风险

市场风险(Market Risk)是金融体系中最常见的风险之一，它通常是指由于市场因子(如利率、汇率、股价等)的不利波动而导致的金融资产损失的可能性，其中利率风险尤为重要。由于金融机构的资产绝大部分是金融资产，利率波动会直接导致其资产价值的变化，使其持续经营能力受到威胁。

2. 信用风险

信用风险(Credit Risk)是由于借款人信用评级的下降和履约能力的降低而导致损失的可

能性。而一般地说，信用风险还包括由于借款人信用评级的降低导致其债务市场价值的下降而引起的损失的可能性。如在信用衍生产品市场上，贷款人资产的价值会受借款人的还款能力和信用状况变动的影响。

3. 操作风险

操作风险(Operational Risk)是指金融机构因信息系统或内控机制失灵而造成意外损失的风险。这种风险一般是由人为的错误、系统的失灵、操作程序发生错误或控制失效而引起。操作风险还包括由于诈骗和技术问题而导致的风险、风险定价过程中的模型风险。尽管操作风险涵盖了金融机构许多的内部风险，但是长期以来，信用风险和市场风险以及流动性风险的管理占据了金融机构风险管理的主导地位，而操作风险并没有得到足够的重视。直到最近几年，不少银行由于没有有效地管理操作风险而蒙受了很大的损失甚至破产倒闭。

4. 流动性风险

流动性风险(Liquidity Risk)往往是指金融机构持有的资产流动性差和对外融资能力枯竭而造成的损失或破产的可能性。如果金融机构没有足够的现金支付到期的债务，就会被迫出售资产，如果其资产的流动性差，该资产就很难以正常的价格出售，金融机构就会因此遭受损失。如果金融机构根本无法出售资产，就必须依赖对外融资来支付到期债务。如果对外融资的渠道也丧失了，该机构就会因无法履行到期债务而倒闭。

在上述金融风险类别中，市场风险、信用风险和操作风险是金融机构所面临的最重要的三种风险。

(二)按金融风险的程度分类

根据金融风险的程度不同，大体上可将金融风险分为：轻度风险、严重风险和金融危机三级。

对严重风险与金融危机的界限，国际货币基金组织的专家们认为，出现挤提或大量资产转移，财务公司倒闭或大规模政府干预的属金融危机；普遍存在的运转不畅情况则属严重风险。三类金融风险的特征如表 11-1 所示。

表 11-1　轻度风险、严重风险和金融风险的特征

风险级别	特　征
轻度风险	1. 不良资产占总资产比重控制在 10%以内； 2. 单个金融机构有相当大问题，但未波及到全行业； 3. 政府干预能很快消除这些问题金融机构的金融隐患； 4. 物价平稳，经济、金融运行稳定
严重风险	不良资产占总资产的比重超过 10%，并且还在迅速增长； 大多数金融机构有不同程度的资产不良问题，部分金融机构遭遇挤提，出现支付危机； 政府干预力度、规模要足够大，并且请求国际援助才能控制局面； 失业率上升，通货膨胀率上涨，出现金融恐慌
金融危机	不良资产占总资产比重在 30%以上； 大量金融资产转移或要求兑换成国际货币； 大规模政府干预也难以挽救所有金融机构，有 1/3 以上金融机构破产或被接管； 失业率、通货膨胀全面上升，经济增长停滞

(三)按照金融机构的类别划分

按照金融机构的类别划分，金融风险可分为银行风险、证券风险、保险风险、信托风险等。

三、金融风险对经济的影响

如果金融风险仅仅是对个别经济主体产生不同程度的影响，其后果可能是某家企业或金融机构遭受资金损失、被兼并收购甚至破产，或者是某些个人投资者的财产受损，对整个金融市场和经济体系的影响较小。然而，如果金融风险没有得到有效控制，就可能逐渐积累，日益膨胀。由于金融风险本身就具有很强的传染性和关联性，一家企业或金融机构的风险可能传递到其他相关企业或金融机构，一个行业的风险可能感染其他相关行业，一个国家的风险也可能超越国境。随着金融风险的影响范围从局部扩展到全局，可能会将一国金融体系、国民经济体系甚至区域经济或全球经济拖入泥潭。因此，一旦金融风险爆发，往往都伴随着突发性和加速性，直到金融危机。充分认识金融风险的加速性特征，对于高度重视金融风险的社会危害性是非常必要的。

金融危机是全部或大部分金融指标——短期利率、资产价格、汇率和金融机构倒闭数——超出社会经济体系承受能力的急剧恶化。例如，股票市场的暴跌使本来腰缠万贯的富翁一夜之间倾家荡产，利率的突然大幅飙升导致债券价格急剧下跌，使持有大量债券的机构遭受巨额损失。这些都会极大地扰乱原来的金融秩序。

金融危机可分为四类，即货币危机、银行危机、债务危机和资本市场危机。货币危机是指人们丧失了对一国货币的信心，大量抛售该国货币，从而导致该国货币的汇率在短时间内急剧贬值的情形。例如，1994 年墨西哥比索与美元的汇率和 1997 年泰铢兑美元的汇率骤然下跌，都属于典型的货币危机。

银行危机是指出于某些原因导致人们丧失对银行的信心，从而大量挤提存款，银行系统的流动性严重不足，出现银行大量倒闭的现象。

外债危机是指一国政府不能按照预先约定的承诺偿付其国外债务，从而导致对该国发放外债的金融机构遭受巨大的损失。20 世纪 80 年代拉美就爆发了债务危机。1982 午，墨西哥宣布无力偿还当年到期的国际债务，由此爆发了一场国际债务危机。

资本市场危机是指人们丧失了对资本市场的信心，争先恐后地抛售所持有的股票或债券等，从而使股票或债券市场价格急剧下跌的金融现象。例如，1929 年华尔街股票市场的崩溃。道琼斯指数在短短的时间里下跌了 80%；1999 年后，美国纳斯达克股票市场的指数也急剧下跌，从原来的 6000 多点跌至 2002 年 9 月底的 1150 点。

现实中真正发生的金融危机，往往并不是这四种表现形式之中的一种，而是多种危机融合在一起，形成系统性金融危机。系统性金融危机是指银行、汇率和资本市场等所有金融领域都同时爆发危机，从而对实体经济产生较大的破坏性影响。1929 年的大危机中，不仅股票市场急剧下跌，美国还有超过 10000 家的银行破产或倒闭。1997 年的亚洲金融危机就是典型的系统性金融危机。当时，泰国、印度尼西亚、马来西亚、韩国等国的货币汇率大幅度贬值，同时股票及债券价格也暴跌，许多银行都纷纷陷入了破产的境地。

阅读专栏

亚洲金融危机的爆发与蔓延

1997 年爆发的东南亚金融危机，造成了整个世界经济的严重动荡，它是 20 世纪世界经济史上仅次于 1929—1933 年大危机的重大金融风暴之一。自 1997 年下半年起，东南亚金融危机从一个国家蔓延到一个区域，继而又发展成全球性的经济风暴，其传播速度之快、影响面之广是 20 世纪所罕见的。

1997 年 7 月 2 日，泰国政府无法抵御国际投机资本的攻击，被迫宣布放弃实行 14 年之久的钉住美元的汇率制度，实行浮动汇率制度，泰铢当日跌至 29.5 铢/美元，跌幅近 20%，金融危机爆发。这又引起投资者对东南亚新兴市场经济国家金融稳定性的怀疑，国际游资趁机兴风作浪，引发多米诺骨牌效应，金融危机迅速扩散到东南亚各国，菲律宾、印度尼西亚、马来西亚、缅甸、新加坡等国货币均出现不同程度的贬值。在投机狂潮的猛烈冲击下，经济状况不佳的菲律宾和马来西亚首当其冲。7 月 11 日菲律宾央行宣布实行浮动汇率制；7 月 14 日马来西亚林吉特放宽浮动范围；9 月 5 日，菲律宾比索贬值至 1 美元兑 32.43 比索，贬值 17%以上，为近几年的最低点；截至 7 月 25 日，东南亚各国货币贬值幅度分别为：泰铢 29.5%，菲律宾比索 11.9%，印尼盾 8.3%，马来西亚林吉特 29.5%，新加坡元 3.3%。8 月 14 日，印度尼西亚央行宣布取消印尼盾汇率的浮动幅度限制，实行自由浮动。10 月，危机波及东亚的韩国、日本、中国台湾和香港，进而影响世界。

东南亚金融危机的传导媒介是汇率和利率。由泰国首先爆发的金融危机主要通过利率和汇率向四周扩散，同样，国际投机资本也是通过汇率和利率冲击东南亚货币。泰国由于其原有的汇率政策不能应付国际游资的攻击，被迫变动汇率制度，实行浮动汇率制，导致泰铢大幅贬值。由此，泰国出口商品的竞争力得到大幅提高，而东南亚各国的出口结构类似，这就致使泰国周边国家出现贸易逆差和外汇储备不足。泰铢贬值实际上降低了泰国周边各国国内的消费价格指数及对本币的需求，国内货币需求的减少引起国内外货币的互换，这又减少了周边各国的外汇储备，引发国际投机者的投机攻击。东南亚各国的经济在很大程度上依赖于对美国的出口，故这些国家的货币存在着竞争性贬值的压力。亚洲一些国家出于自身利益的考虑，维持本国货币与美元的固定汇率，当它们共同受到不利的外部性冲击时，它们就会共同贬值以缓解周边贬值的影响。国际投资者正是考虑到这一点，展开对这些国家的货币攻击，投机性抛售对这些国家形成巨大的货币贬值压力。

同时，“金融恐慌”心理加速了金融危机的蔓延。随着金融国际化的日益深化，全球经济、贸易关系日益紧密，国际间资金调拨的电子化程度进一步提高，快速的信息传递使投资者的心态越来越脆弱。当泰铢在索罗斯等国际炒家的攻击下贬值后，公众会预期泰国周边国家的货币也将贬值。于是盲目跟风，导致货币在各国间大幅度流动，根据国际金融机构统计，1996 年韩国、印度尼西亚、马来西亚，泰国和菲律宾资本流入量为 930 亿美元。而 1997 年变为净流出 120 亿美元。资金大量撤出导致东南亚各国金融危机实际发生。

泰国首先爆发的金融危机。通过外贸、利率、汇率等途径导致东南亚地区发生金融危机，进而一波波地向世界蔓延。

第二节 金 融 监 管

金融监管(financial regulation/supervision)是金融监督和金融管理的复合词。狭义的金融监管是指金融主管当局依据国家法律法规的授权，对金融业实施监督、约束、管制，使它们依法稳健运行的行为总称。当局对金融机构实施的监管包括：市场准入监管、业务范围及特定业务管制、风险控制机制约束、市场退出监管等。广义的金融监管除上述主管当局的监管外，还包括金融机构的内部控制与稽核、行业自律性组织的监督以及社会中介组织的监督等。

一、金融监管的目标及原则

(一)金融监管的目标

实施金融监管的目的是保护存款人(投资人)的利益，维护社会公众对金融体系的信心，提高金融体系的效率，保障金融机构的稳健经营，保持金融业的有序稳定，促进社会经济的持续协调发展。这一目的可分为三个层次：一是维持金融机构正常有序的经营活动，保护存款人利益，这是最基本的目标；二是创造良好的竞争环境，建立公开、公平、公正的金融市场环境，以激励金融机构健康、安全、高效地经营运作；三是确保金融机构的经营活动与监管当局的货币政策目标保持一致，优化金融结构和资源配置。

(二)金融监管的原则

虽然各国在金融监管体制上存在着差异，但监管基本原则却贯穿于各国金融监管的各个环节与整个过程。

1. 依法管理原则

依法管理包含几重含义：一是对金融机构进行监管必须有法可依；二是金融监管当局必须依法实施监管；三是金融机构必须依法接受监管。只有以法律、法规为依据，监管才具有权威性、严肃性、强制件和一贯性，从而保证监管的有效性。

2. 合理、适度竞争原则

实施金融监管的目的是维护金融市场和金融业的安全有序、公平高效、健康稳定的发展。因此，既要避免由于排斥竞争的高度垄断而丧失效率和活力，又要防止过度竞争而危害安全和稳定，保持合理、适度竞争。

3. 自我约束和外部强制相结合原则

如果被监管对象不配合、不协作. 而且设法逃避，那么外部强制监管就难以收到顶期的效果；如果仅仅依靠金融机构自觉自愿地自我约束，则难免存在种种冒险经营与道德风险发生的可能性。因此，需要“内控”和“外控”，即自我约束和外部强制相结合。

4. 安全稳定和经济效率相结合原则

一方面，金融机构安全稳健地开展经营活动，历来都是金融监管的中心目的；另一方面，社会经济的发展要求金融业必须有相应的发展，而追求发展必须讲求效率。因此，需要协调防范风险和提高效率的关系，坚持安全稳定和经济效率相结合的原则。

二、金融监管的必要性

综合世界各国金融领域广泛存在的金融监管，我们认为，金融监管具有以下深层次的原因和意义：金融市场失灵和缺陷。金融市场失灵主要是指金融市场对资源配置的无效率。主要针对金融市场配置资源所导致的垄断或者寡头垄断，规模不经济及外部性等问题。金融监管试图以一种有效方式来纠正金融市场失灵，但实际上关于金融监管的讨论，更多的集中在监管的效果。

三、金融监管的模式

(一)美国模式

在混业经营前提下，美国仍然采用分业监管模式，既没有合并各监管机构成立一个统一的监管当局，也没有设立专门针对混业经营的监管部门。在金融控股公司框架下，美国仍然采取机构监管的方式，集团下属的银行子公司仍然由原有的(联邦或州)主要银行监管机构进行监督和检查。为了从总体上对金融控股公司进行监督，《金融服务现代化法案》规定，美联储是金融控股公司的“伞型监管者”，从整体上评估和监管金融控股公司，必要时对银行、证券、保险等子公司拥有仲裁权。同时，该法案规定当各具体业务的监管机构认为美联储的监管措施不当时，可优先执行各监管机构自身的制度，以起到相互制约的作用。在协调性和兼容性方面，要求美联储、证券管理机构与保险管理部门加强协调与合作，相互提供关于金融控股公司和各附属子公司的财务、风险管理和经营信息。美联储在履行监管职责时，一般不得直接监管金融控股公司的附属机构，而应尽可能采用其功能监管部门的检查结果，以免形成重复监管。

(二)德国模式

德国金融系统的稳定性是大家公认的，这自然也与它的金融监管制度有关。德国实行的是全能银行制度，即商业银行不仅可以从事包括银行、证券、基金、保险等在内的所有金融业务，而且可以向产业、商业大量投资，成为企业的大股东，具有业务多样化和一站式服务的特点。德国的全能银行能够渗透到金融、产业、商业等各个领域，在国民经济中起着主导作用。为了减少和控制风险，德国政府对全能银行的经营行为进行了严格的监管和一定的限制。例如，规定银行的投资总额不得超过其对债务负债的资本总额；代客户出售证券可以卖给银行自己，但价格不得低于官价；代客户买入证券可以收购银行自有的证券，但价格不得高于官价等。德国虽然实行全能银行制度，但仍实行分业监管。德国的联邦金融监管司下有银行、证券、保险三个监管局，独立运作，分业监管。德国银行监管的法律基础是《联邦银行法》和《信用制度法》(KWG)。《联邦银行法》目的在于保障银行业的稳定性和债权人的利益，它规定了联邦银行在金融监管方面的权力。《信用制度法》规定了从事信用活动的金融机构，要在哪些方面接受监管。根据规定，德国的金融监管主要来自两个方面，即联邦金融监管局和德国联邦银行。联邦金融监管局是德国联邦金融业监督的主要机构。德国联邦银行是德国的中央银行。由于联邦金融监管局没有次级机构，具体的金融监管工作由联邦银行的分支机构代为执行，执行效果反馈给联邦金融监管局。联邦金融监管局和联邦银行的职能界定为：主管权属于联邦金融监管局；在制定重大的规定和决策时，联邦金融监管当局必须和联邦银行协商并取得一致；联邦银行和金融监管局相互共享信息。

(三)英国模式

英国的混业经营采用了金融控股集团模式。英国金融控股集团的母公司多为经营性的控股公司，且一般经营商业银行业务，而证券、保险等业务则通过子公司来经营。同时，英国的金融控股集团内部有较严格的防火墙制度，以防止各业务的风险在集团内部扩散。英国的监管体系已由分业监管过渡到统一监管。 1998 年，英国整合了所有的金融监管机构，建立了金融服务监管局，由其统一实施对金融机构的监管。2000 年又颁布了《金融服务和市场法》，从而实现了由分业监管向统一监管的转变。2001 年 12 月 1 日，FSA 依照《2000 年金融服务和市场法》规定，正式行使其对金融业的监管权力和职责，直接负责对银行业、保险业和证券业的监管。FSA 也获得了一些其前任监管机构所没有的监管权力，例如关于消除市场扭曲或滥用、促进社会公众对金融系统的理解和减少金融犯罪等。

(四)日本模式

日本战后 50 多年的金融监管体制一直是一种行政指导型的管制。大藏省负责全国的财政与金融事务，把持对包括日本银行在内的所有金融机构的监督权，大藏省下设银行局、证券局和国际金融局。银行局对日本的银行、其他政府金融机构以及各类民间金融机构实施行政管理和监督。证券局对证券企业财务进行审查和监督。国际金融局负责有关国际资本交易事务以及利用外资的政策制定与实施。这种监管体制的行政色彩十分浓厚，大藏省在监管中经常运用行政手段，对金融机构进行干预。1997 年，日本政府进行了金融改革，取消了原来对银行、证券、信托子公司的业务限制，允许设立金融控股公司进行混业经营。同年 6 月，日本颁布了《金融监督厅设置法》，成立了金融监督厅，专司金融监管职能，证券委也从大藏省划归金融监督厅管辖。1998 年年末，又成立了金融再生委员会，与大藏省平级，金融监督厅直属于金融再生委，大藏省的监管权力被大大削弱。2000 年，金融监督厅更名为金融厅，拥有原大藏省检查、监督和审批备案的全部职能。2001 年，大藏省改名为财务省，金融行政管理和金融监管的职能也分别归属财务省和金融厅。金融厅成为单一的金融监管机构，从而形成了日本单一化的混业金融监管体制。

比较以上四种模式，美国模式可以称为“双元多头金融监管体制”，即中央和地方都对银行有监管权，同时每一级又有若干机构共同行使监管职能。联邦制国家因地方权力较大往往采用这种监管模式。德国、英国模式基本上可以划为“单元多头金融监管体制”，其优点是有利于金融体系的集中统一和监管效率的提高，但需要各金融管理部门之间的相互协作和配合。从德国、英国的实践来看，人们习惯和赞成各权力机构相互制约和平衡，金融管理部门之间配合是默契的、富有成效的。然而，在一个不善于合作与法制不健全的国家里，这种体制难以有效运行。而且，这种体制也面临同双元多头管理体制类似的问题，如机构重叠、重复监管等。虽然德国和英国同划为“单元多头金融监管体制”，但是德国模式和英国模式相比，更加强调其银行监管局、证券监管局和保险监管局之间既要相互协作而且还要保持各自的独立。而日本的金融监管事务完全由金融厅负责，因此日本模式可以划为“集中单一金融监管模式”，其优点：金融管理集中，金融法规统一，金融机构不容易钻监管的空子，有助于提高货币政策和金融监管的效率，克服其他模式相互扯皮、推卸责任的弊端，为金融机构提供良好的社会服务。但是，这种体制易于使金融管理部门养成官僚化作风，滋生腐败现象。

阅读专栏

英国金融服务监管机构(FSA)

英格兰银行(Bank of England)为历史最悠久的中央银行。根据英格兰银行法，其经营目标为：维护金融体系健全发展，提升金融服务有效性，维持币值稳定。就首要目标而言，最终为强化保障存款户与投资者权益，这与金融机构业务经营良莠不齐密切相关。依据 1987 年银行法规定，金融监管业务系由英格兰银行辖下之银行监管局掌管。随金融市场进步与发展，银行与金融中介机构的传统分界线，日趋模糊。因此，英国首相布莱尔于 1997 年 5 月 20 日宣布，英国金融监管体系改制，将资金供需与支付清算系统中居枢纽地位的银行体系，及隶属证券投资委员会的各类金融机构，业务整合成立单一监管机构，即金融服务总署(Financial Services Authority，简称 FSA)。

FSA 有下列九个业务监管机构：建筑融资互助社委员会、互助社委员会、贸易与工业部保险业委员会、投资管理监管组织、个人投资局(主管零售投资业务)、互助社设立登记局(主管信用机构监管)、证券期货管理局(主管证券及衍生性信用商品业务)、证券投资委员会(主管投资业务，包括票据清算与交换)及英格兰银行监管局(主管银行监管，包括批发货币市场)等。法律赋予 FSA 权力如下：①对银行、建筑互助社、投资公司、保险公司与互助社之授权与审慎监管；②对金融市场与清算支付系统之监管；③解决对影响公司企业、市场及清算支付系统之问题，在某些特殊状况下，如英格兰银行未能贯彻其利率政策，且影响危及经济体系稳定性时，FSA 将与英格兰银行协商合作。FSA 掌管所有金融组织，目的在于提升监管效率，保障消费者权益，并改善金融监管服务。

(资料来源：百度百科整理所得)

四、金融监管的内容

(一)市场准入监管

对新设金融机构、新开金融业务的审批即市场准入。新设金融机构或新开金融业务会增加金融市场的风险，加剧竞争，具体表现在以下几个方面：如果让不合格的金融机构或金融产品进入市场，则意味着在金融体系中埋下隐患；如果在市场没有足够需求的情况下，增加金融机构或金融产品，必然导致平均盈利水平的下降，降低抵御风险的能力。因此，市场准入监管是金融监管的首要环节。

实行市场准入监管是为了保持金融市场主体的合理性。市场准入监管的最直接体现是对金融机构开业登记、审批的管制，其主要内容集中在对注册资本最低限额、业务范围、高级管理人员的任职资格、组织机构和管理制度等方面的审批。其中，注册资本最低限额是一项重要指标。我国对设立金融机构的注册资本最低限额的规定如下：①设立商业银行其注册资本最低限额为 10 亿元人民币，城市合作商业银行为 1 亿元人民币；②设立综合类证券公司其注册资本最低限额为 5 亿元人民币，经纪类证券公司为 5000 万元人民币；③设立全国性保险公司其注册资本最低限额为 5 亿元人民币，地方性保险公司为 2 亿元人民币。

(二)市场运作过程的监管

金融机构经审批开业后，金融监管主体还要对其业务运作过程实施有效监管。我国目前实行的是分业经营、分业监管，银监会、证监会和保监会分别对银行业、证券业和保险业的各金融机构实施监管。

1. 银监会对商业银行经营过程的监管

1) 资本充足率的监管

我国银监会按照 1988 年《巴塞尔协议》的规定，要求商业银行资本充足率不低于 8%，其中核心资本不低于 4%，附属资本不超过核心资本的 100%。

2) 清偿能力的监管

清偿能力监管主要是针对资产流动性问题，着眼于对银行规定杠杆比率的监管。我国对商业银行资产流动性规定的主要指标包括：存贷款比例指标，本外币合并各项贷款与各项存款的比例不得超过 75%，其中外币各项贷款与各项存款比例不得超过 85%；中长期贷款比例指标，超过 1 年的中长期贷款与相应的存款之比不得超过 120%；(人民币)拆借资金比例指标，拆入资金余额与各项存款余额之比不得超过 4%，拆出资金余额与各项存款余额之比不得超过 8%。此外，为了提高商业银行的清偿能力，通常还要求商业银行提取贷款损失准备金。

3) 贷款集中性程度的监管

为了防止商业银行信贷风险的过度集中，通常也会对贷款集中度进行管制。所谓贷款集中度，就是对某一家企业的贷款占该商业银行贷款余额的比重。贷款集中度越高，意味着银行贷款的风险越集中，因此，单个企业无力偿还贷款对该银行的冲击就越大。如果贷款分散在众多的行业和企业中，则单个企业的信用风险对银行的冲击就要小很多。我国规定商业银行对同一借款人的贷款余额不得超过银行资本余额的 10%，对最大 10 家借款人发放的贷款总额不得超过银行资本净额的 50%。

4) 信息披露的监管

要求商业银行公开披露全面的信息，以使市场参与者对银行所从事的各项业务以及控制风险的各种手段有充分的认识和了解，能够更好地对银行作出区分。所谓全面信息披露，不仅要披露风险和资本充足状况的信息，而且要披露风险评估和管理的过程、资本结构以及风险与资本匹配状况的信息。

5) 审查

监管机构必须进行常规的银行检查，以监督银行是否符合资本要求、限制资产持有的规定。一般按照“骆驼”(CAMEL)评级标准执行，具体包括 4 项内容：资本的充足性(capital adequacy)、资产质量(asset quality)、管理水平(management)、流动性(liquidity)。

银行监管机构对商业银行的审查通常包括现场检查和非现场检查。非现场监管是指监管当局通过管理信息系统(management Information System，MIS)等现代化的金融风险预警系统，对金融机构的业务活动进行全面、连续的监控，以便随时掌握金融机构和整个金融体系的运行状况，对存在的风险因素和问题进行及时的排除和纠正，非现场监管的程序如下：①对金融机构的各类财务报表、信息进行鉴别评估，分析其潜在或存在的问题和风险；②检查上期监管报告以后该金融机构发生的重大变化；③分析近期市场和经济状况对该机构业务经营的影响；④发现异常要及时预警，要求金融机构迅速解决。其中值得注意的是：金融机构业务报表资料的真实性以及报送的及时性是进行有效非现场监管的前提条件。现场检查是指监管当局事先不通知被检查的银行，指派专人或专门小组进入金融机构进行实地检查。查看相关的财务凭证和资产负债状况，以防止商业银行提供虚假的财务报表，阻止它从事风险过高的资产活动。

2. 证监会对资本市场的监管

1) 发行审核

发行审核主要包括注册制和核准制。注册制即所谓的“公开原则”，是指证券发行者在公开募集和发行证券前，需要向证券监管部门按照法定程序申请注册登记，同时依法提供与发行证券有关的一切资料，并对所提供资料的真实性、可靠性承担法律责任。在注册制下，监管部门的权力仅限于保证发行人所提供的资料无任何虚假的陈述或事实。注册制一方面为投资者创造了一个高透明度的市场，另一方面又为投资者提供了一个公平竞争的场所，在竞争中实现优胜劣汰和资金的优化配置。但是，注册制也存在着明显的缺陷。其发挥良好作用的前提是信息披露的充分性，投资者能够根据所获得的信息作出理性的投资决策。从这一点来看，注册制比交适合于证券市场发展历史比较悠久，市场已经进入成熟阶段的国家。

核准制即所谓的“实质管理原则”，是指证券发行者不仅必须公开所发行证券的真实情况，而且所发行的证券还必须符合公司法和证券法中规定的若干实质性条件，证券监管机关有权否决不符合实质条件证券的发行申请。

中国目前对证券发行的监管属于核准制。虽然各国国情差别较大，具体情况也各不相同，但是实行核准制的国家在规定实质条件时都考虑了以下这些因素：①发行公司的营业性质，管理人员的资格能力；②发行公司的资本结构是否具健全；③发行的所得是否合理；④各种证券的权力是否公平；⑤所有公开的资料是否充分、真实；⑥发行公司的发展前景及事业的成功机会等。

核准制在信息公开的基础上，又附加了一些规定，从而把一些低质量、高风险的公司排除在证券市场门外，在一定程度上保护了投资者的利益，减少了投资的风险性，有助于新兴的证券市场的发展和稳定。但是，它很容易导致投资者产生完全依赖的心理，而且监管机关的意见未必完全准确，尤其是它使一些高成长性、高技术和高风险并存的公司上市阻力加大，而这些公司的发展对国民经济的高速发展具有巨大的促进作用。综上所述，核准制比较适合于证券市场历史不长、经验不多、投资者素质不高的国家和地区。对这些国家和地区来说，核准制有助于新兴的证券市场健康、有效、规范地发展。

2) 对证券商行为的自律监管

对证券商的行为监管是指对证券商的经营活动及其从业人员、管理人员的行为进行的监督管理。证券交易所、证券交易同业公会为规范证券商的行为一般都会实行比较严格的自律监管。

证券商最容易出现的欺诈舞弊行为有：扰乱证券市场价格；散布虚假信息；故意炒作；内外勾结；与交易所管理人员共同作弊；隐瞒实际收入；利用证券信用进行投机；骗取客户资金为自己牟利。自律组织制定规章制度从道义上建立起一种证券商彼此监督、彼此制约的机制，最大限度地防止证券交易中的欺诈行为。

证券商自律组织对证券商违规行为的处罚。证券商违规行为主要指不道德的、有意识和破坏正常交易的行为(违法行为由法律制裁或交政府证券监管机构处理)。在西方证券业同业公会等自律组织均有较大的自治权，包括对证券商的惩戒权力。证券商出现违规行为，自律组织有权处罚，处罚的主要措施有：警告、要求证券商撤换从业人员、罚款直至开除会员席位。对证券商的处罚通常由仲裁委员会作出，仲裁委员会一般由会员选出，必要时采取投票的方法对议案进行表决，表决结果为最终决定。

3) 信息披露的监管

为了降低由信息不对称所引起的道德风险和逆向选择，证券监管机构要求上市公司必须承担全面及时披露必要信息的义务。包括证券发行及上市时的初次信息披露，以及上市后的持续信息披露。前者主要是招股说明书和上市公告书；后者主要是财务定期报告和临时报告。

3. 保监会对保险公司经营过程的监管

保监会的监管主要集中在公平和风险控制方面，主要包括以下三方面内容。

1) 保险条款和保险费率的监管

保险条款规定了保险双方的权利和义务关系，是保险合约的重要组成部分，包括保险责任范围、保险期限、责任免除、赔偿处理、争议处理等。由于保险条款的技术性和专业性非常强，一般人难以全面正确地熟悉其主要内容。为了保护被保险人的合法利益，保证保险条款的公平性和公正性，我国主要险种的保险条款和费率由保险监督管理委员会统一制订，其他险种的保险条款和费率通过审批和备案实施监管操作。

2) 保险资金的监管

保险资金是指保险公司的资本金、保证金、营运资金、各种准备金、公积金、公益金和未分配盈余资金等，其运用一般受到监管当局的严格限制。目前，我国保险资金只能用于银行存款、买卖政府债券和金融债券，还可以进入同业拆借市场和投资基金等领域。

3) 保险保障基金的监管

为了保障被保险人的利益，支持保险公司稳健经营，保监会规定寿险和非寿险公司应提取相应的保险保障基金，对最低偿付能力、未到期责任准备金和未决赔款准备金等作了详细规定并实施监管。

(三)市场退出的监管

金融机构的市场退出有多种方式，主要有以下几种。

1) 收购兼并

由健康金融机构收购兼并使危机金融机构退出市场，成本低、效果好。

2) 接管

由监管当局或存款保险公司接管危机金融机构，对其进行整顿和改组，接管期限最长不超过两年，如果金融机构在接管期限内恢复正常经营能力，或者被合并，或者被依法宣告破产，则接管终止。

3) 破产清算

危机金融机构资不抵债，可经监管当局批准提出破产申请，由人民法院宣告破产并依法组织清算。

对金融机构的市场退出实施监管的目的在于；保证收购兼并、接管、关闭危机金融机构等操作过程的合法性；防止不规范的市场退出方式的使用；消除产生系统性风险的潜在因素。

本章小结

1. 随着金融自由化程度的提高和创新步伐的加快，世界各国的金融风险也与日俱增，成为困扰每个国家金融管理当局的难题。

2. 金融风险存在于金融工作运行的全过程。因此只有注意金融风险的识别、衡量，加强金融风险管理，防范和化解金融风险，才能有效地维护金融安全和实现金融可持续发展。

3. 金融监管是指金融主管当局依据国家法律法规的授权，对金融业实施监督、约束、管制，使它们依法稳健运行的行为总称。实施的监管包括：市场准入监管、业务范围及特定业务管制、风险控制机制约束、市场退出监管等。对不同的金融业务领域，金融监管的具体内容有所差别。对于商业银行业务而言，金融监管的主要内容包括资本充足率、清偿能力、贷款集中性程度、信息披露。对于资本市场监管的主要内容包括发行审核、证券商自律行为、信息披露。对保险市场的监管主要包括保险条款和保险费率、保险资金、保险保障基金的监管。

(扫一扫，一起来拓展一下视野吧！)

课后习题

一、单项选择题

1. 与一般风险相比，金融风险(　　)。

A. 外延更大，内涵更小　　B. 外延更小，内涵更大

C. 外延和内涵都更小　　D. 外延和内涵都更大

2. 以下关于金融风险与金融危机关系的描述，正确的有(　　)。

A. 金融风险与金融危机都有双重性

B. 金融风险不断累积必然导致金融危机

C. 金融风险源于金融危机

D. 金融风险必然存在，而金融危机则不必然

3. 以下不属于金融风险一般特征的有(　　)。

A. 特殊性　　B. 广泛性　　C. 传染性　　D. 双重性

4. 金融监管体系中，以下属于社会监督层次的有(　　)。

A. 金融同业公会　B. 银监会　　C. 证监会　　D. 保监会

5. 市场约束力量主要通过哪个层次的金融监管得以体现(　　)。

A. 政府监管层次　　B. 金融机构内部监控层次

C. 社会监督层次　　D. 国际合作层次

6. 20 世纪 90 年代以后，金融监管呈现的主要特点可概括为(　　)。

A. 严格监管，安全优先　　B. 效率优先

C. 宽松式监管　　D. 安全效率并重

7. 以下不属于我国行使金融监管职能的部门是(　　)。

A. 银监会　　B. 保监会　　C. 证监会　　D. 中国人民银行

8. 国有独资商业银行最突出的金融风险表现为(　　)。

A. 不良贷款率高　　B. 资本充足率差

C. 赢利水平低　　D. 内部治理结构不完善

9. 传统的风险监管领域是(　　)。

A. 信用风险　　B. 市场风险　　C. 经营风险　　D. 操作风险

10. 市场约束作用的发挥可以借助于银行直接的信息披露外，还可通过(　　)进行。

A. 政府强制命令　　B. 银行同业公会

C. 长期次级债券　　D. 国际合作监管

二、多项选择题

1. 以下关于金融风险与金融危机的关系描述正确的有(　　)。

A. 既密切关联又严格区别

B. 金融风险必然存在而金融危机则不必然

C. 金融危机是金融风险累积到一定程度的产物

D. 金融风险与金融危机均有双重性

2. 按金融风险对象划分的概念包括(　　)。

A. 微观金融风险　　B. 期货投资风险

C. 客观金融风险　　D. 银行信贷风险

3. 按承担者划分金融风险包括(　　)。

A. 国家金融风险　　B. 外汇风险

C. 主观金融风险　　D. 经济实体金融风险

4. 金融监管的现实依据可概括为(　　)。

A. 金融行业的高风险性　　B. 金融创新的发展

C. 金融自由化　　D. 放松管制

5. 金融监管的主要目的包括 (　　) 。

A. 保持偿付能力　　B. 打击降低金融犯罪

C. 防范系统崩溃　　D. 防范限制竞争措施

6. 以下属于中国金融监管的对象有(　　)。

A. 国有商业银行　　B. 农村信用合作社　　C. 证券市场

D. 无组织的民间信用活动　　E. 信托投资机构

7. 商业银行监管的重点内容包括(　　)。

A. 市场准入与机构合并的管理　　B. 业务范围的限制

C. 风险控制　　　　　　　　　　　　D. 流动性要求
E. 资本充足率与风险损失准备　　　　F. 存款保护

三、辨析题(正确打“√”，错误打“×”)

1. 只要存在金融交易，金融危机就必然发生。（　）
2. 金融风险的特殊性是指金融风险仅限于资金的融通与经营领域。（　）
3. 金融风险是指资金筹集者和资金经营者蒙受经济损失的可能性。（　）
4. 自然灾害是引起金融风险的直接因素。（　）
5. 资金贷出者和投资者的心理预期是引致金融风险的间接因素。（　）
6. 金融监管的主要目的在于提高资金融通的效率。（　）
7. 各国的金融监管机构是中央银行。（　）
8. 金融监管制度与中央银行制度相伴而生。（　）
9. 一直以来，金融监管的主要对象均是银行及非银行金融机构。（　）

四、简答题

1. 金融监管主要包括哪些内容？
2. 中国金融体系的潜在风险主要有哪些？
3. 金融风险与金融危机之间的联系和区别表现在哪些方面？

五、论述题

论述怎样防范金融危机？

六、案例分析题

海南发展银行为什么会关闭？

1998 年 6 月 21 日，成立不到三年的海南发展银行因无力支付到期债务而被中国人民银行关闭，这是新中国成立以来运用市场退出机制关闭的第一家商业银行。

海南发展银行于 1995 年 8 月 18 日正式开业，注册资本金 16.77 亿元，股东共有 47 家。由于该行是首家以改组信托公司的方式组建的商业银行，合并的富南国际信托投资公司等 5 家公司债务总额 44.4 亿元一并转入，故其债务为资本金的 2.6 倍。这样的资产负债比例在新成立的商业银行中绝无仅有。海南发展银行以吸存为重点，不久便陷入高息揽储的怪圈，3 年中 5 万元以上存款平均年利率在 15%以上，1997 年底 106 亿元的资金规模中除了 40 亿元个人储蓄存款外，60 多亿元是高成本的同业拆借，银行负担日益沉重。至于 1997 年 12 月 16 日兼并了 28 家存在严重缺陷的城市信用社，则在客观上进一步促使海南发展银行滑向深渊，“城市信用社的支付危机扩大到海南发展银行，使后者出现流动性危机”(中央银行的《处置海南城市信用社支付危机的方案》)。中央银行救急的 40 亿元再贷款用尽后，海南发展银行清偿能力丧失，挤提现象愈发严重。为了防止出现区域性金融风波，中央银行决定关闭该银行。

问题：

1. 海南发展银行失败的成因是什么？
2. 若你是某金融机构风险管理部经理，从海南发展银行关闭案中得到的经验及教训是什么？

七、综合训练

训练任务：调研本地区商业银行的金融风险。

训练活动：简单撰写银行风险评估报告。

训练目的：加深学生对于金融风险的理解。

课后阅读

扫一扫，看看课后还有什么值得阅读的吧！

参考文献

[1] 毕春燕，郑兴. 金融概论[M]. 北京：机械工业出版社，2012.

[2] 秦梓华，安春梅. 金融概论[M]. 北京：北京出版社，2014.

[3] 安春梅，付淑霞. 现代金融学[M]. 武汉：武汉理工大学出版社，2008.

[4] 周浩明，等. 金融学[M]. 上海：上海交通大学出版社，2012.

[5] 孙可娜. 商业银行经营管理[M]. 北京：机械工业出版社，2010.

[6] 兹维. 博迪，等. 金融学[M]. 北京：中国人民大学出版社，2013.

[7] 苏平贵. 金融学教程[M]. 大连：东北财经大学出版社，2011.

[8] 艾洪德，范立夫. 货币银行学[M]. 大连：东北财经大学出版社，2011.

[9] 王曙光. 金融伦理学[M]. 北京：北京大学出版社，2011.

[10] 赵宏. 金融概论[M]. 北京：人民邮电出版社，2015.

[11] 马雪峰. 货币银行学[M]. 北京：科学出版社，2014.

[12] 晏艳阳. 金融市场学[M]. 北京：高等教育出版社，2008.

[13] 中国证券业协会. 证券投资基金[M]. 北京：中国财政经济出版社，2017.

[14] 张华. 货币银行学[M]. 北京：清华大学出版社，2015.

[15] 贺瑛. 金融概论[M]. 北京：高等教育出版社，2014.

[16] 李永. 货币银行学[M]. 北京：清华大学出版社，2013.

[17] 陈宏. 货币银行学[M]. 上海：立信会计出版社，2008.

[18] 阮加，韦桂丽，张晓明. 中央银行学[M]. 北京：清华大学出版社，2010.

[19] 朱新蓉. 金融市场学[M]. 北京：高等教育出版社，2007.

[20] 蒋先玲. 货币金融学习题集[M]. 北京：机械工业出版社，2015.

[21] 刘静萍. 金融学[M]. 长沙：湖南师范大学出版社，2017.

[22] 杨国明. 网络金融[M]. 北京：中国金融出版社，2007.

[23] 王红梅，吴军梅. 商业银行业务与经营[M]. 北京：中国金融出版社，2007.

[24] 袁晓梅，陈宁. 财政与金融[M]. 北京：人民邮电出版社，2015.

[25] 曹龙骐. 金融学[M]. 北京：高等教育出版社，2013.

[26] 陈鹏飞. 经济学的 100 个故事[M]. 北京：新华出版社，2008.

[27] 郭晖. 金融学概论[M]. 北京：人民邮电出版社，2012.

[28] 张伟芹. 金融基础[M]. 北京：中国人民大学出版社，2013.

[29] 杨利，伍瑞凡. 金融学[M]. 北京：科学出版社，2015.

[30] 李亚轩. 清华金融课[M]. 北京：清华大学出版社，2015.
[31] 中国企业信用网：http://www.cicninfo.com.cn.
[32] 中国利率网：http://shi.host20.7x24.cn.
[33] 中国票据网：http://www.zgpj.net.
[34] 中国银行监督管理委员会：http://www.cbrc.gov.cn/.
[35] 中国人民银行：http://www.pbc.gov.cn.
[36] 中国货币网：http://www.chinamoney.com.cn.
[37] 中国纪念币交易网：http//www.cncoin.net.
[38] 中国金融网：http://www.zgjrw.com.
[39] 上海证券交易所：http://www.sse.com.cn.
[40] 深证证券交易所：http://www.sse.org.cn.
[41] 正华资本市场信息：http://www.zhhinfo.com.
[42] 中国证券监督管理委员会：http://www.csrc.gov.cn/.
[43] 中国证券业协会：http://www.sac.net.cn/.
[44] 中国农业发展银行：http://www.adbc.com.cn.
[45] 国家开发银行：http://www.cdb.com.cn/web/.
[46] 进出口银行：http://www.eximbank.gov.cn.
[47] 中国保险监督管理委员会：http://www.circ.gov.cn.
[48] 世界银行：http://www.worldbank.org.
[49] 国际货币基金组织：http:// www.imf.org.
[50] 国家外汇管理局：http://www.safe.gov.cn.
[51] 中文网：http://www.ftchinese.com.
[52] 参考消息网：http:// www.cankaoxiaoxi.com.
[53] 金融街：http://www.jrj.com.cn.
[54] 中国财经信息网：http://cfi.net.cn.
[55] 中金在线：http://www.cnfol.com.
[56] 金融时报金时网：http://www.financialnews.com.cn.
[57] 香港联合证券交易所：http://www.sehk.com.hk.
[58] 美国纳斯达克市场：http://www.nasdaq-amex.com.
[59] 伦敦证券交易所：http://www.londonstockex.co.uk.
[60] 美国证券交易所：http://www.amex.com.
[61] 中国货币网：http://www.chinamoney.com.cn.
[62] 中国债券信息网：http://www.chinabond.com.cn.
[63] 中国金融新闻网：http://www.financialnews.com.cn.
[64] 国研网：http://www.drcnet.com.cn.
[65] 中经网：http://www.cei.gov.cn.
[66] 中宏网：http://www.macrochina.com.cn.
[67] 中国财经报刊数据库：http://www.cnnewspaper.com.
[68] 中国产业信息网：http://www.chyxx.com.